ソ連と東アジアの国際政治 1919-1941

麻田雅文 編

みすず書房

ソ連と東アジアの国際政治　1919—1941　目次

凡例

一　年号はすべて西暦に統一している。段落の初出においては、一九一七年など四桁で表記し、それ以降は煩瑣を避けるため、世紀が明瞭である限り下二桁で表記した。

二　読みやすさに配慮して、日本語の原文カナは現代かな遣いに改め、適宜句読点を補い、必要に応じてルビを施した。中国語の簡字体も日本の常用漢字に変換した。ただし、[史料紹介]のうち、「外相渡欧に随伴して」は、史料として掲載する都合上、表記は当時のままとした。

三　引用文中の［　］は執筆者たちによる補足である。

四　引用する文献は、すべてキリル文字をラテン文字に変換している。

五　地名は、二〇一六年現在と当時で表記の違う場合は、初出に限り現在の地名を記した。「ウラジオストク」や「沿海州」、「ハルビン」など、慣例化した表記はそちらを優先した。また現在の中国東北部については、地域名は日本人になじみのある「満洲」を採用した。ただし、引用文献などに「満州」が出てくる場合は、そのままとした。本書で「北満洲」とある場合は、当時のソ連側の地域概念では、中東鉄道の沿線地域を指している。

六　「中東鉄道」は、日本では東清鉄道、東支鉄道と呼ばれていたが、一九三三年に満洲国交通部が北満鉄道に改めた。一方、清朝における正式名称は大清東省鉄路で、中東鉄道（鉄路）は中華民国による命名である。本書は時代にかかわらず、中東鉄道と表記する。

七　「満洲国」は日本の傀儡国家であったが、他にも正統性の乏しい機関や国家（極東共和国など）が頻出する関係上、カッコを外した。

八　人名の肩書きはすべて当時のものである。ロシア人などの父称（ミドルネーム）は省略し、名前と姓の順番で記している。日本人と中国人は姓名の順番である。

九　ロシアの文書館史料を引用する際には、順に文書館《アルヒーフ》、文書群《フォンド》、目録《オーピシ》、簿冊《ジェーラ》、枚《リスト》を記載している。ロシアの文書館名を指し示す略号は、以下の通りである。ロシア以外の国々の文書館については、後注で適宜言及する。

- 極東ロシア国立歴史文書館（RGIA DV　在ウラジオストク）
- ロシア国立軍事文書館（RGVA　在モスクワ）
- ロシア国防省中央文書館（TsAMO　在モスクワ）
- ロシア国立社会政治史文書館（RGASPI　在モスクワ）
- ロシア連邦外交政策文書館（AVPRF　在モスクワ）
- ロシア連邦国立文書館（GARF　在モスクワ）

一〇　頻出するロシア語史料集名は、次のように略記する（イタリックが略記名）。

- *DVP SSSR*: Dokumenty vneshnei politiki SSSR.
- *Moskva-Tokio*: Moskva-Tokio: politika i diplomatiia Kremlia. 1921–1931 gg. vol. 1–2.

・*PKO*: Russko-kitaiskie otnosheniia v XX veke: *Sovetsko-kitaiskie otnosheniia.*

一一　ソ連史に関わる用語について。一九一七年一一月に誕生したモスクワのボリシェヴィキ政権は、二二年一二月にソヴィエト社会主義共和国連邦が成立するまで「ソヴィエト政府」と表記する。それ以降は「ソ連」と略記する。

一九四五年までは「ソ連軍」は存在せず、ソ連の軍隊の正式名称は「労農赤軍」で、通称「赤軍」と呼ばれた。歴史的な表記を尊重し、本書も「赤軍」とする。

ソ連から各国に派遣される外交官のトップは、一九四一年まで「全権代表」と呼ばれた。各国の大使に相当する。大使館に相当するのは「全権代表部」である。本書も、こうした表記を踏襲する。

一二　ロシアでは、シベリアがどの領域を指すか、時代によって変遷がある。ソ連時代は、日本のシベリア出兵に対応するために、一九二〇年から二二年に存続した極東共和国の版図に入った土地を指すのに「極東」という語を用いて、バイカル湖より東をシベリアと区別した。本書もその区分にならい、「極東」をシベリアと区別している。

ソ連極東の行政区画の変遷について。沿海州は一九二〇年に極東共和国の一部となったが、極東共和国がソヴィエト政府に編入されると、極東州沿海県となった。二六年に極東州は極東地方に再編成された。これに伴い、沿海県は三管区に分割された。三〇年には管区制が廃止される。三二年に極東地方に沿海州、アムール州、サハリン州、カムチャツカ州が復活し、三四年にはユダヤ自治州が新設される。その後も行政区画の変更が続いた。

サハリン島の行政区画の変遷について。ロシア帝国の統治下では沿海州の一部だったが、一九〇九年に北サハリンがサハリン州となる。南サハリンは〇五年以降に日本領となり、〇七年に樺太《からふと》庁が置かれた。「樺太」は島全体を指す呼称としても使われた。北サハリンは、二〇年から二五年までの日本軍の「保障占領」を経て、ソ連に編入されると、二六年に極東地方サハリン管区、三二年に極東地方サハリン州となった。

序論

酒井 哲哉

一 本書の狙い

本書は、第一次世界大戦終結後から太平洋戦争勃発に至るまでの時期の東アジアの国際政治において、ソ連がいかなる役割を果たしたかを、実証的に解明するものである。

言うまでもなく、ソ連の果たした役割をぬきにして、この時期の東アジアの国際政治を論ずることはできない。ロシア革命の衝撃は東アジアを揺さぶった。最初の本格的な社会主義革命としての衝撃性もさることながら、革命ロシアが掲げた民族自決主義と反帝国主義の主張は、不平等条約体制に不満を持つ中国や、植民地帝国の支配下に置かれた朝鮮など、東アジア諸地域の反帝国主義ナショナリズムを鼓舞することになった。しかもソ連は、第一次世界大戦後の東アジア国際政治の枠組みを形作ったワシントン会議には招請されず、ワシントン体制と呼ばれる国際協調体制の外側に位置していた。このため、ワシントン体制を構成するイギリス・アメリカ・日本などの帝国主義国は、ソ連外交の挑戦にどのように対応するか、苦慮せざるを得なかった。

だが、それと同時にソ連は、中東鉄道という帝政ロシア以来の権益に強い関心を持つ、現実主義的な国家という側面を有していた。同じく満洲権益に関心を持つ日本にとって、ソ連は対満政策のライヴァルであるとともに、場合によっては、満洲権益の維持という点で利益の共有性をも見出せる相手だった。こうした地政学上の特質をどのように評価するかによって、列国のソ連外交像は様々な像を結び得た。

そして最後に、満洲事変以降、東アジアにおける日本の拡張政策があらわになるにつれて、ソ連の東アジアに対する軍事的・政治的関与も拡大していった。モンゴル・新疆というソ連の周辺地域は、より直接的にソ連の安全保障関心が貫徹される場になり、日ソ両国は、恒常的に満洲国国境で紛争を迎え、そのうち数度は大規模な軍事紛争に発展することになった。さらに、ソ連・コミンテルンの提唱する反ファシズム統一戦線や集団安全保障体制の模索は、一九三〇年代における東アジアの国際政治にも微妙な影響をもたらすことになった。

このように、少なくとも東アジア国際政治史研究者の観点からすると、第一次世界大戦終結後から太平洋戦争勃発に至るまでの時期におけるソ連の東アジア外交の重要性は、半ば自明な事柄であった。それにもかかわらず、従来、この時期のソ連の東アジア外交に関して、体系的に研究がなされてきたわけでは必ずしもない。それには、いくつかの理由があった。まず冷戦期には、ソ連外交の関連史料の大半は公開されておらず、実証的な外交史研究を行うには、越えがたい壁が立ちはだかっていた。それに加えて、冷戦期のロシア・ソ連史研究は、革命史研究に重点が置かれる傾向があり、外交史はどちらかと言えば周辺的領域に置かれていた。東アジアの国際政治に関心を寄せる日本史・中国史・朝鮮史などの研究者が、ソ連・ロシア史研究者と、ソ連の東アジア外交について意見交換する機会も、かつてはそう多くはなかった、と言ってよいだろう。

だが、冷戦終焉にともなうソ連崩壊後、状況は一変した。すべての関連史料が利用可能な状態にあるわけではないが、それでも冷戦期に比べると格段に史料の公開度は高まり、ソ連側史料に即した実証的研究がようやく可能になってきた。そして、朝鮮や満洲、新疆、モンゴルといった、ロシアと東アジアの境域を研究する地域研究者と、東アジア国際関係史の研究者たちの協力により、地域研究と国際関係が交錯する場からソ連を考え直すことが、本格的にできるようになってきた。本書は、まさしくそのような共同研究の所産である。寄稿者の多くがソ連崩壊後に成人した若手であるこの論集は、イデオロギーの制約から離れてソ連外交を論じる態勢が確立してきたことを印象づける、研究史上画期をなすものになるだろう。そして、本書に採録された実証研究をもとに、ソ連と東アジアの国際政治に関する新たな研究課題が生まれてくるだろう。ソ連と東アジアの国際政治という、従来の英米日を中心とした研究とは異なる観点からの考察により、この時期の東アジアの国際政治理解をより均衡の取れた複眼的なものへと促していくことを、本書の狙いとしたい。

二　本書の構成

本書は、一九二〇年代を扱った第一部と、一九三〇年代を扱った第二部とに大別される。ソ連史の時代区分としては、革命、内戦、ネップ、スターリニズムといった項目立てが一般的かもしれないが、ソ連と東アジアの国際政治を主題とする本書では、このような時代区分は章立てとしては採らない。すなわち、満洲事変を挟んでこの時期を二分し、それぞれの時期におけるソ連と東アジアの国際政治の態様を論じていくことにする。満洲事変が東アジアの国際環境を一変させたことは明らかであり、本書の主題に即してみる限り、大まかではあっても、このような時代区分がそれなりに説得力を持つと考えるからである。なお、巻末には、史料紹介として、日ソ中立条約締結時の松岡洋右外相の渡欧に随行した同盟通信記者岡村二一の手記「外相渡歐に随伴して」を採録した。

それでは、以下目次の順序に従い採録された論文の概要を紹介することで、本書の構成を具体的に明らかにしていきたい。

「第一部　一九二〇年代編」は、一九二〇年代におけるソ連と東アジアの国際政治の諸相を扱った五つの章からなる。一九二〇年代のソ連外交において、東アジアの位置は小さいものではなかった。第一次世界大戦後のヨーロッパにおいては、ソ連が期待していた革命は実を結ばず、ソ連外交は孤立しがちであったのに対して、東アジア諸地域には、反帝国主義と民族自決を掲げるソ連に対する期待感が存在していたからである。だが、ソ連の東アジア外交には、反帝国主義運動を鼓吹する理想主義的側面とともに、中東鉄道権益に象徴されるような、ロシア帝国との連続性を持つ現実主義的側面があった。第一部では、このような理想主義と現実主義の間で揺れるソ連外交の実像を描き出すことにする。それとともに、ソ連政府とコミンテルンとの関係はもとより、ソ連共産党の中枢で内外政の方針を決定する党政治局と各国政府と折衝する外務人民委員部との関係や、中央と出先機関との対立など、政策決定や政策遂行過程における多次元的な競合をも明らかにする。

「第一章　張作霖とソ連の「盟約」——奉ソ協定（一九二四年）の再考」（麻田雅文）は、一九二四年にソ連と張作霖の間で締結された奉ソ協定の締結過程を分析することで、ソ連の対中外交の知られざる多面性を明らかにするものである。中ソ国交回復をもたらした北京政府との中ソ協定締結以前から、実はソ連と張作霖政権の間では、中東鉄道の経営をめぐる水面下の交渉が行われていた。モスクワは孫文を支援しつつも、孫文の広東政府を正式承認するよりは、中東鉄道への経営参加を最優先して、北京政府や張作霖との協定締結をやむなしと考えたのである。この交渉過程で、カラハンは、しばしばモスクワの指示から逸脱するような態度を取り、中東鉄道の獲得のためには武力行使も辞さない強硬な姿勢を示した。いずれにせよ、当時のソ連にとっては、「革命外交」よりも中東鉄道の獲得こそが対中政策の最重要課題であった、と著者は結論づけている。対張作霖政策という日本外交史ではお馴染みの、しかしソ連史ではほとんど触れられることのない、軍閥とソ連の関係を明らかにした興味深い章である。

「第二章　一九二〇年代前半の外モンゴルにおけるソ連、コミンテルンの活動指導者たち」（青木雅浩）は、表題のように、一九二〇年代前半の外モンゴルにおけるソ連指導者たちの行動を、新たに公開された史料をもとに明らかにし、この時期のソ連と外モンゴルとの関係を再検討したものである。ソ連は外モンゴルを勢力下に置くべく、この時期の外モンゴル政治に深く関与した。現地に派遣された人々に対するモスクワからの指示は、基本方針にとどまり、モスクワが詳細で実際的な政策を指示していたわけではなかった。派遣された個々の指導者の判断に委ねられる余地が、相対的には大きかったわけである。かくして著者は、個々の指導者の活動歴を振り返りながら、「反ソ的」と見なされた勢力が排除されていく過程を分析したうえで、国会運営を掌握したルィスクロフの牧畜政策・政府機関設立政策を中心に、王公、仏教勢力の排除と、遊牧民の取り込みがなされる過程を論じている。

「第三章　朝鮮独立運動とソヴィエト政府、コミンテルン」（小野容照）は、ロシア革命勃発後から一九二〇年代前半にかけて、朝鮮独立運動がコミンテルンやソヴィエト政府と結びついていく過程を、社会主義者のみならず多様な独立運動家の事例に即して論じている。朝鮮独立運動においてロシア革命は、社会主義革命というよりも、民族自決をもたらすものとして受け止められた。パリ講和会議やそれを主導するアメリカ、社会主義者への期待を背景としたストックホルム会議など、独立を支援してくれる可能性がある勢力ならば、幅広く活用するのが当時の独立運動の戦略であった。こうした戦略は、一九一九年に設立された大韓民国臨時政府にも踏襲された。さらに著者は、高麗共産党の上海派とイルクーツク派の動向を追跡しながら、それらの朝鮮半島への影響を、文化運動を中心に分析している。社会主義と民族主義、ウィルソン主義とレーニン主義が、総じて未分化な時期の朝鮮独立運動の特質がよく窺える章である。

「第四章　北サハリン売却問題とソ連中央（一九二三年）」（藤本健太朗）は、一九二三年一月に日本から提案された北サハリンの買収に関して政治局や政治局により設立された小委員会においてなされた議論とその帰結を詳細に分析している。政治局は当初、革命後の資金調達を目的に北サハリン売却を検討し、検討のために設けられた小委員会は、北サハリンを日本に売却する売価によって、国交回復に伴うソ連の財政負担を減らすという政策を立案した。他方、軍部からは、日本には断固として北サハリンからの撤兵を求め、アメリカのシンクレア社との利権契約を進めることが提案されていた。ところが、交渉を実際に進めていったカラハンをはじめとする外務人民委員部参与会は、日本に必要以上の譲歩をすることには消極的であった。彼らの考える現実的な交渉方針は、利権供与を条件とした国交樹立であった。結果的に、北サハリン売却をめぐる交渉経過は、政治局決定に反して外務人民委員部がより現実的な外交政策を実施し、それが最終的に成功したものと、著者は結論づけている。

「第五章　一九二〇年代半ばにおける日ソ関係——基本的な方針・アプローチをめぐるソ連側の議論」（シュラトフ・ヤロスラブ）は、一九二五年の日ソ国交回復により本格的に開始されたソ連の対日政策を、極東政策の枠組みの中で検討し、対外政策の主要アクター、特に駐日外交官の立場を明らかにし、ソ連首脳部内の極東政策をめぐる議論を検討している。初代駐日全権代表に任命されたコップは、日ソ関係の中心は満洲問題であり、中東鉄道のソ連利権を守るためにも日ソ協調を主張した。また、コップは、カラハン駐華全権代表が促進していた馮玉祥への援助に批判的であり、張作霖の態度が反ソ化することを警戒し、満洲を不安定化すべきでないと考えた。さらに彼は、「旧条約」、すなわち日露協約の論理を利用することまで提唱した。しかし、スターリンをはじめとする共産党政治局にとって、極東においては、革命運動が広がりを見せる中国に対する政策のほうが最優先課題であり、政治局は国民党および馮への援助に賭けた。そして、帝政期の日露協約への回帰は、中国の社会におけるソ連イメージに悪影響を与えると考え、駐日ソ連全権代表の案を却下した。ソ連外交における中国革命勢力への支持と中東鉄道利権擁護のジレンマが窺えるとともに、これまでほとんど論じられなかった駐日全権代表の役割を扱った示唆に富む章である。

「第二部　一九三〇年代編」は、一九三〇年代におけるソ連と東アジアの国際政治の諸相を扱った六つの章からなる。一九三一年に勃発した満洲事変は、東アジアの国際環境を一変させた。関東軍の手によって、傀儡国家として満洲国が設立されたことは、かつてのシベリア出兵のような「日本の脅威」が迫ってくる悪夢を、ソ連指導者に抱かせるものだった。ソ連は当面、日本との摩擦を避けるべく日ソ不可侵条約の提議など対日宥和に努めたが、その一方で、極東兵備の拡充をはかり、モンゴル・新疆など満洲国周辺の地域への介入を強めた。このようなソ連の安全保障関心は、対中政策にも反映され、ソ連は中国に抗日統一戦線の形成を促す一方で、日本を刺激する過度な関与は避けた。こうして次第に対日強硬策へと転じたソ連と、日本は満洲国国境で紛争を繰り返し、幾度か深刻な軍事衝突を迎えた。第二部では、このような満洲事変以降のソ連の安全保障関心の高まりが、ソ連と東アジアの国際政治の関わりをどのように変容させていったかを論ずる。

「第六章　一九三〇年代を中心とするソ連の対モンゴル、新疆政策の類似点と相違点」（寺山恭輔）は、満洲事変以降のソ連の対モンゴル、新疆政策を比較検討しながら、スターリンのアジア外交の特徴を分析している。「日本の脅威」を前にして、ソ連はモンゴル・新疆への介入を深めていくが、両者に対する政策には、（一）親ソ派政権の確立・維持と、両地域で三〇年代に勃発した反乱を鎮圧するための派兵を含む軍事的支援、（二）国防の最前線として、戦争に備えた動員能力の向上と輸送の軍事化、（三）予算策定・流通貨幣の調整・貿易の独占的支配等、経済的影響力の強化とソ連に対する不満の除去、という三点で共通性があった。他方、相違点としては、まずソ連は、モンゴル指導者をたびたびモスクワに招き直接指示を与えたのに対して、新疆指導者の盛世才にはそのような積極的な対応は取られず、新疆よりもモンゴルの方が優先されていた。また、新疆では、イスラム教などに対して比較的寛容な宗教政策が採られたのに対して、モンゴルではチベット仏教の弾圧がなされた。これらの相違点の背景には、ソ連の衛星国としてではあるが独立支援がなされたモンゴルと、中国支配の容認がなされた新疆との違いがあった、と著者は結論づけている。

「第七章　西安事変前の張学良とソ連の接近――事変「発生」のソ連ファクター」（伊丹明彦）は、中国の抗日政策の分水嶺となった西安事変前の張学良とソ連の関係を検証する。この時期、ソ連の中国政策は蔣介石重視を基本としており、コミンテルンは中共と張学良の協力に慎重であり、折に触れて、前のめりになりがちな中共を統御しようとした。スターリンは、蔣介石と日本の妥協という事態に備えて極東政策の選択肢を少しでも多くしようと考え、中共への支援も考慮し、蔣介石重視という基本政策に支障のない範囲において張学良を懐柔しようとしていた。モスクワには、張学良の代表が滞在しており、ソ連の支援を受けていた新疆の盛世才の事例のように、有事の際にソ連から支持を受ける期待を張学良が西安事変に至るまで持ち続けたことが、事変の背景にあった。他方、ソ連が蔣介石を重視し、「中国の団結」を重視していたことは、最終的に張がソ連の意向を汲んで、蔣介石を殺害せず解放したことにもつながった、と著者は指摘している。ソ連と張学良双方の思惑がよく描かれており、示唆に富む章である。

「第八章　一九三七年の極東情勢とソ連――中ソ不可侵条約の成立過程」（河原地英武）は、日中戦争直後に締結された中ソ不可侵条約の成立過程を扱いつつ、この時期のソ連の極東政策を論ずる。日中戦争前のソ連共産党政治局の対中方針は、日本の拡張政策を抑制するために、一方では中ソ不可侵条約に向けての折衝を開始し、他方では、欧米諸国と中国、さらには日本をも組み込んだ太平洋地域条約の成立を目指すものだった。これに対して中国は、不可侵条約のような消極的なものではなく、相互援助条約という軍事同盟色の強い条約を望み、中ソ間の交渉は盧溝橋事件勃発までは開始されなかった。盧溝橋事件以後、両国は交渉を開始するが、日本を刺激する可能性のある相互援助条約にソ連は慎重な態度を貫いたため、結局中ソ不可侵条約が締結されることになった。ソ連の慎重な、しかし一貫した、中国軍を介した日本との対決路線が浮かび上がる章である。

「第九章　ブリュヘル元帥粛清から見た張鼓峯事件とソ連」（笠原孝太）は、一九三八年の張鼓峯（ハサン湖）事件を、スターリンによる赤軍の粛清が事件に与えた影響という視点から再検討している。三七年からの大粛清による人員不足や極東方面軍の改編の影響も重なり、ブリュヘルは国境紛争への十分な準備を行うことができなかった。さらに、当初の慎重姿勢によりスターリンの怒りを買い、前線では国防人民委員代理のメフリスと対立してしまった。ブリュヘルは、準備が整っていない自分の部隊が続々と投入され、精鋭の日本軍に打ちのめされている状況が軍人として堪えられず、ブリュヘルは、司令官として隷下部隊を無用な損害から守るためにメフリスの命令に抗ったと考えられるが、こうした態度がブリュヘルの粛清につながったと、著者は推論している。すなわち、ブリュヘルにとって張鼓峯事件は、国防人民委員部と内務人民委員部の恐怖を背後に感じながらの国境紛争であり、同時に政治将校から部下を守りながら日本軍と戦わなければならないという内外の敵との闘争であった。そして、ソ連にとって張鼓峯事件は、日ソ両軍の軍事衝突という一般的な国境紛争の認識にとどまらず、ソ連中枢の「政争の具」として利用された、と著者は結論づけている。

「第一〇章　ソ連から見たノモンハン事件——戦争指導の観点から」（花田智之）は、ソ連の戦争指導という観点から、ノモンハン事件（ハルハ河戦争）を再検討する。従来、ノモンハン事件は日本軍部内の中央の参謀本部と現地の関東軍との対立・軋轢という文脈で理解されることが多かったが、ソ連の戦争指導においても中央の国防人民委員部・赤軍参謀本部と現地の軍司令部との間で応戦への評価・意見の相違が存在したことや、そうした状況下でも赤軍指導部による一定の統制が機能していたことを、著者は明らかにしている。この戦いに勝利したことで、ソ連は衛星国であるモンゴル人民共和国の防衛責務を果たすことができ、東方の防衛を成功させた。さらにまた、独ソ不可侵条約により西方での安全保障を手に入れたことにより、ソ連はまさに極東での戦略的勝利と欧州での外交的勝利を獲得した。ソ連から見たノモンハン事件は、日ソ両国が全面戦争として正面衝突した戦いではなかったものの、被害の大きさや国際的衝撃の大きさを考慮すれば、まさに「宣戦布告なき戦争」と呼ぶにふさわしい戦いであった、と著者は本章を結んでいる。ノモンハン事件の巨視的位置づけを明らかにしたのみならず、ともすれば、特殊なものと見なされがちな日本の戦争指導に関する理解を深める一助ともなる章である。

「第一一章　北樺太石油・石炭利権をめぐる日本とソ連――一九三九年の交渉を中心に」（吉井文美）は、一九三〇年代に入り徐々にソ連から圧迫を受け始めた日本の北樺太石油・石炭利権をめぐる日ソ交渉を、一九三九年夏の交渉を中心に検討している。著者は現地で起きていた利権会社へのソ連の圧迫の実態が、外交交渉の場でいかに取り上げられていたのかを確認したうえで、（一）日ソ基本条約および同付属議定書（乙）、（二）利権契約、（三）ソ連の国内法規、（四）団体契約という、利権会社をめぐる多元的な取り決めの解釈や効力がいかに論じられていたのかを検討し、日ソ基本条約という条約論を持ち出して交渉に臨んだ日本と、利権問題を外交ルートで話し合うこと自体を拒みつつ、自己の法律論で応戦したソ連との交渉経緯を叙述している。在外権益は条約上保障されたものであるとともに、当該権益の位置する国内法制による制約を受けるものである。本章は、このような在外権益の持つ複雑な性格を、北樺太利権交渉を事例にしながら、検証したものとも言えよう。

本書の最後には、［史料紹介］として、「岡村二一「外相渡欧に随伴して」――記者が語った松岡外相訪欧」（解題・服部龍二）を採録した。一九四一年六月に日本外交協會から刊行された同盟通信記者岡村二一によるこの手記は、日ソ中立条約締結時の松岡洋右外相の渡欧に随行した際に、岡村の観た現地の雰囲気を再現するものであるとともに、戦後の岡村による回想記事を相対化する契機を孕んだ、貴重な史料と言えよう。

三　おわりに

このように、本書は、第一次世界大戦終結後から太平洋戦争勃発に至るまでの時期のソ連と東アジアの国際政治の諸相を、様々な角度から浮き彫りにした著作である。翻って考えてみれば、これまでの日本の戦間期国際関係史研究において、「日本の東アジア外交」や「英米と東アジアの国際政治」という主題の書物は枚挙に暇ないほど刊行されたが、「ソ連と東アジアの国際政治」というタイトルを掲げた書物は、どこにも見当たらないことに気づくであろう。この意味で、本書は、「ありそうで実はなかった」研究書であり、戦間期国際関係史研究の最大の空白地帯を埋める、挑戦の書なのである。

冷戦終焉後の新たな史料状況を背景に颯爽と学界に登場した若手研究者を中心とした本書に、冷戦期に古めかしい日ソ関係史の研究論文を執筆した筆者が序論を寄稿するのは、本書がまさに、「学問の進歩」を如実に示すものであることを、筆者が確信しているからである。本書の刊行が、新たな研究の領野を拓く契機になることを期待して、筆を擱きたい。

第一部　一九二〇年代編

第一章　張作霖とソ連の「盟約」——奉ソ協定（一九二四年）の再考

麻田　雅文

はじめに

中国とソ連の出会い

一九二二年一二月、列強の干渉を打破して建国されたソ連は、世界の嫌われ者であった。国際的な共産主義運動の高まりとは裏腹に、建国当初にソ連を承認した国家はヨーロッパではドイツだけで、ソ連の指導者たちは孤立感にさいなまれていた。

そうした中、革命が近く起こることをソ連が期待した国がある。隣国の中国である。中国における革命の主軸としてソ連に期待されたのは、二一年七月に創立された中国共産党ではない。三民主義という独自の思想を唱えながらも、ソ連との提携（連ソ容共）に傾いた孫文、そして彼の死後には蔣介石が率いた、一九年一〇月設立の国民党である。

このような背景から、一九二〇年代におけるソ連と中国の関係については、国民党と中国共産党との関係が研究の主流であった。より限定的に言えば、このふたつの政党がソ連の力で手を結んだ、「第一次国共合作」（一九二四〜二七年）に関心が集中してきた。革命によってソ連を樹立したロシア共産党（ボリシェヴィキ）が、中国でも革命勢力を支持したのは大変わかりやすいし、四九年に政権を樹立した中国共産党にとってさえも、受け入れられやすい物語である。

確かにソ連は、国民党に軍事や政治の顧問を派遣し、借款や武器を供与して、熱心に支援した。また、コミンテルンを介した中国共産党の創設により、ソ連は中国における新旧の革命勢力を取り込んだ、「革命外交」を展開していた。

しかし、その一方でソ連は、中国の正式な政府であった北京政府とも一九二四年に国交を樹立し、外交関係を持った。さらに中国各地の軍閥とも、国益のためなら関係を築くことをいとわなかった。新疆《しんきょう》省の盛世才《せいせいさい》、陝《きょう》西《せい》省の馮玉祥《ふうぎょくしょう》、そして中国東北の三省（奉天・吉林・黒龍江）を支配下に置いた張作霖《ちょうさくりん》らは、その代表例である。こうした軍閥とソ連の関係については、これまでロシア語史料にもとづいた研究は進んでいない。

例えば、一九二四年の北京政府とソ連が国交を回復させた中ソ協定については、比較的、研究が蓄積されてきた。しかし、同年秋の奉天派とソ連の間で結ばれたいわゆる奉ソ協定については謎が多い。なぜ、レーニンが孫文への支持を明確にしていたのにもかかわらず、ソ連は忌み嫌っていた張作霖と協定を結んだのか。のちに中国共産党を弾圧することになる張作霖は、なぜソ連に接近したのか。こうした疑問が浮かんでくる。

本章は、そうした謎を検証することで、知られざるソ連の対中政策に光を当て、ソ連外交の多面性を解明することに挑戦したい。そのことは、日本一辺倒の外交を展開したと思われがちな、張作霖の新たな一面も発掘するだろう。

先行研究について

もはや古典のジョージ・レンセン『呪われた遺産——ソ連と満洲の危機　一九二四～一九三五年』は、最も本章のテーマに近い著作である。[1]ソ連にとっていかに「満洲」が重要であったのかを時系列で扱ったのがこの本だ。彼がこの著作を発表してから、ソ連は崩壊して、これまで用い得なかったソ連中枢の史料が陸続と刊行された。今こそ、彼の問題意識を引き継ぎながら、新しい史料とともに中ソ関係を再検証することができる好機である。

英語圏で目につく新しい研究では、ソ連崩壊後に公開されたロシア語の文書館史料を用いて、アレクサンダー・パンツォフがソ連内部の議論について研究を深化させることに成功している。[2]一方、外交史を得意とするブルース・エルマンの著作は、北京政府とソ連の関係にも注意を払い、中国語の一次史料も利用するなど、複眼的かつ実証的な叙述に信頼性がある。[3]

中国や台湾でも、第一次国共合作を扱った研究には枚挙に暇がない。近年のものに限って言えば、李玉貞の研究は、中露の史料を活用した、今後参照されるべき労作である。[4]しかし、各軍閥とソ連の関係についての研究は手薄で、本章で論じる奉天派とソ連の関係も、その例外ではない。[5]

日本では尾形洋一が、奉天派とソ連の関係を論じた草分けである。[6]もっとも、奉ソ協定のロシア語関連史料が数多く出てきた現在、交渉の経緯についても書き換えられるべき部分がある。

ソ連でも、革命勢力を支援するソ連、というソ連の自己認識に縛られたためか、軍閥とソ連の関係はほとんど言及されることがなかった。ソ連時代に刊行された外交文書を集めた史料集にも、この奉ソ協定に関わる史料はほとんど掲載されていない。

状況が改善されたのは、ソ連が崩壊してからである。現在、外すことができないのがボリス・スラヴィンスキーの著作であろう。彼は、公開されたばかりのソ連の外交文書を活用し、中東鉄道の問題や、モンゴルの独立を中国にいかに承認させるかということこそ、当時のソ連にとって対中外交の最大の懸案事項だったことを喝破した(7)。だが当時の史料公開の関係上、ソ連の最も重要な政策決定機関である、政治局《ポリトビューロー》（後述）の文書を用いることができなかった。そのため、外交官たちに指示を与えていたソ連中枢の判断や決定は、未解明な部分が多く残されている。

政治局とは何か

ソ連は「党が支配した国家」（下斗米伸夫）であった。ソ連の国家権力の中心にあったのは、国内における唯一の合法な政党であった共産党である。党の最高意思決定機関は党大会であり、党大会の開かれていない間に、最高権威が与えられた党中央委員会から、さらに政治的な決定に責任を負う政治局が設立された。以後は政治局が、外交から軍事、経済に至るまでソ連の最重要事項を決定する最高政策決定機関となった。東アジアとの外交についても同様である。

モスクワの政治局会議には、外相にあたる外務人民委員ゲオルギー・チチェーリンが出席し、その決定がチチェーリンから北京に駐在するソ連の駐華全権代表（大使に相当）レフ・カラハンに電報などで伝えられる。現地からの報告は逆の経路をたどったが、時にスターリンはカラハンとも直接、手紙のやり取りをしている。このような形でソ連側の対中方針が決定されていたのが、奉ソ協定の結ばれた一九二四年前後の状況である。

本章では、ロシア国立社会政治史文書館が所蔵する、政治局の議事録を中心に、ソ連側から見た奉ソ協定を論じ、日中ソの勢力が錯綜《さくそう》していた満洲（現在の中国東北部）へ、どのようにソ連が関与することになったのかを明らかにしたい。

1920年代の東アジア

麻田 雅文

一　ソ連と張作霖の接近――「ハリネズミのジレンマ」（一九二三年）

軍閥の抗争とソ連の使節

通説では、一九二四年五月に北京政府と結んだ中ソ協定のあとに、ソ連は満洲を実効支配する奉天派とも協定をとげなければならず、同年九月に、急遽結んだのが奉ソ協定だとされてきた。

しかし、ソ連と張作霖は、奉ソ協定よりさかのぼること一年以上前に、すでに接近しつつあった。だが、「同盟」の環境は整っていたにもかかわらず、「ハリネズミのジレンマ」のように、近寄ろうとすればするほど、互いの利害がぶつかる、もどかしい状況に陥っていた。

その交渉の詳細を述べる前に、一九二〇年代前半の中国の政情と、カラハンが中国に赴くまでの中ソの国交樹立交渉について、簡単にまとめておこう。

皇帝にならんとした袁世凱の死後、北京政府内では内紛が激化し、二人の軍人、段祺瑞《だんきずい》率いる安徽派《あんきは》と、馮国璋《ふうこくしょう》率いる直隷派《ちょくれいは》に分裂する。この派閥の名前は、それぞれの頭目の出身地に由来している。直隷とは、現在の河北省のことである。

馮国璋は一九一九年末に病死し、直隷派は、曹錕《そうこん》と呉佩孚《ごはいふ》という、二人の軍人に引き継がれた。軍事的な才能では部下の呉佩孚が抜きん出ていたが、彼の出世に嫉妬する者は派閥の内外を問わず多かった。

北京政府の威令が内紛で及ばなくなる中、奉天（現在の中国遼寧省瀋陽市）では、一介の馬賊から身を起こした張作霖が力を蓄え、奉天派と呼ばれる一大勢力を築いていた。以後、この三派は北京政府の支配権をめぐって抗争を繰り広げる。

直隷派は、張作霖の助けを得て、一九二〇年七月にそれまで北京政府を支配していた安徽派を倒して、政権を掌握した。ところが、直隷派の呉佩孚が力をつけるのを快く思わない張作霖が、二二年四月に万里の長城を越えて決戦を挑んだ。結果、奉天派は大敗し、六月に和議を結ぶ。張作霖は満洲に引きこもり、呉佩孚の打倒に燃えつつ、地盤固めに取り組む（「保境安民」政策と呼ばれる）。これが第一次奉直戦争の帰結である。

次に、張作霖を取り巻く国際環境を見てみよう。一九一八年成立の原敬《はらたかし》内閣以来、日本陸軍は田中義一陸相のもと、満洲の実力者として台頭する張作霖への接近を深めてきた。この張作霖を「満蒙政策」の基軸に据える傾向は、原敬が二一年一一月に暗殺されてからも続き、陸軍や南満洲鉄道（満鉄）が、張作霖との関係を強化してゆく。陸軍の意向は、清浦奎吾《きようらけいご》内閣のもとで、二四年五月に外務・陸軍・海軍・大蔵省が協定した「対支政策綱領」に採り入れられた。とりわけ、その第八項の「満蒙条項」には、北満洲への進出や、張作霖への「指導」が盛り込まれている。(8) 一方で日本は、張作霖と敵対する北京政府とは次第に疎遠になる。

それでは、ソ連はどうだったのだろうか。一九一七年の一〇月革命以来、ソ連は中国との国交樹立のため、何度か交渉団を派遣していた。しかし、張作霖はその交渉相手として、モスクワでは議論のはしにも上らなかった。日本が一八年に開始したシベリア出兵で、自国を侵略された苦汁の過去を持つソ連は、日本が支援する張作霖を忌み嫌い、敵とすら認識していた。

ウラジーミル・レーニンが最も期待をかけていたのは、以前よりよく知る革命家の孫文であったが、当時の孫文は、本拠地もなく流浪していた。しかも、レーニンは二三年三月上旬の発作で半身不随となり、公人として姿を消す。孫文とレーニンの結びつきが弱まる中で、北京政府とソ連の交渉が活発化してゆく。

張作霖のソ連への接近

一方の張作霖は、第一次奉直戦争に敗れてから、ソ連との「同盟」を構想していたようだ。一九二二年一二月末、ハルビン特務機関長の浜面又助《はまおもてまたすけ》陸軍中将に、「後顧《こうこ》の患《わずらい》」を絶つためソ連と結びたい、と訴えている。張作霖の正面の敵は、北京政府を支配する直隷派であり、呉佩孚である。張作霖にとって最大の懸念は、その呉佩孚が自らの背後にいるソ連と同盟し、満洲に侵攻することであった。(9) 張作霖を日本の傀儡、と非難していたソ連であるから、呉佩孚と組んでの挟み撃ちも、あり得ない話ではない。

実際に呉佩孚は、コミンテルンの指導のもと、一九二一年七月に結成されたばかりの中国共産党と協力関係にあった。呉佩孚の政治顧問だった白堅武《はくけんぶ》と、中国共産党の指導者、李大釗《りたいしょう》が友人だったのがきっかけである。第一次奉直戦争に際しては、呉佩孚の本拠地である河南省の鄭州《ていしゅう》と北京を結ぶ京漢《けいかん》鉄道の労働者たちは、中国共産党の指導のもとで呉軍の輸送に協力し、彼の勝利に貢献している。

だが一九二三年二月七日に、呉佩孚が京漢鉄道のストライキを鎮圧したことから、協力関係に終止符が打たれた。労働者は労働組合の承認を求めて、中国共産党の指導のもとにストを始めた。しかし、呉佩孚は大規模な弾圧をした結果、五十数人が殺されたのである。(10)

ソ連が呉佩孚のライバルである張作霖に接近し始めたのは、この事件の直後である。当時の中国全権は、トロツキーの親友アドルフ・ヨッフェであるが、後述するように日本に赴いていた。その代理として中国全権を務めていた、諜報機関員のダフチャンことヤコフ・ダヴィドフが、一九二三年二月一三日に奉天で張作霖と会見した。この時、張作霖は北京でソ連側の代表と連絡を取ることを希望し、奉天派にもソ連側の「代表者」を迎え入れることを希望した。また満洲から反革命派のロシア人を追放する用意があることを伝えている。ロシア極東と隣接するこの地域で、反革命派を根絶やしにしたいソ連の歓心を買うためである。しかし、三月二六日にモスクワの

政治局は、この張作霖の提案を、「孫文の連絡があるまで」決定を延期し、その旨ダヴィドフに伝えることを決定した。(11)

なぜ孫文がここに登場するのだろうか。奉天派とソ連の接近には、孫文が深く関わっていた。ヨッフェからソ連の支援を確約された孫文は、一九二三年三月、北京政府に反対する地方政権を三度《みたび》、広東省に組織していた。孫文は国民党をソ連に倣った革命政党に改組した。さらにソ連の仲介により、中国共産党と国民党の協力関係を築いた。これが、いわゆる「第一次国共合作」である。

ここで、北の張作霖と南の孫文、それに安徽派の段祺瑞を加えた、直隷派の包囲網が現実的なものとなった(反直三角同盟)。従って、孫文の盟友であるソ連と張作霖が接近できる余地も広がっていた。

だが、ソ連と張作霖の間には、「同盟」を妨げる大きな要因があった。中東鉄道の問題である。

張作霖

交渉の争点、中東鉄道

ソ連にとって、対中政策で最も懸案となっていたのが中東鉄道の経営権である。日本では、この鉄道会社は東清鉄道、のちに東支鉄道と呼ばれた。ここで、時間をさかのぼって問題の根源を探ろう。

満洲を横断した中東鉄道は、ロシア帝国によってシベリア鉄道の一部として造られたが、一八九六年の創立からロシアと中国、そして日本との間で、多くの国際問題を惹起してきた。(12) その経営組織は、ロシア革命後にサンクトペテルブルクからハルビンに移ってきた理事会が、現地業務を管轄する管理局に指示を出す、というものである。カラハンがハルビンに到着した当時の理事会は、中国人が多数派を形成しながら、反革命派のロシア人たちとともに中東鉄道を牛耳っていた。

一九二二年、ヨッフェの使節団が中国に派遣される。彼はまず北京政府との交渉で中東鉄道に関するソ連の権利を主張したが、失敗に終わった。中東鉄道を亡命ロシア人が管理していることに抗議したヨッフェに対し、外交総長の顧維鈞《こいきん》は、一九年の第一次カラハン宣言のように、中東鉄道の無償返還を宣言するよう要請した。ヨッフェは、カラハン宣言に中東鉄道の無償譲渡は含まれていなかったと反論して、議論は平行線をたどる。(13)

ソ連の主張を認めたのは、北京政府と対立する孫文である。上海でヨッフェと会談した孫文は中ソで協定を結んで、中東鉄道の管理体制を再編することに同意し、二三年一月二六日、ヨッフェと共同声明を発した。孫文とヨッフェ共同声明の、中東鉄道に関する条項は次の通りである。

中東鉄道問題の全体は、適切な中露会議においてのみ、満足な解決が得られるものであることを認め、孫逸仙博士は当面の同鉄道の管理をめぐっては、暫定協定が望ましいことを、現実の状況は示していると考える。また、現在の鉄道管理は中露両政府の合意により、暫定的に改組されるべきであるが、双方の真の権利と特殊権益は損なわれるべきではないという点で、彼〔孫〕はヨッフェ氏に同意する。この点に関しては孫逸仙博士は同時に、張作霖将軍と協議すべきだと考える。(14)

ヨッフェはこの共同宣言を公表した日に、事の次第をモスクワへ報告する際、張作霖との協議を献言した。

中東鉄道の問題について

この点については、問題の予備的な解決に、張作霖の参加がいっそう必要とされます。この鉄道は沿海州と他のロシア〔の地方〕を結んでいますが、現在の状況ではそれは不可能になっています。中東鉄道の問題を完全に解決するまでには平和協定が必要ですし、中東鉄道の理事会は実質的には廃止にして、〔鉄道の経営を差配する〕管理局を中国とソ連の代表が共同で〔原文はイタリックで強調〕管理すればよいでしょう。[15]

だが、モスクワの考えは異なる。そのことを示すのが、政治局による一九二三年二月一六日の決定である。決裁したのはスターリンだった。

二六、外務人民委員部の提案について

以下の条件ならば、中東鉄道について、外務人民委員部が中国政府と暫定協定を結ぶ交渉に入ることを許可する。

A、中東鉄道から露亜銀行を完全に排除すること。

B、中東鉄道の理事会において、ロシア社会主義共和国連邦の任命した理事が多数を占めるのを無条件で保障すること。[16]

モスクワの指示は明確で、中東鉄道の経営陣から、後述するフランス系の露亜銀行や反革命派のロシア人を追い出して、経営の主導権を握ることにあった。ヨッフェは交渉相手に張作霖を選ぶように進言したが、政治局は張作霖と敵対する中国政府、すなわち北京政府を指名している。モスクワは、この時点では張作霖を交渉相手と見なしていなかったようだ。

それを如実に物語るのが、一九二三年五月三日の政治局の決議である。これは日本と国交樹立の交渉中で、また中国政策の抜本的な見直しを求めたヨッフェに対する返信、という形を取っている。残念ながらヨッフェの提案がどのようなものだったのかは定かではないが、政治局はアジア政策の根幹となる方針を彼に対して示した。

一、日本人たちとの上首尾な話し合いこそが主要な課題であって、中国政治に余計な波風を立ててはならない。

二、張作霖の提案についてだが、中国の革命運動に対する〔ソ連の〕道徳的威厳を損なうことがないような方策を取らねばならない。(17)

ここで言う張作霖の提案は不明である。だがモスクワは張作霖と提携することが、自身の威厳を損なうことになりかねない、と考えていたことがわかる。それは軍閥と戦う孫文を支援しつつ、中国で革命を成功させたいソ連にとって、避けるべきことだった。

カラハンの中国赴任

一九二三年一月末、北京でソ連の代表団を率いていたヨッフェが、日本との国交樹立交渉のため北京を去り、東京へ向かった。ソ連側は、ヨッフェが進めていた北京政府との国交樹立の交渉の場を、北京からモスクワに移すように提案したが、北京政府は同意しなかった。そこで、ヨッフェに代わり、北京に赴いて交渉をまとめる人物が必要になる。

外務人民委員チチェーリンは、カラハンを推薦した。「東洋の問題は、最も複雑で、最も重要で、そのうえ具体的な知識を必要とする」、という理由からだった。ハルビンで思春期を過ごし、外務人民委員代理（外務次官に相当）として、チチェーリンの片腕として活躍した経験のあるカラハンは、そのうってつけの人物と思われたのだろう。また一九一九年のカラハン宣言は、ソ連が中国におけるロシア帝国の特権を継承しないことを表明して歓迎されたので、カラハンの名は中国でも知られていたためである。[18]

一九二三年七月一六日、モスクワの政治局会議は、ヨッフェに代わってカラハンを中国に派遣することを決定した。[19] モスクワを出発したカラハンは、シベリア鉄道を経由して中国へ入ると、中東鉄道の中心都市であるハルビンで中国側の款待を受けた。張作霖は奉天から、外交官である奉天交渉使署の張《ちょう》子元《しげん》を送り、東三省歓迎委員としてハルビンで出迎えさせている。[20] 奉天派の拠点である奉天に、カラハンは八月一九日に到着し、九月一日まで張作霖と三度にわたり会談した。

ソ連外務人民委員部の幹部たち．左からリトヴィノフ，チチェーリン，カラハン．

奉天に到着したカラハンは、張作霖との協議の必要性をモスクワに訴えた。八月二七日、チチェーリンに宛てて以下のように書いている。

孫文が北京に入り、中東鉄道その他の、我々の極東にとってとても重要な、政治的・経済的な二国間の問題を解決してくれるのを待つことはできません。短期的には、こうした問題は張作霖とだけでしか解決できないでしょう。私はこの点について、ハルビンや奉天でいっそう確信するようになりました。中東鉄道の問題は張作霖と解決しなければならない、と我々がモスクワで決めたことは全く正しかった。奉天〔派〕も、中東鉄道の問題の早期解決と、我々と「友好」を築く必要性を理解しています。(21)

交渉の詳細は明らかではないが、一九二三年八月の張作霖とカラハンの直接交渉は不調に終わった。カラハンは九月二日、北京へと去る。

このカラハンとの交渉について、張作霖は日本側の了解を取り付けようとしていた。八月二一日に張作霖は、奉天総領事の船津《ふなつ》辰一郎《たついちろう》を訪ねて、直隷派の機先を制して、カラハンと中東鉄道について合意したい、と訴えた。しかし、八月二七日の日本の外務省の返答は、歓迎しかねる、であった。そのため、張作霖は船津や、参謀本部から顧問として派遣されている本庄《ほんじょう》繁《しげる》陸軍少将らを前に不満を表明し、ならば日本側が「実効の伴う援助」をするように迫った。(22) 日ソを天秤にかけることで、最大限の利益を引き出す張作霖の戦略が垣間見える。

張作霖との交渉が決裂したあとになって、モスクワの政治局は北京政府を重視する従来の方針をようやく転換する。九月六日の決定は以下の通りである。

一、もし張作霖が、〔中東〕鉄道の理事会における白衛派の理事をソ連人と入れ替えることを本当にカラハンに申し出たのならば、いかなる場合にも、理事会において同等の権利を持つ法的な協約を結ぶことを妨げない。

二、問題は理事会で同数とすることに合意できるかにかかっており、二週間の間、さらなる情報を待つ。(23)

政治局は、中東鉄道の最高議決機関である理事会で多数派を形成することを諦めた。その代わり、同数の理事を送り込むことができれば、北京政府ではなく、張作霖と合意に達することもいとわなくなっていた。おそらく、カラハンの意見具申が効いたのだろう。

一方、北京に到着したカラハンはその日の夕方には孫文に電報を送り、「新ロシアの古い友」孫文へ、帝国主義をともに打破することを呼びかけた。孫文の返信は九月一六日と翌日にカラハンへ送られている。九月一七日の孫文の電報は、北京政府の外交総長、王正廷《おうせいてい》がアメリカの影響下にあることを記し、自らが率いる広東政府と中ソ交渉に入ることを勧め、そうすればカラハンがモスクワに手ぶらで帰るのは避けられる、と説いた。資本主義の列強諸国は北京政府を利用して、ソ連に外交的な失敗をさせようとしている、とも書いている。(24)しかしカラハンはこれを無視する形で、北京政府との交渉を続けた。

だが北京政府との交渉も、やはり中東鉄道の問題をめぐって暗礁に乗り上げた。そのような中での一九二三年一〇月一一日の政治局の決定は、状況打開のためにカラハンに腹案があったことを示している。

一、中東鉄道の占領に関するカラハンの提案については、問題の決定を先送りする。

二、提案に則って軍を編成した場合、どのような作戦計画を彼は提案するのか、またどの程度望ましい結果をもたらすことができるのか、そして我々にとって新しい戦線を作り出すのにふさわしい、張作霖の挑発を引き起こすことができるのか、カラハンに問い合わせること。(25)

どうやらカラハンは、張作霖を挑発することで赤軍を中東鉄道の占領へと派兵させ、問題を武力で解決するよう、モスクワの政治局に提案したようである。

確かに一〇月中旬から、中ソ国境へソ連が兵力を集中している、という情報が日本の外交文書にも頻繁に出てくる。一例をあげよう。在ウラジオストク総領事館の渡辺理恵《わたなべりえ》総領事代理は、一〇月二二日に沿海州のニコリスク・ウスリースキー（現在のニコリスク）を訪れた際に、ソ連の軍隊が集結している様子を目にしている。また軍人たちの目付け役として、共産党から赤軍へ派遣されている政治委員《コミッサール》が行ったという、以下の演説を書き留めている。

> 日本は震災後〔一九二三年九月一日の関東大震災〕の復興に没頭し、支那《しな》は内乱に苦み《ママ》、共に何等《なんら》為す能《あた》はざれば、此《この》好機会を利用し、東支鉄道〔中東鉄道〕を取戻《とりもど》し、白軍〔反革命派のロシア人〕残党を駆逐し、満州、朝鮮を通じて大陸に於ける日本の帝国主義政策を打破せざる可《べか》らず。之《これ》が為《ため》には、挑戦は吾人《ごじん》〔我々、の意〕に取りて最も有利なる条件なり。[26]

しかし結局のところ、中東鉄道はソ連によって占領されることはなかった。モスクワはカラハンの提案を検討したものの、国境付近での動員にとどめたということだろう。

カラハン宣言もあって、これまでの研究では穏健派と見なされてきたカラハンであるが、この後も外交交渉が行き詰まると、武力行使をためらいなく提案する武闘派の一面もあったことは指摘しておきたい。

二　奉ソ協定の妥結（一九二四年）

中ソ協定（北京協定）の締結

奉天派との交渉が止まる間に、カラハンは北京政府との交渉妥結に成功している。それには、彼自身の尽力のみならず、ソ連を取り巻く国内外の環境の変動が大きく作用していた。

ソ連国内に目を向けると、一九二四年一月二一日にレーニンが死去している。また同年一月の第一三回共産党協議会において、党内の主流派とトロツキー派の抗争は、後者の敗北で決着した。この結果、中東鉄道の経営に参加するのに賛成していたスターリンが台頭する。それはスターリンと近しい関係にあったカラハンにとって、モスクワに後ろ盾を得たことを意味した。

国際面では、一九二四年二月にイギリスがソ連を承認し、ソ連の国際的地位が上昇した。一方、北京政府は軍閥間の相次ぐ内戦によって弱体化していた。

このような状況のもとで、北京政府の外交総長、王正廷はカラハンに譲歩し、一九二四年三月一四日に中ソ協定が仮調印された。三月一五日、モスクワの外務人民委員部は、北京政府がソ連を承認する、という通報を受け取った。しかし、翌三月一六日、王正廷が署名した協定の批准を北京政府は拒否する。協定の仮調印を知った各国の外交団が強い圧力をかけたためで、北京政府は王正廷を解任し、批判をかわそうとした。

協定締結の延期に、当時、北京政府の中枢から遠ざけられていた呉佩孚も憤慨し、抗議した。だが列強、ことにフランスは全力で中ソ協定を妨害する。当時、中東鉄道の経営を牛耳っていた露亜銀行は、もともとの名を露仏銀行といい、当時もフランス政府の強い影響下にあった。そのため、中東鉄道をみすみすソ連の手に渡すこの協定に、フランスは反対したのである。

仮調印直前の一九二四年三月一二日、フランス大使館は、「中東鉄道および露亜銀行の特別な地位」について北京政府の注意を喚起し、この鉄道の利権を法的に所有する者の同意なくして、中東鉄道の地位に変更を加えれば、露亜銀行の利益や、その株主と債権者の擁護に鑑み、フランス大使館およびその他の大使館が即刻抗議する、と記した口上書を北京政府に送った(27)。

交渉が難航する中、モスクワの政治局はふたたび武力行使を検討する。一九二四年二月二六日には、「軍事的なデモンストレーション」のために、赤軍の指導機関である革命軍事評議会に装甲列車の準備を命じた(28)。また北京政府との「合意を容易にするため」、軍事介入の準備にとりかかることを三月六日に決定している(29)。さらに、現地の政情と軍事情勢を調べるために、ハルビンに調査員を送ることも同じ日に決めている。

そして三月一七日に政治局は、介入を準備する委員会を立ち上げ、極東の軍管区や党人たちからその委員を抜擢するとともに、外務人民委員チチェーリン、陸海軍人民委員ミハイル・フルンゼ、交通人民委員ヤン・ルズタクの三名を委員会の責任者に任命した(30)。

これは、中国を軍事的に威嚇してでも、この交渉をまとめあげる決意を示している（ちなみに、この委員会は北京政府との交渉がまとまったあとの五月八日に、政治局の決議で解散した(31)）。

軍事的な威嚇が「鞭《ムチ》」であるなら、交渉を進めるための「飴《アメ》」も用意された。カラハンの提案にもとづいて、三月二〇日の政治局会議は、「政治工作のため」五〇万ルーブルの現金、ライフル銃一万丁、「かなりの数」の大砲を送るよう、陸海軍人民委員のフルンゼに命じている(32)。

臆測にとどまるが、これは北京政府の要人たちへの賄賂だったのではないか。その傍証として、前年に呉佩孚の部下たちがシベリアを訪れ、ソ連側に武器を要求していたことを示す史料がある。以下は一九二三年一一月二四日に、スターリンがソ連の極東地方を統括する極東局のニコライ・クヴァークに送った電報の全文である。

この提案を行った面々が信頼できるのなら、チチェーリンは、金や他の対価と引き換えに、武器を引き渡してもよいと考えている。中央委員会としては、呉佩孚から遣わされた三〇名の中国人の将軍や将校たちの詳しい情報や姓名を伝え、彼らの希望が真剣なものかどうか調べ、そのうえでモスクワからの指示を待つよう、貴殿にお願いする。このことについてはカラハンにも知らせる必要があるし、我々にも同様に、遅滞なく知らせて欲しい。(33)

内戦を繰り返していた中国の軍閥が、武器を欲するのは自然だろう。他方で内戦が終結したばかりのソ連は、武器の在庫を抱えていたから、双方にとって好都合な取引であった。

話を一九二四年の中ソ交渉に戻す。交渉はソ連側の働きかけと中国の民意に押される形で再開され、五月三一日に「中国とソ連邦の間での諸問題解決の大綱」で両国は国交を樹立した。同日には「中東鉄道の暫定管理についてのソヴィエト連邦と中華民国の協定」にも顧維鈞とカラハンが調印した。この協定により、中東鉄道の経営は北京政府とソ連の共同経営に移行し、露亜銀行の株主としての地位は言及されずに、フランス勢力は排除された。

奉天派との水面下での交渉再開

北京政府と交渉を進める最中にも、中東鉄道については、満洲を支配する張作霖を無視できないのはモスクワも認識していた。一九二四年三月二〇日の政治局決議の付属文書「ロシア共産党中央委員会の極東に関する追加指示」が、張作霖について言及している。

我々が中東鉄道へ参入することを張作霖はどう思っているのか、完全に明らかにしなければならない。彼は北京条約の中東鉄道をめぐる条項の何に立腹しているのか。そしてそれは、北京政府の意向に反対し、中東鉄道に手を伸ばす日本や他の資本主義諸国の要望を反映したものなのかどうか(34)〔後略〕。

この頃、ソ連側にとって都合がよいことに、張作霖からカラハンに接触してきた。中ソ協定の調印後にカラハンが日本の北京公使館員に語ったところによれば、張作霖は北京との交渉が進んでいる中で、東北の問題だけでも協議したい、と持ちかけてきたという。そのため、四月一〇日、ソ連側の代表者としてミハイル・ボロジンが交渉のため奉天に到着している。(35)

中国に派遣された中でも、ボロジンはカラハンと並ぶ重要人物である。スターリンの提案により、ボロジンを孫文の政治顧問として任命することを政治局が決定したのは、一九二三年七月二三日であった。(36)カラハンの中国赴任に付き添った彼は、奉天で張作霖と面識を持ったようだ。そして同年一〇月に孫文のいる広州に到着した彼は、国民党と中国共産党の合作を進め、国民党の改革に精力的に取り組んだ。その彼が奉天へ派遣された理由は、まず、すでに張作霖とカラハンの交渉について熟知していたことと、ともに直隷派を敵とする孫文と張作霖の同盟を固めるためであったのだろう。

モスクワは、カラハンとボロジンを用いて、張作霖と北京政府、双方の交渉を同時進行させる。政治局は一九二四年四月一七日、カラハンが張作霖と協定を結ぶ条件を決議する。まず、中東鉄道に関するソ連の全ての権利と財産について条文化されること。第二に、ソ連側が松花江の航行権を放棄する代わりに、中国人の航行権もアムール河下流については放棄される場合に限る、などである。(37)

ボロジンは五月末まで張作霖との協議を続けた。この結果、奉天派にとって有利な協定の草案が作られた。しかし一九二四年五月三一日にカラハンが北京政府と中ソ協定を結んだことで、張作霖との話し合いは物別れに終わる。(38)カラハンの指示でボロジンは北京へと戻り、広州へ帰任した。別れ際、張作霖はボロジンにこう言った。北京政府が結んだ中ソ協定は、「ソ連政府が中国人民へ誠意を示す立派なもの」であるが、従うことはできない。

なぜなら、協定に従うことは「呉佩孚に従うことを意味するからだ」[39]。

中ソ協定の締結に、張作霖が不満なのをカラハンは知る。そこで六月六日、顧維鈞との会談でカラハンは次のように尋ねた。「満洲政権がこの協定を認めないつもりだ、というのは本当でしょうか。顧維鈞は、その件については聞いていない、と言った。カラハンは、中国政府は〔中ソ協定の締結について〕各省に通達するのであれば、東三省にも通達するのでしょうか、と尋ねた。顧維鈞は、東三省を含め全省に通達する、と答えた」[40]。

顧維鈞は、奉天派の反対を軽く見ていた。六月一三日の会談で、顧維鈞は以下のようにカラハンへ述べた。協定を結ぶよりもだいぶ前に「満洲政権」、すなわち奉天派と連絡を取っていたことがある。彼らは協定には反論しなかったものの、二、三点について不満げであった。だが中央政府としては、早期の協定締結を重視して、そうした点については会議で取り上げればよいという立場であった、と。

しかしカラハンは、「外交総長は現実の状況よりも、ずいぶんと楽天的でいらっしゃる」、と皮肉を述べ、奉天派の抗議を封じるため、北京政府に解決案を提示して決断を求めた。以下は英文の会議録からの直訳である。

ひとつは、中国政府にとって最も望ましくないことでしょうが、満洲〔奉天派〕に対して軍事力を用いることです、と彼〔カラハン〕は述べた。彼が言うのは戦争の脅しをしかけることで、満洲に対して動員をかけることである。ロシア側も似たような演習を行うとのことだ。しかし彼は、この計画は中国の立場からすれば都合のよいものでない、と考えている。それゆえ、彼は第二の案を提示した。彼は、〔ソ連が〕中東鉄道や他の二、三の小さな問題について満洲と別の協定を結ぶことを提案した。この協定は北京で結ばれたものと違うものである必要はないと言う[41]。

奉天派とソ連が協定を結ぶ第二案に、中国は内政的には分裂しているものの、外交は不可分だ、と顧維鈞は強く反発している。しかしカラハンは、北京政府が奉天派を説得するために送った特使も失敗することになるだろう、と予言して、北京政府への不信感を隠そうともしなかった。

奉天派が中ソ協定に反対していることは、奉天派と別の協定を結ぶことをカラハンに決意させる。一九二四年六月一六日にチチェーリンに送った手紙では、「奉天での仕事を終わらせるには、一週間以上か一〇日ほどかかるでしょう」、と楽観的であった。しかし、奉天派との交渉はそのように簡単には終わらない。(42)

奉ソ協定から第二次奉直戦争へ

張作霖との交渉は、彼と敵対関係にある北京政府には極秘とされた。そのため、北京にいるべきカラハン自身が奉天へ行くことはできない。またボロジンは広州で孫文を助ける仕事で多忙を極めていた。そこで、カラハンの意を受けて奉天に送り込まれたのが、外交官のクズネツォフである。残念ながら、彼がどのような人物かは定かではない。一方、張作霖は鄭謙《ていけん》（張作霖の秘書長）、呂栄寰《りょえいかん》（奉天省議会副議長）を交渉に当たらせた。

六月二三日のカラハンからチチェーリンへの手紙によれば、カラハンがクズネツォフに渡した草案は中ソ協定とほぼ同じ文面であった。だが二点だけ、中ソ協定と異なる、奉天派に有利な条件を盛り込んだ。

第一に、航行権についての条文である。これは、満洲を流れる松花江の航行権で、ロシア革命前にはロシア人もこの河を航行していたが、革命後には中国側が独占するようになっていた。カラハンは中ソ協定でふれなかったこの問題を、奉天派との協定に盛り込んだ。

第二に、中東鉄道が中国側に無償譲渡される期限を、一八九六年の敷設契約では八〇年後だったのを、六〇年後に短縮することだった。カラハンはチチェーリンに、「これは我々にとってたいした意味のないことです」と書いている。しかし、こうした好条件を並べても、奉天派はなかなか首を縦にふらなかった。(43)ようやく奉天派と条文の交渉が終わり、あとは批准の方法などについて話し合っていることを、カラハンがチチェーリンに手紙で報告したのは、七月二八日である。(44)二カ月近くを要したことになる。この頃には、張作霖も条約の妥結に焦りを見せていることを、八月三日に張の顧問である本庄が、上原勇作陸軍元帥に書き送っている。

東三省に関する細目協定の実施に当たりては、之《これ》に依《よ》りて、露国と北京に関係なく握手し、万一奉直《ほうちょく》有事の際、過去東支線〔中東鉄道〕に高士賓《こうしひん》が騒擾せしが如き事なからしむる丈《だけ》の用意は為《な》さざる可《べか》らずとの意嚮《いこう》にて、多少焦り気味に有之。(45)

右に出てくる高士賓とは、二年前の第一次奉直戦争の際、北京に進撃する張作霖の背後を襲った軍人である。彼は張作霖が吉林省を手に入れた一九一九年に、吉林を追われたことで、張に恨みを抱いていた。高士賓は呉佩孚と手を結ぶと、ロシアの沿海州と中国との国境の駅ポグラニーチナヤを占領し、吉林省の軍隊を追い払った。結局、二二年五月二六日に始まった反乱は、六月三日に高士賓が張作霖に敗れて終わり、高はロシアの沿海州に亡命した。(46)

この苦い経験から、張作霖はそのような動きを封じようと、北にあるソ連と手を結んだうえで、次こそ北京政府に雪辱を果たそうとしている、というのが本庄の見立てである。

だがモスクワの政治局は八月七日に突然、張作霖との交渉打ち切りをカラハンに指示することを決議した。

一、政治局は、北京政府との間に結んだ条約を変更することはできない。それゆえ、政治局は奉天との間の個別協定について調印も批准も拒否する。

二、北京条約〔中ソ協定〕を確実に遵守するように、奉天へ圧力をかけるための共同行動につき、北京政府と方策を立てるよう、カラハンに伝えること[47]。

このような反転に際して、政治局内でどのような議論があったのか、詳細は不明である。だがこの前後に、北京政府がモスクワに派遣していた外交官の李家鏊《りかごう》が、ソ連が張作霖と協定を締結するのに反対する旨を、しきりにチチェーリンに説いていたことは無視できない[48]。モスクワの決定にカラハンは強く反発する。八月一一日のチチェーリンへの手紙では、次のように述べた。

あなたが奉天との協定に反対し、中東鉄道の問題は中央政府と解決しなければならない、と決めた時よりも、〔奉天派との〕会議を開催しない限り中東鉄道の問題は解決できないだろう、という考えを、今私はさらに確信しています。このこと〔奉天派との協定の締結〕は北京政府に圧力を加える、よい方法になるでしょう[49]。

なぜ北京政府に圧力をかけなければならないのか。その根底には、中東鉄道の状況をめぐる、カラハンの危機感があった。八月一二日の顧維鈞との会談で、カラハンはとりわけ中東鉄道を重視する発言を残している。「中東鉄道の問題は別格で、他と比べられるものではない。この問題は世界中の耳目を集めている。すでに〔中ソ協定の締結から〕二カ月半もの間、「白系」〔反革命派のロシア人〕がいまだに中東鉄道の経営に携わっているのは耐えられない、と彼〔カラハン〕は述べた[50]」。

八月二五日のチチェーリン宛の手紙でも、「オストロウモフ〔反革命派の中東鉄道管理局長〕が奉天と癒着し、我々が中東鉄道のおこぼれにのみあずかる日は、刻一刻と近づいているのです」、「北京〔政府〕を通じて、我々が中東鉄道を獲得できることはない」と危機感をあおっている。[51] 多少、ソ連にとって不利な条件でも、中東鉄道の経営へ一刻も早く参入し、反革命派のロシア人を排除する。それがカラハンの悲願だった。彼はモスクワの反対を押し切り、奉天派との交渉を進めた。

ついにモスクワも折れた。八月一四日、政治局はチチェーリンとルズタクの提案を採用した。中東鉄道を無償で中国に返還するのを、カラハンが提案するように、八〇年後から六〇年後に短縮する、と決める。ただし、北京政府の同意を得ること、そして中国との他の全ての協定は、中東鉄道が引き渡されるまで締結しない、という条件つきである。[52]

最終的には一九二四年九月一一日、政治局はカラハンに張作霖との協定調印を許可した。[53] こうして奉ソ協定が結ばれる（章末史料）。ソ連を代表してクズネツォフが、「中華民国東三省自治政府」を代表して鄭謙、呂栄寰、鍾世銘《すいせいめい》（奉天交渉署長）が調印した。

北京政府と結んだ中東鉄道の暫定管理協定と奉ソ協定には、共通点が多い。例えば、両協定は中東鉄道を商業用の鉄道と規定し、沿線における中国の主権を認めている。だが子細に比べると、奉ソ協定のほうがより利権の回収に成功していることに気づかされる。特に、中東鉄道が無償譲渡されるのを、六〇年に短縮させているのは注目すべきだ。買い戻しの協議も明記しており、沿線の主権についても、北京政府との協定より細かく明記している。

奉天派は、北京政府よりも有利な協定の締結に成功した。張作霖は奉天のイギリス領事に、北京政府が結んだものよりも条文はより好ましいものだ、と奉ソ協定を結んだ九月下旬に力説した。[54] また協定が調印された九月二二日には、日本の軍人に以下のように語った。

張作霖は菊池少将〔菊池武夫、奉天特務機関長〕に対し、「東支鉄道〔中東鉄道〕に関し露国側と協定成立したるは事実にして、本二二日調印を了し、条件は我に有利なり。今は露国側は我と良し」云々《うんぬん》と語り自慢気味なりし。(55)

北京政府は奉ソ協定について、ソ連へ強く抗議した。しかし、すでに抗議どころではなかった。奉ソ協定に先立ち張作霖が直隷派に宣戦布告してきたためだ。

ソ連と奉天派の交渉が大詰めを迎えていた一九二四年九月三日、安徽派と直隷派との間で、上海をめぐる戦争が勃発した。安徽派と同盟関係にあった張作霖は、翌日に奉天派の幹部を招集し、ただちに出兵する決意を披露した。敵は直隷派の曹錕と呉佩孚である。万里の長城を越えた奉天派は全軍を繰り出し、曹錕があわてて洛陽から呼び戻した呉佩孚の部隊と、一進一退の攻防を繰り広げた。(56)

このとき、直隷派も奉天派も、日本へ援助を要請していた。その際に張作霖は、北京政府はソ連に接近し、孫文もまた半ば以上、ソ連の影響を受けている(赤化)、と吹き込んだ。確かにそれらは事実であったが、張作霖は自身も奉ソ協定を結んだことを棚に上げている。

日本は表向きには不干渉の態度を取ったが、張作霖が敗北すれば、日本の「満蒙」における権益が脅かされると考えた陸軍が裏で工作を進め、モンゴルの南を地盤とする軍閥、馮玉祥を奉天派に寝返らせて北京を占拠させ、呉佩孚の背後を窺わせた(北京政変)。挟撃された呉佩孚は敗走し、第二次奉直戦争は奉天派の大勝に終わる。(57)

この戦争は、ソ連とは奉ソ協定を結んで背後を固め、日本にはソ連の脅威を耳打ちして、直隷派の裏をかかせた張作霖が、巧みな戦略により勝利したと言えよう。

こうして北京政府を牛耳ることになった張作霖には、この戦勝に際して、彼への「貸し」を作った日本とソ連の圧迫が待ち受けているのだが、それはまた後の話である。

おわりに

奉ソ協定が結ばれてまもない一九二四年一〇月七日、ソ連の新聞『イズヴェスチヤ』で、カラハンはこの協定を結んだ経緯を国民に向けて説明している。

それによれば、北京政府と中東鉄道に関する中ソ協定を結んだにもかかわらず、張作霖が中ソ協定を否認し、効力を持たなかったため、奉ソ協定が必要になったという。そのため、六月一三日に顧維鈞に、張作霖に中ソ協定をのませるか、ソ連が張作霖と新たな協定を結ぶか、の二者択一を迫った。北京政府は張作霖に中ソ協定をのませるため、使者を派遣したが効果はなかった。八月一〇日にモスクワから新たな指示を受けたカラハンは、顧維鈞に張作霖と交渉を始めることを通告する。大まかに言えば、奉ソ協定は中東鉄道の経営に参入するため結んだものだ、という趣旨である。(58)

カラハンの説明は、巧みに脚色されている。一九二〇年代前半に、モスクワの政治局は、中国の正式な政府である北京政府との協定締結を優先させて外交交渉を進めていた、というのはその通りだ。しかし同時に、張作霖とも一九二三年から一年近くかけて裏で交渉を進めていた。だが奉天での交渉が難航したために、北京政府と先に交渉を妥結させた、というのがより実態に近いだろう。

モスクワは孫文を支援しつつも、彼の広東政府を正式に承認するよりは、中東鉄道への経営参加を最優先して、北京政府や張作霖との協定締結もやむなしと考えた。当時のソ連にとっては、「革命外交」より中東鉄道の獲得こそ対中政策の最重要課題だった、と位置づけられる。

こうした外交路線を進言していたカラハンは、どちらの協定締結についても最も大きな役割を果たした。是が非でも中東鉄道の経営権を手に入れたい彼は、張作霖や北京政府と協議を遂げるためには、武力を用いることもモスクワに進言したし、しばしば、モスクワの指示すら逸脱した。『イズヴェスチヤ』の記事で、彼はこう書く。

中東鉄道の権利をソ連が回復したことは、中国との経済的・政治的な友好に向けて、新しい地平を開くものだ。今ソ連は極東に強固な基盤を築き、かつて帝国主義諸国が我々から奪い去ろうとした、重要な地位を占めるようになった。[59]

張作霖と同様、カラハンもまた、協定の締結に満足していたことが窺える。

最後に、奉ソ協定をソ連と東アジアの国際政治史の大きな流れの中に位置づけてみよう。

ソ連は北京政府や奉天派と協定を結んだことで、中東鉄道を軸に、満洲の北半分に深く関与するようになる。さらにソ連は国民党や中国共産党などのチャンネルも使って、中国を自国に引き寄せようとしていた。それはアジアの強国、日本との潜在的な敵対関係がシベリア出兵以来継続していた一九二四年には、有効な戦略と考えられたのだろう（日本との国交樹立は二五年一月）。

しかしソ連は、第二次奉直戦争に勝利して、北京政府を支配するようになった張作霖と、中東鉄道をめぐって紛争が絶えないようになる。それゆえ、彼を打倒するために国民党と中国共産党への支援を厚くし、ついには一九二六年に開始される、北京政府打倒のための軍事遠征「北伐」を援助する。[60]

このように、一九二〇年代の中国は日本とソ連の間で揺れ動いていたわけだが、その始点となったのは、一九二四年の中ソ協定と奉ソ協定と言えよう。

史料

奉ソ協定(61)（抜粋）

第一条　中東鉄道

締結した両政府は、中東鉄道に関する問題を次のように解決することで合意した。

一　締結した両政府は、中東鉄道の直接の管理下にある運行関係の事業を除いて、中華民国の中央政府と地方政府が関係する他の全ての事業、すなわち裁判業務、住民行政、軍事業務、警察、市政、税金、土地管理（中東鉄道自身が所有するものは除く）は、全て中国官憲の管理下にあることを宣言する。

二　一八九六年八月二七日（九月八日）の中東鉄道の敷設と操業に関する契約第一二項に定められた期限は、八〇年から六〇年に短縮し、この期間満了後、中国は無償で鉄道とその財産を管轄下に入れる。

この点につき、締結した両政府は前記の期間（六〇年）をさらに短縮するため協議できる。

ソヴィエト社会主義共和国連邦政府は、この協定の調印の日から、中国は中東鉄道を買い戻す権利があることに同意する。買い戻しにつき、締結した両政府は、中東鉄道に実際に投資された価格と、中国資本によって買い戻される公正な価格を明確にする。

三　ソヴィエト社会主義共和国連邦政府は、一九二四年五月三一日に中国とソ連邦の間での諸問題解決の大綱第四条にもとづいて、中東鉄道株式会社の諸責務の問題について解決する委員会を、両国で設立することに同意する。

四　締結した両政府は、将来の中東鉄道についてはソヴィエト社会主義共和国連邦政府と中国政府の間のみで決定し、いかなる第三国、または第三諸国も排除されるのを、互いに認める。

五　一八九六年八月二七日（九月八日）の中東鉄道の敷設と操業に関する契約は、本協定から四カ月間の間に、締結した両政府の委員会で全て再検討しなければならない。両政府の再検討までは、本協定と対立せず、また中国の主権を侵害しない限り、この契約は有効である。

六　中東鉄道に関する諸問題の検討と解決のため、一〇名からなる理事会を設け、そのうち五名はソ連邦政府が、五名は中華民国政府が任命する。
中華民国政府は、中国人理事より経営責任者となる理事長一名を選出する。

ソヴィエト社会主義共和国連邦政府は、ソ連人理事より副経営責任者となる副理事長一名を選出する。

議決に要する定数は理事七名で、理事会の全ての決議は六名以上の理事の承認を必要とする。

経営責任者と副経営責任者は理事会を共同管理し、理事会の全決議を決済する。

経営責任者か副経営責任者が不在の場合は、関係政府が他の理事を経営責任者か副経営責任者の代行者に任命する権利を有する（経営責任者は中国人理事より一名、副経営責任者はソ連人理事より一名とする）。

（1）George A. Lensen, *The Damned Inheritance: The Soviet Union and the Manchurian Crises, 1924-1935* (Tallahassee: Diplomatic Press, 1974).

（2）Alexander Pantsov, *The Bolsheviks and the Chinese Revolution, 1919-1927* (Honolulu: University of Hawai'i Press, 2000).

（3）Bruce A. Elleman, *Diplomacy and Deception: The Secret History of Sino-Soviet Diplomatic Relations, 1917-1927* (Armonk, NY: ME Sharpe, 1997). 彼は、蔣介石の上海クーデターで追い詰められた中国共産党が暴発した南昌《なんしょう》起義《きぎ》と、ソ連の関係を解明する著作も近年発表している。Bruce A. Elleman, *Moscow and the Emergence of Communist Power in China, 1925-30: The Nanchang Uprising and the Birth of the Red Army* (London: Routledge, 2009).

（4）李玉貞『国民党与共産国際（一九一九—一九二七）』（人民出版社、二〇一二）。

（5）托托『張氏父子与蘇俄之謎』（遠方出版社、二〇〇八）という著作もあるが、張作霖の爆殺を息子の張学良の犯行とするなど、堅実な史料の読解と言うよりは、奇《き》を衒《てら》った読み物である。

（6）尾形洋一「カラハン在勤時期の東省鉄路——一九二三—一九二五年」安藤彦太郎編『近代日本と中国——日中関係論集』（汲古書院、一九八九）。

（7）おもにソ連の外務人民委員部の未公刊史料を分析したその論考は、日本語でも翻訳されている。ボリス・スラヴィンスキー、ドミートリー・スラヴィンスキー（加藤幸廣訳）『中国革命とソ連——抗日戦までの舞台裏　一九一七—三七年』（共同通信社、二〇〇二）。

（8）川島真、服部龍二編『東アジア国際政治史』（名古屋大学出版会、二〇〇七）一二二頁。

（9）尾形「カラハン在勤時期の東省鉄路」二一七頁。
（10）北村稔『現代中国を形成した二大政党——国民党と共産党はなぜ歴史の主役になったのか』（ウェッジ選書、二〇一一）四一～四二、四七頁。内田知行「国民革命の展開と南京国民政府の対応」濱下武志編『世界歴史大系 中国史（五）清末—現在』（山川出版社、二〇〇二）一四九頁。
（11）*VKP (b), Komintern i natsional'no-revoliutsionnoe dvizhenie v Kitae. Dokumenty*, vol. 1 (1920-1925) (Moscow, 1994) pp. 215-216.
（12）中東鉄道の詳細は以下を参照。麻田雅文『中東鉄道経営史——ロシアと「満洲」一八九六—一九三五』（名古屋大学出版会、二〇一二）。
（13）西村文夫「東支鉄道をめぐるソヴェト外交——一九一九年のカラハン宣言と東支鉄道処理問題」『月刊共産圏問題』一〇巻一〇号（一九六六）七三頁。
（14）深町英夫編訳『孫文革命文集』（岩波文庫、二〇一一）三二四頁。
（15）*VKP (b), Komintern i natsional'no-revoliutsionnoe dvizhenie v Kitae*, vol. 1, p. 203.
（16）RGASPI, f. 17, op. 3, d. 336, l. 6.
（17）RGASPI, f. 17, op. 3, d. 349, l. 1.
（18）ソビエト連邦科学アカデミー極東研究所編（毛里和子、本庄比佐子訳）『中国革命とソ連の顧問たち』（日本国際問題研究所、一九七七）一一～一二頁。
（19）RGASPI, f. 17, op. 3, d. 365, l. 1.
（20）「カラハン氏の歓心を得て諸問題を有利に解決せんとする張作霖氏の魂胆」『大阪毎日新聞』一九二三年八月一二日。
（21）*Perepiska I. V. Stalina i G. V. Chicherina s polpredom SSSR v Kitae L. M. Karakhanom: Dokumenty, august 1923g.-1926g.*（*Perepiska I. V. Stalina i G. V. Chicherina* と以下では略記）(Moscow, 2008) p. 67.
（22）尾形「カラハン在勤時期の東省鉄路」一七二頁。
（23）RGASPI, f. 17, op. 3, d. 379, l. 2.
（24）周谷『孫中山與第三国際』（大地出版社、一九九七年）五七～六〇頁。

(25) RGASPI, f. 17, op. 3, d. 387, l. 1.

(26) 外務省編『日本外交文書』大正一三年第一冊（外務省、一九七八）五四二頁。

(27) 中ソ協定の交渉の経緯は以下を参照。唐啓華（平田康治訳）「一九二〇年代の中露／中ソ関係」『岩波講座　東アジア近現代通史（四）』（岩波書店、二〇一一）二五五〜五六頁。スラヴィンスキー『中国革命とソ連』九一頁。

(28) RGASPI, f. 17, op. 3, d. 421, l. 1.

(29) RGASPI, f. 17, op. 3, d. 424, l. 2.

(30) RGASPI, f. 17, op. 162, d. 1, l. 39.

(31) RGASPI, f. 17, op. 3, d. 436, l. 2.

(32) RGASPI, f. 17, op. 162, d. 1, l. 40.

(33) RGASPI, f. 558, op. 11, d. 31, l. 139.

(34) RGASPI, f. 17, op. 162, d. 1, l. 45.

(35) 尾形「カラハン在勤時期の東省鉄路」一七六頁。

(36) RGASPI, f. 17, op. 3, d. 369, l. 6.

(37) RGASPI, f. 17, op. 3, d. 433, ll. 1-2.

(38) 尾形「カラハン在勤時期の東省鉄路」一七七頁。

(39) O. S. Artem'eva, KVZhd i Mykdenskoe soglashenie: novye materialy, *Problemy Dal'nego Vostoka*, 2012, no. 1, p. 129.

(40) 「商談關於東路俄領館及俄國教堂等事」中央研究院近代史研究所档案館所蔵北洋政府外交部档案、史料番号〇三－三二－四九四－〇一－〇〇一。

(41) 「晤談奉天拒絶承認中俄協定大綱事」中央研究院近代史研究所档案館所蔵北洋政府外交部档案、史料番号〇三－三二－四九四－〇一－〇一二。

(42) Artem'eva, KVZhd i Mykdenskoe soglashenie, p. 129.

(43) Artem'eva, KVZhd i Mykdenskoe soglashenie, p. 129.

(44) *Perepiska I. V. Stalina i G. V. Chicherina*, p. 287.

(45) 上原勇作関係文書研究会『上原勇作関係文書』（東京大学出版会、一九七六年）四三四頁。
(46) 参謀本部編『西伯利出兵史——大正七年乃至十一年』下巻（新時代社、一九七二）一三七一頁。
(47) RGASPI, f. 17, op. 162, d. 1, l. 24.
(48) *Perepiska I. V. Stalina i G. V. Chicherina*, pp. 301-302.
(49) *Perepiska I. V. Stalina i G. V. Chicherina*, p. 310.
(50) 「關於奉俄協定簽字及中俄開會日期事」中央研究院近代史研究所档案館所蔵北洋政府外交部档案、史料番号〇三–三二–四九四–〇一–〇一七。
(51) *Perepiska I. V. Stalina i G. V. Chicherina*, pp. 318-319.
(52) RGASPI, f. 17, op. 162, d. 1, l. 25.
(53) RGASPI, f. 17, op. 3, d. 462, l. 2.
(54) National Archive, Kew, Foreign Office, 228/2780, Ronald Macleay to Foreign Office, 26 September, 1924.
(55) 外務省編『日本外交文書』大正一三年第二冊（外務省、一九八一）七三三頁。
(56) 杉山祐之『覇王と革命——中国軍閥史 一九一五—二八』（白水社、二〇一二）一三〇頁。
(57) 加藤陽子『天皇の歴史（八）——昭和天皇と戦争の世紀』（講談社、二〇一一）一六五〜六六頁。
(58) *Dokumenty vneshnei politiki SSSR*, vol. 7 (Moscow, 1963) pp. 476-478.
(59) Ibid., p. 478.
(60) 麻田雅文『満蒙——日露中の「最前線」』（講談社選書メチエ、二〇一四）。
(61) 本協定は七条よりなり、本書では第一条の一部のみ、以下のロシア語原文から訳出した。*Sovetsko-Kitaiskie Otnoshenia, 1917-1957: Sbornik Dokumentov* (Moscow, 1959) pp. 94-96. 訳出に際しては、以下も参考とした。中島宗一『南満洲鉄道株式会社関係条約集』（南満洲鉄道株式会社、一九二五）三四二〜四六頁。

第二章　一九二〇年代前半の外モンゴルにおけるソ連、コミンテルンの活動指導者たち

青木　雅浩

はじめに

二〇世紀のモンゴル史とソ連

二〇世紀前半、長らく清朝支配下にあったモンゴル人たちは、モンゴル人の統一と独立を求める活動に様々な形で身を投じていくことになった。このようなモンゴル人の活動は、南の中国と戦い、その戦いのために北のロシアに援助を求める、という形を取ることがあった。特に一九二〇年代になると、ソ連が外モンゴルに本格的に関与するようになり、一九二四年一一月、ソ連の影響のもとにモンゴル人民共和国が成立した。モンゴル人民共和国は、戦後世界では一九八〇年代末まで社会主義陣営の一翼を担うことになる。二〇世紀のモンゴル史は、ソ連との関係にもとづいて歩んできた一面がある。

モンゴル・ソ連関係史の研究の歩み

青木 雅浩

このソ連とモンゴルの関係は、近年になってようやく解明されつつある。その大きなきっかけになったのは、一九八〇年代末のソ連圏社会主義体制の崩壊であった。体制変革にともない、情報公開が進められ、モンゴル、ロシアにおいて公文書が公開されるようになった。これにより、今まで不明であったモンゴル史上の諸問題を実証的に研究することが可能になった。

二〇世紀の外モンゴルにおけるモンゴルとソ連の関係については、以前の社会主義政権下のモンゴルでは、「モンゴルとソ連の兄弟的友好」にもとづく社会主義建設が強調されてきた。(1) 日本、アメリカ等では、ソ連によるモンゴル侵略(2)と、ソ連の影響下におけるモンゴル人の自主性(3)というふたつの異なる視点から研究が行われてきた。いずれにせよ、社会主義体制崩壊までは、史料面の大幅な制約のために実証的研究ができず、モンゴルとソ連の関係を明らかにできる状況にはなかったと言える。

一九九〇年代に入り、モンゴル、ロシアの公文書が公開されるようになると、公文書にもとづいた実証研究が可能になり、モンゴル近現代史研究に新たな展開が現れるようになった。(4) だが、モンゴルとソ連の関係については、モンゴル、ロシアの一部の研究者が成果を出しているのみであり、(5) まだ不明な点が多い。モンゴル、ソ連の関係の研究には双方の公文書の検討が必須である。このような研究を実行できる研究者は非常に限られており、研究が進展しない一因になっている。

筆者は、一九二〇年代の外モンゴルとソ連の関係を研究し、特に一九二〇年代前半の外モンゴルの政治情勢の解明を進めてきた。(6) その結果、当時の外モンゴルの政治情勢にソ連が深く関与していた実態が明らかになった。ソ連が関与するようになってからのモンゴルに関して、ソ連の関与を検討することなく政治情勢を検討することは事実上ほぼ不可能であろう。

一九二〇年代前半は、外モンゴルに対するソ連の関与が始まった時期である。この時期の外モンゴルに対するソ連の関与を検討することによって、ソ連の援助のもとに国家建設を進めていたモンゴルの政治情勢の実態、ソ連の対外モンゴル政策の実態等のモンゴル近現代史およびソ連史の重要な諸問題を解明することができるだろう。

ソ連、コミンテルンから派遣される代表たち

本問題を検討する際に重要なのは、当時外モンゴルに派遣され、ソ連、コミンテルンの活動を指導していた代表たちの活動である。本章で後述する通り、一九二〇年代においては、モスクワの指示以上に、彼らの活動こそが外モンゴルの政治情勢に直接影響した。このため、彼らの活動の実態を解明、検討することが、当時の外モンゴルに対するソ連の姿勢を解明するうえで最も重要である。

以上の問題意識から、本章では、一九二〇年代前半の外モンゴルにおけるソ連、コミンテルンの代表たちの活動の特徴、実態と、彼らの活動が外モンゴルに及ぼした影響を検討し、外モンゴルとソ連の関係が始まった当初、それがいかなる形であったかを解明することを試みる。

なお本章では、「外モンゴル」という語を、ハルハ四部、ドゥルベド二部等で構成され、現在のモンゴルにおおむね相当する地域を指す地理概念として用いる。

青木 雅浩

一 外モンゴルにおけるソ連、コミンテルンの活動指導者たち

モンゴル独立運動——モンゴル人民政府成立まで

清朝時代、中央ユーラシア東部のモンゴル人たちの多くが清朝の統治下に入った。当初、清朝とモンゴル人の関係はおおむね良好だったとされている。だが、清朝末期になると、清朝からの離脱を考えるモンゴル人が現れ始めた。こうして、一九一一年、外モンゴルの仏教で最も著名な化身であったジェブツンダムバ・ホトクト八世を国家元首ボグド・ハーンに戴くボグド・ハーン政権が外モンゴルの中心地フレー（外モンゴルの中心地。現ウランバートル）に成立し、モンゴル独立運動が始まった。ロシア帝国を後ろ盾としたこの政権は、一五年に中華民国の宗主権下の自治を外モンゴルのみにおいて享受することになった。

しかし、ロシア革命によってロシア帝国が崩壊すると、中華民国が外モンゴルの直轄地化を図り、一九一九年一一月、中華民国大総統令によって外モンゴル自治は廃止された。これに対して、広くモンゴル人社会が関与した外モンゴル自治復興運動が展開された。この運動の中から二〇年夏にモンゴル人民党が結成された。結成直後、ソヴィエト政府に自分たちの活動の援助を要請すべく、党のリーダーであるボドー、ダンザンをはじめとする七人の代表がロシアに赴いた。この代表たちが事実上党の中心メンバーであったため、これ以後のモンゴル人民党の活動は、外モンゴルとロシアの国境付近の東シベリア、ザバイカル地域で行われた。

ソヴィエト政府とコミンテルンは、受け入れたモンゴル人民党のグループを、革命組織として漸次育成することにしていた。だが、一九二〇年秋以降のロシアの反革命軍の将軍ウンゲルン・フォン・シュテルンベルグの外モンゴル進入を契機として、外モンゴルへの本格的な関与を決定することになる。外モンゴルがロシア白軍の基

外モンゴルの各地域(7)

地になることを恐れたためである。これとともに、モンゴル人民党に対する援助が推進されるようになった。

こうして、一九二一年三月一日から三日にかけてモンゴル人民党組織会議（いわゆるモンゴル人民党第一回大会）が行われ、三月一三日にモンゴル人民党が中心となってモンゴル人民臨時政府が結成された。三月一八日には、モンゴル人民党が組織したモンゴル人民義勇軍がキャフタを占領した。その後、赤軍、極東共和国軍、モンゴル人民義勇軍がフレーへ進軍、二一年七月一〇日、フレーにモンゴル人民政府が建設された。ここに、ソヴィエト政府、コミンテルンと関係の深い政権が外モンゴルに形成された。そしてこれ以降、ソヴィエト政府、コミンテルンは外モンゴルに本格的に関与し始めるのである。

ただし、モンゴル人民党、モンゴル人民政府は、ソヴィエト政府、コミンテルンの単なる手先の機関であったわけではない。モンゴル人民政府には、モンゴル人民党メンバー、王公、仏教勢力、ソヴィエト政府、コミンテルンの代表たち等様々な人々が関与していた。政府に参加したモンゴル人の多くは、モンゴル人独立国家の建設と、中央ユーラシアに広く住まうモンゴル人の統一を追求していた。モンゴル人民党メンバーも、この目的の実現のためにソヴィエト政府、コミンテルンの支援を求めたにすぎなかった。彼らの活動の発端が外モンゴル自治復興運動にあったことを考慮すべきであろう。

モンゴルに派遣されたソ連、コミンテルンの活動指導者たち

モンゴル人民政府形成後、外モンゴルでは不安定な政治情勢が続くことになる。激しい政治闘争と、モンゴル人政治家の失脚・粛清事件が相継ぐ中、一九二四年一一月に外モンゴル史上初の国会が開催された。この国会において共和制を謳った憲法が正式に採用されたことで、モンゴル人民共和国が正式に成立した。

この一連の外モンゴルの政治的過程に深く関与したのが、ソ連、コミンテルンから外モンゴルに派遣された活動指導者たちであった。一九二〇年にモンゴル人民党代表たちがソヴィエト政府に援助を要請した際に、彼らを受け入れたのが、ボリス・シュミャツキーであった。彼は、外務人民委員部シベリア・モンゴル全権代表、極東におけるコミンテルン代表、赤軍第五軍団革命軍事評議会委員を兼任していた。彼は、モンゴル人民党がモンゴル人民政府を形成する過程に深く関与した。だが政府成立後には、極東諸民族大会、ロシア・モンゴル友好条約締結交渉等に関わるようになり、その後イランへ派遣された。そのため、二一年秋頃以降は、外モンゴルに直接関わることができなくなった。

その後外モンゴルにおけるソヴィエト政府、コミンテルンの活動を指導したのがアンドレイ・オフチン（本名ユロフ）であった。彼は、リャザン・ウラル鉄道政治課課長等を務めたあと、外務人民委員部モンゴル駐在全権副代表として外モンゴルで活動していた。オフチンは外モンゴルの政治闘争に深く関与したのち、一九二二年末に外モンゴルを去った。一九二〇年代後半に、彼はふたたび外モンゴルに派遣されることになる。

オフチンが外モンゴルを去ったあとに外モンゴルにおけるソ連、コミンテルンの活動を指導するようになったのがアレクセイ・スタルコフであった。彼は、モンゴル人民臨時政府時代からモンゴル人民党の活動に関わり、

その後モンゴル駐在共産主義青年インターナショナル代表として外モンゴルで活動した。この役職にもとづき、彼はモンゴルの青年政治組織であるモンゴル革命青年同盟の結成（一九二一年八月）に尽力し、モンゴル革命青年同盟は彼の活動を支え、彼の指示を実行する組織となっていた。オフチンと同様に彼もまた、外モンゴルにおける政治闘争に関わったことにより、一九二四年三月に外モンゴルを去り、同年夏に闘争に敗北し、外モンゴルに関わらなくなった。

この後、一九二四年秋からコミンテルン執行委員会代表が正式に外モンゴルに派遣されることになる。初のモンゴル駐在コミンテルン代表として二四年一〇月に派遣されたのが、トゥラル・ルィスクロフであった。彼はカザフ人ムスリム・コミュニストである。早くからトルキスタンの民族運動に関与し、ロシア革命後には共産党勢力とともにトルキスタンにおける自治運動に関わり、トルキスタン共和国中央執行委員会議長、民族問題人民委員部第二副代表等のトルキスタン共和国、ソヴィエト政府の要職を歴任し、重要な役割を果たした。その一方でモスクワとの関係が悪化し、トルキスタンから離され、コミンテルンで活動するようになった。その結果、コミンテルン代表として外モンゴルに派遣されたのである。

ソ連、コミンテルンの活動指導者たちとモスクワの関係

彼ら外モンゴルにおけるソ連、コミンテルンの活動指導者たちの活動にはいくつかの特徴がある。この特徴が、一九二〇年代前半におけるソ連、コミンテルンによる対外モンゴル関与の特徴にもなっている。まず、モスクワからの指示が対外モンゴル基本方針のみにとどまり、モスクワが詳細で実際的な政策を外モンゴルに派遣された人々に指示していたわけでは必ずしもないことが挙げられる。例えば、東方局極東課課長グリゴリー・ヴォイチンスキーが作成した「一九二三年のコミンテルン執行委員会極東課活動計画」のモンゴルの項目には以下のよう

に記されている。

この党〔モンゴル人民党〕は国においては半政権党である。主としてこの党には、新しい国家機構の調整に関するあらゆる作業が課せられている。党は古い聖俗封建勢力〔ボグド、仏教僧等の権力〕の機構を破壊し、現在モンゴルが置かれている新たな条件に適した新機構を建設することになる。[8]

王公、仏教勢力の政治機構の破壊と新たな機構の建設を行うことを、コミンテルン執行委員会極東課がモンゴル人民党と、当時外モンゴルで活動していたスタルコフに求める指示が記されている。だが、その詳細な実行方法までは指示されていない。本文書には、これ以外にも、遊牧民に対する「文化啓蒙活動」、モンゴル人民党の党大会の開催が指示されている。[9] しかし、具体的にいかなる活動をどのような形で行うかについては一切記述がない。一九二〇年代前半には、モスクワの指示、モスクワで対外モンゴル方針を考案する人々のやり取りは、このような方針のみを示す形を取ることが多かった。

モンゴルと関係したモスクワの指導層

このような対モンゴル方針をモスクワで考案したり、その方針を外モンゴルに駐在するソ連、コミンテルンの活動指導者たちに伝達したりしていたのは誰であったか。ソ連の政治的中枢は、ロシア共産党政治局とされている。しかし、一九二〇年代前半の政治局会議議事録を見る限り、モンゴルに関する問題が協議された回数自体が非常に少ない。また、その議事内容も、モンゴルの政治情勢の主要な問題に関わるものではなく、外モンゴルへの援助問題、経済問題の一部や、研究調査隊の派遣等にとどまっている。[10] 一九二〇年代前半においては、ロシア共産党政治局が、対外モンゴル方針を直接決めていたとは言いがたい。

ソ連、コミンテルンの中央で対外モンゴル方針について協議した文書や、中央から外モンゴルに派遣された活動指導者に出された文書を見ると、外務人民委員ゲオルギー・チチェーリン、同代理レフ・カラハン、コミンテルン東方局局長極東課課長フョードル・ペトロフ（ラスコリニコフ）、ヴォイチンスキー等が、対外モンゴル方針を協議し、結論を外モンゴルへ伝達していたことが窺われる。[11] 彼らが、ソ連、コミンテルンにおける対外モンゴル方針の決定で重要な役割を果たしていたと推測される。このことは、外モンゴルにおけるソ連、コミンテルンの活動指導者に指示を出す機関が、主としてコミンテルンと外務人民委員部であったことを示していると考えられるであろう。

この二種類の別々の機関から指示を受ける状態にあったことが、外モンゴルにおけるソ連、コミンテルンの活動指導者たちに関する大きな特徴のひとつであり、外モンゴルに対するソ連、コミンテルンの関与を複雑なものにしている原因でもあった。ただし、公文書を見る限り、一九二〇年代前半においては、モスクワでこれらふたつの機関が対外モンゴル方針をめぐって衝突したことを見出すことは難しい。おそらく当時は、両機関が対立せず、共通した対外モンゴル方針を取っており、それを外モンゴルに派遣された活動指導者たちに課していたと見るのが妥当であると思われる。[12]

派遣された人々同士の関係

しかし、このことは、外モンゴルに派遣されたソ連、コミンテルンの活動指導者たちの活動も同様に統一されていたことを示すものではない。ソ連、コミンテルンから、多くの職員が外モンゴルへ派遣された。[13] 前述のオフチン、スタルコフ、ルィスクロフらは、その中で代表的立場にいた人々である。

彼ら以外にも、一九二二年から翌年にかけて、モンゴル駐在外務人民委員部全権代表を務めたニコライ・リュバルスキー、一九二四から二五年にモンゴル駐在外務人民委員部全権代表を務めたアレクセイ・ヴァシリエフ、軍から派遣されたドミトリー・コシチ等が、外モンゴルにおける政策実行に関与していた。(14) そして、彼らのもとには、実際に外モンゴルにおけるソ連、コミンテルンの政策を遂行する多くの事務官たちが派遣されていたのである。彼らの間で対立が起こることがあったのも、外モンゴルに派遣されたソ連、コミンテルンの活動指導者たちの特徴のひとつであろう。例えば、スタルコフとヴァシリエフの間には、当時の外モンゴルにおける政治闘争を巡る見解の相違があった。(15)

派遣された指導者たちの独自の活動

以上のようにモスクワの中央からは基本的な方針しか示されない状況下、外モンゴルに派遣された活動指導者たちは、モスクワの方針を実現するための具体的な政策を自ら立案し、その政策を外モンゴルで実行し、モスクワに報告する、という方法を取っていた。このため、活動指導者たちが外モンゴルにおいて有する権限と、彼らが外モンゴルの政治情勢に与える影響は大きなものであったと考えられる。このことも、外モンゴルにおけるソ連、コミンテルンの活動指導者の重要な特徴である。興味深いことに、モスクワから方針が与えられていない状況において、外モンゴルで発生した緊急事態に対処しなければならない場合、彼らは自らの責任において外モンゴルにおける政策を立案、実行していた。例えば、一九二二年七月八日付カラハン宛報告書においてオフチンは以下のように述べている。

結びに言っておかなければならないのは、モンゴルにおける我々の全ての活動にとって大きな欠陥は、我々の原則的な一般方針がないことである。なぜなら、現在行われている方針は、オフチンの個人的な責任とリスクにおいて行われているからである。(16)

詳細は次節に譲るが、当時外モンゴルでは大きな政治事件が発生していた。それに対応するために、モスクワの指示を待つことなく、オフチンが自己の責任において活動をしていたことがこの記述からわかる。また、この記述は、オフチンがモスクワの指示を受けることなく外モンゴルで活動できたことを示すものでもあり、彼の権限の大きさが窺われるのである。

二　外モンゴルの政治的混乱への影響

本章第一節で述べたソ連、コミンテルンの活動指導者たちは、外モンゴルの政治情勢にいかに関与したのであろうか。本節では、モンゴル人民共和国建国期の外モンゴルの政治情勢に、彼らがどう関与したのかを考察する。ソ連、コミンテルンの活動指導者たちの活動実態を考察することは、この時期の外モンゴルの政治情勢を検討するために必須である。そこから見えてくるのは、この時期に起こったふたつのモンゴル人政治家粛清事件とソ連、コミンテルンとの関係である。(17)

ボドー事件と「連立政権」の形成

第一の粛清事件は、一九二一年七月にモンゴル人民政府が成立してわずか五カ月で発生した。モンゴル人民党

ボドー(18)

のリーダーの一人であり、モンゴル人民政府で首相、外務相を務めたボドーと彼の仲間は、二二年一月に突然職を辞して政府を離れ、同年八月に逮捕、処刑されたのである。ボドーは、ソヴィエト政府、コミンテルンから派遣されて外モンゴルで活動していた顧問たちがモンゴル人民党、モンゴル人民政府に過剰に干渉する問題に直面して、ソヴィエト政府、コミンテルンに対して反感を抱くようになっていた。これによって、ボドーと、彼の批判を受けたオフチンは激しく対立するようになった。二二年一月のボドー等の辞任はその結果であった。オフチンは、辞任後のボドーたちの調査を続け、ボドー等が王公、仏教勢力や、日本、アメリカと組んで反ソ、反人民政府の活動を行うようになったと判断するようになっていった。こうして、オフチンの指導のもとに、ボドー等の排除が行われたのである。

この事件が発生した結果、オフチンは、外モンゴルの政治情勢を不安定であると見なすようになった。王公、仏教勢力の中に中国を志向してソヴィエト政府に賛同しない「親中反ソ」の勢力が存在すると考えるようになったのである。この外モンゴルの現状に対して、オフチンは、モンゴル人民党の組織強化を通じて情勢の安定を図るべきだと考えるようになった。そして、ソヴィエト政府の人員を増派し、その力で党を建設する方針を立てた。

しかし、反ソヴィエト政府、反人民政府勢力がいる外モンゴルの不安定な政治情勢を当面安定させるためには、現実に合致した政策を一時的に取らなければならなかった。そのため、ジャルハンズ・ホトクト・ダムディンバザル[19]、ハタンバートル・マグサルジャブ[20]、セツェン・ハン・ナワーンネレン[21]等の王公、仏教勢力の有力者を人民政府内に敢えて加え、王公、仏教勢力にも働きかけることができる政権を成立させた。以後、モンゴル、ソ連間で大きな問題となるモンゴル人民党と王公、仏教勢力の「連立政権」がモンゴル人民政府内に形成された。本政権に対して、モンゴル人政治指導層は、現状に合う政権形態として賛同していた。だが、ソ連、コミンテルンは、「反ソ」と見なした勢力が関わる政権形態を情勢安定のための一時的な措置ととらえ、以後「連立政権」の是正をモンゴル側に求めていくことになる。ボドーの粛清事件の結果生まれたこの「連立政権」が、次の粛清事件につながっていくのである。

「連立政権」をめぐる政治闘争

一九二三年になると、ソ連、コミンテルンは、「連立政権」の解消を本格化する。前節に挙げたヴォイチンスキーの「一九二三年のコミンテルン執行委員会極東課活動計画」の記述はこの時のものである。この事態の背景には中ソ関係があった。当時行われていた中ソ交渉におけるソ連の目的のひとつに、極東における自国の安全保障があった。しかし、中ソ交渉はモンゴル問題、つまり外モンゴルに対する中華民国の主権を承認するか否かという問題と、外モンゴルに駐屯する赤軍の撤退問題で難航していた。これに対して、二三年になると、ソ連はモンゴル問題で譲歩して中ソ交渉を進めるよう、方針を転換した。この結果、最終的に二四年五月三一日に中ソ協定が締結された。しかし一方でこの譲歩を名目上のものと考えていたソ連は、モンゴル問題で譲歩しても外モンゴルがソ連勢力下から出ていかないよう、外モンゴルの情勢を調整する必要に迫られた。極東における安全保障のために外モンゴルを自国の影響下にとどめておく必要があったソ連には、外モンゴル内部の「反ソ的」勢力を排除し、自分たちの影響下にある勢力に統治を行わせる措置を取る必要が生じたはずである。

エルベグドルジ・リンチノ(22)

こうして、ソ連、コミンテルンは、自分たちの指導下に成立したモンゴル人民党の組織を確立し、この党が外モンゴル全土を掌握し、統治する体制を築くことと、「反ソ的」王公、仏教勢力を政治から排除することが重要だと考え始めた。そのための措置としてソ連、コミンテルンが推進し始めたのが、モンゴル人民党大会の開催であった。

これに対して、モンゴル人政治指導層は、自分たちの活動にとって重要ではない党大会の開催に総じて消極的であった。スタルコフは、モンゴル革命青年同盟を活用して党大会の準備活動を主導し、党大会開催を強行した。こうして、一九二三年七月一八日から八月一〇日にモンゴル人民党第二回大会(23)が開催された。本大会でスタルコフは、モンゴル人民党の組織確立、王公、仏教勢力の政治からの排除、党が国家を統治する体制作りを推進しようと試みた。これにより、反ソ的勢力が関わると考えられる「連立政権」の解消を図ったのである。

しかし、このスタルコフの強引なやり方は、有力政治家エルベグドルジ・リンチノ(24)等のモンゴル人民党、政府の指導層の多くの反発を買うことになった。こうして始まったリンチノとスタルコフの対立では、リンチノ側に多くのモンゴル人政治家が味方した。一方、スタルコフにはモンゴル人民党のリーダーの一人であったダンザンが接近し、連携するようになった。スタルコフは一九二四年三月に外モンゴルを去るが、青年同盟の青年知識人ボヤンネメフ等がリンチノ等との対立を継続した。また、ソ連、コミンテルンは、一貫してスタルコフらを支持していた。両者の対立は、二四年八月四日から九月一日の党第三回大会と、九月一五日から一〇月一日のモンゴル革命青年同盟第三回大会で決着した。両大会でリンチノ派が勝利し、スタルコフ、ボヤンネメフは失脚し、ダンザンは処刑された。

政治闘争の中でのモンゴル人民共和国成立

だが、ソ連、コミンテルンは、外モンゴルへの方針を変えず、一九二四年一〇月にルィスクロフをモンゴル駐在コミンテルン代表として派遣した。ルィスクロフの活動目的もまた、スタルコフと同様に、人民党の組織確立、王公、仏教勢力の政治からの排除、人民党が国家を統治する体制作りの推進であった。

このためにルィスクロフが開催を強行したのが国会（ulus-un yeke qural）であった。ルィスクロフの主導下に国会が急遽準備され、一九二四年一一月八日から二八日に、モンゴル人民共和国第一回国会が開催された。ルィスクロフは前述の目的を遂行するための措置を国会で取った。そのうちのひとつが、共和制を謳う憲法の承認であり、これによってモンゴル人民共和国が正式に成立した。

しかし、スタルコフのケースと同様に、国会を強行開催して目的を遂行しようとしたルィスクロフに対してリンチノが反発し、両者の激しい対立が始まった。両者の対立は、最終的に一九二五年七月に両者ともモスクワに送ることが決められて終結した。両者の様々な対立原因の中に、モンゴル人民党の組織確立、王公、仏教勢力の排除、党が国家を統治する体制作りの推進をめぐる是非の問題があった。この対立においても、ソ連、コミンテルンは、ルィスクロフの取った方針を正しいと判断していた(25)。

このように、対中政策を考慮して外モンゴルに関与しようとするソ連、コミンテルンが、外モンゴルにおける「反ソ的」勢力の排除と、モンゴル人民党が国家を統治する体制を構築し、外モンゴルを自国の影響下に置き続けようとした結果、外モンゴルの政治情勢を混乱させたのである。

三　外モンゴルの内政への影響

前節で述べた政治情勢と並行して、一九二〇年代前半には、モンゴル人による国家建設が進められていた。この状況下、ソ連の対外モンゴル政策は、外モンゴルの内政の諸問題にも影響を及ぼし始めていた。とりわけ、ルィスクロフが推進した国会が、この点において重要な役割を果たすことになる。国会を通じて国家運営に必要な決定がなされると同時に、その決定にルィスクロフの意図が込められる形で、政策として立案されていったのである。本節では、この問題について、牧畜政策と政府機関設立のふたつの問題から考察する。これによって、ソ連、コミンテルンの活動指導者の考えや行動が、モンゴルにおける実際の政策にどう反映されていったかを例示したい。(26)

モンゴルにおける牧畜政策立案

二〇世紀前半、季節移動による遊牧にもとづく牧畜は、依然として外モンゴルの経済的基盤であり、外モンゴルに住む人々の主要な生業であった。この外モンゴルの牧畜は、ソ連、コミンテルンにとって、経済政策の対象であるとともに、政治的な政策の対象にもなった。つまり、モンゴル人民党、モンゴル人民政府、ソ連が外モンゴルの地方に影響力を拡大していく過程で、経済政策としての牧畜政策のみを考えるのではなく、牧畜発展政策を介して地方大衆＝遊牧民を自勢力に引き付けていくことが目指されるようになるのである。

ルィスクロフ以前のソ連、コミンテルンの活動指導者たちも、外モンゴルの牧畜を重視していた。一九二二年七月八日付のオフチン発カラハン宛文書によると、オフチンは、当時の外モンゴルを、合理的に設定された国民経済がない遅れた国と考えていた。(27) この一方で、オフチンは本文書で、家畜を「モンゴル人の唯一の財産」(28) と表現しており、外モンゴルの経済に牧畜が占める重要性を認識していたと考えられる。

第一節で引用したヴォイチンスキー作成の「一九二三年のコミンテルン執行委員会極東課活動計画」では、モンゴル人民党が旧権力の機構を破壊して新機構を建設する政治的活動と関連して、遊牧民に対する「莫大な文化啓蒙活動」(29) の必要性が指摘されている。これは遊牧民に対する政治的宣伝活動を示すものであろう。(30) ソ連、コミンテルンは、遊牧民を政治的に取り込むという役割を、牧畜政策に見出しつつあったのだと考えられる。

スタルコフが指導したモンゴル人民党第二回大会第一二回会議（一九二三年八月七日）では、ジャムツァラーノが、牧畜、商工業等の基本方針をまとめた「財政基本政策」(31) を報告した。(32) 本政策の牧畜関連の項目では、自然災害、疫病、肉食野生動物からの家畜保護、牧畜に関する模範的活動を政府が行うべきことなどが示された。しかし、記述量の少なさから、本政策は、具体的な牧畜政策と言うよりも、基本的な方針を示したものであるように思われる。(33) スタルコフや、ソ連、コミンテルンが本政策にどう関与し、いかなる姿勢を取ったのかについては、判然としない。

一方、モンゴル人民党第二回大会、モンゴル革命青年同盟第二回大会を通じてスタルコフは、政治からの王公、仏教勢力の排除、モンゴル人民党組織の建設、党が国家を統治する体制作りという対外モンゴル方針に関連して、モンゴル人民党、モンゴル革命青年同盟の勢力を外モンゴルの地方に拡大しようとしていた。モンゴル革命青年同盟第二回大会報告書には、外モンゴルの東部地方で「封建勢力」が強力に抵抗し、「日本と張作霖《ちょうさくりん》の反革命」が活動していることと、これに対抗すべくモンゴル人民党、モンゴル革命青年同盟の勢力を拡大することが記されている。[34] このようなスタルコフの考えは、地方における牧畜政策にも影響したと考えられる。牧畜政策が単なる経済政策にとどまらず、ソ連、コミンテルンの政治的意図が含まれるものになっていくのである。

ルィスクロフの牧畜政策立案

一九二四年秋以降、ルィスクロフは、国会を通じて牧畜政策を具体的に立案していくことになる。先行研究でも指摘された通り、ルィスクロフは政策立案において牧畜を重視していた。[35] 元来、ルィスクロフは、コミンテルンから牧畜政策を重視するよう指示を受けていたようである。ルィスクロフは二五年六月二三日に、ペトロフ、ヴォイチンスキー宛に報告書を出した。ルィスクロフがいかにコミンテルンの指示に従って外モンゴルにおける活動を行ったかが強調されたこの報告書において、ルィスクロフがコミンテルンから受けた指示として記した項目の中に、以下の記述が見られる。

九　経済政策における完全な方針変更の導入、モンゴル経済の基盤――牧畜経済の発展に対して堅固な路線を選択すること、牧畜経済と結び付けて残りの経済建設の分野を構築すること、そして進行を妨げる要素を解体すること。[36]

ルィスクロフが国会で立案しようとした牧畜政策はいかなるものであったのだろうか。一九二四年一二月一五日付でルィスクロフが作成した国会の報告書によると、国会における財務相ドルジ・メイレンの報告を事前に検討する際に、外モンゴルの経済が中国などの諸外国に支配され、遊牧民の経済も中国等の諸外国と密接に結び付き、ソ連の経済的影響力が弱いままである、という外モンゴル経済の現状をルィスクロフは問題視していた。[37]

また、この報告書には、遊牧民の生産活動と中国との関係が密接である限り、外モンゴルにおけるソ連の政治的成果は不安定なものになるが、ソ連は遊牧民を「獲得」できていない、というルィスクロフの懸念が記されている。[38]ルィスクロフの牧畜政策では、遊牧民を中国などの外国経済から切り離し、ソ連の影響下に取り込むことが重視されるようになるのである。

このような国会における諸報告に対するルィスクロフ等の事前チェックにより、ドルジ・メイレンの報告には前述のルィスクロフの意見が反映され、報告に関するテーゼの草案の起草もルィスクロフに委任されたことが、ルィスクロフの国会報告書に記されている。[39]この結果、国会第七回会議（一九二四年一一月一七日）でドルジ・メイレンの報告が行われ、[40]第八回会議（二四年一一月一八日）で報告に対する決議が行われた。[41]本報告では、牧畜に関して、家畜の増加傾向、ゾド（モンゴルにおいて冬の寒さや雪がもたらす自然災害）による家畜数減少、ゾド被災遊牧民家庭への援助、家畜数に応じた課税などの牧畜の現状と対策が報告された。[42]そして、本報告に対して、ソ連から借款を受けて関係を強化すべきであることが決議された。[43]

国会では、ドルジ・メイレンの報告以外にも、経済政策に関する報告[44]において、ルィスクロフの関与が見出される。ルィスクロフの国会報告書によると、本報告の作成の際にルィスクロフは、ドルジ・メイレンをはじめとして、モンゴル人民党、モンゴル人民政府の指導層は経済政策、牧畜政策に消極的であると批判していた。[45]モンゴル人政治指導層が実際に牧畜を軽視していたとは考えがたい。前述の通り、ジャムツァラーノ等も「財政基本政策」を作成していた。しかし、この政策内の牧畜関係記述は少なく、また基本方針のみを述べたものでしかなかった。このため、ルィスクロフの国会報告書によると、モンゴル側の経済政策は、「自国の経済建設の展望を提示するところがわずか」であり、経済政策に関して「理念的政策と実践的政策のより広範な体制」に移っていく必要がある、とルィスクロフは考えたのである。[46]

ルィスクロフの国会報告書によると、このモンゴルの政治指導層の現状に対してルィスクロフは、外モンゴルの牧畜の発展とソ連の利害を結び付けて考える必要性を主張し、牧畜政策が不十分なままであれば、遊牧民が中国の手中に入ってしまう可能性を改めて示した。また、牧畜と他産業との間に密接な関係があることも、ルィスクロフは説明している。[47] このように、ルィスクロフにとって牧畜政策は、外モンゴルにおける中国等、諸外国の影響力に対抗し、ソ連の影響力を強めるためのものでもあった。

この経済政策報告は国会第一二回会議（一九二四年一一月二四日）で行われ、[48] 報告に対する決議は第一三回会議（二四年一一月二五日）でなされた。[49] 国会議事録に記載された経済政策報告の牧畜関連記述は、前述の経緯を考慮すると、ほぼルィスクロフが考案したものであると考えられる。

牧畜に関する項目は本報告の最末尾の第一三項に置かれ、ルィスクロフがあとから付け加えたことを窺わせる。この第一三項では、牧畜は国に利益をもたらすため発展させるべきである、とされた。そして、牧畜の障害の排除のために、（一）自然災害と野生肉食動物の駆逐、（二）疫病への対策、（三）家畜の品種改良、（四）家畜、特に繁殖能力を持つ家畜の輸出制限を行うべきだと記述されている。[50]

また、本報告に対する決議では、牧畜の重要性と、国家経済と牧畜発展の連関が主張された。そして、牧畜産業の施策として、家畜を各地に適応させて繁殖させること、品種改良のための特別な拠点を設けること、飼料を備蓄して自然災害に備えること、牧畜を適した方法で推進して収入を得るようにし、これに関して手本を示して大衆を指導すること、家畜病院の設置、家畜数統計の実施、留学等による獣医の育成が記された。

さらに、本決議内の工業関係項目では、畜産品の原料加工の問題が記載されている。農業の項目には、家畜飼料用の牧草栽培の問題が記されている。商業関係項目では、牧畜発展を前提とした商業政策の必要性等が説かれている。[51] ここにも、牧畜を他産業と総合的に発展させ、ソ連との関係のもとに推進しようとするルィスクロフの考え方が反映されている。

モンゴルの牧畜政策とソ連、コミンテルン

この頃から、牧畜に関する指示が、モスクワから出される対外モンゴル方針に含まれるようになる。一九二六年一月二三日にコミンテルン執行委員会東方局から出されたモンゴル問題関連決議には、モンゴル人民革命党（モンゴル人民党が一九二五年春に改名）中央委員会が牧畜経済の合理化に従事することと、これに関する宣伝活動を行うことが記された。(52)「牧畜経済の合理化」とは、今までルィスクロフらが行ってきたことから考えると、国の指導下に国民経済を支える経済手段とすべく牧畜のあり方を変えていくことであると思われる。

また、外モンゴルの経済活動について協議した一九二六年五月一五日のソ連共産党中央委員会政治局モンゴル委員会の決議では、モンゴル市場では中国をはじめとする外国資本が活動し、ソ連経済が外モンゴルに浸透せず、外モンゴルの物流へのソ連の関与の増加が遅れているため、モンゴルに外国資本が浸透する可能性が開かれ、外モンゴルにおけるソ連の政治的成果が薄められる可能性があることが指摘された。これに対して、モンゴル人民共和国とソ連の経済関係の調整と強化を政策の主たる目的とすることが指摘された。(53)

一九二六年九月一六日付の、人民革命党第五回大会に向けたコミンテルン執行委員会東方書記局の挨拶文には、本大会ですべきこととしてソ連との経済関係の強化が挙げられ、あらゆる方法で全ての国家機構を遊牧民の生活に近づける必要性が主張された。(54)このように一九二〇年代中期には、牧畜問題は、ソ連、コミンテルンにとっては、モンゴルに派遣された人々が判断して活動するのみならず、モスクワが公的な指示を出す問題になっていたのである。牧畜政策は、ソ連、コミンテルンの対外モンゴル政策を構成する重要な一部になっていたと推測される。

政府行政機関とルィスクロフ

政府機関の設立にも、ソ連、コミンテルンの代表の意図が含まれていた。ここでは特に、モンゴル人民共和国第一回国会で成立した国家小会議の設立を取り上げることにする。本国会で成立したモンゴル人民共和国憲法では、国家の主権は国会にあるとされた。しかし、国会が開催されていない時期には国家小会議が主権を保持し、国家小会議が開催されていない時期には国家小会議幹部会とモンゴル人民共和国政府が主権を保持する、とされている。国家小会議の役割は、法律、決議の発布、政府省庁の監査の管轄、国家小会議幹部会およびモンゴル人民共和国政府の管轄事項の規則の策定、モンゴル人民共和国政府の実施事項の指導、憲法および国会決議にもとづいて行う事柄を管轄して処置することであった。また、国会の定期会議は年一回、国家小会議は年二回以上開催されることになっていた(55)。この機関の成立には、第一回国会開催当時のコミンテルン代表ルィスクロフの思惑が込められていた。

ルィスクロフが作成した国会報告書には、国会における国家小会議の選出について以下の記述がある。

一一月二七日に国家小会議の選挙が行われた。小会議の三〇名の名簿を〔モンゴル人民〕党中央委員会で前日に協議した際に、小会議と政府のメンバーに大衆=地方出身者を引き入れることに関して、〔モンゴル人民党〕中央委員会にいくらか圧力をかけることになった。……〔モンゴル人民党〕中央委員会とおおむね同意したことによって、小会議と政府の人員に可能な数の大衆=地方出身者を導入することに成功した。かくして、小会議の人員三〇人中一九人を、地方からの代表から加えたのである(56)。

国家小会議という組織を形成する際に、ルィスクロフが強く介入し、地方出身者が多く入る人員構成にしたことが、明確に記されている。今まで述べてきたルィスクロフの活動と、ソ連、コミンテルンの意図を考慮すると、この地方出身者の国家小会議参加に対するルィスクロフの意図は、国家小会議に大衆、地方出身者を多く加えることで王公、仏教勢力の政治参加を妨げるためと、遊牧民をモンゴル人民政府、モンゴル人民党、ソ連に引き付け、建国作業に参加させるためであったと考えられる。ルィスクロフは、本報告書の別の箇所で、国会で採択された憲法の意義のひとつとしてこの国家小会議の人員構成について触れている。ここでルィスクロフは、国家小会議の人員構成において地方出身の遊牧民が優勢であることを指摘し、このことが遊牧民の利害にあまり合わない官吏グループの支配に終止符を打ち、政権の最高機関への遊牧民の参加を保障する、と主張している(57)。

また、ルィスクロフの国会報告書によると、モンゴル人民党中央委員会が中下層遊牧民を引き込むように、国会終了後に地方当局の構成変更を行うようルィスクロフは主張している(58)。国家小会議のみならず、地方権力においても、遊牧民を取り込むことを考えていたのである。

このようにルィスクロフは、モスクワの指示を受け、牧畜政策の強化、政治からの王公と仏教勢力の排除、地方出身者と一般大衆の政治参加、ソ連、モンゴル人民党、モンゴル人民政府への遊牧民の引き付け、それによるソ連の影響力強化等の政策を実行できる形で国家小会議を形成しようと図り、それを実行したのである。

おわりに

本章では、一九二〇年代前半の外モンゴルにおけるソ連、コミンテルンの活動指導者たちがどのように外モンゴルに関与したかについて検討した。ソ連には、対中政策と極東における安全保障を考慮して、外モンゴルに自国の影響を拡大し、外モンゴルをソ連勢力下に取り込む必要があった。そのため、ソ連は、コミンテルンとともに、外モンゴルで「反ソ的」要素を排除し、ソ連の影響を拡大する措置を取ったのである。しかし、モンゴル人の統一独立国家を目指しているだけのモンゴル人政治家たちにとっては、このようなソ連の政策は余計なことでしかなかった。そのため、外モンゴルでは政治闘争が頻発し、政治情勢が不安定になった。

一方、一九二〇年代前半におけるモンゴル人の国家建設にも、ソ連、コミンテルンの活動指導者の影響が入っていた。特に、様々な政策を決定する国会をルィスクロフが主導したことによって、遊牧民をソ連に引き付けることでモンゴル人民共和国におけるソ連の影響を強化するための牧畜政策が立案された。また、モンゴル人民共和国の最高権力機関のひとつである国家小会議は、王公、仏教勢力を政治から離して地方大衆を参加させる政策と、遊牧民をソ連に引き付ける政策が反映されたうえで成立したものであった。

ソ連、コミンテルンの活動指導者たちのこのような活動と、外モンゴルの政治情勢、内政との関係は、これ以後も継続すると考えられる。一九二〇年代後半以降も継続するモンゴル人民共和国の国家建設や、外モンゴルの政治情勢を考察する際には、ソ連、コミンテルンとの関連を念頭に置いて考える必要があろう。

（1）このような研究には例えばBNMAU-yn ShUA-iin tüükhiin khüreelen, *Bügd Nairamdakh Mongol Ard Ulsyn tüükh*, 3 (Ulaanbaatar, 1968) がある。

（2）このような研究としてRobert A. Rupen, *How Mongolia is Really Ruled?: A Political History of the Mongolian People's Republic, 1900-1978* (Stanford: Hoover Institution Press, 1979) 等を挙げることができる。

（3）例えば磯野富士子『モンゴル革命』（中央公論社、一九七四）がある。
（4）近年の研究のうち代表的なものとして、ここでは Khereed L. Zhamsran, *Mongolyn töriin tusgaar togtnolyn sergelt* (Ulaanbaatar, 1997); Mongol ulsyn ShUA-iin tüükhiin Khüreelen, *Khor'dugaar zuuny Mongol* (Ulaanbaatar, 1995) 等を挙げる。
（5）近年のモンゴル、ソヴィエト関係史を扱っている研究のうち、代表的なものには、S. K. Roshchin, *Politicheskaia istoriia Mongolii* (Moscow, 1999); S. G. Luzianin, *Rossiia-Mongoliia-Kitai v pervoi polovine XX v.* (Moscow, 2003); Ch. Dashdavaa, *Ulaan tüükh: Komintern ba Mongol* (Ulaanbaatar, 2003); Emgent Ookhnoin Batsaikhan, *Mongol ündesten büren erkht uls bolokh zamd, 1911-1946* (Ulaanbaatar, 2007) 等がある。
（6）筆者の今までの研究成果については、青木雅浩『モンゴル近現代史研究――外モンゴルとソヴィエト、コミンテルン一九二一―一九二四年』（早稲田大学出版部、二〇一一）を参照されたい。
（7）青木雅浩『モンゴル近現代史研究　一九二一―一九二四年――外モンゴルとソヴィエト、コミンテルン』（早稲田大学出版部、二〇一一）四―五頁。モンゴル科学アカデミー歴史研究所編著、田中克彦監修、二木博史、今泉博、岡田和行訳『モンゴル史 1』（恒文社、一九八八）所収地図1および譚其驤主編『中国歴史地図集 八』（清時期）（香港、一九九二）五五～五六頁を参考に作成。
（8）RGASPI, f. 495, op. 154, d. 194, l. 11.
（9）RGASPI, f. 495, op. 154, d. 19, l. 11.
（10）例えば、RGASPI, f. 17, op. 3, d. 353, ll. 1-3; f. 17, op. 3, d. 362, ll. 1-6 等。
（11）例えば、ルィスクロフは、一九二五年六月二三日付ペトロフ、ヴォイチンスキー宛報告書で、外モンゴルにおける活動について、彼に対して「チチェーリン、ペトロフ、メリニコフ（外務人民委員部極東課課長等を務めたボリス・メーリニコフのことであろう）、ヴォイチンスキーの口頭の指示」があったことを記している（I. I. Kudriavtsev, B. V. Bazarov, V. B. Bazarov, L. V. Kuras, S. M. Rozental', V. N. Shepelev, *Mongoliia v dokumentakh Kominterna (1919-1934)* Chast' 1 (1919-1929) (Ulan-ude, 2012) p. 135)。ルィスクロフに指示を出していた人物を特定し得る記述であるとともに、コミンテルン代表であるはずのルィスクロフに、外務人民委員部からも指示が出ていたことを示す記述でもある。

(12) このため、本章では「ソ連（ソヴィエト政府）、コミンテルン」と便宜的に並列表記している。この表記は、この二機関が完全に一体であったというのではなく、当時の両者の対外モンゴル方針がおおむね同一であったため、便宜上表記しているにすぎない。

(13) 外モンゴルで重要な政治事件が起きた際には、彼らがモスクワの中央に主要な報告書を書いていた。そのため、彼らがソ連、コミンテルンから派遣された人々の中でも、代表的立場にあったと考えることができるであろう。

(14) 一九二三年以降、ソ連の対外モンゴル軍事援助により、軍事教官として外モンゴルで活動した。

(15) 当時、スタルコフはモンゴル人民政府のブリヤート・モンゴル人有力政治家エルベグドルジ・リンチノと熾烈な政治闘争を行っていた。だが、一九二四年一月四日付共産主義青年インターナショナル執行委員会ダリン宛文書でヴァシリエフは、リンチノの見解が実際の状況には合っている、と見なしていた（RGASPI, f. 495, op. 152, d. 24, l. 2）。ただし、スタルコフとヴァシリエフの関係は、政治的対立にまで至るものではなかったようである。

(16) AVPRF, f. 0111, op. 4, pap. 105a, d. 1, l. 123ob.

(17) なお、本節の内容は青木『モンゴル近現代史研究』一～三四〇頁を、本章の内容に沿ってまとめたものである。本節の内容の詳細は拙著を参照されたい。

(18) S. Damdinsuren, O. Batsaikhan, A. S. Zhelezniakov, V. N. Shepelev, (eds.), *Mongolyn tukhai BKhK (b)N-yn barimt bichigt, 1920-1952*, 1, 1920-1932 (Ulaanbaatar. 2002).

(19) 外モンゴルにおける仏教の有力者、化身である。モンゴル人民政府では首相を務めた。一九二三年没。

(20) 有力王公の一人。政府では軍務大臣を務め、モンゴル人民党中央委員会メンバーにも選出された。

(21) 当時、外モンゴルのハルハ部は、四人のハン（遊牧君主）が統治する体制を取っていた。セツェン・ハンはそのうちの一人の称号である。ナワーンネレンはモンゴル人民政府では内務相を務めた。

(22) S. Damdinsuren, O. Batsaikhan, A. S. Zhelezniakov, V. N. Shepelev, (eds.), *Mongolyn tukhai BKhK (b)N-yn barimt bichigt, 1920-1952*, 1, 1920-1932 (Ulaanbaatar. 2002).

(23) この大会は、現在の用語では「党第二回大会」である。しかし、当時としては第一回大会であった。のちに、一九二四年の党大会が党第三回大会と位置づけられ、一九二一年三月一～三日の党組織会議が党第一回大会とされ、順番がひとつずつ繰り下がったのである。本稿では、一九二三年の党大会を第二回大会と表記する。

（24）ブリヤート・モンゴル人知識人。早くからモンゴル人民党メンバーと関係して活動に関わった。政府では、軍事を統括し、政治力も強い全軍評議会議長を務めた。

（25）青木雅浩「外モンゴルにおけるT・ルィスクロフの活動」『史滴』三三（二〇一一）二八六〜八三頁。

（26）なお、本節の内容は、青木雅浩「外モンゴルにおけるソヴィエト、コミンテルンの活動指導者の牧畜政策（一九二〇年代初—中期）」『史滴』三六号（二〇一四）にもとづき、その内容を本章の主題に合わせてまとめたものである。ソ連、コミンテルンの活動指導者とモンゴルの牧畜の関係の詳細については、本論文を参照されたい。

（27）AVPRF, f. 0111, op. 4, pap. 105a, d. 1, l. 123.

（28）AVPRF, f. 0111, op. 4, pap. 105a, d. 1, l. 123.

（29）RGASPI, f. 495, op. 152, d. 194, ll. 11-12.

（30）ただし、モンゴルの大衆に対する政治啓蒙活動は、ソ連、コミンテルンの発案のみによるものではないと思われる。例えばリンチノも、モンゴル大衆に対する政治啓蒙活動の必要性を主張している（青木『モンゴル近現代史研究』二〇六〜二〇七頁）。

（31）財政基本政策は、NBT (Mongol ardyn namyn barimtyn töv) f. 2, d. 2, khn. 3, khkh. 58-82, MAKhN-yn töv khoroony dergedekh namyn tüükhiin institut, *Mongol ardyn namyn khoyordugaar ikh khural* (Ulaanbaatar, 1974) pp. 133-140 を利用した。「財政基本政策」は、ジャミヤン（モンゴル人民政府で典籍委員会委員長等を務めた）、ツェベーン・ジャムツァラーノ（ブリヤート・モンゴルの知識人。典籍委員会研究書記長等を務めた）、ツェレンドルジ（モンゴル人民政府で外務相、首相を務めた）等から構成される委員会で作成された（Emgent Ookhnoin Batsaikhan, *Mongol ündesten büren erkht uls bolokh zamd, 1911-1946* (Ulaanbaatar, 2007) p. 155)。

（32）NBT f. 2, d. 2, khn. 3, kh. 57, MAKhN-yn töv khoroony dergedekh namyn tüükhiin institut, *namyn khoyordugaar ikh khural*, p. 133（モンゴル人民党第二回大会第一二回会議議事録）。

（33）NBT f. 2, d. 2, khn. 3, khkh. 59-60, MAKhN-yn töv khoroony dergedekh namyn tüükhiin institut, *namyn khoyordugaar ikh khural*, p. 133.

（34）青木『モンゴル近現代史研究』二〇一～二三頁。
（35）Roshchin, *Politicheskaya istoriya Mongolii*, pp. 120–121.
（36）Kudriavtsev, et al, *Mongoliya v dokumentakh Kominterna*, p. 136.
（37）RGASPI, f. 495, op. 152, d. 24, ll. 126–128.
（38）RGASPI, f. 495, op. 152, d. 24, ll. 126–128.
（39）RGASPI, f. 495, op. 152, d. 24, l. 129.
（40）モンゴル人民共和国第一回国会第七会議議事録（ÜTA (Mongol ulsyn ündesnii töv arkhiv) f. 11, d. 1., khn. 10, khkh. 30-32)。
（41）モンゴル人民共和国第一回国会第八会議議事録（ÜTA f. 11-d. 1.-khn. 10-khkh. 39-48)。
（42）D. Dash (ed.), *Bügd nairamdakh Mongol ard ulsyn ankhdugaar ikh khural* (Ulaanbaatar, 1984) p. 145.
（43）Dash, *ankhdugaar ikh khural*, p. 166.
（44）ルィスクロフは本報告をこう表現したが、国会議事録では「経済省と相互援助組合の報告」と表記されている（Dash, *ankhdugaar ikh khural*, p. 223)。
（45）RGASPI, f. 495, op. 152, d. 24, ll. 135–138.
（46）RGASPI, f. 495, op. 152, d. 24, ll. 135–138.
（47）RGASPI, f. 495, op. 152, d. 24, ll. 135–138.
（48）モンゴル人民共和国第一回国会第一二会議議事録（ÜTA f. 11, d. 1, khn. 10, khkh. 56–57)。
（49）モンゴル人民共和国第一回国会第一三会議議事録（ÜTA f. 11, d. 1, khn. 10, khkh. 58–73)。
（50）Dash, *ankhdugaar ikh khural*, pp. 230–232.
（51）Dash, *ankhdugaar ikh khural*, pp. 249–256.
（52）Kudriavtsev, et al, *Mongoliya v dokumentakh Kominterna*, p. 165.
（53）S. Damdinsüren, O. Batsaikhan, A. S. Zhelezniakov, V. N. Shepelev（eds.), *Mongolyn tukhai BKhK(b)N-yn barimt bichigt, 1920–1952*, 1, 1920–1932（Ulaanbaatar, 2002）p. 214.

（54）Kudriavtsev, et al. *Mongoliya v dokumentakh Kominterna*, pp. 168-169.

（55）ZH. Amarsanaa, O. Batsaikhan（eds.）, *Mongol ulsyn Ündsen khuul': Barimt bichig*（Ulaanbaatar, 2004）pp. 19, 22-24, 44-46.

（56）RGASPI, f. 495, op. 152, d. 24, l. 145.

（57）RGASPI, f. 495, op. 152, d. 24, l. 141.

（58）RGASPI, f. 495, op. 152, d. 24, l. 151.

第三章　朝鮮独立運動とソヴィエト政府、コミンテルン

小野 容照

はじめに

植民地期の朝鮮独立運動にコミンテルンが与えた影響は少なくない。一般的に朝鮮独立運動は、アメリカ大統領のウッドロウ・ウィルソンが提唱した民族自決原則やパリ講和会議への期待を背景として展開された一九一九年の三・一独立運動後、右派の民族主義勢力と左派の社会主義勢力に分化し、このふたつの勢力が、対立や協力を繰り返しながらも朝鮮の独立運動を主導したと説明される(1)。そして、社会主義勢力を生み出し、朝鮮独立運動を左右に分化させた主たる要因こそ、ロシア革命後の東アジア規模でのマルクス主義の流行と、コミンテルンが世界革命戦略の一環として朝鮮独立運動を支援したことにあった。朝鮮の社会主義勢力は、マルクス主義を理論的指針として、コミンテルンの指導と支援のもとで朝鮮独立を目指した人々を指し、彼らの運動は独立運動と共産主義運動というふたつの側面を持っていた。

既存の研究は、コミンテルンとの関係に着目しながら朝鮮で社会主義勢力が形成され、一九一〇年の韓国併合

以来の独立運動が左右に分化する過程を考察してきた。しかし、筆者の研究を含めて、分析対象がやや社会主義勢力に偏ってきたこと、換言すれば、朝鮮共産主義運動史の枠組みで研究が展開されてきたことは指摘しなければならない。(2)

確かに、社会主義勢力を形成させたこと、ひいては独立運動を左右に分化させたことにコミンテルンが朝鮮独立運動に及ぼした最大の影響が認められる以上、その左の運動の担い手を中心に据えて分析することは必要不可欠な作業である。しかし、ロシア革命勃発から一九二〇年代前半にかけては、社会主義者とは呼び難い、あるいは、のちに共産主義運動から離脱する人物がコミンテルンやソヴィエト政府（ソ連）(3)に接触することも多々あった。

一例を挙げれば、モスクワでレーニンと面会した朝鮮人としては、李東輝《イ・ドンフィ》、朴鎮淳《パク・チンスン》（一九二一年一一月）、韓明世《ハン・ミョンセ》、呂運亨《ヨ・ウニョン》（一九二二年一月）らが知られている。このうち、李東輝と朴鎮淳は一九二一年五月に結成された上海派高麗共産党の主要メンバー、韓明世は上海派と同時期に結成されたイルクーツク派高麗共産党の党員であり、いずれも初期の朝鮮共産主義運動の担い手としてその名を残している。(4)一方、呂運亨は著名な独立運動家だが社会主義者ではなく、ウィルソンの民族自決原則に反応してパリ講和会議に朝鮮から代表を派遣することを成功させた、いわば三・一運動の仕掛け人である。(5)接触の範囲を、コミンテルン執行委員会の議長をしていたグリゴリー・ジノヴィエフや、ソ連の外交政策を担ったレフ・カラハンに拡大すれば、より多くの朝鮮人が面会しており、その中には共産主義運動に従事しなかった人物も含まれる。

本稿は、ロシア革命勃発後から一九二〇年代前半にかけて、朝鮮独立運動がコミンテルンやソヴィエト政府と結びついていく過程を検討するものである。その際、両者が朝鮮の共産主義運動のみならず、独立運動全体に及ぼした影響をできる限り浮き彫りにすることを目指す。そのために、本稿では次の三点に着目する。

ひとつは、共産主義運動には従事しなかったが、コミンテルンやソヴィエト政府に接触していた朝鮮人活動家である。彼らはマルクス主義や世界革命への共鳴とは異なる理由でコミンテルンに接触したと推測されるが、その論理や背景はいかなるものなのか。これを解明するために、本稿ではまずロシア革命を朝鮮人活動家がどのように受け止めたのかという点に立ち返って、論を進めることとしたい。

いまひとつは、国家としてのソヴィエト政府である。日本が他国と戦争して敗戦すれば、必然的に朝鮮は日本の支配から解放される。それゆえ、日本と敵対する国、交戦する可能性の高い国と連携して独立を目指すことは、朝鮮独立運動の重要な戦略のひとつであった。ロシア革命以前で言えば、第一次世界大戦により日本の敵国となったドイツがこれにあたり、ドイツの勝利を願いつつ、同国と軍事同盟を結ぼうとする動きもあった(6)。各国の共産党を束ねる国際組織としてのコミンテルンとは別に、一九一八年以降、日本軍がシベリアに駐屯し続ける状況において、朝鮮人活動家が国家としてのソヴィエト政府をどのように認識し、独立運動に利用しようとしたのか。この点についても検討したい。

そして最後に、朝鮮半島での動きである。上海とイルクーツクで高麗共産党が活動していたことが示すように、一九二〇年代前半の朝鮮共産主義運動は、コミンテルンが所在するモスクワと連絡が取りやすい海外（朝鮮半島外）でおもに展開された。朝鮮半島への影響は海外の朝鮮人社会主義者を介した間接的なものであったが、朝鮮半島での動きも扱うことで、コミンテルンの朝鮮独立運動への影響をできる限り幅広く検討していきたい。

一　朝鮮独立運動とロシア革命

通説では、朝鮮人による最初の社会主義団体は、一九一八年五月に李東輝らによってハバロフスクで結成され、のちにコミンテルンにも承認された韓人社会党（一九二一年に上海派の高麗共産党に改称）とされてきた。しかし、その活動実態はともかく、団体の名称のみに着目すれば、記録上は一七年九月の「朝鮮社会党」が最も古い社会党である。まずは、二月と一〇月のふたつのロシア革命の間に結成された、この団体から検討しよう。

三・一運動以前の朝鮮独立運動は、厳しい弾圧により朝鮮半島内での運動が難しかったため、おもに満洲やロシア極東、上海といった海外で展開された。当初はウラジオストクが独立運動の中心地だったが、第一次世界大戦の勃発により日本と帝政ロシアは対ドイツ同盟国となった。日本の要請を受けてロシア政府が同地での朝鮮独立運動を取り締まったため、[7] 独立運動拠点は満洲や上海に移っていった。

上海では、一九一〇年の韓国併合以前から抗日運動に従事していた申圭植《シン・ギュシク》や朴殷植《パク・ウンシク》によって、一二年に同済社という民族運動団体が組織された。同済社は革命派の中国人との連携をはじめとして、朝鮮独立の手段を手広く摸索していたが、一七年にロシア二月革命が勃発すると、積極的な反応を示した。

ロシア二月革命によって成立したペトログラート・ソヴィエトは、無併合・無賠償・民族自決による、第一次世界大戦の早期講和をヨーロッパの諸国民に呼びかけた。そして、第一次世界大戦の勃発により活動停止していた第二インターナショナルの社会主義者のうち、中立国の社会主義者（オランダ、スカンディナビア）とペトログラート・ソヴィエトの主導によって、社会主義者による平和会議が、一九一七年九月にストックホルムで開催されることになった。[8] 結局、ストックホルム会議は実現しなかったのだが、この試みに対しては東アジアでも反応が見られた。それが上海の朝鮮民族運動団体、同済社である。

一九一七年八月二九日、申圭植は同済社の会合を開き、今後の独立運動の方針について協議した。そして、ストックホルム会議の主催者に対して、「朝鮮社会党（International Socialists Association of Korea）」名義で、「朝鮮社会党員の希望」と題する電報を送ることが決まった。[9] この電報は、ドイツの新聞『ベルリナー・ターゲブラット』九月二日付に掲載されたが、その内容はストックホルム会議で、各民族の政治的平等の問題とともに、朝鮮の独立についても議題に挙げて欲しいと懇願するものであった。[10]

「朝鮮社会党」は「社会（主義者）」という単語を冠した朝鮮最初の団体である。とはいえ、ストックホルム会議は言うまでもなく社会主義者による会議だが、社会主義に対する言及は電報の名義以外には一切見られず、ペトログラート・ソヴィエトや中立国の社会主義者が民族自決を提唱したことにのみ反応した内容となっている。電報を送った同済社の申圭植は、辛亥革命に触発され、共和制国家の樹立を目指していた独立運動家であり、社会主義国家の樹立を志向していたわけでもなければ、社会主義に対する知識が豊富だったわけでもない。[11] すなわち、「朝鮮社会党」はペトログラート・ソヴィエトや中立国の社会主義者から、彼らと同じ「社会主義者」を自称することによって朝鮮独立に対する支援を引き出すために作られた書類上の組織であり、ロシア二月革命は朝鮮人独立運動家にとって、社会主義革命というよりも民族自決をもたらすものとしてまず認識されたのである。

こうした傾向はその後も続く。ロシア一〇月革命によりレーニン率いるボリシェヴィキが権力を掌握すると、後述するように、第一次世界大戦勃発以来不可能となっていたウラジオストクでの独立運動が復活した。さらに、レーニンの「平和に関する布告」への対応として、アメリカ大統領ウィルソンも一九一八年一月に一四カ条を発表し、曖昧な表現だが民族自決を提唱した。

第一次世界大戦終結後の一九一八年一一月二六日には、中国人にパリ講和会議への参加を呼びかける目的で、ウィルソンの使者としてチャールズ・クレインが上海に到着した。これを受けて、同済社のメンバーのうち、申圭植より若い呂運亨は、同月二七日にクレインに接触し、パリ講和会議に朝鮮からも代表を送ることへの協力を取り付けた(12)。翌二八日、呂運亨はすぐさま新韓青年党を結成し(13)、同党から金奎植《キム・ギュシク》をパリに派遣した。

三・一運動は、パリ講和会議で朝鮮に民族自決を適用してもらうためのアピールの側面を持つが、講和会議への朝鮮代表の派遣に成功したことは、朝鮮独立運動の活性化を促した。新韓青年党は日本に李光洙《イ・グァンス》を派遣し、東京に留学する朝鮮人学生に同党がパリに人員を派遣したことを伝えた。これを受けて、一九一九年二月八日、朝鮮人留学生は東京で独立宣言を発表した（二・八独立宣言）。この宣言書は留学生によって朝鮮内に持ち帰られ、これに刺激を受けた朝鮮半島内の民族主義者が三月一日に独立宣言を発表したことから三・一運動が勃発する。

それゆえ、二・八独立宣言は三・一運動の導火線のひとつと評価されるが、李光洙が起草した二・八独立宣言書にはロシアに対する言及があり、「かの最大の脅威であったロシアはすでにその軍事的野心を放棄し、正義と自由にもとづき新国家の建設に従事している」と書かれている(14)。「正義と自由」とあることからもわかるように、ここでも一〇月革命後のソヴィエト政府は「正義と人道」を唱えたウィルソン大統領と同じイメージ、すなわち民族自決をもたらすものとして認識されていた。

以上のように、朝鮮独立運動においてロシア革命は、社会主義革命というよりも、民族自決をもたらすものとして好意的に受け止められた。植民地期最大の独立運動である三・一運動はパリ講和会議やそれを主導するアメリカ、連合国政府への期待を背景としたものだが、実際には民族自決を掲げる社会主義者への期待を背景としてストックホルム会議にも働きかけており、独立を支援してくれる可能性がある勢力ならば、幅広く活用するのが当時の独立運動の戦略であった。また、「朝鮮社会党」に見られるように、朝鮮人独立運動家は他国の社会主義者に接触する際、自身の思想とは関係なく社会主義者を自称した。これは、当時の朝鮮人活動家のありようをよく示すものである。

日本では、明治以来の社会主義研究の結果、自身の活動の理論的指針を社会主義に定めた人々が、コミンテルンとの接触を経て、日本共産党を結成した。一方、朝鮮の場合、第二インターナショナルであれコミンテルンであれ、朝鮮人独立運動家が朝鮮独立の支援を引き出すために、まず自称社会主義者となり、その後、理論の学習に励むこととなった。それゆえ、初期のコミンテルン系の朝鮮人団体には、社会主義者と呼び難い、あるいは、のちに運動から離脱する人物が数多く参加しており、そのことが朝鮮の共産主義運動に齟齬《そご》を生じさせていくことになる。

二　大韓民国臨時政府の外交戦略

三・一運動後、日本から独立するという意思を朝鮮内外に示し、各国との外交の窓口にすることを目的として、一九一九年四月に上海で大韓民国臨時政府が樹立された（どの国からも承認は得られなかったが）。臨時政府は申圭植、朴殷植、呂運亨、李光洙など同済社や新韓青年党のメンバーの他、アメリカで活動していた安昌浩《アン・チャンホ》、国際連盟に朝鮮の委任統治案を持ちかけた李承晩《イ・スンマン》など、様々な勢力から構成されていた。一九四五年の朝鮮の解放後、ながらく反共主義政策を取ってきた大韓民国はこの臨時政府を引き継ぐものとされているが[15]、実質的な朝鮮最初の社会主義団体である韓人社会党もこれに加わっていた。

韓人社会党は一九一八年五月、極東人民委員会議長のクラスノシチョーコフの勧めにより、李東輝らによってハバロフスクで結成された。李東輝は韓国併合以前から抗日運動に従事していた独立運動家であり、韓国併合後はウラジオストク、満洲などで武装闘争を模索した。ロシア二月革命後にウラジオストクに戻るが、ロシア臨時政府は日本に配慮して朝鮮独立運動の取り締まりを続行したため、ドイツのスパイ容疑で逮捕、投獄された。そういった状況にあって、李東輝にとってボリシェヴィキは、自身を釈放してくれた存在であった。李東輝はボリシェヴィキと手を組んだほうが、独立運動を展開するうえで有利であると考え韓人社会党を結成した(16)。

韓人社会党は三・一運動後に活動拠点を上海に移し、上海の臨時政府に接近し、李東輝が国務総理、金立《キム・リプ》が国務院秘書長、李春塾《イ・チュンスク》も要職につくなど、臨時政府内で影響力を持つようになった。また、韓人社会党はモスクワに朴鎮淳を派遣し、一九一九年一二月にコミンテルンに加入を申請し、承認を得た。さらに朴は二〇年八月にコミンテルン第二回大会に韓人社会党を代表して参加し、大会直後のコミンテルン執行委員会会議で極東代表委員にも選ばれ、同年一二月に上海に戻ると、同地でコミンテルンのエージェントとして活動することとなった。韓人社会党は二一年五月に（上海派）高麗共産党に改称するとともに、後述する国内（朝鮮）支部を設置するなど、朝鮮半島内への影響力も高めていくことになる。

コミンテルンと連携した、共産主義運動による朝鮮独立を目指す韓人社会党を臨時政府が受け入れたのは、朝鮮独立運動においてロシア革命や社会主義が好意的に受け止められたこと、そして臨時政府が独立を支援してくれる可能性がある勢力との幅広い連携を模索していたからだと考えられる。例えば、パリに派遣された新韓青年党の金奎植が臨時政府の代表としてアメリカや、一九一九年六月の設立後は国際連盟との交渉にあたる一方で(17)、臨時政府は第二インターナショナルにも代表として趙素昂《チョ・ソアン》を派遣している。

第一次世界大戦後、再開に向けて動き出した第二インターナショナルは、一九年八月二日から九日にかけて、スイスのルツェルンで大会を開いた。チューリッヒに留学経験があり、当時は金奎植とともにパリで活動していた臨時政府の李灌鎔《イ・グァニョン》は七月にこの会議のことを知った。李は主催者にかつてストックホルム会議に朝鮮人が参加予定だったこと、朝鮮人の参加と大会での発言権を許可して欲しいことを書簡で伝え(18)、ルツェルン大会に趙素昂とともに「朝鮮社会主義者集団代表」として出席した。そして八月九日の小会議で朝鮮の独立支持を承認させた。[19] 一七年九月のストックホルム会議に向けた試みがついに実現したわけだが、二〇年七月のジュネーヴ大会が第二インターナショナル最後の大会となった。なお、「朝鮮社会主義者」を名乗った趙素昂と李灌鎔は、その後も臨時政府において外交面で活躍するが、社会主義運動には加わらない。

　第二インターナショナルに対する働きかけとともに、臨時政府は幹部の話し合いにより、一九一九年一〇月、同政府を承認してもらうこと、朝鮮独立運動に対する援助を求めることを目的としてソヴィエト政府に特使を送ることを決めた。最終的には、韓人社会党の韓馨権《ハン・ヒョングォン》が派遣されたが、当初は新韓青年党の呂運亨や、安重根《アン・ジュングン》の弟の安恭根《アン・ゴングン》といった、民族主義者もモスクワ行きの候補になっていた。[20]

　ところで、候補の一人であった呂運亨は、のちに官憲の訊問に対して、臨時政府がモスクワに特使を派遣した理由について、ソヴィエト政府が一九一九年九月頃に中国政府に対して、義和団事件の賠償金や中東鉄道などの帝政ロシアが中国から獲得した利権を放棄するという声明を出したので、朝鮮の独立に対しても助力を惜しまないだろうと推察したからだと陳述している。[21] この声明は、一九年七月にソヴィエト政府が中国に向けて発表した第一次カラハン宣言を指す。[22] カラハン宣言の詳細が中国に伝わったのは二〇年三月に入ってからであり、臨時政府の機関紙『独立新聞』が二〇年四月三日付で同宣言の内容を報道していることから見ても、[23] 呂運亨ら臨時政府のメンバーがこの宣言について知ったのは二〇年三月以降、すなわち特使の派遣を決定したあとであろう。呂運亨の陳述は後年の記憶が入り混じったものであり、具体的にいつ韓馨権が上海を出発したのかすらはっきりしないが、特使の派遣自体はカラハン宣言とは関係なく決められた。しかしその一方、カラハン宣言が、特使を派遣した臨時政府のソヴィエト政府に対する期待感を高めたこともまた間違いないだろう。

　ともあれ、臨時政府は、アメリカをはじめとする連合国政府、国際連盟、第二インターナショナル、ソヴィエト政府などに幅広く援助を求めていた。つまり、臨時政府に韓人社会党が参加することは、双方の利害が一致したものと言える。臨時政府にとっては、社会主義団体である韓人社会党が加わることによりソヴィエト政府とのコネクションを作るうえで有益である一方、李東輝をはじめとする韓人社会党にとっても、独立運動の中心組織である臨時政府が持つ大衆的基盤を活用することができる。また、臨時政府と提携することは、韓人社会党の革命路線とも矛盾しないものであった。

韓人社会党が一九二一年五月に、（上海派）高麗共産党に改称する際に採択した「高麗共産党綱領」には、次のようにある（日本官憲が入手し、翻訳したものしか残されていない）。

吾人《ごじん》は民族的解放が社会革命の前提たるを適切に感ずる者なり。現下、総《すべ》ての革命団体に対しては、大成に達する階段として吾人の主張と符号する範囲に限り此《これ》を賛助。(24)

すなわち、民族の解放を達成したのちに、社会主義革命を実現するという二段階革命論を採用していた。また、綱領と同時に採択された「高麗共産党宣言」では、コミンテルンこそ「吾人と運命を同じくする者なり」としながらも、三・一運動以来の「国際連盟の後援を期待し日米間の紛糾を以て絶好の機会を作らんとする其の心理」に対しても一定の理解を示している。(25)「国際連盟の後援を期待」する勢力の代表格は臨時政府初代大統領の李承晩などが挙げられるが、いずれにせよ、臨時政府と提携することは、党の方針とも矛盾するものではなく、後述するように右派の民族主義者との連携が目指されることになる。

また、コミンテルンも臨時政府に利用価値を見出していた。すでにモスクワの朴鎮淳により韓人社会党が一九一九年にコミンテルンに加入していた。しかしそれとは別に、ロシア共産党（ボリシェヴィキ、以下省略）極東ビューロー・ウラジオストク分局から二〇年春に上海に派遣され、翌年からコミンテルン執行委員会極東書記局で活動するグリゴリー・ヴォイチンスキーも、臨時政府に接触した。ヴォイチンスキーは、臨時政府が社会主義団体ではないものの、その中枢を社会主義者が占めていると認識し、同政府を活用することを決めた。そして、ヴォイチンスキーの呼びかけにより、韓人社会党員（モスクワに滞在していたため朴鎮淳は不参加）に、呂運亨ら臨時政府の民族主義者を加えて、二〇年五月頃、韓国共産党が結成された。(26) 呂運亨によれば、ヴォイチンスキーは独立運動の有力者との会見を求めており、これに応じたところ、朝鮮独立運動を援助したいので韓国共産党に参加して欲しいとの申し出があった。呂運亨はこれに賛同し、韓国共産党では宣伝部長を務めることとなった。(27)

とはいえ、呂運亨はただちに共産主義運動によって朝鮮独立を目指すことに決めたわけではない。三カ月後の一九二〇年八月、アメリカ議員団が朝鮮半島を含めた東アジアを訪問した際には、北京や上海で臨時政府から呂運亨が中心となり接待し、議員団に朝鮮独立に関する覚書を手渡している。(28) かつてウィルソンの使者に接触して、パリに代表を送ることを成功させた呂運亨のアメリカに対する期待は、相変わらず続くのである。ヴォイチンスキーとの面会を契機として、アメリカとソヴィエト政府というふたつの国家の援助、さらにはコミンテルンの指導による共産主義運動の展開という第三の道、これらのすべてに朝鮮独立の可能性を見出すに至ったと言える。

もっとも、韓国共産党は企画倒れに終わった。一九二一年一月にヴォイチンスキーが上海を離れたことに加え、入れかわりでモスクワから戻った（元）韓人社会党の朴鎮淳がコミンテルンから受領した資金四〇万ルーブルを（元）韓人社会党のメンバーだけで独占したため、韓国共産党は瓦解した。（元）韓人社会党のメンバーは二一年五月に（上海派）高麗共産党に改称する一方、呂運亨は上海派とライバル関係にあったイルクーツク派の高麗共産党にも接近していく。

三　朝鮮独立運動と極東諸民族大会

ふたつの高麗共産党と極東諸民族大会

上海派と同じ一九二一年五月に結成されたイルクーツク派の高麗共産党は、ロシア生まれ、ロシア籍の朝鮮人が中心であり、上海派の面々とは大きく性格が異なる。第一節で朝鮮独立運動においてロシア革命は民族自決をもたらすものとして認識されたと述べたが、イルクーツク派の朝鮮人はロシア革命から思想的にも影響を受けており、早くからロシア共産党で活動していた人物たちであった。彼らは二〇年にイルクーツクで全露韓人共産党を組織したが、これはロシア共産党シベリア・ビューローの朝鮮部を兼ねており、同ビューローのシュミャツキーの指導のもと、シベリア在住の朝鮮人を管理する立場にあった。それゆえ、二一年五月に（イルクーツク派）高麗共産党に改編されたが、その党員たちはロシア共産党員でもあった。いわば朝鮮系ロシア人が率いていたのがイルクーツク派高麗共産党であり、朝鮮の独立や民族運動に対する認識は、上海派高麗共産党とは対照的なものであった。

イルクーツク派の革命路線は民族解放と社会主義革命を同時に達成し、朝鮮でソヴィエト国家を建設することを目指すもので、臨時政府を含めて、ブルジョアジーについては朝鮮人であっても敵視し、朝鮮の民族運動に対しても冷淡であった。こうした方針はイルクーツク派を指導していたシュミャツキーの影響を受けたものと言われる。(29)

上海派の母体となった韓人社会党はコミンテルンの承認を得ていた。(30) しかし、一九二一年一月、シュミャツキーがコミンテルンの極東代表に任命されたことにより、両派の「正統」高麗共産党争いはイルクーツク派が有利な状況となった。さらに、二一年六月から開催されたコミンテルン第三回大会では、上海派代表の李東輝と朴鎮淳が、モスクワ到着が間に合わず参加できなかった反面、イルクーツク派代表の南万春《ナム・マンチュン》と韓明世が出席した。彼らはコミンテルンの各種の会議に参加し、イルクーツク派の高麗共産党が公式の共産党として承認され、両者の勢力争いではイルクーツク派が優勢となった。

ただし、朝鮮の革命戦略がレーニンと近かったのは、上海派のほうであった。大会終了後にモスクワに到着した上海派の李東輝はレーニンに面会を申し込み、一一月二八日に実現した。この時の会談の内容について、李東輝は、レーニン死去一周年にあたる一九二五年一月二二日付『東亜日報』（朝鮮で刊行されていた朝鮮語新聞）で、次のように述べている。

一九二一年秋に私がモスクワでレーニン同志と面会した際、懇談中に〔レーニンは〕、とくに小恐怖（おそらくテロリズム）を使わないこと、日本の無産者と連結すること、大衆に宣伝を通して覚悟させることなどを考えながら、朝鮮鉄道の敷設を指示し、三・一運動が鉄道の便を利用したものであったと指摘し、朝鮮では民族運動が最初の階段になるとおっしゃった。(31)

一九一九年三月一日に朝鮮の民族主義者が京城《けいじょう》（現ソウル）で朗読した独立宣言書は、前日の二月二八日から日本が敷設した鉄道を利用して朝鮮半島各地に運搬され、宣言書を手にした民衆が独立万歳を叫ぶ全民族的なデモ行為へと発展した。(32) レーニンの言うように、三・一運動はまさに鉄道という文明の利器を利用した運動であった。日本統治下の朝鮮で朝鮮人が鉄道を敷設することは非現実的ではあるが、レーニンは社会主義革命に先立ち、三・一運動をモデルとする独立運動を起こすように指示したと言える。前述したように、上海派は民族の解放を達成したのちに、社会主義革命を実現するという二段階革命論を採っていた。上海派はレーニンとの面談により、コミンテルン第三回大会不参加などでイルクーツク派に後れを取る中で、上海派の革命戦略の「正しさ」を確認できた。換言すれば、シュミャツキーなどロシア共産党や、コミンテルンとの人脈面ではイルクーツク派が優位に立つが、レーニンの考える運動方針と一致するのは上海派であるという、ねじれ現象が起こっていた。こうした事情からか、日本の官憲は上海派を「莫斯科《モスクワ》レニン直属」と見なしていた[33]。

一九二二年一月二一日からモスクワで開催されたコミンテルンの極東諸民族大会は、こうしたレーニンの方針が明文化された大会であった。朝鮮からは最多の五六名が参加したが、イルクーツク派やその背後にいるシュミャツキーの反対により、上海派の李東輝らは参加できず、イルクーツク派が大半を占めた。

しかし、同大会で、朝鮮の大衆を統一し、右派の民族主義者たちと連携しつつ、当面は民族解放の実現を目指すことが決議された。これにより、イルクーツク派は従来の革命戦略を修正することとなった[34]。以降、コミンテルンはふたつの高麗共産党の統合に本格的に着手していくことになる。

新韓青年党と極東諸民族大会

両派の高麗共産党員にとって、極東諸民族大会は今後の朝鮮共産主義運動の路線を決める場であった。しかし同大会には、彼らとは異なる論理で参加した朝鮮人活動家の姿もあった。かつてパリ講和会議に代表を派遣した新韓青年党の呂運亨と、実際にパリに赴いて交渉にあたってきた金奎植である。

一九二二年一月二二日の第一会議の開会宣言で、コミンテルン執行委員会議長のジノヴィエフが「植民地民族に対する態度の問題は、ヴェルサイユ講和会議やワシントン会議で解決されるにはほど遠かった[35]」と述べたように、極東諸民族大会はアメリカ大統領ウォレン・ハーディングの提唱で二一年一一月から開催されたワシントン

極東諸民族大会の壇上．左から二番目の起立している人物が呂運亨．壇上中央の上部にはマルクスの肖像画が飾られており，その右には，朝鮮語で「ワシントン会議は労働者と農民を圧迫」と書かれている．

会議への対抗措置であった。そして、ワシントンとモスクワのどちらに人員を派遣するかという問題は、様々な勢力からなる独立運動の集合体である臨時政府はもとより、これに多くのメンバーが参加している新韓青年党の内部対立をも招いた。

新韓青年党は上海で会合を開き、どちらの会議に人員を派遣するか議論した。そして、同党を率いてきた呂運亨と金奎植が極東諸民族大会を主張する一方、ワシントン会議を主張する孫貞道《ソン・ジョンド》ら一部のメンバーが抗議して、同党から脱退した。新韓青年党は一九二二年一二月に解散することになるが、その引き金となったものこそ両会議への代表派遣問題であった。(36)

従来のアメリカへの期待に加え、カラハン宣言を発表したソヴィエト政府、さらにはコミンテルンの指導による共産主義運動の展開にも朝鮮独立の可能性を見出していた呂運亨にしてみれば、両会議への二者択一を迫られる中でアメリカへの期待を払拭したことを意味する。では、パリで各国と交渉したあと、講和会議終了後にアメリカに渡りアメリカ政府との交渉を続けてきた金奎植が極東諸民族大会を優先したのはなぜだろうか。

極東諸民族大会を取材したアメリカ人ジャーナリストのアーネスティン・エヴァンズは、モスクワで金奎植にインタビューしている。そして「[アメリカとの交渉に失敗した]経験により、彼は冷笑的になった。アメリカは朝鮮のために最善を尽くすはずだという希望を抱くことさえなければ、彼が冷笑的になることはなかったであろう」と評したうえで、金奎植にとってモスクワこそが「最後の手段」であると述べている。(37) 金奎植がモスクワ行きを決断した詳しい経緯はわからないが、アメリカとの交渉の挫折の反動で、ソヴィエト政府やコミンテルンに対する期待が高まったものと見られる。

もうひとつ、金奎植は他国に独立を請願するという従来の運動方法も見直していたようである。金奎植は一九二一年一月に上海に戻るが、同年五月の陸軍省の把握によれば、金奎植は臨時政府内で「親露、親米、親支《ママ》」の「温和派」だが、外交のみならず「部分的暴動を主張」するようになっていたという。(38)

この点は、上海派の高麗共産党員も認識していたふしがある。前述したように朴鎮淳らがモスクワで受領した資金を、臨時政府や韓国共産党に渡さず上海派のメンバーで独占した。さらに、当時はイルクーツク派が優勢だったこともあり、呂運亨と金奎植はイルクーツク派の所属として大会に参加した。ただし、上海からモスクワへの渡航費は上海派の資金から支出された。その理由について、後にある上海派の党員は、金奎植が外国語に堪能で、軍事専門家だったことを挙げている。(39) 金奎植は独立を請願するという「温和」な手段に限界を感じ、「部分的暴動」、すなわち武装闘争も視野に入れるようになったのだろう。

このように、呂運亨や金奎植にとって極東諸民族大会は新たな独立運動方法の試金石であった。両派の高麗共産党員とともに大会に参加した二人は、レーニン、外務人民委員のチチェーリン、カラハンらと会見した。日本の官憲側の史料によれば、この際に金奎植は「労農政府」と次のような「密約」を締結したという。

一、吾等《われら》朝鮮人の同志は近く朝鮮に於て具体的の騒擾《そうじょう》を起こすと共に、将来日本との間に朝鮮国境に於て衝突する等のことあらば露国を援助すること。

二、吾等朝鮮人の同志は労農政府が朝鮮及日本より得んとする総ての情報を蒐集提供すること。

三、吾等は第三「インターナショナル」の指揮下に朝鮮其の他に於て共産主義の宣伝並実現に関し有効なる運動に努むること。

四、労農政府は将来朝鮮人の要する武器弾薬を提供すること。(40)

日ソ両国が衝突した際、朝鮮人とソヴィエト政府が互いに協力し、そのためにソヴィエト政府側が武器弾薬を提供するという内容である。第三項でコミンテルン（第三インターナショナル）について触れてはいるが、ソヴィエト政府という国家との連携を強く意識したものとなっている。密約についての手掛かりはこれ以上なく、実際に締結されたのかも疑わしい。しかし、武装闘争を摸索し始めていた金奎植の新たな運動方法と符合する内容であり、ソヴィエト政府にこうした交渉を試みたのは事実であろう。

また、金奎植は極東諸民族大会終了後の一九二二年七月、『コミュニスト・レビュー』誌に「アジア革命運動と帝国主義」という論文を発表し、次のように述べている。

外部の援助と協力、そして国際情勢の変化を抜きにして、朝鮮が独立を成し遂げることは期待できない。こうした理由から、朝鮮人は最終的な武装闘争を準備し、日本とアメリカ、ロシア、または中国との衝突、あるいは日本が自国の労働者大衆による革命的蜂起に直面した時、こうした機会がいつ訪れようとも、それを摑みとるため努力している。(41)

金奎植は従来の独立請願という手段を捨て去り、日本が他国と武力衝突するのに乗じて武装闘争を起こすことで、朝鮮の独立を目指すようになったと言える。ソヴィエト政府に前述した密約を持ちかけたのは、その準備の一環であろう。以降、金奎植は同国の援助に望みを託し、ウラジオストクに活動拠点を移すことになる。

本来、極東諸民族大会は朝鮮共産主義運動の路線を決めるコミンテルンの会議であったが、他方で金奎植のように日本との対立、交戦の可能性という観点からソヴィエト政府に接触し、交渉するための機会として同大会を利用する者もいた。こうして革命に共鳴する者から、必ずしもそうとは言えない民族主義者まで、海外で活動する様々な朝鮮人がコミンテルン、ソヴィエト政府と結びついていった。それでは朝鮮半島での動きはどのようなものだったのだろうか。

四　朝鮮半島における文化運動の展開

基本的にコミンテルンやロシア共産党が朝鮮半島（以下、半島を略す）内に代表を送ることはなく、これまで見てきたように上海止まりであった。一九二三年になるとコミンテルンの機関であるコルビューロー（Korean Bureau 在ウラジオストク）の「内地部（朝鮮支部のこと）」が組織され、朝鮮内の活動家との連絡が密になるが、それ以前は高麗共産党員が朝鮮内に党員を密使として派遣することにより運動が展開した。両派の高麗共産党のうち、朝鮮内に基盤を持っていたのは韓国併合以前からの抗日運動家によって組織され、二一年五月の結党と同時に国内支部を設立した上海派であった(42)。

上海派高麗共産党国内支部は、一九二〇年六月に京城で結成された社会革命党を母体とする。社会革命党は、新韓青年党の張徳秀《チャン・ドクス》、二・八独立宣言を主導した崔八鏞《チェ・パルリョン》など、三・一運動の勃発に貢献した人物らによって組織された。社会革命党という名称ではあるが、この団体は社会主義思想を持つ人々の集まりではなかった。

三・一運動以降、朝鮮の統治機関である朝鮮総督府は従来の統治方針を変更し、それまで抑制されていた朝鮮人の言論、集会、結社の自由を一定程度認める方針を取った。これにより、『東亜日報』をはじめとする民族系新聞、各種の団体が誕生した。

こうした状況の中で、各種の運動理論を研究する読書会として社会革命党は結成された。社会革命党は、メンバーの張徳秀が『東亜日報』の主筆、金明植《キム・ミョンシク》が論説班員を務めるなど、三・一運動後の朝鮮内の民族運動全体において影響力を持っていた。

一九二一年に入り、上海の韓人社会党（上海派高麗共産党）は朝鮮内での影響力の拡大を目指し、密使を派遣して社会革命党に共産主義団体の結成を持ちかけた。これに応じる形で、同年五月に社会革命党は上海派高麗共産党の国内支部に転換した。朝鮮内で最初に結成されたコミンテルンと連なる組織である。もっとも、この転換は、社会革命党のメンバーがマルクス主義を十分に研究、理解した結果ではなかった。上海派のリーダー李東輝が朝鮮独立運動を象徴する人物であり、独立運動の集合体である臨時政府の要職についていたことがおもな要因であった。すなわち、著名な独立運動家としての李東輝に惹かれて、社会革命党のメンバーは上海派高麗共産党の国内支部への転換を選んだのである。

しかし、末端とはいえコミンテルンに連なる組織で活動する以上、国内支部のメンバーは、共産党員としての活動を求められることになった。まず社会主義理論の普及が挙げられ、国内支部では、日本の書籍からの重訳を通して、『東亜日報』などでレーニン伝やマルクス主義学説の紹介を行った[43]。

だが、共産党員らしい活動と呼べるものはこの程度であり、国内支部が最も熱心に取り組んだのは文化運動であった。それは青年会や労資協調団体の組織と運営、産業、芸術、スポーツ振興など多岐にわたる。これらの活動は、朝鮮内で活動する右派の民族主義者とともに展開された。

右派の民族主義者の活動方針は実力養成論によるものであり、これは日本による植民地支配をひとまず是認したうえで、朝鮮民衆に対する文化啓蒙を通して朝鮮人・朝鮮社会の文化的、経済的水準を向上させて実力を養成し、いずれ実力がついた段階で独立を目指すというものであった。一方、前述したように上海派高麗共産党の革命路線は、レーニンのお墨つきを得た、民族の解放を達成したのちに社会主義革命を実現するという二段階革命論であり、民族主義者との提携も方針のひとつであった。従って、国内支部が文化運動に邁進することは、上海派高麗共産党の戦略の範疇《はんちゅう》に収まり得るはずであった。

しかし、国内支部の文化運動は上海派高麗共産党の革命運動の一環と呼び難い面があった。そもそも、国内支部を率いる張徳秀は一九二〇年八月に呂運亨が北京などで接待したアメリカ議員団が朝鮮半島に視察に来た際、これを歓迎したうちの一人であった。張徳秀は『東亜日報』の社説で、次のようにアメリカ議員団を迎えた感想を述べている。

> 正義と人道は口で言うのは簡単だが、実行するのは困難である……国家とは要するにその本質上、正義人道を実力で保障する団体であり、人文発達を実力で目指す協力体である……それゆえアメリカ来賓は「学術と工業に努力して、全てのことを向上させよ」といったのである。(44)

張徳秀も加わっていた新韓青年党は、パリに金奎植を派遣することに成功した。しかし、ウィルソン大統領を含め、アメリカ政府は「不完全国家」(45)の講和会議参加は望ましくないという立場を取っており、金奎植は会議の外から各国要人と交渉する他なかった。それゆえ、三・一運動を主導した活動家の中には、まずは朝鮮民族自体が文化水準を高めて成熟していかない限り、アメリカをはじめとする国際社会からの独立承認は得られないという認識を持つ者もいた(46)。「全てのことを向上させよ」と述べたアメリカ議員団の訪朝は、このことを朝鮮人に再認識させるものであった。

すなわち、右派の民族主義者と高麗共産党国内支部の合作によって展開された朝鮮の文化運動は、朝鮮社会の実力を養成し、実力がついた段階で独立を目指すものだが、その独立方法にはアメリカをはじめとする国際社会に朝鮮民族の実力を認めてもらうことで独立の支持を取り付けることが含まれていた。実際、一九二〇年に設立された労資協調の性格を持つ朝鮮労働共済会の運営に、国内支部のメンバーは右派の民族主義者とともに深く関わったが、この団体も、いつの日か朝鮮人労働者が、パリ講和会議で生まれた国際労働機関（ＩＬＯ）の援助を受ける際の受け皿にする目的で設立されたものであった(47)。

国内支部のメンバーに即して言えば、彼らにとっての文化運動は、社会主義革命の前段階としての民族運動と、いずれアメリカをはじめとする国際社会から独立の支持を得るための下準備という二重の目的を持つものであった。前述したように、一九二一年五月に採択された上海派の「高麗共産党宣言」には、国際連盟や日米間の紛争に期待する心理に対して一定の理解を示す文言があったが、そもそも国内支部という高麗共産党の組織内にこうした心理を持つ者がいたのである。

国内支部がこうした性格を持っていたため、一九二二年に入り朝鮮で激しい批判にさらされるようになった。その主たる批判者は、マルクス主義学習の結果（日本の書籍の受け売りだが）、自身の理論的指針として社会主義を選択し、階級闘争を軸とする独立運動の展開を目指す人々であった（以下、朝鮮人社会主義者と呼称する）。さらに、国内支部の内部でもマルクス主義理論を受容して国内支部の文化運動に反対する立場を取った金明植らが離脱し(48)、国内支部はコミンテルンと連なる組織でありながらも、（思想的には）社会主義者が不在という状況に陥った。

その批判の第一点は、朝鮮労働共済会がインテリゲンチャ（知識人階級）の組織で、ブルジョアジーの利益を擁護するものである、といった内容である。これだけであれば、右派の民族主義者と提携して民族の解放を達成したのちに社会主義革命を実現するという上海派の革命戦略と、これを是としない朝鮮人社会主義者の路線対立にすぎない。しかし、朝鮮人社会主義者には、国内支部が社会主義革命を目指しているようには映らなかった。批判者の一人である金翰《キム・ハン》は、一九二二年一〇月にコミンテルンに宛てた報告書で次のように述べている。

〔朝鮮労働共済会の〕中央組織には、いわゆる上海共産党のロシア人民の資金の分配に参加した人たちがいた。彼らが手にした分け前は、おもに宴会や女遊び、ワシントン会議への代表派遣、紛争などに浪費され、決して革命的事業に使われることはなかった。それゆえ、当然ながら階級闘争を主張することさえなかった。(49)

金翰は「ロシア人民の資金」と述べているが、当時の国内支部の活動資金は、上海派高麗共産党の朴鎮淳が韓人社会党時代にモスクワでコミンテルンから受領した資金だったと思われる。また、「ワシントン会議への代表派遣」とあるが、実際にワシントンに派遣されたのは、上海派高麗共産党の党員ではなく、張徳秀が主筆を務める『東亜日報』記者の金東成《キム・ドンソン》である。(50)さらに、前述した呂運亨と金奎植の上海からモスクワへの渡航費を捻出したのは国内支部の張徳秀と崔八鏞であり、当初は張徳秀も極東諸民族大会に派遣される予定になっていた。(51)従って、コミンテルン資金が「革命的事業に使われることはなかった」わけではない。上海派のコミンテルン資金は、社会主義革命の前段階としての民族運動と、アメリカを含む国際社会から独立の支持を得るための下準備という、二重の目的を持つ国内支部の活動に沿う形で使われていたのである。

いずれにせよ、マルクス主義学習の結果として階級闘争を主張するようになった社会主義者がコミンテルンとのつながりを持たない一方で、革命を志向していたとは必ずしも言えず、アメリカとコミンテルン、どちらに望みを託すか決めかねていた人物が共産党員として活動していた。これが、ロシア革命勃発から数年間、モスクワとの直接的な連絡手段を持たない、朝鮮内における「革命」運動であった。コミンテルンの資金からワシントン会議への渡航費を捻出するという現象は、こうしたいびつな運動状況を如実に物語る。しかし、視点を変えれば、アメリカであろうとコミンテルンであろうと、独立支援の可能性を持つ勢力ならば幅広く活用せんとする朝鮮人独立運動家のしたたかさを示しているとも言えよう。

おわりに

結局のところ、朝鮮系ロシア人が率いるイルクーツク派を除いて、多くの朝鮮人独立運動家にとってロシア革命は社会主義革命と受け止められなかった。ソヴィエト政府やコミンテルンの誕生は、民族自決を掲げ、朝鮮独立を援助してくれる可能性を持つ新たな勢力の誕生として受け止められ、その意味において、ウィルソンの一四カ条と同じインパクトを持った。その結果、コミンテルンとソヴィエト政府は、社会主義理論の理解度や革命への共鳴とは関係なく、朝鮮人独立運動家を広範囲に魅了した。

まず、コミンテルンに加入した最初の朝鮮人団体である韓人社会党（上海派高麗共産党）は、ボリシェヴィキと提携して共産主義運動を展開することが朝鮮独立への近道であるという認識のもと結成された。イルクーツク派との勢力争いなど、運動自体は順調なものではなかったが、コミンテルンも同党の朴鎮淳を極東代表に任命したり、資金援助をしたりするなど、積極的に援助した。

一方、大韓民国臨時政府内の民族主義者、とりわけ、三・一運動を主導した新韓青年党のメンバーは、ロシア革命によって誕生したソヴィエト政府という新たな国家に関心を示したと言える。例えば、新韓青年党の李光洙が起草した二・八独立宣言書には、ソヴィエト政府が民族自決をもたらすという認識が示されていた。朝鮮に向けられたものではないが、帝政ロシア時代に中国で獲得した利権の返還を掲げたカラハン宣言も、こうした朝鮮人民族主義者が抱くソヴィエト政府認識を確固たるものにしただろう。

また、新韓青年党や臨時政府の代表としてアメリカとの交渉にあたっていた金奎植は、日本と衝突する可能性がアメリカより高いソヴィエト政府との提携を摸索するようになり、日ソ衝突の際の相互協力を持ちかけた。金奎植との交渉にはレーニン、外務人民委員のチチェーリン、カラハンらがあたったようだが、ソヴィエト政府側も、社会主義革命とは異なる論理で接触してくる朝鮮人を排除しなかった。

もう一点、レーニンやコミンテルンが両派の高麗共産党に示した、民族の解放を達成したのちに社会主義革命を実現するという二段階革命論もまた、朝鮮独立運動において大きな意味を持った。元来、二段階革命論は革命を志向する社会主義者が、当面の利害の一致により、他の勢力との統一戦線を構築することを目指すものである。しかし、朝鮮半島では、その方法にかかわらず、ただ独立を求め、民族運動さえ行っていれば革命運動に参加できる理論として実質的には機能し、必ずしも社会主義革命を目指していない共産党員を生み出した。

このように、革命に共鳴する者からしない者まで、様々な朝鮮人独立運動家が何らかの形でコミンテルン、ソヴィエト政府とつながっていた。しかし、こうした状況は一九二三年以降、大きく変わっていく。

コミンテルンと朝鮮共産主義運動との関係で言えば、極東諸民族大会以降、コミンテルンは両派の高麗共産党の統合に本格的に着手し始める。一九二二年一二月には高麗共産党の解散を命じ、ウラジオストクにコルビューローを設置して、統一された共産党の設立と朝鮮内を中心とする革命運動の展開を摸索していく（最終的には二五年に京城で朝鮮共産党が設立され、翌年にコミンテルンに承認される)。張徳秀、崔八鏞ら上海派高麗共産党国内支部のメンバーは運動から離脱し、国内支部を批判していた朝鮮人社会主義者たちがコルビューローの内地部(朝鮮支部)の主要メンバーとなり、コミンテルンの指導のもと、革命運動を率いていくことになる(52)。

他方で、臨時政府や朝鮮人民族主義者とソヴィエト政府のつながりは希薄になっていく。要因のひとつは朝鮮人側にあり、一九二三年に入り、臨時政府は路線対立により分裂し、有名無実化していく。

ソヴィエト政府と提携し、武装闘争により朝鮮独立を目指すことを決めた金奎植は臨時政府の分裂後、同政府の一部のメンバーとともにウラジオストクに活動拠点を移す。しかし、一九二四年三月中旬に、ソ連政府から国外追放にされる(53)。その背景には、二五年一月に芳沢謙吉《よしざわけんきち》駐華公使とカラハンによって北京で締結される、日ソ基本条約があると思われる。

金奎植が国外追放となった少しあとの一九二四年五月一五日、カラハンは芳沢に対してソ連側の条約案を提示したが、その中には「国家主権を尊重し内政に容喙、煽動、宣伝、干渉をなさず又之を支援せず。又地方を侵さんとする団体を組織又は支援せず、又之が自国内存在を許さず」という項目が含まれていた(54)。日本が統治する朝鮮を「侵さんとする」金奎植の活動はこれに該当するだろう。

つまりソ連は、金奎植を「自国内」にとどめて「支援」すれば、日本に示す予定の条約案に抵触することになるため、あらかじめ金奎植を国外追放処分にしたのではないだろうか。具体的な分析は今後の課題とせざるを得ないが、国交樹立交渉にあたって、ソ連は日本に配慮して朝鮮独立運動に対する援助を打ち切り(55)、コミンテルンによる朝鮮人社会主義者に対する指導に一本化したものと推測される。

かつて金奎植は「外部の援助と協力、そして国際情勢の変化」がなければ、朝鮮は独立できないと主張した。しかし、「国際情勢の変化」は時として独立運動の強力な追い風となるが、東アジアをめぐる大国間の国際政治の力学により、向かい風にも転ずる。一九一七年のロシア革命勃発から数年間の、ソ連と金奎植ら朝鮮人民族主義者の関係は、その最たる例だと言えよう。

(1) このように認識されるようになったのは、一九八〇年代末になってからである。四五年の朝鮮半島の解放後、分断体制の中で、反共主義を取った大韓民国において社会主義研究はタブー視され、植民地期の社会主義運動が独立運動の一部と見なされることはあまりなかった。一方、朝鮮民主主義人民共和国では金日成《キム・イルソン》体制の正当化の目的から、体制の淵源となる、一九三〇年代の満洲における抗日パルチザンをはじめとする、金日成の運動に絶対的な価値が置かれ、それ以前の社会主義運動が肯定的に評価されることもまた、あまりなかった。一九八〇年代末の韓国の民主化にともない、研究環境が自由化され、社会主義運動に関する研究が本格化し、植民地期の社会主義運動が独立運動の一環として認識されるようになった。

(2) 日本で発表された研究としては、小野容照『朝鮮独立運動と東アジア　一九一〇—一九二五』(思文閣出版、二〇一三)がある。韓国で発表された研究としては、林京錫『韓国社会主義의 起源』(歴史批評社、二〇〇三)が高麗共産党をはじめとする海外の朝鮮人社会主義運動に関する包括的研究である。

(3) 本稿では、ロシア一〇月革命後に成立したロシア・ソヴィエト連邦社会主義共和国を「ソヴィエト政府」、一九二二年末以降を「ソ連」と表記する。

(4) 李東輝(一八七三〜一九三五)は韓国併合以前から抗日運動に従事、併合後はロシア極東で武装闘争を展開した。ロシア革命後はいち早くボリシェヴィキと提携し、共産主義者となって上海派高麗共産党などのコミンテルン系の組織で活動した。朴鎮淳(一八九七〜一九三七)はロシアで生まれ、教育を受けた。李東輝とともに上海派高麗共産党を率いたほか、コミンテルンのエージェントとしても活躍した。その後も共産主義運動に従事するかたわらモスクワ大学などで哲学を専攻したが、一九三七年に「日本のスパイ」などの容疑でソ連で処刑された。

(5) 呂運亨(一八八六〜一九四七)は、三・一運動をはじめ独立運動家としてその名を残しているが、本稿で述べるように初期の朝鮮共産主義運動にも関わった。一九二二年の極東諸民族大会に参加して以降は、共産主義運動から距離を置いた。四五年の解放直前には建国準備委員会を組織、委員長となるが、解放後の四七年にソウルで暗殺された。姜徳相による評伝『呂運亨評伝』（全二巻、新幹社、二〇〇二、二〇〇五）がある。

(6) 詳しくは、小野容照「第一次世界大戦の勃発と朝鮮独立運動――対華二十一ヵ条要求をめぐる二つの戦略」『東アジア近代史』一八号（二〇一五）を参照。

(7) 劉孝鐘「極東ロシアにおける朝鮮民族運動――「韓国併合」から第一次世界大戦の勃発まで」『朝鮮史研究会論文集』二二号（一九八五）一五七頁。

(8) ストックホルム会議については、山内昭人「ストックホルム会議とツィンメルヴァルト運動」『史林』六一巻五号（一九七九）による。

(9) 有吉上海総領事から本野外相宛、一九一七年九月一五日付電報、外務省外交記録、四―三―二―二―一―五。

(10) "Die Wünsche der koreanischen Sozialisten," *Berliner Tageblatt*, September 2, 1917.

(11) 申圭植については、小野「第一次世界大戦の勃発と朝鮮独立運動」を参照。

(12) 「呂運亨調書」金俊燁・金昌順編『韓国共産主義運動史――資料篇一』（高麗大学校出版部、一九七九）二四三～四四頁。

(13) 「本党記略」『新韓青年』創刊号、一九二〇年三月、七七頁、崔善雄「張徳秀의 社会的自由主義思想과 政治活動」高麗大学校博士論文（二〇一三）六四頁。

(14) 小野『朝鮮独立運動と東アジア』一二六頁。

(15) 大韓民国憲法の前文には、「悠久な歴史と伝統に輝く我々大韓国民は三・一運動で成立した大韓民国臨時政府の法統」を「継承」とある。

(16) 劉孝鐘「二月革命と極東ロシアの朝鮮人社会」中村喜和編『ロシアと日本』第三巻（一九九二）六一～六七頁、潘炳律『誠斎 李東輝 一代記』（범우社、一九九八）一四五～五二頁。

(17) パリでの金奎植の交渉については、長田彰文『日本の朝鮮統治と国際関係――朝鮮独立運動とアメリカ 一九一〇―一九二二』（平凡社、二〇〇五）を参照。金奎植（一八八一～没年不明）は、パリでの交渉後、本稿で述べるようにソヴィエト政府（ソ連）に接近していくが、日ソ基本条約によりソ連から追放されることになる。朝鮮戦争勃発後に北朝鮮に渡り、一九五〇年頃に死亡したとされる。

(18)「万国社会党大会에서 韓国独立承認」『独立新聞』一九一九年一〇月二八日付。
(19)同右。西川正雄『社会主義インターナショナルの群像』（岩波書店、二〇〇七）九九頁。
(20)「呂運亨調書」二九六、三三六～三七頁。
(21)同右、三七四頁。
(22)カラハン宣言については、麻田雅文『満蒙――日露中の「最前線」』（講談社、二〇一四）一五五～五六頁。
(23)「労農政府의 遠東政策」『独立新聞』一九二〇年四月三日付。
(24)朝鮮総督府警務局「大正十一年 朝鮮治安状況（国外）」金正柱編『朝鮮統治史料』第七巻（韓国史料研究所、一九七一）一七七頁。
(25)同右、一七四頁。
(26)韓国共産党については、林京錫『韓国社会主義의 起源』一九四～二〇一、二九五～九八頁による。
(27)「呂運亨調書」二四八頁。
(28)同右、三七四頁、山崎上海総領事から内田外相宛、一九二〇年八月八日付電報、外務省外交記録、四―三―二―二―一―五。
(29)林京錫『韓国社会主義의 起源』四三三～四〇頁。
(30)劉孝鐘「コミンテルン極東書記局の成立過程」「初期コミンテルンと東アジア」研究会編『初期コミンテルンと東アジア』（不二出版、二〇〇七）七三頁。
(31)李東輝「東亜日報를 通하야 사랑하는 内地同胞에게（五）」『東亜日報』一九二五年一月二二日付。
(32)宣言書を配布する際の鉄道の利用に関しては、佐藤正夫「三・一独立運動における『独立宣言書』の展開とその意義――平壌における一事例より」『東洋文化研究』一三号（二〇一一）を参照。
(33)高警第三一七号、上海ニ於ケル高麗共産党ノ両派（大正一一年一月三一日付）、外務省外交記録、四―三―二―二―一―一一。

（34）林京錫『韓国社会主義의 起源』五四三頁。

（35）コミンテルン編、高屋定国・辻野功訳『極東勤労者大会——日本共産党成立の原点』（合同出版、一九七〇）二六頁。

（36）「呂運亨調書」三七〇〜七一頁。

（37）Ernestine Evans, "Looking East from Moscow," *Asia* 22, no. 12 (December, 1922) pp. 976, 1011.

（38）「国外情報 僭称上海仮政府幹部の党派別」金正明編『朝鮮独立運動Ⅱ』（原書房、一九六七）一四三〜四四頁。

（39）*VKP* (b), *Komintern i Koreia* (Moscow, 2007) dok. 86, p. 212. ただし、金奎植の経歴を見るかぎり、彼が専門的な軍事教育を受けた形跡はない。

（40）朝鮮総督府警務局「大正十一年 朝鮮治安状況（国外）」一六八〜六九頁。

（41）Kim Kin-sic, "The Asiatic Revolutionary Movement and Imperialism," *Communist Review* 3, no. 3 (July, 1922) p. 146.

（42）以下、上海派高麗共産党国内支部の設立過程については小野『朝鮮独立運動と東アジア』一五二、一七四、一九〇〜九二頁による。

（43）朝鮮におけるマルクス主義の受容については、同右、第四章を参照。

（44）社説「美国来賓의 伝하는 말（二）」『東亜日報』一九二〇年八月二九日付。

（45）長田彰文『世界史の中の近代日韓関係』（慶応義塾大学出版、二〇一三）一〇五頁。

（46）詳しくは、小野容照「第一次世界大戦の終結と朝鮮独立運動——民族「自決」と民族「改造」」『人文学報』一一〇号（二〇一七年六月刊行予定）を参照。

（47）小野『朝鮮独立運動と東アジア』一四四〜五〇頁。

（48）崔善雄「一九二〇年代初 韓国共産主義運動의 脱自由主義化過程——上海派高麗共産党国内支部를 中心으로」『韓国史学報』二六号（二〇〇七）三〇六頁。

（49）RGASPI, f. 495, op. 135, d. 70, l. 20.

（50）朝鮮総督府警務局「大正十一年 朝鮮治安状況（鮮内）」金正柱編『朝鮮統治史料』第七巻、四六〇頁。当然ながら、ワシントン会議自体に参加することはできなかった。

（51）韓国精神文化研究院現代史研究所編『遲耘 金錣洙』（韓国精神文化研究院、一九九九）一四頁。なお、張徳秀は一九

二三年にアメリカのコロンビア大学に留学、共産主義運動から離脱する。

(52) 極東諸民族大会以降の朝鮮共産主義運動については、小野『朝鮮独立運動と東アジア』一九九～二五八頁を参照。

(53) 機密第六四号、露国追放鮮人往来ニ関スル件（大正一三年四月五日付）、外務省外交記録、四－三－二－二－一－一一。

(54) 鹿島平和研究所編『日本外交史』一五巻（鹿島平和研究所、一九七〇）八五～八六頁、富田武『戦間期の日ソ関係　一九一七―一九三七』（岩波書店、二〇一〇）四五～四六頁。

(55) 一九二五年五月に朝鮮総督府政務総監の下岡忠治《しもおかちゅうじ》は、日ソ国交回復により貿易など両国の交流が進むにつれて、ソ連との「接壌の地たる朝鮮」に「矯激なる思想」が流入しやすくなることを危惧し、厳重に取り締まるべきであると訓示で述べた（水野直樹編『朝鮮総督諭告・訓示集成』第三巻（緑蔭書房、二〇〇一）五一～五二頁）。朝鮮総督府は日ソ国交樹立が朝鮮独立運動に及ぼす影響に危機感を持っており、こうした総督府の認識や立場が、日ソ交渉に反映された可能性がある。

第四章　北サハリン売却問題とソ連中央（一九二三年）

藤本　健太朗

はじめに

ロシア一〇月革命にともなう内戦と日本軍による軍事干渉が、極東で最終局面を迎えようとしていた一九二〇年、サハリン島西側対岸のニコラエフスクで、赤軍パルチザン部隊が駐留中の日本軍守備隊と住民を虐殺するという事件（いわゆる尼港《にこう》事件）が起こった。この事件をきっかけに日本政府は、邦人の保護と尼港事件解決のための「保障占領」を理由に、新たに北サハリンを軍事占領した。その後、日本とソヴィエト政権[1]との間で、停戦、通商、国交樹立などをめぐって何度か交渉が行われたが、そこにおいて、日本軍の自国領からの即時撤兵を求めるソヴィエト政権側と、一連の事件を理由に、北サハリンの譲渡をはじめとする何らかの利益を得ようとする日本側とが対立し、この対立は交渉全体が難航する要因のひとつとなった。

最終的に、一九二五年に締結された日ソ基本条約で、日本が北サハリンからの撤兵を約束し、ソヴィエト社会主義共和国連邦（以降、ソ連）が日本に対して北サハリンの石油・石炭に関する開発権（利権）の供与を約束することで、この問題は解決された。日本軍は二五年五月に北サハリンから撤兵した。

この外交交渉の結果については、日本およびロシアの双方の研究において、領土を失うことを恐れるソヴィエト政権が、利権供与という、より小さい譲歩によって北サハリンの領有権を全うし、一方で日本は領土拡張の野心から軍事占領まで行いながらも、単に利権を得るのみで終わってしまった、と評価されてきた。原暉之や小林幸男など日本側の研究では、日本は北サハリンを占領した当初はその領有を意図していたが、ソヴィエト政権との外交交渉が進むにつれて、北サハリンの譲渡を諦め、領土の買収、そして利権の獲得と、その目標を下方修正してきた、とされる(2)。また、外交史研究のレオニド・クタコフ、サハリン史研究のジョン・ステファンなど、ソヴィエト政権側の立場に言及した研究においても、ソヴィエト政権は北サハリンが日本領となることを「頑強に拒否」し、日本から譲歩を引き出したとされてきた(3)。

しかし、これまでの研究では、交渉における日本側の政策決定過程やその意図が明らかになってきている一方で、ソヴィエト政権側に関しては、史料の制限もあり、実証的に明らかになっているとは言い難い。

その中でも特に本稿で着目するのは、一九二三年に両国間でなされた、北サハリンの売買交渉についてである。停戦などに関する交渉が二度にわたって決裂したあと、二二年一二月にソ連が成立したことを受け、二三年一月に、日本側から改めて国交交渉の申し出があった。その中で初めて、依然として日本軍が占領していた北サハリンを日本が買収するという提案がなされた。同年の日ソ交渉において、日本側は買収額として一億円（のちに一億五〇〇〇万円に変更）を提示し、それに対してソ連側の交渉担当であるアドルフ・ヨッフェは、売却案を受け入れたうえで、一〇億ルーブル（のちに一五億ルーブルに変更。一円＝約一ルーブル）という額を提示した。結果として売買は成立せず、二四年以降、北サハリンに関する交渉は日本に利権を供与するという方針で進み、最終的に日ソ基本条約の締結に至った。

先行研究では、この売買交渉に関するソ連側の交渉態度について、交渉の経過や結果から推測して、ソ連側がそもそも北サハリンを売却するつもりはなく、高額を提示することによって売却を暗に拒否するという外交交渉戦術を取ったにすぎない、という分析がなされてきた。

ワシーリー・モロジャコフは、日本との交渉を担当していたヨッフェが意図的に高額を提示したという議論を展開している。ヨッフェの狙いは、売却においてあえて高額を提示することで、価格が折り合わずに交渉が決裂した場合、「ソ連側は交渉に応じる用意があったが価格面で折り合いがつかなかった」という状況を演出することができ、また万が一、価格面で折り合いがつけば、高額の支払いを日本から得ることができる、というものであった。(4) しかし、このヨッフェの「意図」に関しては典拠が示されておらず、その目的についても、実証的に明らかになっていない。

一方で、ソ連崩壊後、一九二三年五月三日のロシア共産党（ボリシェヴィキ）中央委員会政治局（以下、政治局）の決定が発見された。(5) ここでは、日本との交渉において、北サハリンを売却する方針に反対しない、という決定がなされている。さらに、富田武は、この政治局決定によって設立された「サハリンの経済・戦略的価値を定めるための小委員会」（以下、小委員会）が、五月一〇日に「現時点では売却がベター」と結論づけ、交渉の方針として、まず北サハリンの長期租借を提案し、時期を見て売却を提案することを求めたと指摘している。(6)

富田の指摘はふたつの問題を提起する。第一に、北サハリンの売却は単なる外交交渉戦術のひとつではなく、政治局において、北サハリンの売却を利用して何らかの利益を得ることが意図されていたということである。つまり政治局にとって、北サハリンの領有権の保持は、少なくとも第一優先ではなかった可能性がある。第二に、意思決定機関である政治局で北サハリンの売却方針が決定されていながら、前述の小委員会の案と交渉担当のヨッフェの行動とは食い違う部分があり（例えばヨッフェは日本側に対し、北サハリンの「長期租借」を提案していない）、実際の交渉は小委員会、ひいては政治局の示した方針とは異なる方向に進んでいったという点である。つまり、交渉において、ソ連側に統一された意思が存在していたのではなく、ソ連内部に複数の意見が存在していた可能性がある。

しかしながら、富田はこの時期の日ソ交渉史を概説するにとどまっており、北サハリンを売却するという決定がなされた過程や、その際になされた議論、またその意図については明らかになっていない(7)。

以上の問題意識から、本稿では具体的に以下の点を検討する。一九二三年一月に日本から北サハリンの買収が提案されて以降、五月三日の政治局決定までの間に、ソ連中央（政治局や、外交を担当する外務人民委員部、およびその周辺）で売却についてどのような議論が行われたのか。また、その後の小委員会において、どのような議論がなされ、どのような結論が得られたのか。そしてその結論は交渉にどのように反映されたのか。

これらを検討することで、日ソ基本条約交渉における北サハリン売却問題に関して、ソ連側の目的と、それに関するソ連側内部での議論を明らかにし、日ソ交渉史をより多角的にとらえる一助としたい。さらに、これらの議論全体から、その後も日ソ両国による南北分断統治が二〇年間続くサハリン島が、ソ連成立当初のロシアではどのようにとらえられていたのか、その一端を明らかにしたい。

利用する資料はおもに、二〇〇七年にグリゴリー・セヴォスチヤノフ編で刊行された『モスクワ―東京――クレムリンの政治と外交　一九二一～一九三一』(8)である。この資料集は、一般の研究者が利用できないロシア連邦大統領公文書館の所蔵資料の中から、日ソ関係史に関する文書で機密解除がなされたものを収録したものである。初出資料も多く収録されているものの、管見の及ぶ限りでは、日本でこれを特に利用した研究はまだ少ない(9)。また、他に、ロシア国立社会政治史文書館（ＲＧＡＳＰＩ）のチチェーリン関連文書などを利用する。

藤本 健太朗

一 前史

シンクレア社との利権契約と対米接近政策

議論の前提として、日本から北サハリン買収が提案される前の、ソヴィエト政権の極東、特に北サハリンをめぐる外交について整理する。

一九二〇年四月に日本軍は北サハリンを軍事占領した。この占領の目的は対外的には、ニコラエフスク市のパルチザン部隊による日本人虐殺（尼港事件）の賠償を請求する相手として、日本が認める政府がロシアに樹立されるまでの「保障占領」とされた。

一方で同年、アメリカの新興石油会社であるシンクレア・コンソリデーティド・オイルコーポレーション（以下、シンクレア社）が、ソヴィエト政府の支援する極東共和国[10]に対し北サハリンの石油利権契約を提案してきた。

当時、極東共和国は、国際世論に対して日本軍の極東地域からの撤兵を訴えるため、間近に控えたワシントン会議への参加を目指していた。またソヴィエト政府は、外国企業に天然資源等の利権を与え、それを利用して国内の経済発展と国際的な承認を得ようとする政策を進め始めていた。極東共和国、そしてそれを指導するソヴィエト政府としては、アメリカ政府とのつながりを持つシンクレア社と利権供与契約を結ぶことで、ワシントン会議出席を目的としたアメリカへの接近政策を補強すること、そして日本の占領が続く北サハリンにアメリカ資本を介入させて日本の軍事行動を牽制すること、さらに、可能であればアメリカ政府がソヴィエト政府を承認すること、の三つを展望したと考えられる。

極東共和国とシンクレア社は、一九二一年七月に利権供与の仮契約を結び[11]、二二年一月七日に北サハリンの石油を採掘する本契約を調印した。契約では「ソヴィエト政府は本契約を締結後一年以内は自由に解約できる」としたうえで、付属協定では、利権供与契約の履行にあたってアメリカ政府がシンクレア社を支援しないことを、付属協定調印初年度の間にアメリカ政府の法律あるいは布告から確信する場合、極東共和国政府は利権供与契約を破棄する権利を有する、と規定されていた。[12]

しかし、アメリカ政府はこの契約に対して消極的であった。アメリカ政府はシンクレア社に対し、極東共和国をアメリカ政府が承認していないことと、北サハリンの現在の状況が不安定であることの二点を理由に、シンクレア社が利権供与を受け取る後押しをすることができない、との回答を寄せた。アメリカ政府は一九二一年三月にはすでに、当面は対ソ通商関係樹立を進めない、という声明を出しており、その後、その姿勢が二〇年代を通して変わることはなかった。[13]シンクレア社との契約によってアメリカ政府がソヴィエト政府を承認するという目論見は、果たされることはなかった。

ワシントン会議

極東共和国がワシントン会議参加を目指す具体的な行動は、一九二一年三月から始まっていた。三月二四日、極東共和国は日米両国に向けて日本の軍事行動を非難し、即時撤兵を要求する声明を出した。また、三月、四月と二度にわたってアメリカへの使節団派遣を求める書簡を送り、八月には極東共和国のワシントン会議参加をアメリカに申し入れた。[14]

アメリカ政府は一度、極東共和国のワシントン会議への参加を正式に拒絶した。先述の利権供与においてもそうであるが、アメリカ政府、特に国務省は、自身のシベリア政策に関わる何らかの言質をソヴィエト政府側に取られることと、日本を必要以上に刺激することを避けようとしていた。[15]

しかしその一方でアメリカ政府は、日本と極東共和国との接近には警戒を示しており、また日本のシベリアでの行動を牽制するうえで、極東共和国が果たす役割に注目していた。最終的にアメリカ政府は、ワシントン会議におけるシベリア問題討議の参考として、極東共和国代表の非公式渡米を認める旨を表明した。(16)

ワシントン会議で極東共和国代表は、日本の軍事行動と反革命勢力援助の実態などを公表する宣伝外交を展開した。その結果、日本全権であった幣原喜重郎が一九二二年一月二三日、第二四回極東問題総委員会において、「日本全権は露国領土の保全を尊重し其《その》内政に対する非干渉主義並《ならびに》露国領土内に於《お》ける各国民の商工業上の機会均等主義を遵守するは日本政府の一定不変の政策たることを宣言す」(17)と述べるに至った。アメリカ全権ヒューズはこの宣言を歓迎し、一月二五日、シベリア撤兵および北サハリンのソヴィエト側への還付が早急に実現することを日本側に求めた。最終的に日本政府は二二年六月に沿海州撤兵を閣議決定した。(18)

極東共和国の外交の結果として日本が沿海州からの撤兵を決定したことについては外務人民委員ゲオルギー・チチェーリンが積極的に評価する(19)など、ワシントン会議を利用した外交は、ソヴィエト政府内でも一定の成果と認められていた。

大連会議

極東共和国と日本との直接交渉は、一九二一年八月の大連会議が最初であったが、この時期のソヴィエト政権の外交は前述の通り、シンクレア社との利権契約を背景とし、アメリカの力を利用して極東の安定を図ることを第一の目的としていた。その活動の中心はワシントン会議であり、日本との直接交渉はあくまで次善策であったと考えられる。

日本との交渉に先立ち、六月一〇日にソヴィエト政府の極東ビューローより、日本との交渉にあたり極東における利権供与を提案することについて、党中央に照会があった(20)。これに対して、外務人民委員チチェーリンは利権供与を交渉材料として使うこと自体に反対し(21)、政治局もチチェーリンの意見を承認した(22)。

交渉は日本側の要求を検討する形式で行われ、日本側は、撤兵の条件として、満鮮における邦人の安全保障や、北サハリン領土の六〇年貸与などを要求した。日本側の要求が提示されると、一一月二四日、政治局は、改めてワシントン会議での工作を指示するとともに、ワシントン会議の結果が出るまでの大連会議の引き延ばし工作を指示し、「万が一の場合〔大連会議の引き延ばしが失敗した場合〕は、最大限譲歩を引き出したのちに日本案を受け入れることに同意する」と決定した(23)。極東共和国代表は政治局の指示通り、会議の引き延ばし工作と撤兵要求を貫き、結局、交渉は日本がワシントン会議で撤兵を約束する一九二二年一月を越えて継続したあと、二二年四月に決裂した(24)。

ゲオルギー・チチェーリン

日本は大連会議で尼港事件とその保障としての北サハリン占領について問題の先送りを図り、また二二年六月の閣議決定においても、北サハリンからの撤兵は明言しなかった。これを受けてソヴィエト政府の中央では、外務人民委員部のレフ・カラハンが七月二一日のスターリン宛書簡で、「大連会議が決裂した最たる理由は〔中略〕サハリン問題である」と述べるなど(25)、日本との交渉において「サハリン問題」の重要性が認識されるようになった。

対日利権供与への方針転換

一九二二年七月一三日、政治局は、外務人民委員部のヨッフェを駐華公使として派遣し、中国および日本との交渉に向かわせることを決定した。

ソヴィエト政府を対日直接交渉に向かわせた大きな要因は、一九二二年四月一六日のラパロ条約である。この条約でソヴィエト政府とドイツは、戦時中の領土および金銭に関する主張を互いに放棄したうえで国交を正常化した。これにより西方での外交関係が多少なりとも安定し、極東に関する外交に着手する余裕ができたのである。もうひとつの要因として、前回の交渉を極東共和国だけで行ったために、北サハリンの撤兵だけが果たされずに残ったことに対し、緩衝国としての極東共和国の外交能力に限界を感じていたと考えられる。

七月二二日、ヨッフェは対日交渉原案を提出した。そこでは、ロシアおよび極東共和国領（おもに北サハリン）からの日本軍の撤兵を何よりも優先することを第一条件としていた。それをもとに、カラハンは七月二六日、政治局宛に「日本との交渉について」を提出し、日本軍の撤兵を最優先し、日本側が関連づけて論じようとしている尼港事件の補償問題と撤兵問題とを切り離して交渉することを提案した。(26) 七月二七日、政治局はこれを承認した。(27)

九月四日から二五日にかけて、日本と極東共和国、ソヴィエト政府間の長春会議が行われた。会議はまずソヴィエト政府の会議での立場をめぐって紛糾し、また、撤兵を交渉の前提として要求するロシア統一代表側と、撤兵を尼港事件の補償とすることにこだわる日本側との間で意見が合わず、三週間に一一回もの交渉を行ったが、結局決裂した。

第九回の交渉が終わった九月二〇日、ヨッフェはカラハンを通じて政治局のスターリンに、これ以上の交渉が無駄であることを主張した。ヨッフェは、交渉が難航する原因は第一に、日本が北サハリンからの撤兵を拒否していることであると分析していた。(28)

これを受けて政治局はすぐに交渉方針を変更した。九月二一日、政治局は日本との交渉についての決定の中で、日本に北サハリンの利権を供与する可能性を考慮して交渉を進めるようヨッフェに指示を出した。(29) これを受けてヨッフェは、会議最終日に、日本代表の松平恒雄《まつだいらつねお》外務省欧米局長に対して、日本に北サハリンの利権を供与する可能性について非公式に打診したが、松平はこれを拒否した。(30)

このヨッフェの発言は非公式であったために記録には残らず、モスクワには伝えられなかった。そのため、会議終了後の九月二八日、政治局はカラハンに対し、北サハリンの利権供与をヨッフェが提案したのかどうか、していないのであれば、どのような形であれば提案が可能か検討するように、と指示した。(31)

さらに、一〇月二五日、スターリンはチチェーリン宛の書簡の中で、大連会議に参加した極東ビューローのフョードル・ペトロフを中央に召還した際の証言を引用し、その真偽に関してヨッフェに照会するように求めた。ペトロフは、大連会議で極東共和国が日本へ利権を渡すことにソヴィエト政府が同意していれば、日本との合意は無事になされたと考えるが、長春での我々の代表（ヨッフェ）は利権について日本に知らせることができなかったか、あるいは知らせる必要がないと見なしていたのだろう、と述べていた。(32)

一一月九日の政治局決定は、ヨッフェに対し、日本の北サハリン占領に対し新聞で抗議し、撤兵した場合に北サハリンの利権を与えると言及するように指示しており、同時に、ヨッフェには指示を厳密に実行するよう注意している。(33) 一一月一一日、ヨッフェは文書で、前述の内容を日本に対して通告した。(34)

これらの動きが示すのは、大連会議時には反対されていた対日利権供与への方針転換である。この転換は、ソヴィエト政府がいかに日本軍の北サハリンからの撤兵を重視していたかを表している。例えば、九月二三日にチチェーリンはカラハンとスターリンに宛てて書簡を送り、「大連でのおもな争点はサハリンであった。〔中略〕北サハリンは我々から見てアムールの河口を塞ぐものであり、我々にとってはウラジオストクよりも重要である」と述べ、そこに日本軍が駐留し続けることへの懸念を表した。(35) カラハンも、一九二三年一月一七日の政治局宛文

書にて、「北サハリンはソ連にとって特別の軍事上の意義を有する」と述べている。(36)

また、同じく九月二三日の書簡の中でチチェーリンは、「しかしサハリンは現在ロシアの領土ではなく極東共和国領である」(37)と述べている。北サハリンの重要性と、撤兵要求に対する日本の強硬な態度が認識されるほど、それについて直接ソヴィエト政府が交渉できないという現実が問題視された。

長春会議の決裂後、一九二二年一〇月に日本軍は沿海地方（北サハリンを除く）から撤兵を完了した。極東の反革命勢力は力を失い、極東共和国は一一月に併合され、一二月にはソヴィエト社会主義共和国連邦（ソ連）の樹立が宣言された。

二 売却をめぐる議論

買収の提案と慎重論

一九二三年一月、日本側から北サハリンの買収が提案された。ソ連の成立を受けて、ロシアについてかねてから理解の深かった後藤新平（当時、東京市長）がヨッフェを東京に招いて私的に会談する計画を立て、その招待と併せてヨッフェに対して北サハリン買収が提案されたのである。また、一月二日から二四日にかけて、駐ポーランド大使川上俊彦《かわかみとしつね》がモスクワでカラハンと会談し、同様の提案を行った。またこの会談において、両国が国交樹立に対する意思を有することが確認された。(38)

日本としても、尼港事件の保障占領を謳っている以上、そのまま北サハリンを永久に占領することが国際的に許されないことは理解していた。(39)保障占領を終わらせたうえで、改めて北サハリンを領有するための方策として、買収を提案したと考えられる。

一月一七日、カラハンは、日本から北サハリンの買収案とヨッフェの東京行きが提案された件について、政治局に書簡を送った。内容は、日本側の意見によると尼港事件とサハリン問題がこれまでの交渉を難航させた大きな問題であり、その解決方法として日本から北サハリンの買収が提案され、その値段として日本は一億円を支払う用意があるようだ、というものであった。(40)

カラハンは同じ書簡内で、北サハリン撤兵と尼港事件に関する問題さえ解決すれば他の問題で苦労することなく国交交渉が妥結に至る、という点では、日本側の意見に同意した。そのうえで、日本は「我々の内政・外交情勢を過小評価している。だから、我々が弱気になりサハリンについて譲歩するだろうという希望から、我々にその金額〔一億円〕をもって形式上の平和と日本との安定した平和な関係を買わせようとするのだ」と分析している。(41)

カラハンの提案した対応案は、ヨッフェを日本には送らずに待つ、というものであった。

現段階では、ふたつの要因が以後のロシアと日本の関係を決定する。第一に、ロシアとの国交復活や極東地域の秩序回復に関心を有する勢力が、日本政府に対して加える圧力である。第二に、日本との国交復活に関わる問題の中で、我々の力の強さに関わる問題に対して不屈で平静でいること、つまり、我々の軍事的利害（北サハリンは我々にとって排他的な軍事上の意義がある）や我々の威信という意味での利害（我々は「ロシア」を売らない）に抵触する問題に動じないことである。(42)

つまり、日本国内には日本政府に対してソ連との早期国交樹立を求める勢力があるため、その勢力からの圧力によって日本政府がより譲歩した態度で交渉に臨むようになるのを待つこと、また、国交回復に伴って、提示された北サハリン売却を受け入れるなど、日本に必要以上の譲歩をしないこと、の二点が重要であると説いたのである。ヨッフェが日本に行くことで、国交回復の可能性が高まったと日本国内の世論は感じ、結果として前者の圧力が弱くなってしまう。また、ヨッフェの日本行きを認めると、ソ連側が買収案に同意したと受け取られる可能性がある。よって、ヨッフェが今日本に行くことは得策ではないと判断したのである。

しかし政治局は一月一八日に「外務人民委員部の厳密なる指示のもと」という但し書きで、ヨッフェの日本旅行を認めたが、後藤との会談は公式なものにしないことを決定した。(43) 北サハリンの売却についてこの段階で言及されなかったのは、意見を留保した結果であると考えられる。

売却に最も慎重であったと考えられるのは、カラハンと外務人民委員部参与会（外務人民委員の諮問機関。以下、参与会）である。カラハンは一月の川上との会談においても、売却は現状「到底不可能」であると発言している。(44) 川上との会談においてカラハンが代わりに提示したのは、三〇年ないし四〇年の利権供与であった。

また、三月二八日にカラハンから政治局に提出された、日本でのヨッフェの交渉方針案においても、サハリンの天然資源開発のために日露合同出資会社を設立（つまり利権供与）する、という日本側の意向に反対しないことが、参与会の意向として提案されている。その際、シンクレア社との利権契約は違約金を払ったうえで破棄するという、具体的な手続きにまで言及している。(45)

参与会が売却に慎重であったのは、一月のカラハンの書簡が示す通り、日本が国交樹立を望んでいるという状況で、こちらが「ロシアを売る」までの譲歩をする必要性を感じなかったからである。また、この段階では前述の一九二二年一一月九日政治局決定において、日本に対しての譲歩案として利権供与が提示されていた。つまり、日本に対し北サハリンからの撤兵を求める代償として、売却ではなく利権供与をもう一度提示するのは自然な結論であったと言える。

加えて、外務人民委員部がシンクレア社による利権契約の履行を不可能だと認識するようになっていたことも、参与会の判断に影響した。一九二三年一月二三日に、人民委員会議は極東共和国とシンクレア社との利権契約をソ連が追認することを決定した。(46) しかし、外務人民委員部の欧米担当であり、参与会のメンバーでもあるリトヴィノフは一月二七日に、シンクレアが活動を開始したというが、資金の当てがついた程度であって、日本の占領下でシンクレア社が実際の作業を進められるわけがない、と本部利権委員会宛に書簡を送っている。(47) カラハンが交渉案を提示した二三年三月段階ではすでに、外務人民委員部内で、シンクレア社との利権契約は実現不可能なものとして扱われていたのである。

また、この時点では、政治局内でも売却に対して慎重な意見が存在していた。二月二日に政治局の委任でトロツキーからヨッフェに送られた書簡では、日本が本気で一億円という（低い）金額を提示しているのかどうかを検討するよう指示が出された。そのうえで、基本的に「サハリンの現段階での売却は仮定されない」が、ヨーロッパ情勢が悪化すれば、日本に対してサハリンで大きく譲歩することで資金や軍隊の援助を引き出すという事態はあり得る、とした。しかしその「譲歩」の内容も、「例えば長期租借など」とし、あくまで売却を第一には考えないという方針であった。(48)

北サハリン売却案の策定とその意図

後藤とヨッフェの私的会談は、一九二三年三月七日に始まった。後藤はヨッフェに対し、日本政府の意向として、一億五〇〇〇万円内外で北サハリンを売却して尼港事件の解決とするか、あるいは尼港事件の補償としてサハリンの五〇年から六〇年租借または北サハリンの鉱林漁業および対岸の林業に関する利権を供与するかの二択で、ソ連の意向を確かめるよう要請した。ソ連がそのどちらかの条件をのむならば、日本は尼港事件が解決したとして北サハリンから撤兵し、ソ連を法律的にも事実的にも承認するとも発言した(49)。

それに対してヨッフェは、尼港事件はソ連に責任がないが、解決法について両者の面目が立つ方法を日本側から提示することを要求し、北サハリンの売却は政府に問い合わせるが、可能であれば日露合同出資会社の設立（つまりは利権供与）が望ましいと返答した。ここで交渉の論点は、尼港事件、サハリン問題、そして旧債務問題に集約された。旧債務に関しては、ヨッフェはラパロ条約の形式を踏襲して請求権の相互放棄を提案した(50)。

暗号使用が許可され、ヨッフェからの照会を受けると、政治局は五月三日、以下のことを決定した。

一、ニコラエフスク事件問題について、ヨッフェの提案を承認する。

二、政治局は以降の交渉について、サハリン島売却の方針を取ることに反対しない。その際金額は一〇億ルーブルとし、金額に関してヨッフェは必ず自国政府に照会しなくてはならない。支払いは一括か、九〇パーセント前払いでなされ、そのうえ、この金額は日ソ間のいかなる弁済にも利用できない。

三、サハリン島の経済的・戦略的価値を算定するために、クルジジャノフスキー〔ゴスプラン議長〕、ソコーリニコフ〔財務人民委員〕、ピャタコフ〔ゴスプラン副議長〕、クイビシェフ〔労農監察人民委員〕、チチェーリン〔外務人民委員〕からなる小委員会を設置する。委員会の代表はチチェーリンとする(51)。

ここにおける「反対しない」とは、前述のように、この段階で政治局の中でも売却に関する意見が固まっていなかったことを反映した表現であろう。トロツキーなど売却に慎重な意見があったことは先述したが、意見が固まらないということは当然、売却を推進するという意見も存在したことになる。

売却に慎重な理由は前述の通りであるが、売却を推進する理由は、経済的なものであったと考えられる。手がかりとなるのは、この決定の第二項である。北サハリンの売却額を「弁済に利用できない」とすれば、売却額の分だけロシアに資金が入ることになる。また、会談初期の三月二九日にヨッフェは後藤に宛てて覚書を送っており、その中でヨッフェは、ロシアの復旧を外債に頼らず達成するためには、合計三〇億ルーブルが必要であり、例えば北サハリンを売却して公債や負債を返済することでその復旧が早まるというのであれば、売却に反対する者はいないだろう、と述べている。(52) つまり北サハリン売却は、革命後の財政難の中、一度に多くの資金を得るための手段として有効だと判断されたのではないだろうか。

五月三日に設置された「サハリンの経済的・戦略的価値を算定する小委員会」（以下、小委員会）は同月一〇日に、チチェーリン、ソコーリニコフ、クルジジャノフスキーの三人で行われた予備会議の結論を出した。

- 合同出資会社は現段階では、相当額の金銭補償がなければ不利である。
- 売却が何より有利である。
- 長期租借は政治的な利益があり、数年分の代金が前払いされるのであれば同意できる。
- 交渉の過程では、すぐに売却案を提示して切り札を見せるようなことはしないほうが有利である。最初は租借を提案し、時期を見て販売を提案する。
- 販売が分割払いで行われる場合は、大部分を先払いにする必要がある。(53)

全ての条項に共通するのは、できるだけ多くの金銭の支払いを日本に求めようとしている点である。むしろ、支払額の大きさを判断基準にしているようにも読める。

六月二一日の中間報告では、小委員会が、右記の五月一〇日の結論に加えて、以下のような決定をしたことを報告している。注目したいのは、以下の引用部分全てにスターリンが下線を引いているということである。(54)

サハリンの取引は、要求の相互放棄とは別個に行われるべきである。公式交渉においては要求の相互放棄はなるべく採用されるべきであるが、サハリンの価格はそれらの要求に関係なく明確でなくてはならない。万が一の場合は、追記として、サハリンの価格がロシア共和国〔革命時の臨時政府を指す〕の日本に対する債務のデータから計算されたと記載することもできる。(55)

さらに、六月二九日の最終報告では、サハリンの経済的価値について、財務人民委員部学術顧問リュビーモフによる計算の詳細な説明を付けたうえで、売却額を一五億ルーブル（リュビーモフの試算の結果としては一六億から、もし開発が順調に進むと仮定すると二四億まで考えられる）と結論づけた。(56) さらに、二一日の決定の補足として、サハリンの取引と相互放棄の議論が別個に行われるべき理由について次のように述べた。

もし、公式交渉においてサハリンの価格の決定と我々が日本に対する債務を放棄することが関連づけられるなら、それは、我々と外交における最恵国待遇についての同意を得ている諸国が、我々の債務放棄の補償を請求する理論的根拠となる。(57)

報告を総合すると、小委員会が策定した北サハリン売却案は以下の通りである。（一）ラパロ条約のように債務・請求等の相互放棄が実現すれば、北サハリンの売却をそれとは別個に行うことで、そのままソ連にとって財政的な利益がある。（二）相互放棄が成立しない場合は、ソ連の北サハリン売却に対する日本の支払い義務を主張し、全体の日本側の支払い義務を相対的に大きくすることによって、ソ連側の支払い義務を相殺することができる。さらに、相殺後も日本側の支払い義務が残るのであれば、日本から金銭的な代償を求めることができる。（三）避けなければならない事態は北サハリンの価格を含めて要求の相互放棄が行われることであり、これが成立すると、ソ連の債務放棄の見返りとして北サハリンを日本に与えたという前例ができてしまい、今後他国との交渉において、債務放棄に対して何らかの見返り、特に領土を要求される可能性がある。

五月の政治局決定から一貫しているのは、日本や他国との国交回復に合わせてソ連の財政的な負担を減らそうという姿勢であり、第一に目指されたのは、ソ連の債務の放棄もしくは相殺である。ここで想定されている「債務」もしくは「要求」については、後述の通り日本との交渉において最終的に曖昧なまま棚上げになったので、具体的に何を指しているのかがはっきりしない。しかし、例えば、一九二一年一〇月二八日にソヴィエト政府が英仏米伊日の政府に宛てて送った覚書では、帝政ロシア時代の債務について、現実的に払える額に減額することを条件に、払う準備があると声明している(58)。また、日本は交渉において、シベリア出兵にともなう戦費賠償を要求していた。もちろん、ソ連中央がそれら全てを自らの債務であるととらえていたわけではないだろうが、交渉の内容次第で、いずれかをのまざるを得ない可能性は考慮していただろう。

ラパロ条約ではドイツに対しそれらの要求を放棄させることに成功したが、他の国に対しても同様の方針での交渉が成功する保証はない。そのため、日本との交渉においては、北サハリンの売却を利用して債務を相殺するという保険をかけたうえで、上手くいけば金銭の支払いを得るという方針を採用したのである。利権供与では、長期的な利益や技術的な進歩はあるかもしれないが、その場で動く金額は小さいために、債務を相殺できるかどうか疑わしい。これが五月一〇日の予備会議で、利権供与が「相当額の金銭補償がなければ不利である」とされた理由であったと考えられる。

価格の算定について、小委員会はリュビーモフと、ゴスプラン学術顧問チホノビッチに依頼し、サハリンの資源についての詳細な価格計算書を作成している(59)。専門家による算定結果をもとにして日本側に価格を提示することで、債務放棄に関する議論と北サハリン売買に関する議論とが、一緒に扱われることを防ごうとしたと考えられる。最初は租借を提案して売却の意図を見せないという交渉戦術も、同じ目的で提案されたものであろう。

一方で、小委員会は五月一六日付で、赤軍参謀総長第一補佐からのレポートも受け取っていた。このレポートは、「サハリンの地政学的展望」「サハリンの戦略的価値」「サハリンの経済的価値」の三章に分けて述べられている。当然、最も分量を割いて報告されているのは戦略的価値の章であり、タタール海峡(間宮海峡)防衛の重要性が述べられたあと、サハリン全島を日本が領有することによって日本海が完全に日本の勢力下に置かれること、さらにそれを足場にして、大陸や太平洋に日本が影響力を強めていくことへの懸念が記されている。レポートの最後の段落は、日本が北サハリンに勢力を置いていることこそが、極東に政治的混乱を招いているのみならず、我々とアメリカとの緊張関係をも招いているのであり、早急に撤兵を実現して、シンクレア社との契約を履行すべきである、と締めくくられており、末尾には軍事人民委員のトロツキーのサインがあった(60)。軍部はこのレポートによって、売却案の対案としてシンクレア社との利権契約を利用した対米接近政策をふたたび提唱したのである。また、トロツキーがこのレポートにサインしているという点は重要であろう。

このレポートは、六月二九日の最終報告の付属文書として、チチェーリンからスターリンへ送られ、また六月二一日の中間報告にて、レポートの一部が引用された。しかし、このレポートに対する小委員会の解釈は、「サハリンは日本にとって重大な価値を持ち、ゆえに我々にとっては交渉の貴重な材料となる」というものであった(61)。そもそも小委員会の方針の大きな問題点は、提示された一〇倍以上という高額での売買を日本が受け入れるとは考えにくい、という点であったが、小委員会はこの問題に関して、赤軍からのレポートを解釈し直すことによって、日本が売買を受けない可能性を理論上は排除したのである。

三　売却不成立の過程

交渉の経過

こうして決まった小委員会の売却案はしかし、実際の交渉には反映されなかった。まず、ラパロ条約のように旧債権等の要求を相互に放棄することについては、ヨッフェが交渉の初頭に後藤に提案し、日本政府が後藤を通して拒否していた。またヨッフェは、五月一〇日の小委員会の報告を待たずに、同じ日に後藤に宛てて交渉の私案を提示していた。内容は以下の通りである。

一、ニコラエフスク事件についてはロシアが「遺憾の意」を表明すると同時に、日本もシベリア出兵について「遺憾の意」を表し、物質的責任を認める。
二、サハリン売却は、経済的な意味、日本の侵略性、民族自決、通商、いかなる面から見ても成立し得ないが、高額の場合のみそれが正当化される。売却でない場合は、北サハリンの資源に対する利権供与で、この場合シンクレア社の利権は無効とし、日本がシンクレア社に補償金を払う。
三、国際義務について、それが旧債務や革命期の措置の被害者たる個人への補償という意味であるなら政府は断固として拒否するだろう。(62)

小委員会とヨッフェの方針で大きく異なるのは、二についてである。北サハリンについて、売却を第一案、利権を第二案として提示しているが、同日に出た小委員会予備会議の結論にもとづくのであれば、売却は第一案として提案すべきものではなかった。さらに、債務の相互放棄がなされない現状で、さらに自己の債務自体を拒否してしまうと、北サハリンの支払いをそれと相殺するという可能性もなくなり、ただ日本に多額の金銭の支払いを求めることになってしまい、日本が北サハリンの売却を受け入れる可能性が低くなる。

ヨッフェと後藤による形式上私的な会談は、六月に入ると、川上駐ポーランド大使とヨッフェによる、正式交渉のための非公式予備交渉へと移った。この会議は、後藤との会談の内容に何ら拘束されないと日本政府が六月一九日に閣議決定し、ソ連はそれを承諾した。(63) 小委員会の目指す方針とヨッフェの交渉内容があまりにもかけ離れていたからであろう。一方で、この交渉の時点では、政治局がヨッフェに交渉方針を指示した形跡がない。小委員会の最終的な結論を待ったか、そうではないにせよ、少なくとも政治局内で結論を出す段階に至っていなかったと考えられる。

この交渉でもヨッフェの主張は変わらなかった。日本側は、ソ連の国家承認のためには尼港事件の解決と旧債務の履行が重要であるとし、尼港事件の解決のために、一億五〇〇〇万円内外での北サハリン売却か、北サハリンと極東での利権供与を求めた。これに対しヨッフェは、両国ではなくソヴィエトが遺憾の意を表明することで尼港事件の解決とすること、北サハリンは例えば一〇億ルーブルでの売却が受け入れられなければ利権供与の方針としたいことを伝え、債務については断固拒否の姿勢を見せた。(64)

小委員会は先述の通り、六月二九日になって最終報告を提出したが、その中でチチェーリンは、すでに北サハリンの価格についてヨッフェが別案を提示しているので、政治局の決定は極力急ぐほうがよいと述べている。(65) これを受けて、七月一二日にようやく、政治局は、小委員会の提案を前提に交渉を進めるようにヨッフェに指示を出すと決定した。(66)

七月一二日の政治局決定を受けたヨッフェは、一〇億円としていた売却金額を一五億円に変更したが、それ以外の方針については変更しなかった。(67)むしろ変更の余地がなかったと言えるだろう。債務の相互放棄がないことも、ソ連側の債務拒否も、交渉の中では確定されてしまっていた。

結局、川上とヨッフェの交渉は七月三一日に打ち切られた。債務の相互放棄がないうえで、ソ連側が債務を拒否し、北サハリンに高額な価格をつけて譲らないのであれば、日本にとっては北サハリンに関して利権供与を受ける以外の選択肢はなかった。川上は九月に交渉を振り返ってこう述べている。

北樺太の買収は露国代表に於て承諾せざるに非ざるも十億乃至《ないし》十五億金留を要求し日本の提示したる価格一億五千万と雲泥の差ありて到底妥協の余地なき旨を云為せるにいたりては畢竟《ひっきょう》先方に売却の意思なきことを証明するものと認めざるを得ず従って本問題解決の途は利権の獲得に在るのみと断定せざるべからず。(68)

カラハンの交渉方針とヨッフェ

これらの経緯は一見、ヨッフェが政治局の決定を正しく履行していなかったように見えるが、なぜ交渉はこのような経過をたどったのだろうか。

ヨッフェに対し交渉方針を直接指示していたのは、外務人民委員部のカラハンである。交渉を直接担当していたヨッフェは、「外務人民委員部の厳密なる指示の下」という一月の政治局決定通りに、カラハンの指示に従って交渉を進めていった。ヨッフェは、カラハンが一月に提示した、日本に必要以上の譲歩をしないという方針、そしてそれを具体化した、三月二八日のカラハンの交渉案に沿って交渉を進めていった。小委員会が売却案を策定している間にヨッフェは、売却に「反対しない」という五月三日の政治局決定を尊重して後藤に対して売却を否定はしない一方で、現実的な譲歩として利権供与を提案した。その際、シンクレア社との契約を破棄する旨も、三月のカラハンの提案の通りに、五月一〇日のヨッフェから後藤への書簡で述べられている(69)。

七月一二日の政治局決定は、川上との交渉においてヨッフェがすでに前と同じ交渉条件を日本側に伝えたあとであり、交渉方針、特に提案の順番を変更することはすでに不可能であった。一方で売却価格に関しては、小委員会の出した額を前提に一五億に変更している。つまり、ヨッフェが政治局決定に従わなかったのではなく、政治局の決定が交渉の進展に間に合わなかったのである。

一九二四年三月二七日、カラハンと芳沢謙吉駐華公使による北京会議に際して、政治局は交渉方針を決定した。北サハリンに関しては日本に利権を供与することで方針が確定した。

債務等の問題については、ヨッフェ＝川上会談のあとに、日本側から「将来において解決する」という案が出されており、ソ連はそれを採用することになった(70)。ソ連の債務が棚上げになることで、北サハリンを売却する最大の理由がなくなり、政治局は、領土を渡すことなく利権供与によって日本に譲歩するという方針に戻したのである。

売却案が成立しなかった理由について、チチェーリンは三月二四日、政治局宛の書簡の中で「価格の相違があった」と述べている(71)。一〇倍以上の価格の開きがあったことから、もし小委員会の結論通りにヨッフェが動いたとしても売却案は成立しなかった、という、小委員会の代表であったチチェーリンの弁明である。交渉の焦点は利権供与において日本にどこまで譲歩するかに移り、最終的に一九二五年一月二〇日、日本への利権供与が付属文書に盛り込まれた日ソ基本条約が調印された(72)。

おわりに

一九二三年に北サハリン買収が日本から提案されたあと、ソ連内部では売却をめぐる議論がなされ、政治局は北サハリン売却を利用して何らかの経済的な利益を得ることを画策した。売却案検討のために設けられた小委員会はその方針をより具体化し、北サハリンを日本に売却する売価によって、国交回復にともなうソ連の財政負担を減らすという政策を立案した。売買自体が成立しないことを恐れて、はじめは比較的安価な租借を提案し、のちに売却を提案し、より多くの金銭を得ようとしたのである。金銭を得なくとも、日本に対するソ連の支払い義務が軽減されれば売却政策は成功と考えられた。

一方で、外務人民委員部を中心に、日本の勢力が北サハリンに残存して影響力を持つことを嫌い、少なくともヨーロッパ情勢が安定している間は日本に対して譲歩する必要がないという意見も存在した。また、軍部からは、日本には断固として北サハリンからの撤兵を求め、シンクレア社との利権契約を進めることが提案されていた。

これらの意見の中で政治局や小委員会が方針を探っている最中に、交渉を実際に進めていったのは、交渉担当のヨッフェと、それを指示したカラハンである。カラハンをはじめ外務人民委員部参与会は、日本に必要以上の譲歩をすることには消極的であった。彼らの考える現実的な交渉方針は、利権供与を条件とした国交樹立であった。実際の交渉において彼らが、「はじめに」で述べたモロジャコフの指摘のように、日本からの高額の支払いの可能性を残すと同時に交渉において売却も考慮に入れているという姿勢だけを見せる、という意図を持っていたかどうかは定かではない。政治局が売却案を否定していない状況下では、勝手に売却案を否定することはできず、仕方なく、日本が承諾できないような高額でもって売却案を利権供与案と並べておいた、とも解釈できる。しかし、どちらにせよ、少なくともカラハンは、交渉において北サハリン売却を積極的に推進しようとは考えていなかった。(73)

結果的に、北サハリンをめぐる交渉経過は、外務人民委員部が現実的な外交政策を実施し、それが最終的に成功したと見ることができる。しかし一方で、北サハリンから提案された北サハリン売却政策の策定過程を見れば、政治局は債務問題の解決の見通しが立たない段階において、日本から提案された北サハリン売却をただの日本への譲歩ととらえず、それを利用してよりソ連の利益が大きくなるような政策を立案しようとしていた、ととらえることもできるだろう。その点で政治局も、現実的な政策立案を画策していたと言える。そして、最終的に売却を推進するという決定をした政治局にとって、日本からの国家承認がほぼ確実に得られ、さらに債務問題も解決できるのであれば、北サハリンは手放してもよい対価と判断されたのである。

政治局内に北サハリンをそのようにとらえる見方があったにもかかわらず、北サハリンはソ連領として「復帰」し、そこには日本の利権企業が参入することになる。この事実がその後のソ連による北サハリン経営にどのような影響を与えたのかは、今後の課題としたい。

(1) 一九二二年一二月にソヴィエト社会主義共和国連邦が成立したが、本論にもある通り、それ以前にも極東共和国およびロシア・ソヴィエト連邦社会主義共和国と日本との間で交渉は行われていた。本論文では、「ソヴィエト政権」という用語を、ソ連成立前のロシア・ソヴィエト連邦社会主義共和国および極東共和国、そして二二年以降のソ連政府の総称として、また、「ソヴィエト政府」という用語を、先述のロシア・ソヴィエト連邦社会主義共和国の呼称として使用している。

（2）原暉之「ポーツマス条約から日ソ基本条約へ——北サハリンをめぐって」原暉之・外川継男編『スラブと日本』（弘文堂、一九九四）六二〜八四頁。小林幸男「シベリア干渉の終焉と日ソ修交の道（正）——北京会議における北樺太撤兵問題」『京都学園法学』二〇〇三年二号、二四〜四九頁。小林幸男「シベリア干渉の終焉と日ソ修交の道（続）——北京会議における北樺太撤兵問題」『京都学園法学』二〇〇三年三号、二一〜五七頁。

（3）J・ステファン（安川一夫訳）『サハリン　日・中・ソ抗争の歴史』（原書房、一九九三）。L・クタコフ（ソビエト外交研究会訳）『日ソ外交関係史　第一巻』（刀江書院、一九六五）。

（4）ワシーリー・モロジャコフ（木村凡訳）『後藤新平と日露関係史——ロシア側新資料に基づく新見解』（藤原書店、二〇〇九）一六一〜六七頁。

（5）管見の限り、この史料の初出は、一九九二年七月一九日付の「モスコーフスキエ・ノーヴォスチ」である（*Moskovskie novosti* 1992, 29 (622), p. 20）。研究史上でこの史料を初めて扱ったのは原暉之の前掲論文「ポーツマス条約から日ソ基本条約へ——北サハリンをめぐって」であるが、原はこの史料についての見解を示していない。ロシア人研究者では、ミハイル・ヴィソーコフが積極的にこの史料を紹介している。ミハイル・ヴィソーコフ（松井憲明訳）「サハリンと千島列島——編年史　一九二一—二五年」『釧路公立大学地域研究』一六号（二〇〇七）一九七頁。M. S. Visokov, *Istoriia Sakhalina i Kuril'skikh ostrovov s drevneishikh vremen do nachala XXI ctoletiia* (Iuzhno-Sakhalinsk, 2008) p. 405.

（6）富田武『戦間期の日ソ関係』（岩波書店、二〇一〇）四一頁。

（7）最新のロシア側の論文においても同様の問題点が挙げられる。V・A・グリニューク、Ia・A・シュラートフ、A・S・ローシキナ「ソ連外交と対中・日関係」五十旗頭真他編『日ロ関係史　パラレル・ヒストリーの挑戦』（東京大学出版会、二〇一五）二三〇頁。

（8）G. N. Sevost'ianov, et al. (eds.), *Moskva-Tokio: Politika i diplomatiia Kremlia 1921-1931: Sbornik document v dbukh knigakh* (Moscow, 2007).

（9）筆者の確認できる範囲で、これを本格的に利用した研究は富田『戦間期の日ソ関係』のみである。

（10）一九二〇年四月、反革命軍の中心であったコルチャーク政権が崩壊した極東地域で、ヴェルフネウジンスク（のちにチタ）を中心として成立を宣言した臨時ゼムストヴォ政権である。当時極東には「政府」を名乗る勢力が複数存在したが、党中央（モスクワ）と関わりの深いクラスノシチョーコフの率いる極東共和国に、党中央は承認の覚書を送った。党中央としては、日本が撤兵するまでの間の緩衝国家としてこの政府を利用するつもりであった。ザバイカル以東、サハリン・カムチャツカまでを領土と定め、共産党だけでなくエスエルやメンシェヴィキとの会議による民主主義的性格を持った。しかし、内政の大部分と外交の全ての意思決定は、党中央委員会シベリアビューロー付属極東ビューローの「指導下」に置かれ、特に外交に関しては、外務人民委員部の指示下で、特に日本とアメリカに対する交渉を行っていた。極東共和国の成立、またその性格については、原暉之「内戦終結期ロシア極東における地域統合」『ロシア史研究』五六号（一九九五）二八～三八頁が詳しい。

（11）村上隆『北樺太石油コンセッション　一九二五―一九四四』（北海道大学図書刊行会、二〇〇四）五九～六〇頁。

（12）Elena N. Lisitsyna, "Sakhalin's Oil: Historical Episodes," *Herald of the Russian Academy of Sciences*, 80 (1), 2010, pp. 105-110.

（13）村上『北樺太石油コンセッション』六〇頁。

（14）小澤治子「ワシントン会議とソビエト外交――極東共和国の役割を中心に」『政治経済史学』三〇七号（一九九二）六～九頁。

（15）同右、七頁。

（16）同右、八頁。

（17）『日本外交文書』ワシントン会議下巻 no. 31.（紙幅の関係で文書のタイトルは省略、以降同じ）

（18）小澤「ワシントン会議とソビエト外交」一一頁。

（19）同右、九頁。

（20）*Moskva-Tokio*, vol. 1.（以降全て vol. 1 のため、巻数省略）no. 2.（紙幅の関係で文書のタイトルは省略、以降同じ）

（21）Ibid., no. 3.

（22）Ibid., no. 4.

（23）*Moskva-Tokio*, no. 11.

（24）富田『戦間期の日ソ関係』三七頁。
（25）*Moskva-Tokio*, no. 38.
（26）Ibid., no. 40.
（27）Ibid., no. 41, 42.
（28）Ibid., no. 63.
（29）Ibid., no. 64.
（30）富田『戦間期の日ソ関係』三九頁。
（31）*Moskva-Tokio*, no. 69.
（32）Ibid., no. 71.
（33）Ibid., no. 73. ちなみに、ヨッフェは翌日、自分は指示通りに利権供与を提案したと反論している（Ibid., no. 74）。
（34）外務省編『日「ソ」交渉史』（一九四二）七二頁。
（35）RGASPI, f. 159 'G. V. Chicherin' op. 2, d. 61, no. 4.
（36）*Moskva-Tokio*, no. 82.
（37）RGASPI, f. 159, op. 2, d. 61, l. 4.
（38）『日本外交文書』大正十二年第一冊 no. 213.
（39）原「ポーツマス条約から日ソ基本条約へ――北サハリンをめぐって」八四頁。
（40）*Moskva-Tokio*, no. 82.
（41）Ibid.
（42）Ibid.
（43）Ibid., no. 83.
（44）『日本外交文書』大正十二年第一冊 no. 213.
（45）*Moskva-Tokio*, no. 87.
（46）G. N. Sevost'ianov, et al. (eds.), *Sovetsko-Amerikanskie otnosheniia: Gody nepriznaniia 1918-1926. Dokumenty* (Moscow,

2002) vol. 1.（以降すべて vol. 1 のため巻数省略）no. 183.（紙幅の関係で文書のタイトルは省略、以降同じ）

（47）Ibid., no. 185.

（48）*Moskva-Tokio,* no. 84.

（49）富田『戦間期の日ソ関係』四〇～四一頁。

（50）同右。

（51）*Moskva-Tokio,* no. 90.

（52）『日本外交文書』大正十二年第一冊 no. 241.

（53）*Moskva-Tokio,* no. 94.

（54）Ibid., no. 104.

（55）Ibid.

（56）Ibid., no. 104. ちなみにこの試算の詳細な計算方法については、報告書が添付されているものの（Ibid., no. 106-108）、チチェーリンがスターリン宛の書簡にて「私は複雑な計算を自分で十分に確認していない」と述べており（Ibid., no. 109）、委員会のメンバーがその内容を理解できていたかどうかは疑問である。また、試算の金額よりも若干安い一五億ルーブルになった理由についても不明である。

（57）Ibid.

（58）額田坦「カンヌ会議とネップ外交」『芝浦工業大学研究報告』八号（一九六一）七頁。

（59）*Moskva-Tokio,* no. 104.

（60）RGASPI, f. 159, op. 2, d. 61, l. 8.

（61）*Moskva-Tokio,* no. 104.

（62）Ibid., no. 95.

（63）富田『戦間期の日ソ関係』四三頁。

（64）同右、四三～四四頁。

（65）*Moskva-Tokio,* no. 110.

（66）Ibid., no. 112

（67）富田『戦間期の日ソ関係』四四頁。

（68）『日本外交文書』大正十二年第一冊 no. 302.

（69）一九二三年三月二八日時点で暗号電報は許可されていなかったが、一月一八日の政治局決定において「外務人民委員部の指示のもとで」東京に行くことが定められていたヨッフェに対して、カラハンの書簡と同様の指示が与えられていたと考えるのが妥当である。

（70）*Moskva-Tokio*, no. 139.

（71）RGASPI, f. 159, op. 2, d. 61, l. 11.

（72）シンクレア社の利権契約については、政治局内で一九二四年六月に一度、日米ソ三カ国の合弁会社も検討されていたが（*Moskva-Tokio*, no. 144, 151）、日本軍の占領下で試掘もままならなかったシンクレア社に対して、特に外務人民委員部の不信感が強く、カラハンは日本との交渉において、シンクレア社との契約を打ち切る予定であることを明言した。最終的に、日ソ基本条約締結後の一九二五年二月、モスクワ州裁判所がシンクレア利権契約の解消を認め、最高経済国民会議がそれを承認した。村上『北樺太石油コンセッション』六四〜六五頁。

（73）ヨッフェに関しては、後藤との会談の最後に、売却額を五億まで譲歩しようとしたという逸話が残っているが、真偽は定かではない。土居禎夫「北樺太買収論と其森林資源価値」『山林』六三六号（一九三五）七頁。

第五章　一九二〇年代半ばにおける日ソ関係——基本的な方針・アプローチをめぐるソ連側の議論

シュラトフ・ヤロスラブ

はじめに

一九二〇年代半ば、ソ連の極東政策は積極的なものでありながら、きわめて多面的でもあった。ソ連政府は、中国における革命運動を積極的に支援しながら、一九二四年に北京協定と奉ソ協定を結び、中国における立場を固めようとした。そして二五年に日ソ基本条約を締結したことにより、日本と国交を樹立し、東アジアにおける最強の「資本主義」大国から正式に承認を得た。この頃、ソ連側はいかなる対日政策を考えていたのか、極東外交において対日方針はいかなる位置を占めていたのであろうか。

ロシア帝国の末期、すなわち日露戦争以降には、対日提携が東アジアにおけるロシア外交政策の核心であった。ボリシェヴィキ政権は帝政期に締結された日露条約の秘密事項を公開して放棄したのだが、実際にはこのような路線に対して、ソ連首脳部および外交関係者はどのような見解を持っていたのか、非常に重要である。これらの問題は、ソ連の「革命外交」や極東・対日政策のみならず、東アジアにおける戦間期の秩序を理解するために不可欠であると言っても過言ではあるまい。

一九二〇年代の日ソ関係は、以前から研究者の注目を集めていた。ソ連時代、レオニド・クタコフは当該時期の日ソ関係に関するいくつかの書籍を出版し(1)、彼の見解は通説になったが(2)、言うまでもなく、イデオロギー的なアプローチなどの問題点をはらんでいた。西側の歴史学では、ジョージ・レンセンの研究が代表的であるが(3)、文化交流その他の関連する諸問題に関してはダン・サヴェーリの論文(4)や、その他の注目に値する研究書が出版された(5)。日本の歴史学では、ソ連側の立場を分析した横手慎二(6)および富田武(7)、寺山恭輔の研究(8)と、日本外交政策におけるソ連の位置づけを考察した酒井哲哉の研究(9)が代表的なものである。また、コミンテルンを研究対象とした単著も相次いで刊行され(10)、日本の外交政策や中ソ関係、東アジアにおける思想・外交史に関する優れた研究書も出版されてきた(11)。

ヴィクトル・コップ

近年、当該時期の日ソ関係を対象として、日露双方の一次史料を駆使した重要な単著がいくつか公刊された。その中で、ヴァシリー・モロジャコフ(12)と富田武(13)の研究が特に注目に値する。前者は、後藤新平を中心として、おもにソ連側の動向を考察し、後者は、日ソ両方の立場を分析した。

しかしながらこれらの論文や単著は、いくつかの例外を除き、おもに満洲事変直前あるいはそれ以降の日ソ関係および東アジアを取り巻く環境を取り扱っており、日ソ基本条約締結直後の日ソ関係の重要な側面を不透明のままに残した。

例えば、一年半ほど日本に駐在したヴィクトル・コップ初代全権代表の立場は、これまでほぼ研究されていない。レフ・トロツキーに近かった彼は、一九二〇年代のソ連外交に重要な役割を果たしてきたが、トロツキスト（トロツキー支持者）に対する弾圧が始まってからソ連側の歴史学から名前がほぼ完全に消されてしまった。

コップと共に東京で勤務経験があり、のちに駐仏ソ連代表部から西側に亡命した外交官グリゴリー・ベセドフスキーは、パリで出版された回想録の中で、コップがマクシム・リトヴィノフ外務人民委員代理（外務次官にあたる）と連携して、もう一人の外務人民委員代理、レフ・カラハン駐華全権代表と、ゲオルギー・チチェーリン外務人民委員（外相にあたる）と対立していたと記した。[14] 富田は、コップが後藤新平のための政治資金援助を要請したなどの事実に触れ、カラハンとの対立は対中政策をめぐるものであり、コップの召還はそれに起因すると説明している。[15]

確かに、中国における状況に対するコップとカラハンの考えは根本的に異なっていたが、実際にこの対立は、ソ連の極東政策という大きな枠組と対日外交方針をめぐるソ連首脳部内の議論と深く関わっていた。[16]

コップ来日の直後、駐日代表部と駐華代表部、ハルビンの領事館および中東鉄道関係者、モスクワの共産党政治局および外務委員部の間で、活発な書簡のやり取りが行われ、東アジアにおけるソ連の外交方針、中国革命や満洲情勢、中東鉄道や日ソ貿易など、対中・対日政策に関するあらゆる問題が議論されていた。

これらの報告書や電報には、諸問題に対する各アクターの立場が反映されているが、つい最近まで多くの史料が未公開であったため、これまでの歴史学では駐日ソ連代表部の見解は全く検討されなかったのである。ソ連の極東政策全体像およびソ連首脳部の考えを明らかにするために、当該時期の駐日ソ連代表の立場を考察することは不可欠であり、中国革命や中東鉄道、対日政策などに関するコップの案、彼とチチェーリンとカラハンの間で取り交わされた書簡の分析は、きわめて重要であると思われる。[17]

これまでにも、当事者の回想録や伝記は数多く出版され、また近年非常に重要な資料集も刊行されるようになった。[18] 筆者は、これらと先行研究にもとづき、ソ連側を中心として一次史料を積極的に取り入れ、本章では下記の課題を設定したい。

第一に、一九二〇年代半ばのソ連の対日方針を極東地域における対外政策の枠組みで検討し、日ソ関係の未知な側面を紹介する。

第二に、その方針の立案および実行に関わったあらゆるアクター、特に在日外交官の立場を明らかにし、対日・対中政策をめぐるソ連首脳部内の議論を考察する。

第三に、ソ連の対日・極東政策を帝政期と比較分析を行い、その継続・連続性を検討する。周知の通り、一九一七年の革命により誕生したソヴィエト政府の政治・社会体制はロシア帝国と抜本的に異なっていたが、対外政策、具体的には東アジア・極東地域における外交方針は、いかなる形で変化したのか、ソ連の外交官らは帝政期の外交方針に対していかなる見解を持ったかはきわめて重要な問題であるが、これまでほとんど研究されたことはない。このため、帝政期の極東政策をめぐるコップやチチェーリン、政治局の議論を究明し、対外政策に対するソ連首脳部の基本的な立場およびアプローチに光を当てたい。

一　ソ連からのコップ派遣

一九二〇年代前半、欧州諸国における革命運動はソ連側が予測したほど発展しなかった状況の中で、政府および共産党首脳部は東洋・アジアに関心を寄せるようになった。[19] 二四年五月三一日、ソ連は中国にとって初めての対等な条約となった北京協定を締結し、同年九月二〇日に満洲の支配者、張作霖《ちょうさくりん》と奉ソ協定を結び、[20] 中国における立場を固めようとした。

この頃、ソ連の外交方針における極東政策は非常に重要な位置を占めるようになった。外務人民委員チチェーリンはカラハンに、「我々のリーダーの現在の講演の中では、東洋は西洋のように重要、いや、西洋よりも重要であると、常に強調されている」と書いた。[21] 当時、対日交渉の真最中であり、ソ連の極東政策は新たな段階を迎えようとした。

一九二五年一月二〇日、ソ連と日本は基本条約を締結した。[22] ソ連政府はこの事実を大歓迎し、モスクワや北京に駐在したソ連の外交官らは、「対日条約は、レーニンの最も熱い希望のひとつであった」と繰り返していた。[23] ソ連側にとって、日本による承認は極東政策において重要な出来事でありながら、外交方針全体としても大きな意味を有した。イギリスをはじめとする西洋諸国との関係が不安である中で、日ソ関係の重要性が特に高まり、対日条約の締結はモスクワにとってバランスの取れた外交政策を行う環境を与えた。

一方、内政が安定し、東アジアに存在感を増したソ連との関係は日本にとっても重要になり、国内では対ソ政策をめぐる議論が次第に活発に行われるようになった。外務省と内務省は「対ソ提携論」に対して消極的であったが、この思想は後藤新平および海軍＝薩派が掲げた、反英米＝反ワシントン体制の主張と結びついており、「日本の満洲経営の現実的要請からも必要とされ」、いくつかの重要な要素を含む。[24] ちなみに、日本に駐在したソ連代表らは、日本政界および社会の一部にあったイギリスへの不信感を察知し、日本市民に向けた演説でもその点に触れた。

例えば、ソ連の通信社ロスタのソロモン・スレパク代表は、日ソ基本条約が批准された二月二六日に慶應義塾大学で講演した際に、この条約は「日露の親交を増すべき」と述べながら、日本軍のシベリア出兵について一切触れずに、「英国が「シベリヤ」に於て軍事的大虐殺を行った」などと発言し、イギリスを批判した。スレパクは単なるジャーナリストではなく、日ソ基本条約の締結までは事実上、駐日全権代表のような役割を果たしていた。この演説に関する報告書は、幣原外相など閣僚の目に届き、ある種のメッセージとして受け止められたと思われる。(25)

駐日ソ連全権代表の候補をめぐって、上層部で活発的な議論がなされた。以前に日本で後藤新平や川上俊彦《かわかみとしつね》を相手に交渉にあたっていたアドルフ・ヨッフェは、一九二五年二月一一日に政治局に手紙を送った。当時駐オーストリア全権代表だったヨッフェは、自分が日本で人気もあり、多少日本を知っている「唯一の」人間でもあることなどから、駐日代表に最適の人物であると主張した。(26)日本でも、『東京日日新聞』でヨッフェの任命説が流された。(27)ところが、チチェーリンは、日本側はヨッフェの任命に対して非常に消極的であると政治局に説明し、他の候補を選ぶ必要があると強調した。そこで、以前にドイツ駐在のソ連代表や外務省人民委員部参与などを歴任したヴィクトル・コップが候補にあがった。

一九世紀末からロシア社会民主労働党に入党したコップは、第一次世界大戦でドイツの捕虜になったが、一九一七年の革命後に、ヨッフェの援助により駐独全権代表部に入り、やがてドイツにおける正式な代表に出世した。一九一八〜二一年、コップは、捕虜問題から独ソ貿易や軍事的協力まで、プラグマティックな姿勢で幅広い分野における独ソ交渉を担い、ヴェルサイユ体制から事実上排除された両国の関係の進展に大きく貢献した。(28)

英仏などの列強との関係が緊迫した状況下において、対独関係の改善はソヴィエト政府にとって最優先の課題であり、コップの功績が評価された。彼は革命以前からウラジーミル・レーニンと摩擦があったが、ドイツ滞在からモスクワに戻ったコップの「外交官」としての権威は高く、外務人民委員部参与としてソ連全体の外交方針に関わるようになった。こうした人物を初代駐日全権代表に任命したソ連政府にとって、対日政策は重要な位置を示していたことが窺える。

一九二五年二月二五日、コップの任命が正式に決まった。(29) 三月初旬に日本政府が彼を候補として承認する旨を、芳沢謙吉駐華公使を通してカラハンに伝えた。(30) 四月八日、コップは駐日代表部の職員をともない日本に出発し、途中で満洲と朝鮮半島を経て、東京に入城した。

日本に到着したコップは、日本側の歓迎に感動した。チチェーリン宛の電報では、「我々に対する日本政府および地方政府の態度は、格別に好意的であると認めるべきである」と記して、新聞雑誌の論調にも驚喜したようである。この情報はモスクワで注目され、外務人民委員はコップに対して、この奉迎に応えるために、いかなる対応を取るべきかを尋ねた。コップは、「公式的礼譲の枠を越える」必要があるとし、ソ連側による「いかなる親切さもここ〔日本〕では評価され、いま真最中にある対日関係の「蜜月」を延長させる結果になる」との考えを示した。(31) 日本に新任したばかりの全権代表から見た日ソ関係は「蜜月」の状態にあるという評価が注目に値する。

コップは経験豊かな外交官だったが、専門にしていた地域はあくまで西洋であり、東洋についての知識は未熟だったと言ってよいであろう。しかしながら、白紙から東アジア、中国や日本のことを熱心に勉強しようとした彼は、ソ連極東の要人や周辺地域に滞在していた外交官、日本の高官などと積極的に交流し、当初からプラグマティックな姿勢を保ちながら対日政策の構造を描くようになった。

一九二五年五月四日、コップはチチェーリンに宛てて最初の報告書を送り、極東地域における情勢に触れながら、日ソ関係の状態および諸問題について詳しく論じた。彼は、満洲問題が日ソ関係の「主要な付け根」であるとし、これは三つの要素から構成されていると述べた。すなわち、(一) 日本側政策 (二) 張作霖の政策 (三) ソ連側政策である。コップによると、日本の方針は明らかで、ソ連領の沿海州の鉄道と接続する地点の前を横切って朝鮮半島と鉄道網および港町と確実な連絡を保ち、満洲における戦略的位置を確立することである。張作霖ている。

は、「日本人の手先の玩具とされがちだが」、ソ連と日本の間のバランスを取りながら、独自の利権を守ろうとしている。

ソ連の方針について論じる際にコップは、決して張作霖政権の打倒を目的とするべきでないと主張した。このような計画は、ソ連領土からの積極的な関与なしでは「軍事面で空想的」であるのみならず、ソ連の利益にとって「より重大な報復」を招く。すなわち、張作霖は明確にソ連からの脅威を感じた場合、日本側にさらに接近し、中東鉄道にも圧力をかけるというのが、駐日ソ連代表の見解であった。それ以外にも多数の理由を提起したコップは、「北満洲における我々の鉄道利権保護の鍵は奉天よりも、東京にある」という考えを示した。つまり日本にとって、日ソ関係の大きな枠組みの中で満洲および鉄道問題は一面にすぎないため、対ソ協約の得点を考えれば、北満洲におけるソ連の鉄道利権に対する日本政府の承認は十分に得られ、日ソ双方には協力の道があるという意見である。

コップは、この見解は中東鉄道のソ連側経営責任者アレクセイ・イワノフや、在ハルビン総領事イワン・グラント（本名ゼイボット）、駐日全権代表部一等書記官ニコライ・クズネツォフなどの関係者も共有していると強調した。つまり、以上のような立場は、コップの個人的なものではなく、極東地域に駐在したソ連の外交官および中東鉄道経営陣などの見解でもあり、ある種の政策プログラムであったとも言えよう。

以上に立脚して、コップはモスクワへの電報で新たな対日・対満政策を提起した。とりわけ、（一）「旧条約」、すなわち一九〇七年から一六年に締結された一連の日露協約にもとづいて、満洲における鉄道利権をめぐる交渉に着手すること。（二）満洲における張作霖の利権を尊重しながら奉天政権に対する「慎重な圧力」をかけること。（三）中東鉄道の大幅な経済的利用を促進すること、であった。[32] 以上のように、コップは、中東鉄道と関連するソ連側の利権を守るために大幅なプログラムを立案し、積極的な対日政策を掲げた。その核心は、ロシア帝国が日本と締結した日露協約の論理にきわめて近いものであった。

だがコップは、単にロシア帝国時代の日露協約を復活させることを提案したわけではない。帝政期と違って、満洲には張作霖政権があり、それを無視しては行動できないというのがコップの意見であった。彼は、満洲におけるソ連の利益を確保するために日本側と政策を調整し、張作霖にソ連の権益を認めさせながら過剰な圧力をかけず、張政権を倒さないというある種の保証を与えることを考えた。ソ連首脳部は中東鉄道をめぐる動きにかなり敏感であり、この利益を保護するために様々な方法を探っていたが、後述するように、張政権に関する駐日代表の見解は、カラハンをはじめとしてソ連首脳部が促進した対中政策に矛盾していた。

東京に到着してまもなく、コップは日本の政治・社会情勢を積極的に追究するようになった。数日間で加藤友《かとうとも》三郎《さぶろう》首相、幣原《しではら》喜《き》重郎《じゅうろう》外相、出淵勝次《でぶちかつじ》外務次官、後藤新平などの要人と何度も会談を重ね、マスコミに対してなるべく温情のある態度を示した。コップは新聞雑誌との交際に特に注意を払い、五月七日の報告で「新聞界と大変良い関係を築いた」と強調し、日本の新聞らはソ連代表の写真をあらゆる場所で掲載し、コップの社交性や質素さを評価して「愛嬌を振りまいている」と述べた。皇室との関係もかなり重視された。コップは皇太子の裕《ひろ》仁《ひと》親王（のちの昭和天皇）や、大正天皇の妻である貞明《ていめい》皇后に謁見を賜った。後者の謁見は例外的だった。皇后に謁見する外国代表は、夫婦で皇居を訪問することになっていたが、コップは一人での謁見が許された。このことも新聞界で注目を集めた(33)。

ソ連代表は日本海軍との関係も大事にしていた。海軍は北サハリンの石油利権に関心を持ち(34)、さらに一九二三年に「帝国国防方針」の改訂によって仮想敵国をアメリカに絞り、対ソ提携論の推進者であった。そして、ソ連側も日本海軍のそのような傾向を察知していた(35)。日ソ国交が樹立されると、海軍は日本人パイロットによるソ連飛行を提案した。

ところが、ソ連政府の反応は非常に消極的だった。そこで、コップがこの案を全面的に支持し、その重要性を積極的に論じた。彼によれば、モスクワは日本社会の心理および雰囲気に関する理解が不十分であった。日ソ基本条約は日本社会で好意的に受け入れられ、「ここではロシアに関係する全てのことは大いに人気があり、劇場ではロシアの劇が上演され、ロシアの著者の作品は盛んに翻訳されており、日露シンフォニーコンサートに皇族も出席して下さった」。皇族の出席はきわめて異例であったという。

コップは、日本人飛行士のソ連飛行の案には「何の隠れた意図もなく」、日本側は「若い日本航空業界の業績と、アメリカからの独立をアピールする」つもりでこれを提案したと主張し、それを退けることは「侮辱として受け止められ」、「我々の友」すなわち海軍と、それに近い勢力の「外聞にかかわる」との警戒感を示した(36)。結局、ソ連政府は駐日代表の理屈を受け入れ、日本側の案を基本的に承諾した（このプロジェクトは『大阪朝日新聞』が主催する予定であった）。

コップとモスクワの見解が衝突したもうひとつの問題は、駐ソ日本大使の人選をめぐるものであった。日本政府は、元外務次官の田中都吉《たなかときち》を大使に任命する意向を明らかにしたが、ソ連政府は彼の任命への同意（アグレマン）を延期した。その背景には、カラハンが田中を候補とすることに対して断固たる反対の意を示し、チチェーリンがそれを支持したことがある。おもな理由としては、田中がシベリア出兵時に外務省で重要なポストを歴任したことと、反ソ的な論調を掲げた『ジャパンタイムズ』紙の社長でもあったことが理由である(37)。

これに対してコップは、『ジャパンタイムズ』は政府の機関紙である事実に注目を引き、日本側がソ連と「提携する方針を取ってから」本紙の論調も変わり、ソ連に対して「礼儀を乱さない姿勢を取り、時にはとても好意的」になったと反論した。コップは、日本があらゆる形で対ソ提携に関心を示し、ソ連代表に非常に友好的な歓迎姿勢を取る一方、この関係を壊すためにソ連の「明らかな敵」をモスクワに赴任させることはあり得ないと考え、田中を候補として承諾するよう強く推薦した。[38] 結局、ソ連政府はこの意見を受け入れ、田中大使に対するアグレマンを出した。

以上のように、この時期には、日本の事情に関する駐日全権代表の意見がモスクワで尊重されていた。コップは、チチェーリンと親密だったカラハンの反対も押し切って、対日政策におけるいくつかの重要な政策を促進するように努めた。ソ連首脳部が駐日全権代表の意見に耳を傾けていたことは明らかである。

前述したように、日ソ関係において特に重要な意義を持ったのは満洲問題、とりわけ満洲における鉄道利権であった。ソ連政府が特に反対したのは、昂昂渓で中東鉄道を横断する洮斉線《とうさい》（洮南《とうなん》・斉斉哈爾《チチハル》線）であり、ソ連側は、日本が満洲で建設する新鉄道が軍事的意義を持ち、また中東鉄道を脅かすと懸念していた。[39] 問題は非常に複雑だった。実は張作霖政権も、日本の立場を問わず新鉄道の建設に重大な関心を示しており、ソ連側との協力も視野に入れた。張作霖はニコライ・クビャーク共産党極東局一等書記官との会談で、この鉄道をソ連側と一緒に建設できるなら、日本の援助を受けないと述べたのである。[40] しかしながらソ連政府は、新鉄道が国境線に接近することなどから、原則としてこのプロジェクトに反対していた。

コップには、ソ連の鉄道利益を保護するために、日ソ間で満洲を北部と南部に分割し、両国が他方の影響圏で新鉄道を建設しないという保証によって、中国側（張作霖政権）の要求を抑制する狙いがあった。五月一八日、駐日代表は「旧協約」という非常に重要な報告書をモスクワに送り、中国のみならず、トルコ、ペルシア、アフガニスタンなどのアジア諸国におけるソ連の基本的な政策について論じた。その中でモスクワの外交方針の二重性を指摘し、労働者と農民の国家ソ連は、時にはアジアにおいて「民族独立の原則を宣伝しながら」、「実際に自己保存のために必要な措置を取らざるを得ない」と明記した。中国の場合、その典型的な例は中東鉄道をめぐる情勢であった。ソ連側はこの鉄道を保持する立場を取る以上、その利益を保護せねばならないが、中国側の反発は不可避である。このため、対日提携は妥当な選択肢であるのではないかと主張した。

コップは、鉄道利権保護の枠を遥かに越えることや、帝政ロシア政府が視野に入れていた満洲の完全な分割・併合を考えていなかったが、その方針がロシア帝国と日本の間で結ばれた、日露協約に非常に近かったことは明らかであろう。(41)

二　コップとモスクワの対立

ところが、コップの考えはモスクワで受け入れられなかった。チチェーリンは最初から日本側の大使への歓迎姿勢を大いに評価し、中東鉄道の利益保護に関する対日協定締結の案に関心を示したが、旧協約の復活に非常に懐疑的であった。六月三日、外務人民委員部極東部長ボリス・メーリニコフはコップに宛てて、外務人民委員部の委員会は、一九一〇年およびそれ以降の日露協約への復帰には「全く承知できない」という意見を伝えた。最後に同月七日、チチェーリンが本件に関する政治局の決断をコップに知らせた。共産党幹部はソ連が掲げた対中政策、すなわち国民運動への大幅な支援、列強に対する批判などが中国社会で人心をとらえたので、この姿勢を保つべきである、とした。つまり、「軍事的脅威」ならびに帝国主義的性格を持つ協定は「道ならぬもの」であり、「一九一〇年協約を基盤とした対日協定も」、いかなる形でも勢力圏分割を目的とする協定も「許しがたい」と言うのである。一方、ソ連政府は対日協定の思想を放棄したわけではなく、日本が中東鉄道の活動を妨害しないと約束する場合、その賠償として経済的な措置を検討することを提案した。(42)

一方、対日方針の動向はソ連の極東政策全体に関わっており、特に中国の革命運動に対していかなる態度を取るべきかということと、深く関係した。この問題でも、コップとカラハンは根本的に異なる見解を有した。チチェーリンや共産党書記ヨシフ・スターリンは後者の立場を支持し、結果的に、駐日ソ連全権代表が提案した対日政策案は失敗に終わる他なかった。

一九二〇年前半から、ソ連政府は孫文をはじめとして中国革命運動に大幅な支援を行い、国民党等の勢力を支えていた(43)。一九二五年春からは、蔣介石のみならず、馮玉祥《ふうぎょくしょう》への支援も顕著になった。五月二九日、カラハンはスターリンへの電報では次のように述べた。「張作霖と馮玉祥の間の戦争は不回避だ。もし、この戦争が早期に起きたら、馮は敗れるかも知れない。この場合には我々は〔中国の〕北ではまた元の木阿弥だ(44)」。

さらに、五月二九日にカラハンは、「今、馮の運命は我々の威厳の問題だ」と主張し、ソ連からの援助は馮にとって「死活的な問題だ」と強調した。カラハンは、ソ連側は「すでに喧嘩を買った」とし、馮の敗北は中国社会において「我々の敗北、彼の勝利は我々の勝利として見なされる」と思い、馮というカードをまさに賭物として見ていた(45)。

コップはカラハンの意見に断固として反対し、六月六日にチチェーリン宛にまた長文の電報を打った。駐日代表は、カラハンが以前に馮のことを「軍国主義者の中で最も相当である」と位置づけたが、今回は「馮の運命は我々の威厳の問題だ」とまで発言し、ソ連の対中政策をこの軍閥の支持に帰一しているカラハンの立場に対して違和感を抱き、政府により慎重な判断を呼びかけた。コップは赤軍首脳部、すなわち陸海軍人民委員ミハイル・フルンゼが馮への援助調達計画に対して消極的であると指摘しながら、カラハンの構想は財政面・軍事面で「完全に空想的であると認めざるを得ない」と述べた。

また、コップがより懸念したのは、張作霖政権打倒に向けた政策がソ連の対外関係、とりわけ極東における立場にもたらす影響であった。コップは、日本が張作霖政権を擁護し、さらにイギリスと提携し、必要に応じてアメリカとも政策を調整することで、日英米による反ソ戦線が成立することを恐れた。(46) アメリカの関与までを予測することに関しては議論の余地はあるが、日本政府が張作霖の打倒を黙認し、満洲において親ソ政権が誕生することを許せたとはとても考えられない。

一方、ソ連首脳部は、馮への軍事支援には消極的であったものの、彼の勢力を支持する方針を承諾した。五月二九日、スターリンはカラハンに手紙を送り、「中国という大問題において君が取った立場は全く正しいものである」としながら、馮への軍事支援の規模を疑問視した。さらにスターリンは、「コップ同志が、東洋における貴方の見方に共感しないことは非常に遺憾だ」と指摘し、カラハンの意見は共産党中央委員会の意見であると主張した。(47) このように、スターリンおよびソ連首脳部はカラハンへの全面的な支持を示した。五月七日、すでに共産党政治局は「広東事情に関連するカラハン同志の要求問題について」という決議を採択し、広東のための軍隊新設に五〇万ルーブルを支給し、武器やソ連軍顧問二〇〇人を送るとの方針を決定した。(48) このような状況では、駐日ソ連代表の対日政策案は実現不可能なものであったことは言うまでもない。

この頃、上海で大規模な反日デモ、いわゆる「五・三〇事件」が発生し、中国における民衆運動が広がり、一九二五年七月に広東で国民政府が成立した。ソ連側は、中国革命運動へさらに関心を寄せ、支援をより積極化した。(49)

コップは次第に、日本の政府関係者および社会からの冷たい視線を感じ、「満洲問題をめぐって対日関係の緊迫化」がその一因であるとした。七月になると、日本側が明らかに「警戒している」と指摘し、その原因について、「中国が主要な問題である」と述べた。(50) 日本政府はまだ慎重な姿勢を保ったが、一九二五年秋から事態が大きく変わった。

一〇月二六日に政治局は、フルンゼ陸海軍人民委員が作成した対中政策案を採択し、張作霖は中国革命の最大の敵と見なされ、彼の政権の打倒が主要な課題であると決定された(51)。

一一月、馮玉祥は北京を占領し、張作霖に対して反乱を起こした郭松齢と連携し、奉天と敵対した。そこで、もともとソ連を警戒する日本陸軍は、北満洲におけるソ連の影響力拡大に強い危機感を抱き、それを駆逐するか、または削ぐには張政権の崩壊を防ぐ必要があり、援張策を取らざるを得ないとした(52)。

周知の通り、のちに関東軍の支援を受けた張作霖が反撃した結果、一二月末に郭松齢が敗北して銃殺され、翌一九二六年一月に馮玉祥が引退を宣言し、ソ連に亡命した(53)。さらに奉ソ関係も悪化し、張政権は一月二一日にソ連側のイワノフ中東鉄道管理局長を逮捕し、モスクワに圧力をかけた。

以上のような出来事は日ソ関係の雰囲気に影響を与えた。一九二六年一月にコップは、これらの変化について次のように述べた。「日本政界の要路の意識から、次第に広範囲の世論までもが、ソ連を第一の敵国、日本の生命的利益の刻下の脅威ととらえつつあり」、対ソ予防戦争も不可避になることが考えられる、と(54)。この頃、コップは非常に悲観的になっており、ソ連首脳部と大きく異なっている。イワノフ逮捕の直前に送られたチチェーリンの手紙には、中国における活動の成果は「非常に盛んである」と述べられ、外務委員は、駐日代表の懸念に触れることなく、改めて日ソ中間の協約締結を日本政府に打診するように要請した。

しかしながら、日本がこれに対して全く関心がないと確信するコップは、あまり動かなかったようだ。二月二〇日、メーリニコフは、「貴下より郵便を長い間受け取っていない」という電報を東京に送った。ソ連首脳部は駐日代表の異変に気づき、語調を改めたが(55)、コップはもはや自分の仕事に関心を失っているように見えた。

一九二六年三月一六日、チチェーリンはカラハン宛の手紙で、中東鉄道をめぐるソ連の政策は、帝政期から続く「帝国主義的方法」を事実上取っているが、それがソ連という国家の「歴史的本質」に矛盾していると強調し、このために政策手法を修正する必要があると喝破した(56)。

ところが、この時点でソ連首脳部は中東鉄道を放棄することを考えておらず、むしろ、現実的な極東政策を打ち出すことになる。四月一日、政治局は「中国および日本に対する我が国の態度」を決定した。その内容は、日本を中国革命の最も危険な敵であるとしながら、「息継ぎ」を必要としているソ連は、条件つきで張作霖の「一定の独立」を認め、日本と協定を遂げるべき、などである。(57) 張作霖政権打倒に向けた工作が失敗した結果、政治局が決定した政策案は、以前にコップが提案した合理的な方針に近づいたものであった。モスクワでは、満洲における利権を保護する日本の果断を過小評価したが、一九二六年春から改めて対日関係の調整を念頭に置くようになった。(58) これは、ソ連の対日・極東政策の新たな段階を意味した。

一九二六年七月、コップは「夏季休暇」のためモスクワに向けて出発した。日本側による見送りの姿勢は重々しいものであった。駅には後藤新平や幣原外相の書記官などが足を運び、大勢の記者が殺到し、東京―釜山の運賃が免除され、釜山―奉天の運賃もソ連側に返金された。(59) 日本ではコップの穏健な立場が知られており、彼がいわゆる「休暇」から日本に戻る可能性について、政界も新聞界も大きな疑問を抱いていた。

実際のところ、ソ連側は極東方面において人事の切り替えを考えていた。一九二六年八月三日、スターリンは側近の政治局員ヴャチェスラフ・モロトフに対して、「中国政府はカラハンの更迭を要求している」ので、そう「せざるを得ない」と述べ、「〔レフ・〕カーメネフを日本へ、〔セミョーン・〕アラロフを中国へ」派遣するという考えを示した。また、二六年七月に、ニコライ・ブハーリンは、「我々は中国で一連の敗北を被った」ことで、「コップを中国に派遣し、カラハンを日本に送る」という「外交的切り替え」が検討されたことを明らかにした。その理由は、革命運動支援方針を象徴したカラハンが猛烈な批判の対象になっているが、一方、コップは革命運動に対する「懐疑心で知られる」からだと。(60) つまり、ソ連のリーダーは、緊迫した中国情勢を調整するために、カラハンが主張した路線に反対したコップの「穏健派」としてのイメージを一時的に利用しようとしたのである。

ところが、コップの運命はこれで決まったわけではない。八月から九月にかけて、政治局はコップを駐伊全権代表に任命したにもかかわらず、また駐日代表として東京に戻す決定を行ったりして、彼をめぐる混乱が目立つ。結局、張作霖政権に対するコップの和解的な立場に不満を表したスターリンがコップをアジアに派遣することに反対した。この結果、コップは駐スウェーデン全権代表に任命され、一九三〇年にストックホルムで客死した。

一方、一九二五年に馮玉祥への幅広い支援を掲げたカラハンを強く支持したスターリンは、馮による張作霖打倒の作戦が失敗したことにより、カラハンに関する評価を見直した。二六年九月一六日、モロトフへの手紙において、カラハンは馮などの将軍による「ごまかし」に「完全にしどろもどろになった」ため、ソ連の対中政策に悪影響を与えている、との考えを示した。一週間後、二三日の手紙でさらに彼を攻撃し、目下の中国および国際情勢に知識が不足して「全く適しない」人物であると強く批判した。(61) 二六年九月にモスクワに召還されたカラハンは外務人民委員代理であり続け、対日政策などに関わったが、この時期から彼の権勢は下降気味だったと言えるだろう。

おわりに

一九二四年秋、ソ連の外交方針においては極東政策が非常に重要な位置を占めるようになった。帝政ロシア時代と違ってその核心は対中関係であったが、ソ連首脳部、とりわけ外務委員部には、対日関係を発展させようとする勢力が出てくる。その中心となったのは、初代駐日全権代表に任命されたコップであった。彼は、リトヴィノフ外務人民委員代理と密接な関係にあったとされており、ヨーロッパ情勢に精通していたが、それまでは日本と接することがあまりなく、偏見を含むイメージも薄かったため、ほぼ白紙から日本および極東地域における諸国の立場を研究するようになった。

日ソ基本条約の締結後、日本とソ連はお互いに歩み寄る姿勢を示した。日本側は、北サハリンにおける鉱業利権およびソ連海域での漁業に関心を示し、中国問題などにおける自らの国益を保護する過程で対ソ協力の可能性を探った。ソ連側は、極東地域の経済発展を念頭に置きながら、満洲における自国の立場を守るために対日政策を検討した。コップはモスクワへの報告で、日本側の積極的な歓迎の態度を強調し、ソ連政府も日本側の姿勢を評価した。チチェーリンは、「我が政府の承認後、我々に対して日本ほど友情を示した国はない」とも述べている。(62)

東京着任後のコップは、日ソ関係の「蜜月」の「延長」に期待をかけながら、極東におけるソ連の立場を論じ、積極的な対日政策を立案した。ソ連首脳部も新たな対日協約の可能性を探り、極東政策に日ソ関係を組み入れようと検討し始めた。

コップは、日ソ関係には様々な側面があるとしながら、その中心は満洲問題であると考えた。さらに、この問題の鍵は奉天ではなく東京にあると確信し、ソ連の鉄道利権を守るために日本側と立場を合わせる必要があるとの見解を示した。中東鉄道管理局長イワノフや在ハルビン総領事のグラント、また東アジア・極東地域に駐在していた要人も同じ考えであった。また、コップは、カラハン駐華全権代表が促進していた馮玉祥への援助に批判的であり、張作霖の態度が反ソ化することを警戒して、張にとって生命線であった満洲を不安定化すべきでないと考えた。つまり、コップは中国における革命勢力の支援方針を否定したわけではないが、少なくとも満洲においては慎重な政策を取ることを強調した。プラグマティックな姿勢にこだわった彼は、対日政策の基盤として「旧協約」、すなわち日露協約の論理を利用することまで提唱した。

しかし、カラハンおよびチチェーリンばかりか、スターリンをはじめとする共産党政治局にとって、極東においては、革命運動が広がりを見せる中国に対する政策のほうが最優先であった。コップの帰国後に全権代表代理になったベセドフスキー参事官に対してスターリンが述べたように、「我々は、アジア、特にインドとインドシナにおいて我が革命政策全体の支えになることを承諾する中国政府を必要」とした。(63)革命勢力の成長を受け、中国情勢を誤解した政治局は国民党および馮への援助に賭けた。そして、帝政期の日露協約への回帰は、中国の社会におけるソ連イメージに悪影響を与えると考え、駐日ソ連全権代表部の案を却下した。

このような状況では、日ソ間の「暫定協定」を締結する試みは失敗するに決まっていた。コップは、自らの対日政策方針が採択されないことがわかると、日ソ交渉に関心を失い、家庭の事情や健康問題を理由に舞台から事実上降りた。新たな駐日代表はしばらく決まらず、ベセドフスキーが全権代表代理を務めていたが、コップの辞任が正式に決まったのは一九二七年一月三一日であった。ようやく同年四月六日、後任のヴァレリヤン・ドヴガレフスキーが日本側に信任状を奉呈した。

一九二〇年代前半から半ばにかけて、アジアにおけるソ連外交政策の二元性がより明らかになった。「カラハン宣言」などで新たな外交方針を提示したソ連首脳部は中国の革命勢力の勝利を確信していたが、次第により現実的な態度を取らざるを得ない状況に追い込まれた。特に対中政策では、中東鉄道を保持したいソ連は、国益を守っても革命運動を傷つけないためにいかなる施策を取ればよいのか、常にジレンマに直面していた。横手慎二は、「ソ連側は、一方で中国のナショナリズムによって北満州におけるソ連利権が脅かされている現実に悩み、他方では、中国の革命勢力への支持を表明してきたこれまでの行きがかりから、日中ソの協議を実現する方策として満州の実力者張作霖を三国協議の相手として認めることに抵抗感があったと見られる」(64)としているが、その通りである。ソ連外務委員部および政治局では、この二元性をよく意識していた。そして、「革命的ロマンティズム」にもとづいて政策を立案する勢力は、次第に「現実派」に席を譲るようになる傾向が強まった。中国における革命運動の発展に一時的に過大な期待をかけたスターリンが徐々に慎重な姿勢を取るようになったのも、その一連の流れと言えよう。

最後に、もう一点に着目したい。一九二〇年代、ソ連の対日政策において主要な役割を果たしていた人物の中で、トロツキーに近い者が多かったという事実が興味深い。コップの他には、一九二三年の日ソ交渉を担っていたヨッフェもトロツキストであり、二六年に来日した交通人民委員代理のレオニード・セレブリャコフもトロツキーの側近であった。いずれも当時の日本と中国の政界では非常によく知られていて、アジア情勢に精通することがむしろ国外で評価されていた。ソ連の対日・極東政策における「トロツキスト」の役割というテーマは、今後さらに詳しく検証する価値があるだろう。

（1）Leonid N. Kutakov, *Portsmutskii mirnyi dogovor (Iz istorii otnoshenii Yaponii s Rossiei i SSSR. 1905–1945 gg.)* (Moscow, 1961); Leonid N. Kutakov, *Istoriia sovetsko-iaponskikh diplomaticheskikh otoshenii* (Moscow, 1962).

（2）S. I. Verbitskii, I. I. Kovalenko (eds.), *SSSR i Iaponiia. K 50-letiyu ustanovleniia sovetsko-iaponskih diplomaticheskih otoshenii (1925–1975)* (Moscow, 1978); I. A. Latyshev (ed.), *SSSR i Iaponiia* (Moscow, 1987).

（3）Lensen G. A., *Japanese Recognition of the USSR, Soviet Japanese Relations 1921–1930* (Tokyo, Sophia Univ., 1970); *The Damned Inheritance: The Soviet Union and the Manchurian Crisis 1924–1935* (Florida, 1974).

（4）Savelli Dany「日本におけるポリス・ピリニャーク書誌」『比較文学年誌』第三五号（一九九九）一〜一八頁。Shest' neizdannyh pisem Borisa Pil'niaka o ego pervom prebyvanii na Dal'nem Vostoke (v Kitae i Iaponii) v 1926 g" *Cahiers du Monde russe*, 42/1, janvier-mars 2001, pp. 139–158 etc.

（5）Xenia Joukoff Eudin & Robert C. North, *Soviet Russia and the East, 1920-1927: A Documentary Survey* (Stanford, CA: Stanford University Press, 1957).

（6）横手慎二「Г・В・チチェーリンの外交（一九一八―一九三〇）――ソヴェト外交の国内的構造を求めて」『ロシア史研究』二九号（一九七九）。同「二〇年代ソ連外交の一断面――一九二七年のウォー・スケアーを中心にして」『スラヴ研究』二九号（一九八二）四一～六九頁。同「戦間期ソ連外交の政策決定システム」『国際政治』八一号（一九八六）。

（7）富田武「中国国民革命とモスクワ一九二四年―二七年――ロシア公文書館史料を手がかりに」『成蹊法学』第四九号（一九九九）三五七～四〇一頁。同「コミンテルンと日本共産党――旧ソ連アルヒーフ資料から」『歴史評論』第六二七号（二〇〇二）三〇～四四頁。同「荒木貞夫のソ連観とソ連の対日政策」『成蹊法学』第六七号（二〇〇八）一五～六五頁など。

（8）寺山恭輔「不可侵条約をめぐる満州事変前後のソ日関係」『史林』第七四巻 第四号（一九九一）六二～九五頁。同「一九三〇年代初頭のソ連の対日政策――満州事変をめぐって」『ロシア史研究』第二五号（一九九七）八八～一〇一頁。同「戦前期ソ連の対日政策――既刊史料集の再検討」『東北アジア研究』第一五号（二〇一一）一〇七～一九頁など。

（9）酒井哲哉「日本外交におけるソ連観の変遷（一九二三―三七）――日本外交史の枠組の再検討」『国家学会雑誌』第九七巻第三・四号（一九八四）一〇六～三六頁。Sakai Tetsuya, "The Soviet Factor in Japanese Foreign Policy, 1923-1937," *Acta Slavica Iaponica*, vol. 6 (1988) pp. 27-40; 同『大正デモクラシー体制の崩壊――内政と外交』（東京大学出版会、一九九二）。

（10）山内昭人『初期コミンテルンと在外日本人社会主義者』（ミネルヴァ書房、一九九六）。栗原浩英『コミンテルン・システムとインドシナ共産党』（東京大学出版会、二〇〇五）。初期コミンテルンと東アジア研究会編『初期コミンテルンと東アジア』（不二出版、二〇〇七）。

（11）服部龍二『東アジア国際環境の変動と日本外交　一九一八―一九三一』（有斐閣、二〇〇一）。中見立夫編『近代中国東北地域史研究の新視角』（山川出版社、二〇〇五）。川島真「社会主義とナショナリズム――一九二〇年代」『東アジア近現代通史（四）――社会主義とナショナリズム一九二〇年代』（岩波書店、二〇一一）一～三七頁。中嶋毅「知識人と社会主義・ナショナリズム・国際主義　東北アジアの白系ロシア人社会」『東アジア近現代通史（四）』一二四～四二頁。

唐啓華（平田康治訳）「一九二〇年代の中露／中ソ関係」『東アジア近現代通史（四）』二四五〜六七頁など。

（12）Molodiakov V. E., *Rossiia i Iaponiia: poverh bar'erov: Neizvestnye i zabytye stranitsy rossiisko-iaponskih otnoshenii (1899–1929)* (Moscow, 2005); Molodiakov V. E., *Goto Shimpei i russko-iaponskie otnosheniia* (Moscow, 2006), etc.

（13）富田武『戦間期の日ソ関係』（岩波書店、二〇一〇）。

（14）当時のソ連では、大使の代わりに「全権代表」（polnomoshnyi predstavitel' または polpred）、大使館の代わりに「全権代表部」（polpredstvo）という名称が使われていた。

（15）Besedovskii G. Z., *Na putiiah k termidoru. Iz vospominanii byvshego sovetskogo diplomata*, vol. 2, (Paris, 1931) pp. 10–17.

（16）富田『戦間期の日ソ関係』五一〜五二頁。

（17）ベセドフスキー回想録の他には、Krutitskaya E. P., Mitrofanova I. S., *Polpred Aleksandr Troianovskii* (Moscow, 1975); Sheinis Z. S., *Maksim Maksimovich Litvinov: revolyutsioner, diplomat, chelovek* (Moscow, 1989); 蔣介石『中国のなかのソ連　蔣介石回顧録』（毎日新聞社、一九五七）。鶴見祐輔『後藤新平』全四巻（勁草書房、一九六七 復刻版）。西春彦監修『日本外交史　第一五巻 日ソ国交問題一九一七―一九四五』（鹿島研究所出版会、一九七〇）など。

（18）*DVP SSSR*, vol. 1-24. (1918-1941) (Moscow, 1959-2000); *VKP (b), Komintern i Iaponiia. 1917-1941* (Moscow, 2001)（Komintern i Iaponiia と以下では略記）; *Pis'ma I. V. Stalina V. M. Molotovu. 1925-1936 gg. Sbornik dokumentov* (Moscow, 1996)（*Pis'ma Stalina Molotovu* と以下では略記）; G. N. Sevost'ianov (ed.), *Moskva-Tokio: Politika i diplomatiia Kremlia. 1921-1931 gg.* vol. 1-2 (Moscow, 2007)（*Moskva-Tokio* と以下では略記）; A. I. Kartunova, et al. (eds.), *Perepiska I. V. Stalina i G. V. Chicherina s polpredom SSSR v Kitae L. M. Karakhanom. 1923-1926 gg.* (Moscow, 2008)（*Perepiska Stalina i Chicherina s Karakhanom* と以下では略記）など。

（19）本条約の全文は、Ivan Fedorovich Kurdyukov, et al. (eds.), *Sovetsko-kitaiskie otnosheniia. 1917-1957. Sbornik dokumentov* (Moscow, 1959) pp. 82-85 を参照。

（20）本論文集の麻田雅文「張作霖とソ連の「盟約」——奉ソ協定（一九二四年）の再考」を参照。

（21）Chicherin to Karakhan, 4 November 1924 // *Perepiska Stalina i Chicherina s Karakhanom*. p. 360.

（22）ロシア語文書は *DVP SSSR*, vol. 8 (Moscow, 1963) pp. 70-77 を参照。
（23）AVP RF, f. 0146, op. 8, p. 8, d. 14, ll. 3-4.
（24）詳しくは、酒井『大正デモクラシー体制の崩壊』一五一〜五五頁を参照。
（25）「外国新聞通信機関及通信員関係雑件　通信員ノ部　露国人ノ部　第七巻」外務省外交史料館。一－三－二－五〇－二－一太田政弘警視総監から若槻礼次郎内務大臣、幣原外相などへ。大正十四年二月二十七日。
（26）Ioffe to Stalin, Chicherin, Litvinov, 11 February, 1925 // *Moskva-Tokio*, vol. 1, pp. 332-336.
（27）富田『戦間期の日ソ関係』三四六頁。
（28）ドイツにおけるコップの活動については Chernoperov V. L., *Diplomaticheskaia deiatelnost' V. L. Koppa v Germanii v 1918-1921 gg.* (Ivanovo, 2006) を参照。
（29）政治局の議定書、一九二五年二月二五日 // *Moskva-Tokio*, vol. 1, p. 344.
（30）AVP RF, f. 0146, op. 8, p. 8, d. 14, l. 8.
（31）AVP RF, f. 0146, op. 8, p. 110, d. 3, ll. 2-4.
（32）コップ報告書全文は AVP RF, f. 0146, op. 8, p. 110, d. 3, ll. 4-11 を参照。
（33）AVP RF, F. 0146, op. 8, p. 110, d. 3, ll. 22-25.
（34）吉村道男「日本軍の北樺太占領と日ソ国交問題」『政治経済史学』第一三二号（一九七七）四〜五頁。Sakai Tetsuya, "The Soviet Factor in Japanese Foreign Policy," p. 28; 酒井哲哉『大正デモクラシー体制の崩壊』一五三〜五四頁などを参照。
（35）Besedovskii, op, cit, vol. 2, pp. 5-6.
（36）AVP RF, f. 0146, op. 8, p. 110, d. 3, l. 27.
（37）Mel'nikov to Kopp, 12 May, 1925 // AVP RF, f. 0146, op. 8, p. 110, d. 3, l. 31.
（38）AVP RF. f. 0146. op. 8. p. 110. d. 3. ll. 18-19.
（39）富田『戦間期の日ソ関係』六四頁。
（40）AVP RF, f. 0146, op. 8, p. 110, d. 3, ll. 61-64.

（41）AVP RF, f. 0146, op. 8, p. 110, d. 3, l. 68.
（42）AVP RF, f. 0146, op. 8, p. 110, d. 3, ll. 29, 79, 147.
（43）詳しくは A. I. Kartunova, *Politika Moskvy v natsional'no-revolyutsionnom dvizhenii v Kitae: voennyi aspekt (1923g.-iiul' 1927g.)* (Moscow, 2001); A. I. Kartunova (ed.), *V. K. Blyuher v Kitae. 1924-1927 gg. Novye dokumenty glavnogo voennogo sovetnika* (Moscow, 2007) を参照。
（44）Karahan to Stalin, 4 May, 1925 // *Perepiska Stalina i Chicherina s Karahanom,* pp. 496-497.
（45）Karahan to Stalin, 29 May, 1925 // *Perepiska Stalina i Chicherina s Karahanom,* pp. 523-524.
（46）AVP RF, f. 0146, op. 8, p. 110, d. 3, ll. 87-91.
（47）Stalin to Karahan, 29 May, 1925 // *Perepiska Stalina i Chicherina s Karahanom,* pp. 525-527.
（48）*VKP (b), Komintern i natsional'noe dvizhenie v kitae, 1920-1925,* vol. 1 (Moscow, 1994). p. 544.
（49）詳しくはボリス・スラヴィンスキー（加藤幸廣訳）『中国革命とソ連――抗日戦までの舞台裏　一九一七―三七年』（共同通信社、二〇〇二）を参照。
（50）AVP RF, f. 0146, op. 8, p. 110, d. 3, ll. 100-101, 113, 116.
（51）*VKP(b), Komintern i natsional'noe dvizhenie v Kitae,* vol. 1. pp. 656-657.
（52）酒井『大正デモクラシー体制の崩壊』一七二～七四頁。
（53）臼井勝美『日中外交史――北伐の時代』（塙書房、一九七一）八～一二頁。
（54）AVP RF, f. 0146, op. 9, p. 117, d. 2, ll. 1-2.
（55）AVP RF, f. 0146, op. 9, p. 117, d. 1, ll. 1-14; Chichrin to Kopp, 23 March, 1926 // *Perepiska Stalina i Chicherina s Karahanom,* pp. 615-619.
（56）Chicherin to Karahan, 16 March, 1926 // *Perepiska Stalina i Chicherina s Karahanom,* pp. 609-613.
（57）*VKP(b), Komintern i Iaponia, 1917-1941* (Moscow, 2001) pp. 28-34. その内容について日本語では、富田『戦間期の日ソ関係』六五頁を参照。
（58）Chicherin to Karahan, 25 May, 1926 // *Perepiska Stalina i Chicherina s Karahanom,* pp. 634-635.

（59）AVP RF, f. 0146, op. 9, p. 120, d. 37, l. 163 など。
（60）*Pis'ma Stalina Molotovu*, pp. 76–77.
（61）*Pis'ma Stalina Molotovu*, pp. 88–89, 93–94.
（62）AVP RF, f. 0146, op. 8, p. 110, d. 3, l. 104.
（63）Besedovskii, op, cit, vol. 2, p. 157.
（64）ロシア史研究会大会パネル「対日友好期のロシア・ソ連の日本観」横手慎二報告（第二部、ソ連期）。二〇〇九年一〇月。

第二部　一九三〇年代編

第六章　一九三〇年代を中心とするソ連の対モンゴル、新疆政策の類似点と相違点

寺山　恭輔

はじめに——史料状況

一九三〇年代に関して、ソ連が中国と国境を接する地域をおおまかに三区分した場合、一九三一年九月の満洲事変後に日本が勢力圏に組み入れた「満洲国」と、ソ連がそれまでにも保持していた影響力を拡大、深化させたモンゴル、および新疆という区分が可能である。満洲を基盤に周辺地域への勢力拡大を目論む関東軍に対し、極東地方やザバイカル（バイカル湖以東）といった国内ばかりでなく、勢力圏におさめたモンゴル、新疆もソ連東方の国防の最前線の役割を果たすこととなった。満洲、モンゴル、新疆と接する国境線は、ソ連の全国境の半分以上の距離を占めているにもかかわらず、ソ連全体の国防を考察する際に、注目の度合いが比較的低いように思われる。本論はソ連が強い影響力を及ぼしたふたつの地域、すなわちモンゴル、新疆に対するソ連の政策を可能な限り比較して類似点、相違点を見出すことにより、両地域に対する個別研究では見出せなかったスターリンの対外政策、とりわけその対アジア政策の特徴を浮き彫りにすること、スターリン体制考察のための新たな材料を提

供することを目指している。[1]

モンゴル、新疆におけるソ連の政策には依然として未解明なところが多く残されており、筆者は、主としてロシアの史料館に保管されている史料をもとに、それらを解明する作業を行ってきた。ところが六〇〜八〇年以上前のソ連の政策が、現在の国際関係にも影響を及ぼすと今日のロシア当局が判断しているためか、依然として史料の閲覧には制限が加えられていることを最初に指摘しておきたい。

ロシア国立社会政治史史料館（RGASPI）に保管されている旧ソ連共産党中央委員会政治局の特別ファイル（＝最高決定）のうち、公開が進んでいるモンゴル関連決定に比べると、新疆に関連したものの中に非公開決定が多い。[2]一方、ロシア国立軍事史料館（RGVA）に保管されている「モンゴル委員会」、「新疆委員会」のファイルはほとんど閲覧できない。

ソ連政府たる人民委員会議（＝閣僚会議を意味、通称ソヴナルコム）のファイルを保管するロシア連邦国立史料館（GARF）でも、モンゴル、新疆の関連史料を閲覧できるが、一九四四年以降のソ連の後援を受けた新疆における反政府運動（中国では三区革命と呼ぶ）関連の史料（いわゆるスターリン、モロトフ、ベリヤの特別ファイル）は大部分が閲覧不能である。

ファイル名の記された目録さえ利用できないロシア連邦外交史料館（AVP RF）は、使い勝手が悪くアクセスを試みてさえいないので史料状況はわからないが、先行研究にはそれらを利用しているものもある。ロシア国立経済史料館（RGAE）の史料は、新疆に関して一部利用した。

このように、諸史料館における閲覧制限は歴史研究者の仕事を妨げているのが現状である。従って以下の論考はソ連のモンゴル、新疆政策について、気づいた点について比較を試みた試論的なものにとどまっている。

最初にモンゴル、新疆に対するソ連の政策のうち大雑把に類似点、相違点を列挙し、それらについて以下に詳しく見ていくことにする。

類似点としては、（一）親ソ派政権を確立・維持するため、両地域で一九三〇年代に勃発した反乱鎮圧のための派兵を含む軍事的支援、反日プロパガンダの強化。（二）国防の最前線として、戦争に備えた動員能力の向上とソ連極東同様の輸送の「軍事化」。（三）予算策定・流通貨幣の調整・貿易の独占的支配等、経済的影響力の強化とソ連に対する不満の除去が挙げられる。

相違点としては、（一）現地指導者とソ連指導部の関係（ゲンデン、チョイバルサンらモンゴル指導者と新疆の盛世才）。（二）宗教・民族政策（チベット仏教、イスラム教、モンゴル人、ウイグル人等）と隣接国との関係（ブリヤート、カザフスタン、キルギス）。（三）最大の違いとして、独立支援か中国支配の容認かなどを挙げることができる。

一　ソ連の対モンゴル、新疆政策の類似点

モンゴル、新疆ともにロシア・ソ連との政治的、経済的な結びつきは強かった。モンゴルの場合、辛亥革命、一九一七年のロシア革命を経る中で独立を目指す運動にロシアが関与を強めて支援した結果、一九二〇年代にはすでに中華民国政府に対して実質的に独立的立場を勝ち得ていたし、新疆の場合、地理的に隔絶されていたため、もともと中国本土からの影響力が及びにくい地方だったが、中露両国の革命後の混乱した時代にもいち早くロシアとの経済関係を復活させ、楊増新《ようぞうしん》が新疆を統治した一九二〇年代にはロシアとの関係は深まり、特に一九二九年にトルクシブ鉄道が開通するとソ連の優位性は格段に強まることになった。

このような状況の中で生じた一九三一年の満洲事変と、翌年の「満洲国」の建国は両地域に対するスターリン

指導部の注目を一気に高め、満洲の東に親日的・反ソ的国家や地域が誕生して安全保障上の脅威とならないよう、それを未然に防止すべく様々な政策を打ち出すことになったが、それが両地域に対する政策の主眼であった。

親ソ政権の確立・維持、軍事的支援

モンゴルと新疆における最重要の課題は、親ソ政権あるいは最低限中立的な政権の樹立、維持であり、何としても避けたかったのは親日政権や、新疆の場合は特にインド植民地からの影響も危惧される親英政権の樹立であった。ロシア・清朝の両帝国崩壊後の混乱の中で、一九二〇年代にかけてロシア・ソ連がこの両地域への関与を深めていたので、それを継続・維持すればよかったのであるが、「満洲国」の新たな出現により日本の影響力拡大の可能性が高まったため、より真剣な対策が必要となった。その顕著な現れが両地域に生じた反乱への介入である。

モンゴルでは一九三二年春に勃発した反乱にソ連は飛行機部隊の投入等で介入して鎮圧に導き、さらにソ連国内では大飢饉を引き起こしたにもかかわらず基本方針を転換しなかった農業集団化、富農絶滅策のモンゴル版たる遊牧民の集団化を停止し、モンゴル政府の陣容を一新し、還俗させていた僧侶の復帰を認めるなどいわゆる新方針を採択させ、国民の不満を和らげて反乱を終息させた。

反乱の鎮圧にとどまらず政治局は一年後の一九三三年三月八日、モンゴルの国防に取り組むことを決定した(3)。モンゴル軍に対しては、食料、燃料、日用品、軍備、装備等約一二四五万ルーブルの借款を行い、軍幹部養成のため、モンゴル人民赤軍統合軍事学校のスタッフを七〇〇人まで増加させ（それまでの規模は不明）、陸海軍事人民委員部が三三年に二〇〇人までのモンゴルの軍学校生徒を赤軍の軍事技術系学校に受け入れるよう指示した(4)。

その後、一九三四年末には、モンゴルの軍事支出一四〇〇万トゥグリクに対し、五年間、毎年六〇〇万トゥグ

リクを支援することにした。(5) さらに三六年三月にはソ蒙相互援助条約を締結するとともに、赤軍部隊を駐留させた。(6)

一九三七年に日中戦争が始まると、日本軍の侵攻に備えて軍隊の配備を検討した。(7) このように軍事協力を続けるもののペルジディーン・ゲンデン等、モスクワの意向に全く忠実とは言えなかった指導者はモスクワの意向で解任され（ゲンデンはソ連国内で処刑）、モスクワに忠実だったホルローギン・チョイバルサンがそれに取って代わり、第二次世界大戦後の独立確定までこの体制は維持されることになった。

一方、新疆では一九二八年に楊増新の後を継いで新疆省を支配していた金樹仁《きんじゅじん》の圧政に対するウイグル住民の不満が爆発し、三一年春から漢人の省政府に対する反乱が広がっていた。これに対してソ連はモンゴル同様、武器を供給し、同年一〇月には密かにソ連・新疆間の経済協定を結んで新疆政府を支援した。満洲で戦いソ連領に逃れた中国人兵士をシベリア鉄道経由で新疆に投入することも行っている。

その後、断続的に反乱が続き、一九三三年四月のクーデターで打倒された金樹仁に代わって盛世才《せいせいさい》が権力を握ったあとも、ウルムチが反乱軍の攻勢にさらされると赤軍を投入して鎮圧に協力し、その権力基盤確立に力を貸した。(8) ロシア革命直後にソ連政権に反対して新疆に逃げ込んだ白系ロシア人が、金樹仁により部隊に編成されて当局に利用されていたが、この白系ロシア人部隊を装って部隊を投入したのが特徴である。

反乱鎮圧後の一九三四年四月一日の政治局決定には、次のような項目があった。（一）督弁（＝盛世才）に残した装備、専門家養成に必要な教官を考慮し、新疆に六カ月から一年間ソ連が残せるのは五〇〇人

ホルローギン・チョイバルサン

盛世才

（飛行士、飛行監視者、機械工八人、装甲車の運転手、砲塔の幹部一八人、大砲手六人、機関銃手三人、部隊指揮官（下級・中級）一五人）とする。

（二）ウルムチ政府の指導下に残す騎兵部隊の指揮官と兵士、教官について。教官は各人が特別に結んだ契約にもとづいてウルムチ政府に勤務する。アルタイ人（ソ連が派遣した赤軍部隊を意味する）の騎兵部隊は「白系亡命者によって結成されたロシア人騎兵連隊」としてカモフラージュし、それに応じた「肩書」、階級章などを付与し独立した部隊として残す。アルタイ人の部隊にはウルムチ政府が完全に物質的援助を行う。アプレソフ（ウルムチ総領事）、クルチンキン（合同国家保安部＝オゲペウ関係者）は具体的な環境、可能性を考慮しアルタイ部隊の維持費用、教官スタッフへの支払いを定めること。[9] 以上である。のちの元帥ルィバルコなどが新疆で経験を積んだ。

その後も一九三七年にウイグル人の反乱が生じた際にもソ連は軍事介入し、ハミにはモンゴル同様に部隊を駐留させた。介入の実態については参加した兵士による回想をわずかながら読むことができるのみで、介入に関する政治局の決定はいまだに非公開のものが多い。ソ連共産党への入党を早くから求めていた盛世才は、独ソ戦でソ連が窮地に立たされるとスターリンを見限って、ソ連勢力を追い出すが、ソ連は独ソ戦の形勢を逆転させると、再度新疆における地歩を確立し、最終的に毛沢東に同地方を引き渡すことになった。新疆政府が反ソ的に行動した一時期を除けば、一貫してソ連は両地域における反ソ政権の樹立を阻止し続けることができたと言える。

特別委員会の設置、日本ファクター

両地域に拡大する反乱を前に、いかに対処するのかという方針を検討するために、特別の委員会を立ち上げたことは、共通した政策と見なし得る。通常、政治局では諸問題を解決すべく有力な指導者に関係機関の専門家を加えて委員会を設置し、日にちを決めて議論させ、その結果を政治局会議に持ち込んで議論し、最終決定するという形式（会合なしに持ちまわり決議することも多い）が頻繁に取られていたのだが、本問題の場合も「モンゴル委員会」「新疆委員会」が設置されて対策を検討した。しかも活動の期限を区切らない常設委員会であったことが重要である。

モンゴルの場合、一九三二年三月一六日、政治局はモンゴル関連のあらゆる問題解決のため、政治局の常設委員会を設置した。メンバーはヴォロシーロフ（陸海軍事人民委員）、カラハン（外務人民委員代理）、ポストゥイシェフ（中央委員会書記）、エリアヴァ（外国貿易人民委員代理）からなっていたが、[10]同年九月一日には、休暇明けのスターリンがこの委員会に加わった。[11]三三年五月二二日に政治局は、委員長ヴォロシーロフを常設責任書記と二人の職員が補佐することを決めた。[12]その後も委員の任命、解任が続いたが、[13]スターリンも含むこのモンゴル委員会には、軍、外交、外国貿易の代表が参加して、モンゴルに関する問題の検討・決定が委ねられていたことがわかる。この委員会はモンゴルに派遣されていたオフチン、チュツカーエフ、タイーロフ、ミローノフ、ゴルブチク、イワノフら、同時にソ連共産党中央委員会全権代表の地位を与えられた歴代の全権代表（大使のこと）[14]や、シェコ、ヴァイネルら[15]軍事顧問から送られた情報をもとに様々な決定を行っていた。どのような観察をもとに諸問題に関する決定を行っていたのかは興味深い問題だが、これらモンゴル委員会の史料には、すでに述べた通り残念ながらアクセスすることができないのが現状である。

新疆については、盛世才が権力を握った翌日にあたる一九三三年六月二七日、政治局は「新疆におけるソ連の政策の諸問題を検討し、外務人民委員部が新疆に関連して提出した諸提案を審議すべく、ヴォロシーロフ（委員長)、ソコーリニコフ、エリアヴァからなる小委員会」の設置を決定した。[16] のちの文書では新疆委員会という名称が使われている。スターリンは加わっておらず、その後のメンバーの異動は必ずしもはっきりしないが、軍のトップたるヴォロシーロフが委員長を務めており、モンゴル委員会とある程度重なるメンバーで構成されていたことが読み取れる。東方の隣接した地域であり、「土地勘」を重視した人事の可能性がある。

この時点で必ずしもモンゴルの国際的地位が確立されていたわけではないが、大使を意味する「全権代表」を派遣していたモンゴルとは異なり、新疆の場合は、ウルムチ駐在の総領事がソ連からの代表の役目を担っていた。ズラトキン、アプレソフ、メンニ、バクーリン、プーシキン、サヴェーリエフら歴代のウルムチ総領事[17]から送られてくる情報をもとに政治局が新疆政策を決めていた。モンゴル委員会同様、新疆委員会の史料は軍の史料館の目録で確認できるものの、閲覧は許されていない。

先に反ソ親日政権の阻止がソ連の主要な目標であったと述べたが、一九三〇年代のモンゴル、新疆における反乱鎮圧に協力する際に採択された政治局決定は、ともに「日本帝国主義」(新疆の場合は英国も入っている)による侵略への警戒を現地指導者に呼びかけており、反乱の拡大を日本が利用することで当該地域の支配者にも危険が及ぶと認識させることで、ソ連と共同歩調を取ってより真剣に事態に対処することを求めていたことがわかる。例えば三三年一〇月一九日、モンゴルへのエリアヴァ代表団に、「日ソ関係の緊張と関連した現存の外交状況」[18]を考慮し、増大する日本の侵略の危険性をモンゴル指導部に説明し、それに応じた対策を練るよう指示した。満洲や内モンゴル経由で外モンゴルへの進出をはかろうとする関東軍の動きに応じたものであったと思われる。

一方新疆について政治局は一九三三年八月三日、その政治的、社会的状況を綿密に研究すること、革命軍事会議、合同国家保安部、[19] 外務人民委員部には、「新疆における英国人、日本人のプランの観察、研究に特別の注意を注ぐ」よう求めた。新疆の反乱鎮圧に参加した兵士たちの回想によれば、新疆が日本帝国主義のターゲットであり、それを阻止するのが使命であると、新疆へ投入される前に教えられたことが判明している。

当時のソ連の文書では、新疆政府への反乱を支援したドゥンガン（中国ムスリム）の馬仲英《ばちゅうえい》部隊に、日本人「オオニシタダシ」が存在したことが、日本の新疆への関与を示す証拠として語られ、最近のロシアの研究でもいまだに「オオニシ＝日本のスパイ」という筋立てで描かれているが、歴史家の中田吉信が指摘する通り、オオニシは日本軍と関係なかったというのが真相のようである。

ただし対ソ戦略の一環として、新疆を利用するように主張するトルコ駐在陸軍武官神田正種《かんだまさたね》が東京の参謀本部に送った文書がソ連側に略取されており、これがスターリンの疑念を深め、政治局決定の中で日本に対する警戒を促した理由のひとつであった可能性もある[20]。

特使、使節団の派遣

親ソ政権維持のため、両地域に対する政策をソ連当局は真剣に検討したが、現地からの情報だけではなく、代表団を派遣して現地で詳しい実地調査をしたうえで様々な対策を講じたことがわかっており、この点にも類似性を見ることができる。

モンゴルには一九三二年夏の反乱時、モンゴル委員会のメンバーでもあったエリアヴァの代表団が派遣された。六月初めにモスクワを出発した代表団から八月三一日付の報告が提出され[21]、新たにモンゴル委員会のメンバー[22]に加わったスターリンをまじえて、対モンゴル政策の検討が進められた。一一月一日の決定を経て、最終的に政治局はこの委員会のプランを一一月一三日に採択し、エリアヴァ、スヴァニッゼその他には、近くモンゴルへ出張するよう指示したが[23]、この出張は実現しなかったものと思われる。スヴァニッゼは新疆への訪問団を率いることにもなる。

約一年後の一九三三年一〇月八日、政治局はモンゴルにおけるスパイ問題について議論し、現地の政治的状況、商品供給の状況、組織に関する問題についての取り組み状況を現地で調べるため、遅くとも一〇月一五日までにウランバートルへ、エリアヴァと作業グループが出発することを決定した(24)。

一九三三年一〇月一九日のエリアヴァへの指示の中で政治局は、基本的な課題として「モンゴルに対する政治局決定、特に物資の輸送、商品備蓄の形成、道路と自動車輸送の改善、水上交通の利用、牧畜業の高揚、農業生産物の加工、政治・経済活動のあらゆる領域におけるモンゴル人幹部の強化についての点検」を委ね、モンゴル国内の情勢を詳しく分析するよう指示した(25)。一年間の対モンゴル政策の成果の点検を委ねる趣旨で派遣されたことがわかるが、これ以降はモンゴルの指導者をモスクワに招くという手法が取られる傾向にあった。

これ以外にも様々な団体が派遣された。政治局は一九三五年一〇月七日、ロシア共和国の保健人民委員部がモンゴルで行う医療遠征隊の活動を一年延長すること(26)、三六年六月にはモンゴルの畜産・農業省を援助すべく二年間、獣医学遠征隊を派遣すること(27)、三七年一月一六日にはモンゴルへの第二次獣医遠征隊、科学アカデミー遠征隊を派遣することを決めている(28)。

新疆の場合、金樹仁の圧政に対する反乱がハミで勃発した時期と重なるが、一九三一年三月二五日に政治局が、「新疆における我々の取引組織の業務にある無秩序を早急に解消するため、新疆へタマーリン、エピファーノフそれにオゲペウのシューブからなる委員会」を派遣することを決めた(29)。このタマーリン委員会は新疆滞在中の九月に新疆との通商協定締結で合意し、三一年一〇月一日にウルムチで両者は南京政府に知らせずに、「新疆地方政府とソ連間の経済的相互関係に関する協定」に調印している。

盛世才の権力獲得後、赤軍を投入して反乱鎮圧に協力したのち、政治局はその権力基盤強化のため、スターリンの義弟スヴァニッゼ（最初の妻カト・スヴァニッゼの弟）を団長とする経済代表団を新疆に派遣することを一九三四年五月三一日と六月一五日に決定した。(30)その目的は、新疆経済の再建プランとそのいち早い達成のため、ソ連による可能な援護策に関する提案を、駐ウルムチ総領事アプレソフとともに検討させることにあった。最終的に新疆経済の健全化策が政治局で承認されたのは、三四年七月二一日のことである。(31)借款、貿易、新疆との為替計算、輸送、財務と貨幣流通、工業建設の諸問題、農業政策等がおもなテーマであった。

全権代表や軍事顧問を中心とする現地の駐在員からの情報だけでなく、直接現地に専門家を派遣して実情を調査させ、それにもとづいて対策を練っていたのが共通した特徴であり、これらの地域に対するソ連の影響力の大きさ、関心の強さを示すものであろう。

ソ連の前線としての役割――輸送業務の軍事化

関東軍の極東ソ連領への侵入、あるいはモンゴル、新疆方面への西進を懸念し、ソ連当局はシベリア鉄道を中心とする極東の交通網の整備と同時に、ソ連とモンゴル、新疆間の主要な連絡路たる幹線道路の整備を進めた。「満洲国」と対峙した極東ソ連では一九三二年末に極東の鉄道を軍事化し、同時に政治部を設置する決定がなされ、三三年にはこの制度が拡大され、ソ連全土の鉄道に政治部が設置された。(32)この軍事化した制度を、モンゴル、新疆の両地域との道路連絡に従事する職員にも適用することによって動員態勢を整え、日本軍の侵入に備えた。

ソ連はモンゴルとおもに四つの道路（キャフタ、ボルジャ、チュイ、トゥンキン道路(33)）で接続しており、河川の利用は新疆よりも頻繁で、セレンガ川がおもに使われた。(34)満洲事変直後から極東地方に送付された大量の物資の一部はモンゴルにも運ばれたが、それらの処理を促す一連の決定が政治局で採択されている。特に一九三三年初頭の関東軍の熱河攻略作戦に危機感を抱いた政治局は、すでに述べた通り、同年三月八日の決定でモンゴル委員会が「モンゴルの国防」に従事するよう指示し、その決定の中で輸送路に政治部を設置し、ソ連・モンゴル間の輸

送業務に従事するものを軍事化する決定を採択している。(35)

新疆もモンゴル同様、自動車輸送の開発は緒に就いたばかりであり、ラクダ、馬、牛を利用した輸送が主流であったが、「新疆委員会」メンバーのエリアヴァが、「新疆とソ連の経済関係の強化策」をまとめ、「新疆に通じる諸街道の戦略的意義」を考慮し、「諸街道で軍事規律を確立し、街道の職員を軍事供給に移して(軍隊の兵士と同様に優先的に食料その他の提供を受けること)、ソヴシントルグ(ソ連・新疆間の貿易に従事する組織)の輸送組織の作業を軍事化」するよう提言していた。(36)この提言をもとに、一九三三年一一月一七日、政治局は、「労働規律を根付かせ、生産状況を改善し、責任感を高める」ために、ソヴシントルグの輸送業務を完全に軍事化することを決定した。(37)

こうしてみると極東から新疆にかけて鉄道・道路の輸送業務はすべて軍事化されたことになる。一九三〇年代初めから進められたソ連・新疆間の連絡網の整備は、三七年夏以降の日中戦争における新疆ルートを通じたソ連による国民党政権支援策において効力を発揮したが、サルィオゼクから蘭州《らんしゅう》までの長距離輸送(暗号名ゼット)の経験は、ガソリンの供給、自動車修理地点の併設、運転手への食料・休息施設の整備等の困難な課題解決の先例として、ノモンハン事件におけるソ連・モンゴル軍へのバックアップにも役立ったものと思われる。(38)

鉄道の他に、(39)飛行機によるソ連との接続プランが持ち上がり、ウラン・ウデとウランバートル、アルマ・アタとウルムチなどの航路について議論が続けられた。(40)航空路は接続時間を短縮するが、それは反面、特に新疆の場合は南京、重慶とウルムチ間の接続を容易にし、ひいては新疆の盛世才の独立的な地位、モスクワの影響力を掘り崩すことにもなりかねない。しかも運航にドイツ資本のルフトハンザ航空が参加し、ソ連上空を通過してベルリンと中国を結ぶようなプランが出てくると、警戒心から計画を進めさせないような力学が働くことにもなった。

経済関係の強化、介入

当該地域に親ソ政権を維持するには、力による抑圧的な体制だけでは不可能で、反乱へと暴発するような住民の不満をできるだけ低減させるような経済政策が望まれた。

モンゴルに関しては、一九三〇年代初頭の時点で、それまでの貿易におけるソ連側の不当な取引を少なくとも政治局が認識していたことが明らかである。従って、例えば三二年四月二三日に政治局は、次のような決定を採択している。

一、ソ連共産党中央委員会はソ連の経済機関のモンゴルにおける活動が不十分であることを再確認し、全権代表にその活動の十分な監視を委ねる。モンゴル市場への商品供給、価格政策、品揃え、経費の削減、モンゴル組織との協定実行等に関し、社会経済的・日常的な特殊性を考慮せず、ソ連で採用されている経済活動の手法をモンゴルに機械的に持ち込ませないよう、これらの経済機関、通商代表部に義務の実行を要求する。

二、上述の問題について、ソ連の活動家が全連邦共産党の路線を歪曲、無視し、モンゴルの同志に大国主義的、命令的態度あるいは金もうけ主義を見せるとき、また全権代表、党中央委員会代表（全権代表）の命令を実行しなかったり、正確に実行しないとき、これら活動家を召喚、責任を追及する。(41)

このように政治局の決定を見る限り、現地経済機関の活動には改善すべき余地が少なくないと認識していたことは明らかであろう。(42)その後もソ連のモンゴルに対する経済協力は続けられ、借款を長期に切り替えたのが一九三二年一二月であり、(43)特に競争相手の中国とは輸出入の価格差を基本にした経済的影響力の維持をはかる政策を取っていた。

一方、新疆についてもモンゴル同様、ソ連側の対応のまずさを認識していたことがわかる。一九三一年一〇月二〇日、カラハンはモロトフに四月一〇日の政治局決定で新疆市場への商品供給における不備（納品の遅れ、高額に上る未払い、売れない商品の搬出、抱き合わせ販売の広範な適用）を解消すべく、新疆への間断ない商品供給を保証するように関係機関に指示したが、実行されていないと批判、翌三二年四月、カシュガル総領事トカチョフも、外国貿易人民委員部にソ連側の対応のまずさを指摘した報告を送った。(44) この見方は三四年七月二一日に採択された新疆との貿易に関する政治局決定でも踏襲され、「新疆商人との貿易に関して、輸出商品の抱き合わせ販売という手法を絶対的に禁止する命令」を出している。(45)

モスクワが現地の不適切な対応を戒める決定をしたとしても、果たしてそれがどれほど実行に移されていたのかについては、モンゴル委員会や新疆委員会の文書、あるいは現地住民の反応を記録した文書等を閲覧する必要が出てくるのだろうが、政治局としては反乱の勃発やそれを利用した日本その他の勢力によるこの地域への介入こそ避けたかった事態であり、そのための方策を取ろうとしていたこと、それはモンゴルでも新疆でも同様であったということは確認できるのではなかろうか。

この他にも新疆では赤字補塡のための通貨発行を停止し、旧通貨に代えて新通貨を制定する通貨改革を実施し、関税引き上げや税の導入等で国家均衡予算を策定することなど、モンゴル同様、新疆内部の経済政策に深く関与していたことが窺える。(46) これらの政策が前述した経済使節団による詳しい現地調査にもとづいていたことは明らかである。

教育、人材育成

親ソ派の勢力を維持するには、イデオロギー的にソ連を支持し、ソ連の協力に依存するグループが存在することが望ましい。漢民族の支配に対抗すべくロシアに支援を求めたモンゴルにはもともとそのようなグループが存在し、モンゴル人民革命党へと成長していくが、新疆にはそのような政党は存在しなかった。それでも経済的にはソ連の存在感は圧倒的に高かったため、それとの関係継続を望む声は存在したものと思われる。

ここで注目したいのは、モンゴル、新疆から若年層をソ連に招いて教育を積極的に行い、ソ連シンパを養成しようとしたことである。モンゴルの場合、一九三二年三月一六日に、通商、財政、輸送機関に少なくとも一〇〇人のモンゴル人を受け入れて協力するよう政治局は指示した。(47) さらに三三年五月一八日、政治局はヴェルフネウディンスクのモンゴル・ラブファク（定員は二五〇人、三四年からの毎年の受け入れは七五人。ラブファクとは戦間期、労働者や農民が高等教育機関に進むためソ連で設置された教育機関）をモンゴル人の総合教育の基本的な基地と見なして維持することを決めたが、ここからはソ連の中等、高等教育機関への進学が可能であった。

一方でモンゴル人の中等、高等教育の基本的な基地をイルクーツクとし、東シベリアにおけるモンゴル人の教育に関する指導と観察のため、ロシア共和国教育人民委員部は全権代表をイルクーツクに常駐させ、モンゴル人の幹部に関して全権代表を通じてモンゴルの文部省と連絡を取る権限を与えた。モンゴル共和国の教育者、畜産獣医学者、医療関係者の幹部を養成するため、各二〇人前後をそれぞれのテフニクム（技術学校）で養成することとし、農業学校（三年で教育、ヴェルフネウディンスク）の設立も決めた他、寮や食料、補助金についても定めた。逆にソ連内のモンゴル専門家の養成策として、東方学院モンゴル学部学生をモンゴルに派遣した。(48) 一九三八年一月には、内務保安学校への受け入れも決めている。(49)

すでにソ連で教育を受けた忠実な人材はモンゴル国内に投入された。政治局は一九三二年五月二一日、農村での大衆扇動活動を遂行するためにモンゴル人民革命党中央委員会が利用可能な、政治的に最も原則的に忠実で、訓練されたモンゴル人大学生五〇名を一〇日で選抜してモンゴルに派遣するよう、クトヴェ（東方勤労者共産主義大学）に提案した。[50]これは反乱への対抗措置である。

一方、新疆に関して政治局は、一九三四年九月二三日、新疆の青年一〇〇名を教育すべく、タシケントの中央アジア国立大学に特別の行政・法学部を設置した。その二カ月前に、モスクワのクトヴェではなく、タシケントの別の教育機関で受け入れるべきとの政治局決定があったことを受けたものであった。[51]教科や学部長、奨学金、教育経費などを定め、一一月一日には開校するという異例の速さで、通常想像される学校というよりも、ソ連に忠実な若者を促成的に養成するために基本的な知識を叩き込むといった印象が強い。

実際の教育内容については、史料を持ち合わせていない。ほぼ同じ時期の一九三四年九月一五日、政治局はウズベク語とカザフ語で書かれたどの教科書が新疆の学校のために改編、利用され、輸出されるべきか小委員会に検討を委ねている。[52]ソ連国内の類似した文化圏の教科書を、新疆用にアレンジして利用することを企図していたことがわかる。モンゴルとブリヤートの間でも同様の流用がなされていたのかどうか、確認する必要があろう。これに続けて三四年一〇月一五日、政治局は著名な新疆の活動家の子弟をソ連の学校で教育することも許可した。[53]本人や親への影響力確保、あるいは蔣介石の息子、蔣経国《しょうけいこく》の件で取り沙汰されたように、人質の側面もあったかもしれない。新疆からの学生派遣は、盛世才が警戒したためか途中で停止されるが、これらの留学生の中からは、指導的立場についた際にソ連に忠実な幹部として働く者が出てくることになる。

その他（ソ連人職員の待遇改善、地図、無線、気象台）

モンゴル、新疆両地域との経済的、軍事的関係が深まっていくとソ連から両地域に派遣されるスタッフも増え、彼らに対する待遇改善も政治局としては検討していた。いったいどれほどのソ連人がこれらの地域で活動していたのかについては、必ずしも明らかでなく、時々のデータを見ることができるだけである。モンゴルの場合、一九三五年五月二六日の政治局決定が改善策を打ち出し(54)、同年九月二五日には、補助金の追加的支出を決めた(55)。三七年二月にも同様の決定を行っている(56)。

新疆については、一九三五年九月一五日に「新疆における職員の物質的・文化的日常生活状況について」政治局が決定しているが、決定自体は閲覧できない状態にある。一方で軍、外交官、治安機関、貿易機関、地質探索隊等、新疆で勤務するソ連人職員の活動についての断片的情報を伝える史料も存在する。例えば給与については現地通貨たるモンゴルのトゥグリク、新疆の両《リャン》による支払いとルーブルや他の外貨による支払いの割合や出張手当が問題となり、ソ連に残す家族の待遇についても配慮されていた。

軍事的支援と並んで行われたのが地理学的調査である。軍隊の移動、敵対する軍隊との戦闘のためには地理的・地誌的知識が不可欠なのは言うまでもない。

モンゴルの場合、一九三五年八月九日、政治局はモンゴル人民共和国における地形学的調査を続けるために、ソ連国防人民委員部へ二七万トゥグリクを支出することを決めた(57)。翌年三月九日にも同様に、財務人民委員部が国防人民委員部に、モンゴル人民共和国内で行う地形・測地調査の実施費用として、総額三〇万トゥグリクを限度とする外貨を提供するよう指示している(58)。

一九二三年からほぼ一六年間、モンゴルの地理学的研究に没頭したシムコフは、「モンゴル人民共和国地理アトラス」を準備したが、そこには自然、行政、輸送、コミュニケーション、放牧のタイプ、地理的ゾーン、新旧の行政区画の比較、民族学、人口密度、地区ごとの家畜の種類、リスとマーモットの分布（狩猟と経済的利用のため）、新しい行政区画のためのプランなどの地図が含まれる予定であった。しかしノモンハン事件終結直前に逮捕、粛清されたため、彼の事業は別人に委ねられることになった(59)。

新疆の場合、特に資源調査を行っていた特別遠征隊と地図作成を担当していた赤軍参謀部の間のやり取りから、二〇万分の一、一〇〇万分の一等の地図が軍部によって準備されていたこと、地図史料が厳重に管理されていたことがわかる。地理的調査には、資源調査も含まれていたはずである。ともに資源の豊富な両地域に工業化、国防に必要な資源があれば、その利用の可能性を探らなかったとは言えないだろう。(60)

モンゴルの場合についてはこの点、詳しく検討していないが、新疆の場合は、その豊かな資源開発に関する専門家の提言を受けてスターリン指導部が探索にゴーサインを出したのは一九三五年五月二九日で、政治局は重工業人民委員部に三五年の新疆における地質探索遠征隊の費用の支出を決定した。(61) その後数年にわたって調査が行われたが、重視されたのは錫、タングステン、モリブデン、金、石油等であった。(62)

モンゴルや新疆のような広大な領土における連絡に無線は欠かせない。軍事的な考慮が働いていたことは疑いようがない。この点についてもどのような対策が取られたのかを見てみることにする。

一九三二年三月一五日に人民委員会議が布告で、通信人民委員部がモンゴルに八つの無線放送ステーション（発信力により異なる三タイプ計八台）、ラジオ放送局七カ所、約三〇〇〇の受信設備を建設するよう決定していた。(63) これを受けて政治局は予算措置を講じた。(64) モンゴルにおける無線通信網の拡大に関してソ蒙両国の協定が締結されたのは、三三年二月であった。(65) 両国間の電信連絡に関する協定（三〇年五月二〇日に締結）は、三三年七月一七日、無期限に延長された。

一方で新疆については、一九三四年六月八日の政治局決定が興味深い。その中の一部を抜き出そう。

現在の政治状況では新疆に新たな領事館の開設は好ましくないので、ハミ、トゥルファン、アクスにはソヴシントルグの代表として非公式に領事館職員を派遣すること。これらの職員は三一年の協定の範囲内で貿易活動に従事すること。この活動の実質的な運用のため、ソヴシントルグの営業職員を領事館書記として派遣すること。前記諸地点には諜報拠点も組織し、そのためにソヴシントルグ職員の助手と見せかけて三人の諜報員を派遣すること。ハミの諜報拠点には無線局と自動車を確保すること。必要ならばこの拠点を、カモフラージュした形で公開すること。新疆の省や地方の行政機構を強化するため、ソ連から一〇人の中国人、一五人のウズベク人、カザフ人、ドゥンガン人を役人として派遣することが不可欠と見なす。

新疆内で諜報網を組織し、少なくともハミでは連絡に無線を活用していたことがわかる。同年七月二一日には新疆経済の健全化策が決定されるが、その中で一キロワットの無線設備七台を売却することにしていた。民間航空機ばかりでなく、軍用機にとっても気象情報は必要不可欠な問題であった。[66]ソ連が主導して、モンゴルでは一九三六年から三七年にかけて八カ所の気象台を設置することを決定した。同じく新疆でも、気象台の設置作業がソ連主導で進んだが、モンゴルに比べると若干遅れ、独ソ戦開始後の四一年八月一〇日のソ連人民委員会議布告によって決まった。新疆政府との合意草案を承認し、ウルムチ総領事バクーリンにウルムチでの交渉の全権を付与したが、[67]それにもとづいて盛世才と合意に達したのは九月一六日だった。

合意は九カ条からなるが、要点のみをまとめると、第二ランクの気象観測所をクルジャ他の三カ所、気象台をウルムチに一カ所、ハミに第三ランクの航空気象観測所をソ連の気象予報総局の主導で組織し、ソ連の費用で維持し、新疆側はオフィスやスタッフの住居、機材運搬のための輸送手段等の提供を行うことになった。新疆側は両国政府が合意する一〇カ所の気象台・観測所の開設とスタッフの維持に責任を持った。データは定期的に収集し、ソ連の各地にも送られることになった。[68]

一九三三年一〇月、モンゴルではルムベ事件が発覚し、翌三四年六月、ルムベは政治局が処刑を決定した。彼はモンゴル人民革命党の書記だったが、日本のスパイ網の指導者として告発され、多数の関係者も逮捕され、処刑あるいは追放処分を受けた。(69) このようにスターリン体制下のソ連と類似したテロルがモンゴルでも猛威をふるったし、新疆でも同様の粛清が実行に移されたことからも、ソ連の影響の大きさが窺える。ただし使用し得る史料が限定されているため、ソ連の指示がテロルの遂行にどの程度影響したのか、モンゴル、新疆の現地指導者が自分の意思で粛清を統治のために利用する余地がどれほどあったのかについては、はっきりしたことは言えない。

二　ソ連の対モンゴル、新疆政策の相違点、問題点

これまで類似した側面を列挙してきたが、モンゴル、新疆の置かれた状況は異なるので、両地域に対するソ連の政策が異なって来るのは当然であろう。いくつかの点について簡単にまとめておくことにしたい。

【宗教、隣接共和国】

モンゴル、新疆ともに研究対象とする時期の人口、民族構成等について正確なデータが存在しない。人口はモンゴルの七〇万～八〇万人に対して、四〇〇〇万人の新疆というのが大方の相場のようである。宗教的には、モンゴルに居住する大多数が、チベット仏教（当時のソ連の文書ではラマ教と記されている）を信仰しているが、そのあまりにも大きな影響力に対してスターリンが懸念を示し、モンゴル指導者と面会した際にも、しばしばチベット仏教の影響力をそぐよう提案していることが注目される。一九三二年に反乱が勃発したため、不満を除去するためにチベット仏教の僧侶に対する弾圧は中断され、還俗していた人々が僧侶として復活することを許したが、国防のためにはチベット仏教の勢力を消すしかないとのスターリンの判断で、弾圧が再開されるにいたった。スタ

ーリンは「ラマ教の反革命組織者は、国際状況が悪化すればするほどより強く弾圧する必要がある」、「日本の略奪者を利する自分たちの民族の裏切り者」だと見なしていた。(70)

一方、新疆では、閲覧した史料を見る限り、ムスリム（イスラム教徒）を敵視するようなスターリンの発言は見つからない。逆に、一九三六年一一月二二日に政治局は、新疆に居住するメッカ巡礼者にソ連領を通過するルートを提起する決定を行っている。(71)巡礼を行う経済的余力のある有力者に、ソ連の工業化の成果を見せるとともに宗教的に寛容であるとのソ連イメージを扶植する意図があったものと思われる。ソ連国内のチベット仏教、イスラム教に対する政策とも関連づけながらモンゴル、新疆における宗教政策を検討する必要がある。

モンゴル、新疆と隣接する地域には、言語・文化・宗教面で類似した民族が居住していた。モンゴルに対応するのはブリヤート・モンゴルであり、新疆に対応するのはカザフ、タジク、キルギスとなる。これら民族との関連をモスクワがどのように観察し、どのような政策を行っていたのかについては突き詰めていない。モンゴルの指導部に入ったブリヤート人が多数粛清されたとの説については、汎モンゴル主義（内外モンゴルを統合しソ連、中国からの独立まで視野に入れる思想）との関係について考察する必要がありそうだが、さらなる史料の探求が必要である。新疆の隣接地域にはムスリムが多数居住していた。国境沿いの定期市や交易（類似した服や食料を消費するため）、人材育成への協力といった点で新疆に隣接する地方政府への指示等を諸史料の中に見出したが、新疆との関連でこれら隣接地域にいかなる対応を指示していたのかなどについては、よくわからない。

【現地指導者への対応の相違】

たびたびモスクワに呼びつけられたモンゴルの指導者とは異なり、新疆の盛世才との面会にモスクワは不熱心であったという相違点を挙げることができる。モンゴルの首相らは特に一九三二年反乱後には毎年のようにソ連を訪問し、スターリン指導部と会談して進めるべき方策について指示されていた。例えば三三年末にモスクワを訪問したのがオチル、ドブチン、三四年末にはゲンデン、三五年末から三六年初めにかけて再度ゲンデンら、三六年末から三七年初めにソ連に滞在したのがアマルであった。(72)

一方新疆の場合、すでに述べたように盛世才はソ連共産党への入党さえ希望し、モスクワ訪問を強く望んでいたにもかかわらず、モスクワ訪問が実現したのは一九三八年である。(73) 熱烈なソ連崇拝を綴る盛世才の書簡とそれを受け取って当惑したスターリンの印象が刊行文書からも読みとれる。盛世才のように現地指導者が親ソ派である場合、直接面会して親ソ政策に誘導する、従わなければ威嚇するといった手法に訴える必要性を感じなかったというのが、彼のモスクワ訪問が遅くなった点について考え得る理由のひとつである。さらに付け加えれば、やはり地理的な重要性の違い、当該地域に対する潜在的な競争相手とソ連の及ぼす経済的・軍事的力の差に対する判断は大きかったのではなかろうか。満洲国に近いモンゴルでは同国指導部がソ連の促す方向へ政策を導くよう求める心理が新疆に比べて強く働いたため、モンゴル指導者をたびたび呼びつけていたと推測される。

【道具となる政党の存在、不在】

モンゴルではソ連の意向を遂行し得る有力な手段としてモンゴル人民革命党が存在し、例えば一九三四年五月二三日には、その大会の議事日程について政治局が追加項目を決めたり、チベット仏教徒への公然たる闘争は控えるよう指示したりするなど介入している。(74) 同年九月一三日には、大会への代表団の人選、大会への指示の作成等について政治局が検討した。(75) イデオロギー的にソ連に忠実な党員をふるいにかけて選抜し、党大会にも介入するなど、深く関与していた。新疆では盛世才のもとで手足となって働く人物を厳選し三五年一月に投入を決めているが、(76) 道具となる政党は存在しなかった。

【独立への支持、不支持】

最大の政策の違いはモンゴル、新疆双方で持ち上がったそれぞれの地域の独立へのスタンスの違いである。新疆について政治局は、基本的に中国の一部であり、その一体性を崩すつもりはないとの方針で一貫しており、一部に見られた中国からの独立を支持する意見、ましてやソ連への併合を訴えるような意見は完全に否定されていたと言ってよい。モンゴルについてレーニンに、「友好的なモンゴル人民革命政府は我々の手元にあるきわめて大きな切り札である」「我々の国境は遠大な距離にわたって、友好的なモンゴルにより覆われることで全く安全である」と述べていた外務人民委員のチチェーリンが、一九二一年七月タシケントに出した新疆についての指示の中に、新疆を中国領から引き離し、ソ連領に取り込まないほうが得策であると考える理由を見ることができる。

独立したカシュガルまたはジュンガル共和国の形成は、国際的な紛争から我々を救いはしないだろう。他国政府はこれを我々の仕業であると信じるだろうし、これらの共和国がソヴィエト化するならば、いつもの通り隠れた併合を見てとるだろう。これらの未開の国々をソヴィエト化するのは、我々が占領しなければ不可能であって、占領することは冒険である。これらの独立国家がブルジョア国家になるような場合、我々に友好的になるようなことは決してなく、逆に反革命的で汎イスラム的な巣窟、我が国内の蜂起の源になるだろう。現在これらの地域のムスリム住民は、今のところ中国の権力下に置かれているが、知事らに対する闘争のための支柱を我が国で探している。もしも我々がムスリム国家を作るとなると、それらは我々にとって危険な隣人となるだろう……我々に友好的なムスリム国家をここに憂慮なく形成することを期待するほど、果たしてブハラやヒヴァの内情はそれほどいいのだろうか？(77)

当時はソ連領だった中央アジアのブハラやヒヴァでも、反ボリシェヴィキ反乱が広まっていた時期でもあり、チチェーリンやレーニンらの指導部が、ムスリム地域を慎重に取り扱っていたことがわかる。一九三〇年代以降のスターリン時代の対新疆政策を理解するためにも、この発言は参考にはなる。スターリンについては三八年二月、孫文の息子・孫科《そんか》がモスクワを訪問した際に、「新疆、外モンゴルを含むことになる強力な中国に乾杯」したように、表面上は中国の一体化を支持する態度を崩していないが、両地域に対するスタンスの違いを明らかにするような本音を窺える発言はなかなか見出せない。

中国から分離して独立させたモンゴル、独立さえ望まず中国領にとめおいたうえで影響力を維持し続けた新疆は、ソ連が併合しなかったという点で共通しているが、これらのふたつの地域に近く、ソ連が併合した地域にモンゴル系のトゥヴァ（ウリャンハイ）が存在する。従って三つのレベルの対応として分類可能である。モンゴル当局も支配権を主張していたトゥヴァを一九四四年にソ連が併合したのは、将来的にモンゴルの国家としての独立が不首尾に終わって再度、中華民国の支配下に戻った場合、ロシア本体に食い込んで存在するトゥヴァも一緒に中国の支配下に入るのを恐れたためではないか、というのが現時点での筆者の推測である。史料の閲覧が可能ならばという前提になるが、これらの三段階の異なる対応についての作業仮説を新たな一次史料にもとづいて立証していくことが今後の課題となるであろう。

おわりに

ソ連のモンゴル、新疆に対する政策を大雑把に並べて比較する作業を行ってきたが、個別の研究では見えにくい共通性、その地域独特の対応を指摘できたのではないかと考える。最後に簡単に問題点を指摘して、まとめに代えたい。

通常の外交では、全権代表部（大使館）、領事館を基盤に外交官が中心となって対外関係が構築されるだろうが、モンゴルや新疆の場合、軍が反乱鎮圧に関与したりあるいは駐留したりして存在感を示し、治安、貿易、経済等、様々な分野に教官や顧問が派遣され、他国とは比較にならないほど内政に密接に関与して大きな影響力を保持していた。外交ルートだけならば一本だけですむところ、多数の人員を抱えていたため、これらの機関の現地代表がクレムリンの指示に従って一枚岩的に行動していたのかどうか、という問題が生じる。

ひとつの例だが、一九三二年春のモンゴルにおける反乱に際して、スターリンはオフチン（＝全権代表）、チェキスト（＝合同国家保安部）、シェコ（＝陸海軍事人民委員部）の誰が作戦を指揮すべきか問いかけており、概してオフチンへの信頼度が低い。もちろんそれぞれのスタッフの仕事への評価は、部局と異なる次元でなされていたものだと推測される。三二年四月段階で、一応モンゴルへの全権代表に権限を集中させる決定を政治局は行っていたが、このあともそれが貫徹されたのかどうかはわからない。(78)

これに関連して、一九三九年二月二三日に、リトヴィノフ外務人民委員がスターリンに送った書簡が興味深い。モンゴル、トゥヴァ、新疆に関する問題について、全く指導部が存在していないために生じている非常事態に関心を向けたものであるが、新疆についてリトヴィノフはこう書く。

モンゴル同様、新疆にはかなりの数のソ連の顧問、教官（軍事、道路、医療、農業、財政、地質学者等）が存在する。各人は、新疆にとってどうすれば好ましいか、そして何をすれば好ましいのか「助言し」、危険を冒し恐怖心を抱きながら行動している。新疆では最近貨幣改革が実行され、ソ連の財政顧問もそれに参加したが、中央からのいかなる命令、指示もなく、また他の省庁の職員とはこの分野における合意もなかった。当然我々の全権代表や領事らに関係なく行動している軍事顧問・教官について、私が今さら話しているわけではない。陰謀や蜂起が生じているが、それらについて外務人民委員部は一切何も知らない。督弁が真っ先に助言を求めにやってくるのが我々の領事であってもである。中国との我々の関係に脅威をもたらしているところの最近のカザフ人の突然の運動は、外務人民委員部にとって全く予期せぬものであった。(79)

この文書はソ連国内で大テロルを経過したあとで、各組織が組織としてダメージを受けていたと想定される時期になるが、それでもやはり新疆に対するソ連の指導が必ずしも一枚岩ではなく、部局ごとに行動し、他部局との連携が取れていなかったことを明らかにするものであろう。

外務人民委員部の在外機関、内務人民委員部の対外諜報機関、陸海軍事人民委員部の在外諜報機関に、おそらくはコミンテルンも加えて、しばしば「隣人」という呼称でお互いを呼んでいる例が見られる。これらの組織の相互関係、仕事の調整について考慮する必要があるだろう。ただしコミンテルンを除けば、どの機関についても史料へのアクセスは困難が想像される。冒頭で述べたことだが、ソ連の対モンゴル、新疆政策を系統的に分析するための基本的な材料たる特別ファイルを含む政治局決定のうち公開されていないものがいまだに存在することが、研究の進展を妨げている。史料が全て出てこないのでこれも想像の域を出ないが、これら様々なルートからもたらされる情報が集中していたのがスターリンであり、それらをもとに重大な問題に関しては、彼が最終的な決定を行っていたことは間違いないと思われる。

スターリン統治の後期、第二次世界大戦終盤から戦後にかけてソ連は勢力圏を拡大し、さらに中国その他の地域でソ連寄りの体制が世界各地に形成されていくことになる。その際に使節団の派遣、現地の状況の詳しい分析、ソ連型の開発経済の導入、軍隊の整備、当該地域における親ソ派育成のための教育の拡大、軍人や治安機関要員を含むソ連人専門家の現地への派遣等、戦前期のモンゴル、新疆において一〇年以上にわたって予行演習し、蓄積された経験が広く活用されていったものと推測される。

（1）最近筆者が研究を進めてきたモンゴル、新疆に関する研究がもとになっている。寺山恭輔『一九三〇年代ソ連の対モンゴル政策――満洲事変からノモンハンへ』東北アジア研究叢書第三二号（二〇〇九）。同『スターリンと新疆　一九三一―一九四九年』（社会評論社、二〇一五）。

（2）寺山『スターリンと新疆』五七九～八〇頁。

（3）RGASPI, f. 17, op. 162, d. 14, l. 75.

（4）RGASPI, f. 17, op. 162, d. 14, ll. 82-85.

（5）L. I. Shinkarev, *Tsedenbal i ego vremiia, vol. 2, Dokumenty. Pis'ma. Vospominaniia* (Moscow, 2006) pp. 120-135. および一九三五年四月二八日の政治局決定（RGASPI, f. 17, op. 162, d. 18, ll. 18-19）。

（6）RGASPI, f. 17, op. 162, d. 19, ll. 172-173.

（7）RGASPI, f. 17, op. 162, d. 21, l. 151. 一九三七年八月一四日の政治局決定。

（8）寺山『スターリンと新疆』一〇二～五七頁。

（9）RGASPI, f. 17, op. 162, d. 16, ll. 32-33.

（10）RGASPI, f. 17, op. 162, d. 12, ll. 18-20. 四月一六日の政治局会議でこの委員会の議長にヴォロシーロフが任命された（Ibid., f. 17, op. 162, d. 12, l. 92）。

（11）RGASPI, f. 17, op. 3, d. 898, l. 2. さらに一九三三年三月八日に政治局の決定でアンティポフ、カガノーヴィチが加わり、アンティポフにはモンゴルに関する政治局決定の実行の点検を委任した（RGASPI, f. 17, op. 162, d. 14, l. 75）。

（12）書記として、外務人民委員部のボリソフが任命された（RGASPI, f. 17, op. 162, d. 923, l. 16）。

（13）一九三三年五月三一日には、ソコーリニコフ（外務人民委員代理、五月一七日に新疆の問題から解放）がメンバーとして加わり（RGASPI, f. 17, op. 3, d. 923, l. 29）、三四年四月二五日、カルマノヴィチの代わりにスヴァニッゼが任命され（Ibid., f. 17, op. 162, d. 16, l. 48）、五月五日には、ヴォロシーロフが委員長職から解放され、ソコーリニコフが委員長に任命され、陸海軍事人民委員部の代表としてヴォロシーロフの後任にベルジンが任命された（Ibid., f. 17, op. 162, d. 16, l. 57）。六月一〇日には、外務人民委員部からの代表ストモニャコフが加わり（Ibid., f. 17, op. 162, d. 16, l. 100）、三五年五月一五日ベルジンに代えて、ウリツキーが軍から送り込まれた（Ibid., f. 17, op. 162, d. 18, l. 38）。同年六月一三日カガン（ソ連財務人民委員部外貨・外国貿易セクション部長）がメンバーに加わり（Ibid., f. 17, op. 3, d. 965, l. 22）、六月一七日ストモニャコフがソコーリニコフに代わって委員長に就任した（Ibid., f. 17, op. 3, d. 965, l. 39）。翌三六年一〇月一九日、ソコーリニコフはモンゴル委員会から離れた（Ibid., f. 17, op. 3, d. 982, l. 15）。

（14）一九三三年八月一五日にチュツカーエフを全権代表に任命（RGASPI, f. 17, op. 3, d. 928, l. 5）、八月二二日、彼をモンゴルへのソ連共産党中央委員会全権代表任命（Ibid., f. 17, op. 3, d. 929, l. 16）、三四年八月七日、治療のためにチュツカーエフにソ連への帰国を許可（Ibid., f. 17, op. 3, d. 950, l. 7）、同年一一月一一日、後任にタイーロフを任命、チュツカーエフをモンゴル委員会に加えた（Ibid., f. 17, op. 3, d. 955, l. 28）。三五年三月一一日、タイーロフをソ連共産党中央委員会全権代表に任命（Ibid., f. 17, op. 162, d. 17, l. 147）、タイーロフを三七年九月一一日に解任（Ibid., f. 17, op. 3, d. 991, l. 4）、ミローノフを任命（八月一四日にモンゴルへ派遣を決定 Ibid., f. 17, op. 162, d. 21, l. 149）、三八年四月二九日、ミローノフを解任しゴルブチクを任命（Ibid., f. 17, op. 3, d. 999, l. 9）、三九年六月九日イワノフ（Ibid., f. 17, op. 3, d. 1010, l. 40）を任命した。

（15）一九三五年五月二一日、モンゴル軍事相顧問としてシェコに代わりヴァイネルを任命した（RGASPI, f. 17, op. 162, d. 18, l. 42）。寺山『一九三〇年代ソ連の対モンゴル政策』三三頁では、ヴェイネル Veiner としていたが、誤り。

（16）RGASPI, f. 17, op. 3, d. 925, l. 69; Ibid., f. 17, op. 162, d. 14, l. 164. 委員会は一〇日で結論を出すよう求められた。ソコーリニコフは一九三四年五月一七日にこの委員会から離れた（RGASPI, f. 17, op. 162, d. 16, l. 61）。

（17）一九三三年九月一七日、ウルムチ総領事ズラトキンを解任して、アプレソフを任命（RGASPI, f. 17, op. 3, d., 931, l.

13)、三七年三月二〇日アプレソフを解任し、ハバロフスクの外務人民委員部全権代表であったメンニを任命した (RGASPI, f. 17, op. 3, d. 985, l. 14)。ウルムチ総領事メンニからバクーリンに、いつ引き継ぎが行われたのか必ずしもはっきりしない。盛世才の回想によれば、一一月にバクーリンを筆頭とする三人の使者がソ連からウルムチに到着し、錫を五〇年間利用する権利を求めてきたと述べており、この四〇年一〇月二六日の決定直後に、総領事としてバクーリンがウルムチに向かったものと思われる。その後、四二年にプーシキンを総領事に任命するが、四三年に新疆との関係が悪化するとプーシキンは同年中に離任した。関係復活後、四六年から五〇年までサヴェーリエフが総領事を務めた。

(18) Ibid., f. 17, op. 162, d. 15, ll. 125-127.
(19) Ibid., f. 17, op. 162, d. 15, ll. 23, 32-33.
(20) 寺山『スターリンと新疆』二一〇〜二一五頁。
(21) RGASPI, f. 74, op. 2, d. 37, ll. 46-47; RGASPI, f. 17, op. 3, d. 898, l. 2.
(22) RGASPI, f. 17, op. 162, d. 13, l. 137. 同日、エリアヴァ、ウハーノフ、ミハイル・カガノーヴィチ（政治局員ラザーリ・カガノーヴィチの兄）、エレーミンからなる委員会には、一九三三年におけるモンゴルへの商品運搬と販売価格の最終的なプランを三日間で検討して提出するように委ねた (RGASPI, f. 17, op. 162, d. 13, l. 137)。
(23) RGASPI, f. 17, op. 162, d. 14, l. 1.
(24) RGASPI, f. 17, op. 162, d. 15, l. 108. 一〇月一四日の決議でエリアヴァとともにモンゴルに派遣されるメンバーが決定された (RGASPI, f. 17, op. 162, d. 15, l. 103)。八人のメンバーの名前が記載されている。
(25) RGASPI, f. 17, op. 162, d. 15, ll. 125-127.
(26) RGASPI, f. 17, op. 162, d. 18, l. 174.
(27) *DVP SSSR*, vol. 19, no. 191 i primechanie 105 (p. 747).
(28) RGASPI, f. 17, op. 162, d. 20, ll. 186-190.
(29) RGASPI, f. 17, op. 3, d. 817, l. 9.
(30) RGASPI, f. 17, op. 3, d. 947, l. 13.
(31) RGASPI, f. 17, op. 162, d. 16, ll. 140, 153-181.

(32) 寺山恭輔「ソ連極東における鉄道政策　軍事化と政治部設置(一九三一―三四年)」『西洋史学論集』三六号(一九九八)一〜一八頁。
(33) 寺山『一九三〇年代ソ連の対モンゴル政策』八〜九頁。
(34) 例えば、一九三二年五月一六日の決定(RGASPI, f. 17, op. 162, d. 12, ll. 138-139)。
(35) 寺山『一九三〇年代ソ連の対モンゴル政策』三六頁。最終的に一九三三年一〇月五日、輸送業務を強化すべく、輸送従事者を軍事化する措置が取られた(RGASPI, f. 17, op. 162, d. 15, l. 96)。
(36) RGASPI, f. 17, op. 162, d. 15, ll. 34-36.
(37) RGASPI, f. 17, op. 162, d. 15, l. 143.
(38) 寺山『一九三〇年代ソ連の対モンゴル政策』一一五頁。寺山『スターリンと新疆』三六七〜七五頁。
(39) 寺山『一九三〇年代のソ連の対モンゴル政策』六一〜六二頁。
(40) 寺山『スターリンと新疆』三八二〜八七頁。
(41) RGASPI, f. 17, op. 162, d. 12, ll. 111-112.
(42) 寺山『一九三〇年代ソ連の対モンゴル政策』三四頁。
(43) 同右、四七頁。
(44) V. A., Barmin, *Sovetskii Soiuz i Sin'tszian :1918-1941 gg.* (Barnaul, 1999) pp. 79-80.
(45) 寺山『スターリンと新疆』二二二〜二三頁。
(46) 同右。
(47) RGASPI, f. 17, op. 162, d. 12, ll. 18-20.
(48) RGASPI, f. 17, op. 162, d. 16, l. 49.
(49) 寺山『一九三〇年代ソ連の対モンゴル政策』九九頁。
(50) RGASPI, f. 17, op. 162, d. 12, l. 149.
(51) RGASPI, f. 17, op. 3, d. 952, ll. 3-4, 31; RGASPI, f. 17, op. 162, d. 16, l. 144.
(52) RGASPI, f. 17, op. 162, d. 17, l. 42.

(53) RGASPI, f. 17, op. 162, d. 17, l. 59.
(54) RGASPI, f. 17, op. 162, d. 18, l. 46.
(55) RGASPI, f. 17, op. 162, d. 18, l. 152.
(56) 寺山『一九三〇年代ソ連の対モンゴル政策』八九頁。
(57) RGASPI, f. 17, op. 162, d. 18, l. 109.
(58) RGASPI, f. 17, op. 162, d. 19, l. 86.
(59) 寺山『一九三〇年代ソ連の対モンゴル政策』六三頁。
(60) 寺山『スターリンと新疆』四〇七頁。
(61) RGASPI, f. 17, op. 3, d. 964, l. 42.
(62) 寺山『スターリンと新疆』四〇〇〜一八頁。
(63) GARF, f. 5446, op. 13a, d. 1255, ll. 2, 5.
(64) RGASPI, f. 17, op. 162, d. 12, l. 31. この問題に関して同年一一月、人民委員会議は一九三三年八月一日までにモンゴルにおける通信施設の設置を完了することを決定した(*DVP SSSR*, vol. 15, no. 455)。オフチンはカラハンの指示に従い、モンゴル側と交渉、三三年二月九日に協定を調印した(*DVP SSSR*, vol. 16, no. 34)。
(65) 寺山『一九三〇年代ソ連の対モンゴル政策』三七頁。ソ連の通信人民委員部が資金を負担し、モスクワ、イルクーツク、ヴェルフネウディンスク、ハバロフスクと二四時間連絡が取れるよう、ウランバートル短波無線通信施設を設置することになった。二段階に分けて一五カ所に送信機が設置された。各無線通信基地に一人ずつ(ウランバートルは三人)配置される職員の給与支払いは、モンゴル政府が受け持った。設備の運用開始は一九三三年七月三一日に設定された。第四条にはモンゴル側による敷地の確保、建物や倉庫の整備などの義務が詳しく述べられている。
(66) 寺山『一九三〇年代ソ連の対モンゴル政策』九二頁。
(67) GARF, f. 5446, op. 25a, d. 348, l. 8.
(68) GARF, f. 5446, op. 25a, d. 348, ll. 12-19. 国民党は気象台、無線局が共産党に奉仕しているのを疑い、中国側がコントロールすることを望んでいたらしい(寺山『スターリンと新疆』三八七、四六〇〜六一頁)。

（69）寺山『一九三〇年代ソ連の対モンゴル政策』四一～四五頁。

（70）同右、六七頁。

（71）RGASPI, f. 17, op. 162, d. 20, ll. 124-125. 寺山『スターリンと新疆』二九〇～九四頁。

（72）寺山『一九三〇年代ソ連の対モンゴル政策』四五～四六、五三～五六、六九、八三頁。

（73）寺山『スターリンと新疆』二三七～四九頁、四二五～三〇頁。

（74）RGASPI, f. 17, op. 162, d. 16, l. 64. *Politbiuro TSK RKP (b) - VKP (b) i Komintern: Dokumenty* (Moscow, 2004) no. 439.

（75）RGASPI, f. 17, op. 162, d. 17, l. 37; *Stalin i Kaganovich. Perepiska*, s. 482; RGASPI, f. 17, op. 3, d. 952, l. 13. 寺山『一九三〇年代ソ連の対モンゴル政策』四七頁。

（76）寺山『スターリンと新疆』二六五～六八頁。

（77）K. N. Abdullaev, *Ot Sin'tszianii do Khorasana: iz istorii sredneaziatskoi emigratsii 20 veka* (Dushanbe, 2009) p. 289.

（78）寺山『一九三〇年代ソ連の対モンゴル政策』一六～二七頁。

（79）*DVP SSSR*, 1939. vol. XXII, kn. 1, dok. 104.

第七章　西安事変前の張学良とソ連の接近
——事変「発生」のソ連ファクター

伊丹 明彦

はじめに

前史——一九二〇年代から三〇年代の中国の分裂状態

一九二八年一二月二九日、中国東北地方の奉天軍閥を率いる張学良《ちょうがくりょう》が国民党の青天白日旗を掲げて、南京国民政府（以下、中国政府）への合流を表明し（東北易幟《えきし》）、ここに全国統一が実現した。ただし、旧軍閥勢力は、形式的には国民政府に帰順したとはいえ、自らの本拠地においては依然として自立または半自立的な地位を維持していた。三〇年の「中原大戦」（反蔣戦争）で蔣介石の側に立ち、一四歳上の蔣の信頼を得ていた張学良も、その例外ではなかった。

政権を握る国民党も、一九三一年五月二八日、反蔣介石派の汪兆銘《おうちょうめい》らが広州に別の国民政府を組織するなど、混乱を抱えていた。さらに、同年一〇月、中国共産党（以下、中共と略記）が江西省瑞金《ずいきん》に毛沢東を主席とする中華ソヴィエト共和国を樹立した。二七年の第一次国共合作崩壊後、毛沢東は、井崗山《せいこうざん》（江西省と湖南省の境）に革命根拠地（のち、ソヴィエト区）を樹立していた。また、党に忠誠を誓う労農革命軍（以下、紅軍と表記）が組織されていた。三〇年段階で全国の共産党地区は数千万の人口を擁する一大勢力となり、江西省の中央ソヴィエト区だけでも約一〇〇〇万人の人口を擁していた。このことは蔣介石と国民党にとっては脅威となり、三〇年末から中共地区に対する包囲攻撃が開始されることになる。

一九三一年の満洲事変から続く日本軍の侵攻をひとまず終息させた三三年五月の塘沽《タンクー》停戦協定を経て、日本による華北分離工作が徐々に進んでいた一九三〇年代半ばにおいても、中国では、独立または半独立の政治権力が各地に散在し、分裂状態がいまだに続いていた。こうした状況に中国政府による統一化の動きが交錯し、また国共内戦の中でしだいに抗日統一戦線論が台頭していた。さまざまな可能性がせめぎあう転換期に、国内諸勢力は互いに異なる戦略を持ち、それぞれが複数の選択肢の間で模索していた。

一九三六年一二月に発生した西安事変は、こうした転換期の時代に対して明確に方向性を与えた。つまり、蔣介石が共産党討伐よりも、抗日に向かう契機となり、第二次国共合作（一九三七年）、日中戦争（一九三七〜四五年）、そして中華人民共和国の成立（一九四九年）へと至る道を開いた点で、近現代の中国史あるいは東アジア国際関係史の中で重要な意義を持つ出来事であった。

西安事変「発生」要因の先行研究における分析——対日戦略の対立

西安事変（「張学良クーデター」）の発生を「現代支那社会の持つ基本的な矛盾の端的な表現」としてとらえた、尾崎秀実の同時代の分析[(1)]は魅力的で洞察に富むものであり、その視角には、歴史的な関心も十分に包摂されている。ただし、西安事変は当時の政治状況において、どのような理由により起こったのか、関係する複数のアクタ

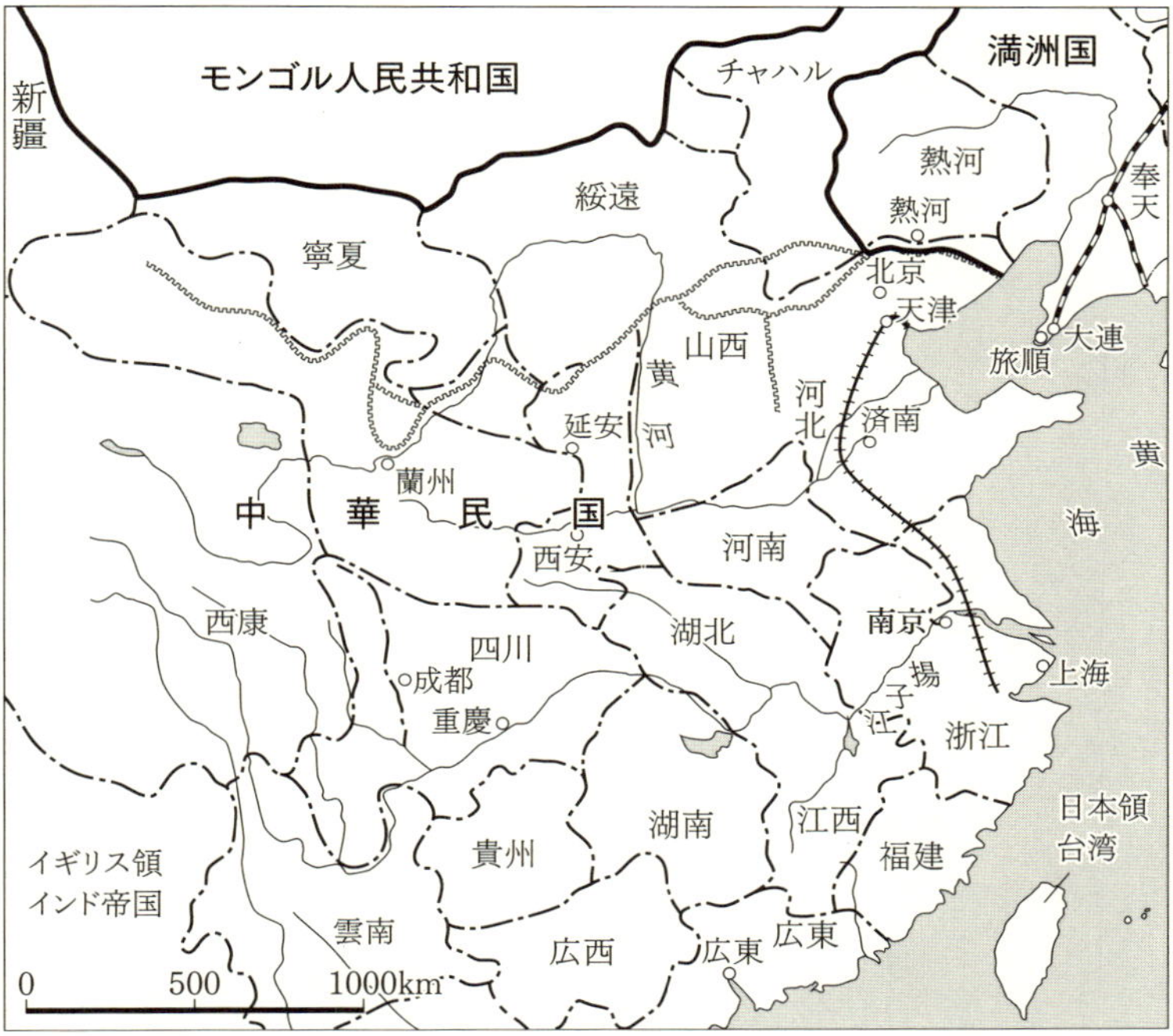

1930年代半ばの中国とその周辺

ーの戦略や行動、それらの相互作用を具体的に検討する中でより詳しく考えていく必要があるだろう。

西安事変の当事者となった蔣介石と張学良は、抗日を目標とする点では同じであったものの、どのような対日戦略を取るべきかに関しては、考えが異なっていた。この意見の相違が、西安事変が起きる要因となった。これが、先行研究で強調される観点である。[2]

こうした対日戦略の相違に原因を求める先行研究で興味深いのが、家近亮子『蔣介石の外交戦略と日中戦争』(二〇一二)である。以下はおもに、同書に依拠して記述を進める。

一九三四年から翌年にかけて、中国政府軍は中共を追撃する途上で、西南地方を中央の支配下に置いてゆく。四川省は二八年の全国統一において、いちおう中国政府の支配下に入っていたが、中央からの支配の及ばない地方の代表的存在であった。中国政府内部には同様の地方が多々存在し、政治・財政・軍事・経済・文化面で半独立状態を保っていた。

蔣介石はこのような国内状況を打破し、真の意味での中央集権国家を建設するため、一九三四年一二月一〇日から開催された中国国民党四期五中全会において、自らの主張である「攘外必先安内（いわゆる安内攘外）」政策を採択する。蔣介石は安内攘外政策について、「もし倭《わ》［日本］と対峙するのであれば、剿匪《そうひ》［共産党討伐］を抗日の掩護［隠れ蓑］とする」ことを原則としていた。共産党を掃討する過程において、それまで半独立状態にあった四川省、貴州省、雲南省などの西南諸省に国民党軍を派遣することにより、統一を進め、抗日の準備としたのである。[3]「五中全会宣言」においては、特に川黔《せんけん》（四川省と貴州省）の共産勢力を殲滅することがうたわれた。

蔣介石は、一九三五年春、夏の二回、四川、西康、雲南、貴州、陝西《せんせい》の各省を視察している。中共を討伐したあと、これらの地域を、日本との最後の決戦に備えての根拠地と見なしていたからである。三五年七月二日、蔣介石は張学良に宛てた電令の中で、秘密裡に「榴弾大砲」一五門を四川省に運び込むように指示している。この中で、蔣介石は、特に「外人の探知」に注意するように、絶対に秘密裏に行うように重ねて指示を与えている。また、七月六日にはそれらの「重砲」は萬県と重慶に配備し、各連隊ごとに一〇〇発分の爆薬を準備するように指令している。さらに八月六日、蔣介石は張学良が所有するボーイング社の航空機を「借用」できないかどうか、窺う電報を出している。張学良は了承した。このように、張学良に対する要求は多岐にわたっていた。[4]

家近が指摘するように、蔣介石の過大な要求に張学良が不満を感じ、このことが西安事変の遠因となったというのはあり得る。また、そもそも張学良は蔣介石によって、華北・東北での抗日が早期に実施されることを望んでいたのであり、四川省を日本との決戦のための根拠地と見なす蔣介石との間には、戦略面における相違が存在していた。

ソ連ファクターの再検討の余地

蔣介石と張学良の間の、対日戦略面における相違を踏まえたうえで、なお検討の余地が残されているのが、ソ連というアクターとの関係である。

この時期の中国は、諸勢力がせめぎあう国内政治、対日関係を主とする国際政治の両面において、ソ連の動向が密接に関わっていた。ソ連は、多面的な政策を巧みに組みあわせた極東外交を展開していた。日本に対しては、一方では強硬なところを見せて、対ソ戦争はきわめて危険が大きくなりそうだ、という印象を与えながら、融和政策に導いてゆく。一方、中国では、日本の侵略に抵抗するよう蔣介石にテコ入れし、蔣介石が日本との「暫定協定」に傾くのを阻止する。同時に、限定的ではあるがコミンテルンを通しての中共に対する指導と援助、さらに新疆省の盛世才《せいせいさい》など地方軍閥に対する援助も進めていく、というものであった[5]。

このようなソ連が、西安事変の「発生」へと至る展開にどのように関わっていたのかという点に関して、先行研究の説明は必ずしも十分ではない。代表的な研究である楊奎松『西安事変新探』（二〇〇六）は、中共の内部史料にもとづいて、中共と張学良の関係を軸に、西安事変に関わる多くの事実を明らかにしている他、ソ連・コミンテルンの中国政策の重要性を踏まえ、コミンテルン関係の一次史料も一部用いている。だが、ソ連が西安事変の発生へと至る展開にどのように関わっていたのかという点、特にその間のソ連と張学良の関係についての説明は、他の先行研究と同様に不十分である[6]。

本章は、塘沽停戦協定が締結された一九三三年頃から、西安事変の起きた三六年までの時期をおもな対象として、まず、蔣介石・中国政府とソ連の関係を概観し（第一節）、中共と張学良の接近とこれに対するソ連の立場を整理する（第二節）。そのうえで、張学良とソ連の関係を検証し（第三節）、この点を中心に、ソ連が西安事変の発生へと至る展開にどのように関わっていたのか、説明を試みる。第一節と第二節では、おもに楊『西安事変新探』、鹿錫俊「日ソ相互牽制戦略の変容と蔣介石の『応戦』決定」（二〇〇八）、李君山「対日備戦與中蘇談判（一九三一～一九三七）」（二〇〇九）、田中仁『一九三〇年代中国政治史研究』（二〇〇二）など、日本および中国語圏の主要な先行研究に依拠しつつ、記述を進める。第三節では、おもにソ連の対中国外交に関する公刊史料にもとづきながら検討する。

一　蔣介石・中国政府とソ連の関係（一九三五年まで）

塘沽停戦協定まで

一九二三年以来、中国国民党は「連ソ容共」政策（ソ連と連携し、共産党員の国民党加入を認める）を取っていたが、二七年四月一二日、国民党の蔣介石をはじめとするグループが反共クーデターを起こした。四月一四日、コミンテルンは蔣介石を非難する宣言を発した。対する蔣介石は、ソ連の出方を見守っていた。その証拠として、四月一八日の南京での新しい国民政府の成立式典には、ソ連軍事顧問団が招待され、蔣介石は演説でソ連との関係維持を確認している。(7)

だが一九二七年一二月一四日、南京の政権は、一一月一一日に中共が起こした「広州暴動」にソ連領事館などが関与したことを根拠に、ソ連の領事館および在華国営商業機関に対する承認をすべて撤廃し、その活動を禁止した。当時南京の政権はまだ国際的承認を得ていない一地方政権にすぎなかったため、この措置は南京の政権支配下の地域に及んだだけであったが、これを契機に、中国国民党はソ連と訣別した。

一九二八年の第二次北伐の成功により、南京の政権は中国を代表する中央政府になった。翌年には、蔣介石の支持のもと、張学良が、北満洲においてソ連が保持していた中東鉄道の利権を回収する行動に出た。これに対してソ連は七月、対中断交を通告し、ここに政党間だけではなく国家間の関係も断絶することになった（なお、この戦争では、ソ連側が張学良軍に圧勝）。

だが、一九三一年九月一八日の満洲事変勃発後、中ソ両国は、共同の敵である日本と相対して、互いに接近の必要性を感じるようになる。そして、三二年一二月、両国は外交関係を回復させた。

満洲事変によって東北を失った張学良は、一九三二年一月三〇日以降、北平（北京）政務委員会の常務委員として同委員会を主宰した。その管轄範囲は、河北、チャハル、熱河の三省と北平、青島の二市であった。だが熱河は、日本の関東軍が満洲に新政権を樹立する構想を策定した当初から、「東北四省」のひとつとして、その領域の一部に位置づけられていた。

張学良（左）と蔣介石（右）

一九三三年、関東軍は熱河省に対する侵攻を開始し、三月初めには長城線に進出、熱河省全域と河北省の一部を陥落させた。三月一〇日、張学良は北平政務委員会常務委員を辞職することを申し出た。三月一二日、中国政府は張の辞職を承認した。(8) 三三年五月三一日、華北の中国軍は関東軍と塘沽停戦協定を結んだ。この協定によって、関東軍は長城以南の広大な非武装地帯の設定に成功した。ここに満洲事変は一段落したが、非武装地帯は、その後の日中間の大きな火種となり、日本軍による華北分離工作の橋頭堡となった。(9)

ソ連に接近する中国

塘沽停戦協定が結ばれてから、国民政府は蔣介石と汪兆銘の協力のもとで、「安内攘外」の完遂を期すため、国内では蔣介石が国防建設を担い、外交は汪兆銘が担っていた。蔣介石の了解のもと、行政院長の汪兆銘が外交部長を兼ね、対日交渉の実務は知日派の唐有壬《とうゆうじん》が担当していた。

一九三三年末頃、ヨーロッパ情勢の緊迫化に応じて、ソ連は対中関係のさらなる改善を模索し始めた。三四年一月、このことを察知した蔣介石は、二月に中国政府軍事委員会参謀次長の楊杰《ようけつ》を団長とする軍事視察団をソ連に派遣した。その後、ソ連当局からの好意的な対中メッセージが視察団を介して蔣介石に寄せられた。五月五日、蔣介石は塘沽停戦協定以来の対ソ冷淡姿勢を改め、「ソ連と感情を疎通する」ことを決定した(10)。六月下旬には駐華ソ連全権代表のボゴモロフを宴会に招き、「いかなる不測の事態があっても、中国はソ連を支持し、可能なことを尽くして対ソ友好を証明する」と表明した。七月下旬、蔣介石は清華大学教授の蔣廷黻《しょうていふつ》に対し、ソ連に赴き、中ソ協力の可能性を探るように指示した。

一九三四年九月にはソ連が国際連盟に加盟し、常任理事国に選ばれた。これを受けて蔣介石の対ソ接近は一層積極的になった。一〇月一六日、蔣介石の直接の働きかけによって蔣介石とソ連外交当局との会見が実現した(11)。モスクワからの蔣廷黻の報告は、ソ連は公式の条約を締結する意思を持っていないものの、関係改善には関心を持っている、とした。

一九三五年五月から九月、日本は河北、山東、チャハル、綏遠《すいえん》、山西の華北五省の分離工作を画策する。六月一〇日、梅津《うめづ》・何応欽《かおうきん》協定で、河北省における国民党機関・国民党軍の撤退などが取り決められた。さらに六月二七日、土肥原《どいはら》・秦徳純《しんとくじゅん》協定で、今度はチャハル省において同様の取り決めがなされ、関東軍による内蒙工作の基盤が築かれた。

中国政府が妥協し続けたことで、中国民衆の不満は高まる一方であった。こうした中、これまで行政院長兼外交部長として表舞台で対日外交、特に親善政策を主導してきた汪兆銘に対する批判が急速に広がった。その結果、汪兆名は六月三〇日、病気を理由に南京を離れた(12)。

一九三五年七月四日、汪兆銘の病欠によって行政院長代行を依頼されたばかりの孔祥熙《こうしょうき》が、蔣介石の指示を受けて、ボゴモロフ駐華全権代表を突然訪ねた。会談において孔は、日本のチャハル省への進出の状況を知らせ、日本の次の目標がまずは綏遠省への浸透、その次には外モンゴルへの侵攻だろうと述べ、中ソが協力して抗日する可能性について打診した。「ソ連政府は中国と相互援助条約を締結する用意をもっているでしょうか(13)」。

ボゴモロフは回答を拒んだが、孔祥熙の打診とともに、中国政府の内部では、主義ではなく利害にもとづいて中ソ相互援助を図り、ソ連と極秘に軍事同盟を結成しなければならないと主張する声が高まった(14)。

一九三五年九月下旬には、国民党中央調査科総幹事の張冲《ちょうちゅう》が、国民党軍事委員会調査統計局主任秘書の鄭介民《ていかいみん》に対して、駐華ソ連全権代表部参事官のアサーニンと二回会談したことを報告し、ソ連の見方を次のように報告している。

（一）日本の対中政策は、蔣介石に反対することである。もしヨーロッパで戦争が勃発すれば、英米は中国を援助することができなくなり、世界中で我〔中国〕と相互協力できるのはソ連だけである。

（二）共匪〔共産党〕の残党の殲滅は、ソ連との間で外交上の諒解に達し、ソ連が共匪に対して援助や煽動をいっさい中止することを取り決めることによって、はじめて可能となる。

また、張冲によれば、ボゴモロフは「秘密裡に蔣介石と会見することを希望した」[15]。

一〇月一八日、孔祥熙はボゴモロフを訪問し、次のことを極秘に通報した。「日本は、対ソ軍事同盟の締結という新しい要求を中国に強要しています。日本人は、中国戦線を押さえなければ対ソ開戦ができないので、信頼できる政権を華北に樹立したい、と言っています」[16]。

さらに同日夜、蔣介石と孔祥熙がボゴモロフを訪ねた。このとき、孔祥熙は通訳を務めた。蔣介石は、中ソ両国がともに日本の脅威を受けていること、中国政府はソ連が新疆に対する侵略の意図を全く有していないと信じていることなどを前置きしたうえで、「中国軍の総司令」としての立場から、自ら直接ボゴモロフに尋ねた。

ソ連政府は、極東平和保障のための協定を中国と結ぶ用意をもっているでしょうか〔中略〕もしそうであるという場合、この協定についてソ連側はどのように考えているのでしょうか。

また、蔣介石は、中国政府はいかなる場合においても、対ソ軍事同盟を締結しようという日本の提案には応じない、と述べた[17]。

一二月一四日、ストモニャコフ外務人民委員代理がボゴモロフ宛の書簡で、一〇月一八日に蔣介石によって提案された「極東平和保障のための協定」について、ソ連政府は中国政府との間で具体的に話し合いをする用意を持っている、と述べた。さらに、一二月二八日、ストモニャコフは、この問題に対するソ連政府の立場を明らかにした。「中国が実際に対日解放戦争を始めるならば、我々は分相応の援助を与える用意をもっている」[18]。だが「蔣介石の軍と紅軍の一部による統一戦線なくして、日本の侵略に対する本格的な闘争は不可能である」。

以上、本節では、一九三五年を中心に、蔣介石・中国政府とソ連の関係について振り返った。次節では、同年夏から翌年秋までを対象として、中共と張学良の接近ならびにこれに関するソ連とコミンテルンの立場を整理しよう。

二　中共と張学良の接近、ソ連・コミンテルンの思惑（一九三五年夏〜三六年秋）

ソ連が中国政府との国家間の交渉を進展させようとしていた一九三五年七月から八月にかけて、モスクワで開催されたコミンテルン第七回大会は、「ファシズム主敵」論を確立するとともに、反ファシズム統一戦線と、植民地における「反帝統一戦線」を提起した。大会は、モスクワのコミンテルン本部に従属する立場にある中共に対し、ソヴィエト運動を拡大すること、紅軍を強化すること、日本帝国主義に対する反帝国主義人民運動を結合させて行うこと、という任務を課した。

ただし、中共は長征でコミンテルンとの電信連絡は途絶えていたため、この時点ではコミンテルンが中共の政策展開に直接関与することはなかった。[19] 三五年一〇月一日、駐コミンテルン中共代表団によって作成された「抗日救国の為に全同胞に告げる書」（八・一宣言）が、代表団がパリで発行していた『救国報』に掲載された。[20] これらを通して、コミンテルンの新方針が中共中央に伝わった。

一〇月二日、蔣介石は、自身を総司令とする西北剿匪総司令部を西安に設置すると発表した（張学良が総司令の職務を代行する副総司令）。これにともない、張学良の東北軍が西北地区へ移動を開始した。張学良の東北軍は当地の中共掃討を急いだが、惨敗を喫した。これに対する南京の冷淡な対応は、張学良に自身の前途について、再考を促した。

一九三六年三月二〇日から二七日、コミンテルン第七回大会関連文献を検討する中共中央政治局会議が開催された。会議は、国民党を「民族反革命派」と「民族革命派」に区分し、張学良を「民族革命派」の「右翼」と位置づけた。このことは、中共の統一戦線工作において、張学良と彼の東北軍が、蔣介石（南京）と異なる範疇で扱われることを意味していた。張学良は、二月からの紅軍の東征（山西省への攻撃）にともなう西北軍事情勢の流動化を踏まえて、中共の責任者との直接交渉を求めていたが、会議の後、中共は周恩来を延安に派遣した。三六年四月九日、延安を訪れた張学良と周恩来の会談が実現した。(21)

四月一三日、中共中央は、周恩来が中共と東北軍との関係を統括すること、保衛専門家の鄧発《とうはつ》を中共中央代表として新疆経由でソ連に派遣することなどを決めた。同月末、張学良が紅軍とともに「反蔣抗日」に決起する決意であるとの情報が中共にもたらされた。紅軍主力は東征を断念して陝西省北部に帰還したあとであったが、毛沢東は、東北軍と連携して、外モンゴル・ソ連との間を打通し（つないで）西北国防政府を樹立するための行動方針を提起した。(22)

五月一二日、張学良と周恩来の二度目の延安会談が実現した。会談は、「蘭州を大本営として中国政治に新局面をうち立て、友国と打通する」ことを主たる内容とする「西北大連合」構想を確認したうえで、両軍による西北抗日連軍と西北国防政府を樹立すること、張学良は鄧発の新疆・ソ連行きを手配すること、を取り決めた。(23)

六月、陳済棠《ちんさいとう》、白崇禧《はくすうき》、李宗仁《りそうじん》など両広（広東・広西）軍閥が、「反蔣抗日」と「失地回復」を要求した（両広事変）。これにともない、中共中央は決起（西北国防政府の樹立）のスケジュールを前倒しして、「遅くとも八月までに発動する」とし、その準備として東北軍への工作を行うことになった。

六月下旬、張学良は、中共に対して入党の意思を伝えている。これに対して中共は七月二日、張学良の入党申請を積極的に検討したいという考えをコミンテルンに打電した。この頃、長征以来途絶えていた中共中央とコミンテルンの間の電信連絡が回復していた。これにより、コミンテルンが中共の政策展開に直接関与できるようになっていた。(24)

両広事変は、七月中旬に陳済棠が下野を声明し、終息に向かった。

七月二三日、ディミトロフの主宰で、コミンテルン執行委員会書記局で中国問題に関する会議が開かれた。七月二七日、ディミトロフはスターリン宛の書簡で、中国における抗日統一戦線形成の必要性を確認したうえで、張学良に関して次のように述べた。「張学良との接触は維持する必要がありますが、当の張学良そのものは、信頼できる同盟者と考えてはいけません。特に、西南〔派〕の敗北後には、張学良は新たに動揺するか、あるいは彼が公然と我々を裏切るという可能性があります」。スターリンはこの書簡の余白に「承認する」と書いている。(25)

このように、一九三六年夏の時点で、中共は張学良との協力関係の構築に積極的な姿勢を見せていたのであるが、これに対して、コミンテルンとソ連（スターリン）は慎重、より正確に言えば懐疑的であった。

八月一五日のコミンテルン執行委員会書記局の中共中央書記処宛電報は、蔣介石と日本侵略者を同一視することは「正しくない」し、この方針は政治的に「誤りである」と指摘するとともに、張学良を信頼に足る同盟者と見なすことはできない（西南事変が頓挫すれば彼は再び動揺し、我々を売り渡す可能性さえある）と提起した。(26)

このコミンテルンの指示にもとづいて、中共中央は「反蔣」方針から「連蔣」方針へと転換した。八月二五日、中共は国民党宛公開書簡において、国民党五期二中全会における「蔣委員長」の発言と、国民党内における抗日派の存在から、国民党の民族的性格を認め、国民党とその政府が「全国人民の公意・全民族の利益」に従って、抗日政策に転換し、国共合作を軸とした抗日民族統一戦線の樹立を決意すべきである、と提起した。(27)

中共中央は、このように「連蔣」方針を掲げる一方で、並行してソ連との打通を実現させるための準備を急いだ。八月下旬、中共中央は王明《おうめい》（コミンテルン中共代表）宛電報において、寧夏省や甘粛省の西部などを占領する

計画を提起し、これに対するソ連の援助を求めた。(28)

これに関連すると思われるが、同じ時期、中共の潘漢年《はんかんねん》が張学良のもとに派遣されており、八月三〇日に張学良と意見交換を行っている。この時すでに、新たな駐ソ大使として親ソ派の蔣廷黻が起用されることが発表されており、張学良は、中国政府の外交政策に新たな変化が生まれることを予期していた。潘漢年は張学良に対して、蔣介石と中国政府も「連ソ・連共〔共産党と連携する〕」の実行を準備しているので、これを利用して自ら公然と「連ソ・連共」を唱えることは可能である、と建議している。だが、潘漢年の観察によれば、張学良は新たな状況に困惑して、「連ソ・連共」を実行するのに躊躇していた。潘漢年が繰り返し決断を迫ったあとに、張学良はついに「連ソ・連共」の決心を下したのであるという。(29)

九月七日、スターリン側近のモロトフ、カガノーヴィチがスターリン宛の書簡で、寧夏省、甘粛省西部での中共に対する武器支援を確保すること、およびこの目的のためにソ連が張学良と協定を結ぶことについて言及している。(30)

翌九月八日にモロトフ、カガノーヴィチからスターリンへ宛てた書簡は、前述の九月七日の報告とほぼ同じであるが、唯一異なるのは、張学良と協定に入ることについては削られ、その直前で報告が終わっている点である。(31)この点は、この時期のソ連指導部にとって、張学良との関係は非常に微妙な問題であったということを示唆している。(32)

つまり、ソ連指導部は蔣介石を重視しており、張学良については信頼に足る同盟者と見なしていなかった。だが一方では、張学良を利用して西北における中共の勢力拡大に役立てようという選択肢も模索されていたのである。

三　張学良とソ連の深まる関係（一九三三〜三六年）

モスクワにおける張学良の代表者

一九三六年一二月一二日、張学良が実際に西安事変を起こすにあたっては、少なくともふたつの目的と考慮があった。第一に、クーデターの形で、内戦を停止して抗日に転じるよう蔣介石に対してせまることである。第二に、蔣介石が譲歩しない場合、ソ連の諒解と同情を得て、公然と連共・連ソを実施し、西北が中心となって率先して抗日を実行すると全国に呼び掛けるということである。だが、楊奎松によれば、蔣介石の地位や威望、性格に鑑みて、クーデターで脅迫することによって蔣介石に妥協させる可能性を張学良が高く見積もったということはあり得ない。つまり、西安事変を起こすにあたって、張学良の現実的な思惑は、後者にあった。(33)

当時の中国政府においても、張学良が西安事変を起こすにあたって、ソ連が何らかの重要な位置を占めていたというのは一致した見解であった。例えば、蔣介石の推測によれば、張学良は蔣介石の処遇についてソ連の指示を仰ごうとしていた。(34)また、一二月一七日に、モスクワにおいて、駐ソ大使の蔣廷黻は外務人民委員のリトヴィノフとの会談の中で、「張学良の代表のユーという人物がモスクワに滞在していると聞いています」と述べている。これに対してリトヴィノフは「モスクワには張学良の代表は誰もいません」と否定した。(35)だが、二日後の一二月一九日、南京においても、外交部長の張群《ちょうぐん》が駐華ソ連全権代表部のスピリヴァネクとの会談の中で次のように語った。「事変が勃発するまで、張学良は次のような噂を広めていました。彼はモスクワとつながって、そこから支持を得ており、彼の代表がモスクワにいて、共産党の代表は西安にいるというのです」。(36)

蔣廷黻、張群の主張は、真実を言い当てていたと思われる。蔣廷黻が言及したユーという人物は、中国東北出身の人物である于炳然《うへいぜん》（本名は于斌《うひん》）であろう。中国語の発音ではユー・ビンラン（本名はユービン）である。于炳然が張学良と知り合ったのは、一九三三年に張学良が下野したあと、ヨーロッパを遊行していた時期にさかのぼる。このとき、于炳然はイギリス共産党中国語グループの書記をしていた。三三年七月、于炳然は張学良宛の書簡において、中共およびソ連と協力して抗日を実施することを建議した。これに対して、張学良は于炳然と会って話をした際、この件に関して手段を講じたい考えを表した(37)。

なお、楊奎松も一九三三年七月付の王明（コミンテルン中共代表）の報告にもとづき、ロシア語からの音訳表記で「余斌《ユービン》」という人物について、張学良がこの人物を自費でモスクワに派遣しようとした、と記している(38)。「余斌」もまた于斌すなわち于炳然のことであると考えられるが、これは未公刊のコミンテルン文書にもとづく記述であり、見逃せない。

蔣廷黻や張群の主張は、西安事変を考えるうえで非常に興味深い。張学良がモスクワとつながっており、張学良の代表がモスクワに駐在していたということが事実であったとするならば、それは張学良が西安事変を起こす重要な伏線であろう。これまでに確認したように、この時期のソ連の中国政策は蔣介石を重視するものであり、張学良に対しては信頼を置いていなかった。しかし一方では、ソ連は中国政策の選択肢あるいは可能性を広げるために、蔣介石重視の基本政策に支障のない限りにおいて、張学良を懐柔しようとしていた。一方、張学良の側からすると、ソ連と連携することで、蔣介石の支配下の一将軍の地位を脱して、中国政治の主役を演じることが可能であると思われたのかもしれない。以上のような構図が、西安事変の背景として見えてくる。以下においては、ソ連とつながろうと試みる張学良の立場を中心に、西安事変の背景をさらに明らかにしたい。

「抗日と連ソ」政策

中国における研究によれば、張学良は、ヨーロッパ遊行から帰国したあとの一九三四年三月以後、豫鄂皖《よがくかん》（河南、湖北、安徽省）剿匪副総司令であったとき、満洲事変後の満洲における抗日活動で名高い馬占山《ばせんざん》の直言を受けたことがあったという。馬占山は、張学良がこれまでに「易幟」を実行した他、満洲事変、中共包囲などに際して蒋介石に従ってきたことを批判するとともに、自分がソ連に行ったときに、スターリンが自分に対して直接、ソ連が中国を援助することについて仄《ほの》めかしたことを述べ、抗日のためには「連ソ」が必要であることを繰り返し主張したという。張学良は彼の話に心を動かされ、部下の李杜《りと》に託して上海でソ連との連絡をつけさせようとしたが、蒋介石によって阻止された。ソ連もまた蒋介石の怒りを買いたくなかったので、李杜は結局、ソ連に行くことができなかったという。また、三四年九月以後、張学良の幕僚であった応徳田《おうとくでん》が張学良と李杜の間を往来し、両者の連絡係を担当していたという(39)。

この頃、新疆で盛世才（一八九六～一九七〇）が台頭していた。盛世才は遼寧省出身で、一九二〇年代前半から張学良の父親である張作霖の下で参謀を務めたことがあった。また、一九二七年から二九年まで、蒋介石の下で国民革命軍総司令部の参謀をしていた。そのあと新疆に移り、三三年四月の政変など新疆政局の混乱の中で頭角を現し、三四年までにソ連の援助によって、中国政府の干渉を排して新疆の支配を固めることに成功していた(40)。

盛世才の台頭は、杜重遠《とじゅうえん》など、張学良とも関係の深い「東北流亡人士」たちを鼓舞していた。杜重遠は一九三四年の春に新疆を遊歴し、もし東北軍が盛世才の成功にならって、ソ連の支持を得られるならば、郷土を回復して故郷に帰る願望は間もなく実現するだろう、と考えるようになった(41)。

一九三五年五月、杜重遠は、自身が編集する雑誌『新生週刊』に「閑話《かんわ》皇帝」という記事を載せたところ、日本から「天皇を侮辱するものである」という批判が起こって外交問題となったので、中国政府によって投獄された。三五年一〇月九日、張学良側近の高崇民《こうすうみん》、閻宝航《えんぼうこう》、盧広績《ろこうせき》、王化一《おうかいつ》、王卓然《おうたくぜん》らは、上海に獄中の杜重遠を訪ね、数日間にわたり、「張学良側近会議」を開催した。会議後、杜重遠、高崇民、閻宝航は、張学良に宛てた書簡の中で、直ちに国内の共産党を含む抗日諸勢力と連合するとともに、ソ連、外モンゴルとも連携して、抗日の旗を揚げ、故郷に帰ることを主張した。(42)

一〇月二九日、張学良は、陝西省主席の邵力子《しょうりきし》とその子女らとともに、西安発の飛行機で南京に赴き、一一月一日から六日に南京で開催された国民党四期六中全会に参加していた。西村成雄『張学良』(一九九六)によれば、その翌日の一一月七日夜、張学良はある会合で、「外交の緊急情勢と日本の新提案」につき議論した。また、未公表ニュースとして得た広田弘毅《ひろたこうき》外相の「三原則提案」にある「満洲承認・黙認論」への批判と、日本側の新提案に対する中国側のあるべき行動について、側近たちからの意見を求めていた、という。(43) この時期、岡田啓介内閣が決定した対中国政策、いわゆる「広田三原則」は日中外交の最大の懸案であった。その要点は以下のようにまとめられる。

一、中国をして排日言動の徹底的取り締まり、欧米依存体質よりの脱却、対日親善政策の採用を実行させること。
二、中国をして満洲国独立の事実上の黙認、北支と満洲国の間の経済的、文化的融通、提携を行わせること。
三、中国をして外蒙接壌方面の赤禍(共産)勢力排除のため日本と協力させること。

広田は一〇月七日、三原則の主旨を駐日中国大使の蔣作賓《しょうさくひん》に申し入れた。蔣作賓は三一日に東京を発ち、帰国した。(44)

「広田三原則」は日中間の外交問題であり、従って、西村による当該部分の記述が日中関係の問題に限定されていることは、通説的理解の文脈では自然なことであるのかもしれない。だが、これまで本章が見てきたように、張学良の立場は、日中関係の問題を解決するためにはソ連との関係を構築することが必要である、というものであった。西村の記述を補完するものとして、中国の高存信・白竟凡の研究がある。[45]彼らは、王化一の日記を引用している。

一一月七日の夜九時、張学良の軍政署において理事会（四維学会の東北方面のもの）を招集し、「外交の緊急情勢、すなわち、日本人がまた新しい案を出してきたこと」について討論した。[46]

つまり、西村の言う「ある会合」とは、四維学会の「東北方面の理事会」であったと考えられる。四維学会とは、一九三四年五月九日、張学良が支援していた王化一ら、東北抗日組織の「復東会」の側と、蔣介石側のそれぞれの幹部が合同し、蔣介石を領袖に成立した団体であった。

王化一の日記によれば、張学良はこの会合において、「連ソおよび容共」（ソ連と連携し、共産主義を容認する）について、側近からの意見を求めていた。[47]

張学良とソ連全権代表部の接触

一九三五年一一月一九日、張学良は南京でボゴモロフ駐華全権代表を訪問し、会談した。その際に張学良は、「ソ連と日本が戦争になった場合には、中国政府がどのような立場をとるかには関係なく、中国の人民は疑いなく全力でソ連を支持するでしょう」と述べた。[48]ここで、中国の人民とは、中共の他、張学良の東北軍をも含む幅広い抗日勢力を総称して述べたものであったと考えられる。

一一月二八日には、李杜とともに張学良秘書のイン・チャンシンが南京でボゴモロフを訪問した。この時インは次のように述べた。

張学良から頼まれてお伝えするのですが、張学良と東北軍は抗日の実施が必要だという立場なので、中国政府の公式の立場がどのようなものであるかには関係なく、抗日の実現のため、あらゆる方策をとるでしょう〔中略〕これも張学良から頼まれてお伝えしますが、張学良は近いうちにこの問題を政府の審議にかけて、ソ連との軍事協定締結を要求するでしょう。(49)

一二月一三日、イン・チャンシンは駐華ソ連全権代表部参事官のアサーニンと会談し、その中で尋ねた。

張学良が抗日、ソ連との関係緊密化という問題を中央政府〔中国政府〕に提起するのを棚上げしたまま、自軍だけで抗日を実施する場合には、ソ連との協力を期待しても良いでしょうか。(50)

ここで重要なのは、イン自身が前月にボゴモロフに対して述べたような、ソ連と中国中央政府の間の軍事協定締結の話とは違い、ソ連と張学良の間の直接の軍事協力が打診されているという点である。一年後の西安事変へと至るまで、張学良はこのふたつの可能性を探りながら行動していたと言える。この点は、西安事変を起こすまでの張学良を考えるにあたって、鍵となる。

インに対するアサーニンの回答は、内政不干渉というソ連の原則に則ったボゴモロフの基本的立場を伝えると同時に、中国内部の派閥によって進められるいかなる行動も中央政府〔中国政府〕に対して忠誠を欠くものである、と非難するものであった。(51) ソ連の蔣介石に対する支持が明確に述べられるとともに、ソ連と張学良の間の軍事協力は明確に否定された。

なお、応徳田は回想録の中で、「一度（具体的な時期は思い出せないが、一九三五年であった）、李杜将軍が私を連れて上海のソ連領事館に行き、駐華ソ連大使のボゴモロフを訪問したことがある。また一度、一緒にソ連大使館参事官のアサーニンを訪問したこともある」[52]と述べており、以上に紹介したソ連側史料の記述と内容的に符合している。[53]このため、イン・チャンシンとは応徳田（中国語の発音ではイン・ダチャン）を指している可能性が考えられる。

一九三六年一月半ば過ぎ頃、張学良は、陳丕士《ちんひし》（英語名 Percy Chen）に、至急会いたいと要請した。陳丕士の父親である陳友仁《ちんゆうじん》は、孫文の妻子である宋慶齢《そうけいれい》と孫科《そんか》などとともに親ソ派として知られ、武漢政府（一九二七年二月〜九月）の外交部長を務めるなど、国民党左派の著名な外政家であった。また陳丕士自身も、親ソ的な人物であった。張学良と陳丕士が実際に会談したのかどうか、また会談したとしてもどのようなことが話されたのか明らかでないが、陳丕士は、この件について、当時ディミトロフの個人的助手を務め、コミンテルンの中国政策の形成に関与する立場にあったミフに送った書簡で、次のように張学良の意図を推測している。

おそらく、張学良はふたつの問題を討論したいのでしょう。（一）中国共産党と統一戦線を組み、南京政府とは関係なく独自の立場で積極的に抗日を実行すること。（二）南京政府とは関係なく独自の立場で積極的な抗日を実行するけれども、中国共産党との統一戦線とは関係がないということ。[54]

張学良は、自身が中共との統一戦線を組むということとの関連で、自身に対するソ連の直接の軍事的援助について、ソ連側の意向を窺おうとしていたのであろう。

一九三六年の春、国民政府の対ソ情報専門家の焦績華《しょうせきか》が西安に赴き、邵力士と会ってから、張学良を訪ねた。この時、張学良は焦績華に対し「東北人の抗日の決心」を語るとともに、ボゴモロフとの会談を望んでいると述べた。二人は、張学良が南京を訪れる時にふたたび連絡を取ると約束した。[55] 同年七月七日には、張学良は数日後に行われる予定の国民党五期二中全会に出席するために西安を出発し、南京へと向かった。七月一〇日から一四日までの二中全会の期間中、張学良は約束通り焦績華と再会する。

張学良が八月三〇日に潘漢年に語った話によれば、この二中全会の期間中、蔣介石は張学良に対し、「連ソ」を実行しようと思っているがソ連の態度がわからない、と言っていた。張学良にとってみれば、こうした蔣介石の対ソ外交についての発言は、前向きではあるものの、煮え切らないものと映ったのであろう。また、同じく二中全会の頃、蔣廷黻も張学良に、蔣介石に対して「連ソ連共」を提起するよう依頼してきた。蔣廷黻は「連ソ」を唱えることによって蔣介石に注目され、一九三四〜三五年に蔣介石の個人的な代表としてソ連に派遣されていた人物である。その蔣廷黻が、七月の時点で張学良にこのような依頼をしたのは、自分が蔣介石に「連ソ・連共」を提起しても効果がないと考えていたからであった。自分よりも地位の高い張学良の提起ならば、蔣介石に対して影響を及ぼすことができるのではないか、という思惑であった。[56]

二中全会が終わろうとしていた某日、張学良は焦績華に対し、上海でボゴモロフと会談させて欲しいと依頼した。このあと、二人は上海に着いたものの、張学良とボゴモロフは互いに相手が最初に自分を訪問することを主張し譲らなかった。そこで焦績華は同じく上海に来ていた邵力士に会い、ボゴモロフと会談してみないかと聞いた。邵力士はこの提案に乗り、七月二三日、妻とともにボゴモロフを訪れて会談した。これを受けてボゴモロフは自分が張学良を訪ねることに同意したようである。七月二四日、ボゴモロフがフランス租界の公館に張学良を訪問した。張学良も翌日、駐華全権代表部にボゴモロフを訪ねて会談した。[57]

張学良はボゴモロフとの会談で、「新疆の盛世才はかつて私の副官でした。もしあちらで何かあれば、私に知らせてもらえればと思います」と言った。[58] 張学良は盛世才に対する影響力を示唆したのである。ソ連と盛世才の間で何らかの問題があれば、自分に知らせてもらえれば、ソ連に有利に解決できる、ということであろう。

ボゴモロフは張学良に対し、華北の状況に関して尋ねた。すると張学良は、近いうちに日本の圧力が強まり、その結果、日本が綏遠省と寧夏省を占領して中ソの間を遮断するだろう、と予想した。[59]

さらに、張学良は言った。

中国は抗日を実施する必要があります。その成否はソ連にも関係します。日本の野心は尽きることがありません。ソ連が被害を蒙ることを免れるのは難しいのです。単独で困難に立ち向かうよりも、中ソが軍事同盟を締結して共同で日本に立ち向かうほうが良いのです。

これに対してボゴモロフは言った。「もし中国が団結できるなら、ソ連政府はきっと貴方の意見を熟慮するでしょう」。[60]

ボゴモロフの回答は、ソ連の中国政策の本質を言い表していた。蔣介石を重視し、中共に対しては「連蔣」政策を取らせて、中国を一致団結させる。すなわち抗日統一戦線の形成である。抗日統一戦線が形成された場合には、ソ連は、張学良が求めるようなソ連と中国の軍事同盟を締結する。

だが、この時点の張学良は、以上のようなソ連の中国政策の本質を十分に理解するには至っていなかったようである。焦績華によれば、張学良は帰りの自動車の中で、ボゴモロフの回答の意味について焦績華に問いかけた。

「中国が一致団結しさえすれば、とはどのような意味なのだろうか？」[61]

四　おわりに――「西安事変とソ連ファクター」再考

盛世才とソ連の関係に着目する張学良

西安事変の前の数年間、スターリン指導下のソ連の中国政策は蔣介石重視を基本としていた。また、一九三六年夏以降、コミンテルンとソ連（スターリン）は中共と張学良の協力関係構築に慎重であり、折に触れて、前のめりになりがちな中共を統御しようとする政策を取った。だが一方で、ソ連は蔣介石と日本の妥協という事態に備えて極東政策の選択肢を増やしておくことの他、中共への支援も考慮し、蔣介石重視という基本政策に支障のない範囲において張学良を懐柔しようとしていた。

一九三六年八月には、張学良の部下である粟又文《しょくゆうぶん》と董彦平《とうげんぺい》が、ボゴモロフの紹介状を携帯して新疆に行って、盛世才ならびに駐新疆ソ連領事と会見し、盛世才に対して協力を求めている[62]。さらに、三六年九月一八日、南京中央検査新聞処処長の賀忠寒《がちゅうかん》が、蔣介石への密電の中で、「『天津東亜晩報』の一六日のニュースによると、莫《ばく》徳恵《とくけい》が一三日にソ連から西安に到着し、張学良と会談しました。その任務は不明です。張氏は最近、東北軍の勢力を中心として、後方では新疆省と連絡し、西北方面において単独で親ソ政権を樹立しようと意図しているとのことです」と述べている[63]。ユー（于炳然）や莫徳恵ら張学良の代表がモスクワに滞在していたことについては、スターリンの承認を経たものと考えて良いだろう。こうしたことにより、張学良は、新疆でソ連の支援を受けて台頭していた盛世才の足跡も参考にしつつ、いったん事を起こすときにはソ連からの支持を受けることができるのではないか、という期待を、西安事変に至るまで、持ち続けたのである。これが西安事変の背景としてあった。

他方で、西安事変の発生以前、七月に「もし中国が団結できるなら、ソ連政府はきっと貴方の意見を熟慮するでしょう」というボゴモロフの言葉を張学良が聞いていたことは、西安事変が平和的に解決される過程で、張学良の行動に対してひとつの伏線として働いた可能性がある。以下、西安事変発生以後の展開と併せて、この点を指摘しておきたい。

西安事変の発生

一九三六年一二月四日、蔣介石が西安に赴き、張学良と楊虎城《ようこじょう》（西北剿匪総司令部の統括下に入っていた）に、中共に対する包囲攻撃を強く迫る。だが一二日早朝、張学良の東北軍部隊が、西安東郊の華清池《かせいち》に滞在中の蔣介石と随行の将軍らを逮捕する。そして、「抗日連合軍臨時西北軍事委員会」の成立を宣言し、（一）中国政府の改造、（二）内戦停止、（三）上海で逮捕された愛国運動指導者の釈放、（四）全国の政治犯の釈放、（五）民衆の愛国運動解禁、（六）集会・結社などすべての政治的自由の保障、（七）総理〔孫文〕遺嘱《いしょく》の遵守、（八）救国会議の即時開催、の八項目を全国に通電した。

中共とソ連の対応

一二月一二日朝、蔣介石を拘束したとの張学良の打電を受けた中共中央は、同日夜、蔣介石を張学良自身の部隊内に拘留し、緊急の際には殺害するよう返電し、また中共北方局には、蔣介石の罷免と人民裁判を中国政府に要求する運動を起こすよう指示を出した。さらに、翌日の政治局会議で毛沢東は、「蔣を除いてしまうことは、どの面でも利点がある」と述べ、会議は中国政府や政治勢力各派の西安事変に対する支持を獲得するという前提付きながら、「蔣介石を罷免し、人民裁判にかけることを要求する」方針を確定した。また、西安到着後の周恩来の電報には、「内戦になれば西安の包囲攻撃が不可避になる前に、最後の手段〔蔣介石の殺害〕をとることに、張学良は同意した」とある。蔣介石の処刑は、張学良も共有する選択肢であった。(64)

こうした状況に対して、事変を強い調子で非難し、中共と張学良、中国政府など関係各方面に事変の平和的解決を強く要求したのが、ソ連であった。これによって、前述の張学良の期待は空振りに終わる。ソ連共産党の見解を反映する新聞『プラウダ』は、一二月一四日、社説において以下のように述べた。

・陝西省できわめて重要な事件が発生した。それは、疑いもなく全世界の注意を惹いた。
・外国の侵略者と闘うために、中国を統一する試み、分裂してバラバラのものを一つに集める試み――こうしたことが中国政府の直面している緊急の基本課題である。
・ソ連は外国の内政に対して厳しく忠実に不干渉主義を守っている。ソ連は、日本帝国主義が中国領土獲得の目的で鼓吹している「独立政府」、すなわち傀儡政府樹立の政策とは無縁である。
・中国の広汎な民衆は、日本の挑発者とかれらに雇われた手先に騙されるのを許さない。東京の侵略者の厚顔な政策が繰り返し、偉大な中国民族の隷属化を図る日本帝国主義の露骨な企みに対してこれら大衆を目覚めさせている。中国の分割と隷属化の政策、そして敵に有利な混乱を作り出す政策に対決しているのが、中国の真の独立を獲得するためにすべての勢力を統一・糾合する政策である。(65)

この社説の内容は、中国のラジオニュースで放送され、中共を含む多くの人が知るところになった。また、一二月一六日、コミンテルンは中共の中央執行委員会に次のような電信を打った。それによれば、「張学良の行動はその意図が何であったにせよ、客観的には中国人民の勢力を抗日統一戦線に結集させることを害し、中国に対する日本の侵略を助長するものである」と西安事変を批判し、そのうえで「このたびの行動がいったん起きたからには、中共は実際の状況を考慮」して問題を解決するべきである、と指示していた。[66] コミンテルンの電報を解読するには、なお数日を要したといわれるが、中共はこれらを通じて、モスクワの意図を理解した。[67]

張学良の選択

結局、張学良は蔣介石を殺害する選択肢を採らなかった。各方面との交渉の結果、一二月二四日、蔣介石と周恩来の間に「一致抗日」の「了解」が成立し、蔣介石が解放された。張学良は、解放された蔣介石を、西安から南京まで自ら護送した。西安事変にソ連が賛同していないことが明らかになったことに加えて、五カ月前に「もし中国が団結できるなら、ソ連政府はきっと貴方の意見を熟慮するでしょう」というボゴモロフの言葉を聞いていたことが、張学良が以上述べた選択をするにあたって、ひとつの伏線として働いたということは、考慮に入れられるべきであろう。[68]

（1）尾崎秀実「張学良クーデターの意義」『中央公論』一九三七年一月号。
（2）黄道炫「西安事変——不同抗戦観念的衝突」『歴史教学』二〇〇四年第三期、一四頁。
（3）黄道炫・陳鉄健『蔣介石——一個力行者的精神世界』（香港中和出版、二〇一三）一九六頁。岩谷將「盧溝橋事件——塘沽停戦協定からトラウトマン工作失敗まで」筒井清忠編『昭和史講義——最新研究で見る戦争への道』（ちくま新書、二〇一五）一四三〜四四頁。
（4）家近亮子『蔣介石の外交戦略と日中戦争』（岩波書店、二〇一二）九〇〜九一頁。
（5）アダム・B・ウラム（鈴木博信訳）『膨張と共存——ソビエト外交史 Ⅰ』（サイマル出版会、一九七四）二六一頁。

（6）孫果達「西安事変前張学良与莫斯科的秘密関係」『北京日報』二〇一三年七月一日号は、このテーマを扱った研究であるが、ロシア語史料の利用が不十分であり、ソ連側の事情についての理解も不十分であると思われる。また、松本和久「西安事変の『平和的解決』とソ連――外務人民委員部資料から見た中国『抗日化』認識の形成過程」『現代中国』八九号（二〇一五）は、一九三六年三月のソ蒙議定書締結から一二月の西安事変にいたるソ連の中国認識と政治過程を、ソ連外務人民委員部文書などロシア語史料をふくむ日中ソ外交史料を用いて再構成するとともに、西安事変の「平和的解決」におけるソ連の役割を検討したものであり、西安事変発生に至るまでの時期の張学良とソ連の関係を扱う本論文とは関心が異なる。

（7）北村稔『第一次国共合作の研究――現代中国を形成した二大勢力の出現』（岩波書店、一九九八）一六六頁。

（8）安井三吉『柳条湖事件から盧溝橋事件へ』（研文出版、二〇〇三）六九～七〇、七四、八四～八六頁。

（9）内田尚孝「抗日戦争期――一九三一～四五年」浅野亮・川井悟編著『概説 近現代中国政治史』（ミネルヴァ書房、二〇一二）八九頁。

（10）鹿錫俊「日ソ相互牽制戦略の変容と蔣介石の『応戦』決定」軍事史学会編『日中戦争再論』（錦正社、二〇〇八）二六頁。

（11）同右、二七頁。

（12）同右、三六頁。

（13）*DVP SSSR*, vol. 18 (Moscow, 1973) p. 437.

（14）鹿「日ソ相互牽制戦略の変容と蔣介石の『応戦』決定」四一頁。

（15）李君山「対日備戦與中蘇談判（一九三一～一九三七）」『台大歴史学報』第四三期（二〇〇九）一一八頁。

（16）*DVP SSSR*, vol. 18, p. 537.

（17）Ibid., p. 537.

（18）Ibid., pp. 590, 601-602.

（19）一九三三年一〇月以降、中国政府軍は中共に対し、第五回目の大規模な包囲攻撃を実施し、一〇〇万人と飛行機二〇〇機を動員した。中共はこれに耐えきれず、三四年一〇月、「長征」に追い込まれた（～三五年一〇月）。長征を経て、八万六〇〇〇人の兵力を八〇〇〇〇人まで激減させた毛沢東率いる紅軍は、三五年一〇月、劉《りゅう》志《し》丹《たん》率いる陝西省北部のソヴィエト区に迎え入れられた。

（20）田中仁『一九三〇年代中国政治史研究』（勁草書房、二〇〇二）六八～六九頁。

（21）同右、一二九～三〇頁。

（22）同右、一三一頁。

（23）同右、一三一頁。

（24）同右、一三一～三二頁。

（25）Mirvitskaia R. A., Otnoshniia SSSR s Kitaem v gody krizisa versal'sko vashingtonskoi sistemy mezhdunarodnykh otnoshenii (1931–1937 gg.) [http://www.ifes-ras.ru/attaches/books_texts/Mirovickaya.pdf] 二〇一六年一一月七日閲覧。以下の原史料にもとづいている。RGASPI, f. 495. op. 77. d. 275. l. 5-9. なお、両広軍閥は西南派、両広事変は西南事変とも呼ばれることがあった。

（26）田中、七四頁。

（27）同右、七五頁。

（28）楊『西安事変新探』二二二～二六頁。

（29）同右、一七二～七四頁。

（30）RGASPI. f. 558. op. 11. d. 55. ll. 5-9.

（31）*VKP (b), Komintern i Kitai: Dokumenty*, vol. 4, part 2 (Moscow, 2003), pp. 1075–1077.

（32）同様の見方をしている重要な研究として、李玉貞「西安事変前後的莫斯科」『百年潮』二〇〇五年第一二期。

（33）楊奎松『中間地帯的革命』（山西人民出版社、二〇一〇）三三七頁。

（34）高素蘭編『事略稿本』第三九巻（台北、国史館、二〇〇九）五〇六～五〇七頁。呂芳上主編『蔣中正先生年譜長編』第五冊（台北、国史館・国立中正紀念堂管理處、中正文教基金会、二〇一四）二〇四頁、民国二五（一九三六）年一二月一六日の条。

（35）S. L. Tikhvinskii (ed.), *PKO*, vol. 3 (Moscow, 2010) pp. 614-615.

（36）Ibid., p. 602.
（37）于天存・于波『欧風亜雨、虎穴龍潭——抗日救国伝奇人物于炳然伝』（哈爾浜、北方文芸出版社、二〇〇六）五三～五五頁。張万傑「東北救亡群体在西北大連合中的歴史作用」『理論学刊』二〇一四年第八期、二八頁。
（38）楊『西安事変新探』六八頁。
（39）張魁堂『挽危救亡的危機』（広西師範大学出版社、一九九四）二三頁。応徳田（岳龍・王秦整理）『張学良与西安事変』（北京、中国文史出版社、一九八〇年一二月）二七～二八頁。李杜（一八八〇～一九五六）は遼寧省出身で、満洲事変後に満洲で抗日活動を行なっていた。李杜と中国共産党との関係については、史紀辛「李杜入党問題考」『党的文献』二〇〇四年第三期、八九～九二頁。
（40）高蘇蘭「盛世才新疆主政治経緯（民国一九～二三年）」『国史館館刊』復刊第二二期（一九九七年六月）一三五～五四頁。
（41）張万傑「東北救亡群体在西北大連合中的歴史作用」二七頁。
（42）張万傑「撥開迷霧見通途——一九三五年張学良幕僚的『核心組会議』」『湖北社会科学』二〇一三年第四期、一〇四～一〇五頁。
（43）西村成雄『張学良』（岩波書店、一九九六）一六一頁。
（44）さしあたり、臼井勝美『新版 日中戦争』（中公新書、二〇〇〇）二三～二四頁を参照。
（45）高存信・白竟凡「張学良開始連共時間的探討及其作用浅析」張学良暨東北軍史研究会編『張学良暨東北軍新論』（北京、華文出版社、一九九三）四四二頁。
（46）高・白「張学良開始連共時間的探討及其作用浅析」四四二頁。
（47）同右。
（48）*PKO*, vol. 3 (Moscow, 2010) p. 469.
（49）Ibid., pp. 473-474.
（50）Ibid., pp. 484-485.
（51）Ibid., pp. 484-485.

（52）応（岳・王整理）『張学良与西安事変』二八頁。

（53）ただし、応徳田（イン・ダチャン）と「イン・チャンシン」とは発音として符合しない。また、徐友春主編『民国人物大辞典　増訂版（下）』（河北人民出版社、二〇〇七）二七三二頁の記述によれば、応徳田の字《あざな》は達寅《たついん》。応達寅の中国語の発音はイン・ダインであり、こちらも「イン・チャンシン」とは符合しない。従って、応徳田がソ連側との接触の際に別名を使っており、それが「イン・チャンシン」という名前であったという可能性が考えられる。

（54）*VKP (b), Komintern i Kitai: Dokumenty*, vol. 4, part 2 (Moscow, 2003) pp. 960–962.

（55）焦績華「張学良与蘇使秘密会晤」呉福章編『西安事変親歴記』（北京、中国文史出版社、一九八六）九頁。焦績華は「国民党中央軍事委員会参謀本部第二処」に属していた。当時、国民政府参謀本部には第一庁（人事）と第二庁（情報）が設けられていた。第二庁の下に地域別に六つの処が設けられており、そのうち第二処は、ソ連の国防上の設備とその兵要地理について研究する部門であった。一九三五年一〇月に南京を本部として設立され、ボゴモロフが副会長を務めていた中蘇文化協会の機関誌『中蘇文化』第一巻第一期（一九三六年五月）によれば、焦績華は同協会上海分会の一一人の理事のうちの一人に選ばれている。

（56）楊『西安事変新探』一七二～七四頁。張雲『潘漢年的一生』（上海人民出版社、二〇〇八）一〇七～一〇八頁。呉躍農「蔣廷黻向蔣介石提出〝連蘇抗日〟始末」『文史春秋』二〇一三年第四期、五八～五九頁。

（57）焦「張学良与蘇使秘密会晤」一〇頁。*PKO*, vol. 3 (Moscow, 2010) pp. 569–570. 焦績華の回想では張学良とボゴモロフの会談が一九三六年の八月中に行われたことになっているが、これとソ連側史料（ボゴモロフの覚書）とつきあわせてみると、ボゴモロフの伝える七月二四日と二五日の会談を、焦績華が誤って八月中に行われたものとして述べた可能性が高いとわかる。なお、ソ連側史料にもとづいてこの会談を紹介した研究としては以下がある。寺山恭輔『スターリンと新疆』（社会評論社、二〇一五）三二二～二三頁。

（58）焦「張学良与蘇使秘密会晤」一〇頁。

（59）*PKO*, vol. 3 (Moscow, 2010) pp. 569–570.

（60）焦「張学良与蘇使秘密会晤」一〇頁。

（61）同右。

（62）張万傑「東北救亡群体在西北大連合的歴史作用」『理論学刊』二〇一四年第八期。
（63）中華民国重要史料初編編輯委員会編『中華民国重要史料初編――対日抗戦時期 第五編 中共活動真相（一）』（台北、中国国民党中央委員会党史委員会、一九八五）一四三頁。
（64）江田憲治「抗日民族統一戦線形成史」田中明編『近代日中関係史再考』（日本経済評論社、二〇〇二）一九七頁。
（65）本庄比佐子「『プラウダ』にみるソ連の西安事変観」研究代表者本庄比佐子『近・現代中国に関する新聞報道の研究』（東洋文庫、一九八六）一三～一五頁。
（66）*VKP (b), Komintern i Kitai: Dokumenty*, vol. 4, part 2, pp. 1085-1086.
（67）江田「抗日民族統一戦線形成史」一九七頁。
（68）本論文は西安事変の「平和的解決」の過程を検討の対象としていない。この問題は別途、検討を要する。西安事変に対するソ連の見解を知った張学良がどのように反応し、また張学良が周恩来、蔣介石らとの間でどのような協議を行ったかについては、ほとんど明らかとなっていない。松本「西安事変の「平和的解決」とソ連」七一頁。

第八章　一九三七年の極東情勢とソ連——中ソ不可侵条約の成立過程

河原地　英武

一　問題の所在

近年、急速に友好関係を深めている中ロ両国が、歴史問題においても認識の共有化を進めていることはきわめて興味深い。二〇一〇年九月下旬にドミートリー・メドヴェージェフ大統領（当時）が訪中した際には、第二次世界大戦終結六五周年に関する共同声明が発表されたが、その中に次のような記述がある。

日本による中国侵略の直後にソ連は、我らの隣国に大規模な支援を行った。両国の飛行士が肩を並べて戦闘したのである。……兵士間の友情と両国民の相互支援という輝かしい歴史的ページは、現代ロ中間の戦略的パートナーシップと相互協力の関係に不動の礎を築いた。……第二次世界大戦の歴史を捏造し、ナチスと軍国主義者とその追随者を英雄視し、解放者たちを冒瀆するような試みをロシアと中国は断固として非難する。国連憲章やその他の国際文書によって確定された第二次世界大戦の結果への修正は断じて受け入れられない。(1)

このような歴史への言及が、日本を念頭に置いたものであることは確かだろう。そして「第二次世界大戦の結果への修正は断じて受け入れられない」という文言が領土問題を指し示していることも容易に推測できる。

さらに二〇一三年一〇月七日、インドネシアのバリ島におけるAPECに参加した中ロ首脳は、第二次世界大戦勝利七〇周年にあたる一五年、共同で祝賀会を催すことを確認した。この戦勝祝賀会を行うことについては、一四年二月、ソチ・オリンピックの開会式に参加した習 近平《しゅうきんぺい》国家主席とプーチン大統領の間で再確認された。

現在も共産党による一党体制を堅持する中国と、すでに社会主義を放棄したロシアとの間には、政治イデオロギー上のつながりはない。しかし歴史認識の共有という形で、両国はある種のイデオロギー的な共通点を見出そうとしているように思われる。

日中戦争の時期をどう評価するかについては、我が国でも歴史認識の問題とからんで、今なお様々な議論がある。しかし肝心なことは、歴史をイデオロギーに転化して政争の具にすることではなく、史実を明らかにしながら、多様な解釈や議論への道を常に開いておくことではなかろうか。その意味でまさしく「歴史は現在と過去の対話」(2)でなくてはなるまい。

戦間期(特に一九三〇年代から四〇年代初頭)のソ連の対外政策に関しては、ソ連崩壊後、数多くの公文書が公開されたことから、本格的な研究のための条件が整ってきたと言ってよい。中ソ関係も例外ではない。筆者は一次資料の整理を進めるとともに、それらを用いて、戦間期ソ連の極東政策を再検証すべく研究を始めた(3)。本論は、その序論的な試みである。

一九三〇年代の半ばまで、ソ連は蔣介石政権が日本と連携し、対ソ敵視政策へ傾くことを恐れていた。かたや中国は、ソ連が中国の共産主義者に加担し、モンゴルや新疆を従属させようとしていると見て警戒心を強めていた。しかし両国は日本の大陸進出と軍事的拡大に直面し、協力の必要性を切実に感じるようになった。こうして一九三七年初頭より、関係改善のための交渉が始まるのである。

二　盧溝橋事件勃発までの中ソ関係

一九三七年初頭から五月

ソ連政府が蔣介石政権との関係強化に乗り出すのは、一九三七年初頭のことである。その役目を一任されたのはドミトリー・ボゴモロフ駐華ソ連全権代表（以下、「全権代表」は「大使」と記述）であった。以下、大使の行動を中心に、盧溝橋事件が勃発するまでの中ソ関係の進展を跡づけてみたい。

　ボゴモロフは一九三六年末に一時帰国していたが、翌三七年三月に帰任するまでの間、モスクワで対中政策に関する協議を重ねていたものと思われる。そして、その政策の骨子が固まったのが三七年一月から二月のことであったと推測される。というのは、二月五日、ボゴモロフが留守の間代理大使を務めていたスピリヴァネクが本国に打電し、「陳立夫《ちんりつふ》〔蔣介石の側近。特務機関を統活〕がボゴモロフ大使の帰任時期を知りたがっている」旨の問合せを行うと、ソ連外務人民委員部は一六日、「ボゴモロフ大使はソ連政府に報告を行い、二月末に出発する予定である」と伝えてきたからである。[4]

　ボゴモロフ自身も帰任する前の二月一六日、モスクワで、駐ソ中国大使の蔣廷黻《しょうていふつ》と会談を行っているが、その記録を読むと、当時の中ソ間に存した問題が端的に分かって興味深い。まずボゴモロフは、自分の出発が私的事情で三月初旬にずれ込みそうだと断り、政府内では入念な打合せが終わり、帰任時には、中ソ関係改善のための具体案を持参できるだろうと述べた。次いで、ソ連側が中国に抱いている懸念をいくつか挙げている。第一に、中国の新聞が親日派である汪兆銘《おうちょうめい》を持ち上げる記事をしきりに書いていること、第二に、中国の世論が中ソ関係にさっぱり関心を示さず、例えば前年末の西安事変に関して、ソ連の新聞が蔣介石政権への好意的な記事を載せても中国のマスメディアがそれを黙殺していること、第三に、中国軍の本部にはドイツ人顧問が多数いるが、抗日を唱えながら、その同盟国の顧問を採用しているのは不可解だといったことである。それに対して蔣大使は、もし中国政府がソ連と条約を結べる確証を得られるならば、日本の侵略に強い姿勢で反対を唱えることができるだろうこと、どのみち中国政府が日独防共協定に加わることはあり得ないことを請け合った。他方、ソ連が日本に中東鉄道を売却し、石油利権や漁業権に関する譲歩を行っていることに疑問を呈した。要するにこの段階では、中ソともに相手の真意を測りかね、対日融和策を取るのではないかと警戒していたのであった(5)。

三月八日、ソ連共産党政治局は中国問題に関する決議を行った。これは以後のソ連の対中政策を規定する重要文書であるため、各項を引用しておきたい。

一、不可侵条約に関する交渉の再開をボゴモロフ同志に任せる。
二、太平洋地域条約締結問題で南京政府がイニシアチブを示すなら、彼らに我々の支援を約束する。
三、南京政府に対し、二年以内に六年の期間、五〇〇〇万メキシコドルのクレジットを与え、飛行機、戦車、その他の軍需品を売ることに同意する。支払いを補うものとして錫、ウォルフラム〔タングステン原鉱〕、タングステン、さらに現在の量を超えない範囲での茶を受け取る。
四、ソ連で中国人パイロットと戦車兵を養成することに同意する。
五、蔣介石の息子がもし同意するなら、彼の中国訪問に反対しない。

六、ボゴモロフの次の提案を受け入れる。

(A) ソ連の民族芸術 (諸民族の歌、踊り、音楽) を見せるため、中国に混成団を派遣する。ソ連国内と上海までのソ連汽船の往復費用は、ソ連人民委員会議予算で補う。

(B) 中国でソ連の著名な画家たちの絵画展を催す。輸送や企画の費用は、ソ連人民委員会議の予備費を使う。(6)

この中で特に注目されるのは、一と二の項である。この時期のソ連は、日本の拡張政策を抑制するために、一方では中国との二国間条約に向けての折衝を開始し、他方では、欧米諸国と中国、さらには日本をも組み込んだ多国間条約 (一種の集団安全保障条約) の成立を目指していたのであった。そして前者はボゴモロフが、後者は外務人民委員のマクシム・リトヴィノフが責任を持つことになった。

三月八日、ボゴモロフは中国に赴く前にもう一度、蔣廷黻大使と会談している。蔣大使は蔣介石からの依頼として、まずボゴモロフの確かな出発の日時を尋ねた (三月一六日に発つとの回答を得た)。次いで、中国に関して最終的な指示を受けたのかと問うた。ボゴモロフは、(政治局での決定には触れず) それは出発直前に受け取るだろうと答えた。蔣大使は、ミハイル・トゥハチェフスキー元帥の解任やスターリンとクリメント・ヴォロシーロフ元帥の不和が伝えられているが本当かと質した (ボゴモロフは、何も秘密にすることはない、新聞にある通りだと述べた)。さらに蔣は、新疆代表団がモスクワを訪問したのに、その事実を秘匿していることへの不満を表明した。中国側としては今ひとつソ連が信用できずにいたのである。(7)

その三日後の三月一一日、蔣大使はリトヴィノフとも会談した。両者は二国関係の強化については一致したものの、その進め方をめぐって見解が相違した。大使は、最初に中ソ条約を結び、それを土台に太平洋地域条約の調印を目指してはどうかと提案した。だがリトヴィノフはその案に反対し、こう論じた。もし中ソ条約が成立すれば、欧米諸国は日本の問題を一方的に両国に押し付け、集団で責任を持つことへの関心を失うであろう。我々は欧州でも多国間条約の方式を求めてきたし、それが上手くゆかないとわかったとき、初めて二国間条約に切り替えた。極東でもこのやり方を取ることが得策だ、というのである。(8)

だが、五月五日付のボゴモロフ大使の記録を見ると、同大使の立場とリトヴィノフとの方針の間に食い違いが認められるのである。すなわちリトヴィノフは、太平洋地域条約という多国間条約か中ソの二国間条約かという二本立てで交渉を進めようとしているのに対し、ボゴモロフは太平洋地域条約、中ソ不可侵条約、中ソ相互援助条約という三つの選択肢を想定して対中折衝を行おうとしているのである。ボゴモロフが整理しているこの構想部分を以下に要約してみよう。これはボゴモロフが国民政府外交部長であった王寵恵《おうちょうけい》に直接伝えたものである。

(一)中国政府が欧米諸国に対し、太平洋地域条約に関する交渉に入るよう提案することをソ連は望む。中国政府がそうするならば、我々も(A)同様の提案を行い、(B)この件で、中国政府に全面的な協力を行う。

(二)太平洋地域条約が実を結ばない場合、中ソ相互援助条約について検討してもよい。ただし、太平洋地域条約について中国政府は他国と単に覚書を交換するのでなく、真摯な外交努力を継続すべきである。太平洋地域条約が完全に不可能だとわかった段階で、二国間の相互援助条約を考慮しよう。

(三)中ソ間の不侵略条約に関する交渉をただちに始めたい。ソ連政府は、中国政府がなぜこの件に否定的態度を取るのか理解できない。これは中国政府にとって利点があるばかりでなく、将来、相互援助条約交渉をやりやすくするものだ。(9)

右の記述から推測するに、当時の中国が望んでいた二国間条約とは、相互援助条約という軍事同盟色の強いものであって、不可侵条約のような消極的なものでなかったらしい。単なる不可侵条約では、中国が切望するソ連からの軍事支援が得られる保証がないためであろう。

ボゴモロフが「中ソ間の不可侵条約に関する交渉をただちに始めたい」と提起したにもかかわらず、実際にその交渉が進展するのは盧溝橋事件後のことであった。また、中国が望むような相互援助条約が交渉の議題とされた形跡もない。中国側としてもソ連との連携を一気に推し進め、日本の反発を招く事態は避けたかったというのが実情であろう(10)。

一九三七年五月から七月

一九三七年の五月から七月にかけて、ソ連の外交努力は太平洋地域協定の締結に向けられていたと見てよい。その具体的な活動は、いくつかの公文書によって跡づけることができる。例えば五月二四日、リトヴィノフはジュネーヴから本国に電報を送り、イギリスのアンソニー・イーデン外相との会談内容を伝えているが、それによればイギリスも太平洋地域条約を肯定的に受け止めているが、日本がそれに加盟するかどうかを危ぶんでいる由であった(11)。六月二九日、駐米ソ連全権代表アレクサンドル・トロヤノフスキーが本国に送った電報も興味深い。同全権代表はルーズヴェルト大統領とさしで話し合ったが、大統領は太平洋地域条約に参加する意思がないことを言明したというのである。今秋には太平洋上の諸島の非軍事化案が提起される予定だが、以上の条約ではその実現の保証にはなり得ないと大統領は述べ、日本側にこちらの要求をのませるためには強力な艦隊を持たねばならないと、力の外交を強調したのであった(12)。アメリカの賛同が得られぬ以上、太平洋地域条約成立の可能性は乏しかったと言わねばならない。

ところで先に引用したソ連共産党政治局の決議には、蔣介石の長子、蔣経国《しょうけいこく》の帰国問題が含まれていたが（第五項)、この件についても少し記しておきたい。

ボゴモロフが三月一六日（すなわち彼が中国に発つ予定日として、三月八日、蔣廷黻に伝えた日）に、スターリンの秘書長ポスクリョブィシェフ宛に記した書簡が公表されている。これはスターリンへの伝言を頼んだもので、およそ次のようなことが書かれている。スターリンの指示に従って、蔣経国に会った。彼は帰国を望んでいる。情勢の変化により自分の帰国が有益だと判断したためである。自ら父親に手紙を出し、連絡を取るとのことだ。スターリンの指示通り、ウラジオストク経由で中国に行くこと、上海に着いたら私（ボゴモロフ）に連絡をすることを取り決めた[13]。

この文面を読むと、蔣経国を帰国させる決定は、スターリン自身が下したことがわかる。この措置が蔣介石を喜ばせ、中ソ関係の改善に役立つと判断してのことであろう。ことによれば、蔣経国を中国の次期指導者に仕立てたいとの目論見があったのかもしれない。

蔣経国の帰国については、もうひとつソ連側の史料がある。それはボゴモロフが中国に帰任してから、中国の主要な国家指導者や社会活動家、さらに駐華米・英・仏・独大使たちとの会談内容を要約したもので、五月五日の日付がある[14]。

その冒頭の文章が不可解である。「ソ連から帰任し、夜に孔《こう》〔祥熙《しょうき》〕と会談した。翌日彼はロンドンに発つことになっていたからだ」。これが五月五日、あるいはその少し前のことだとすれば、ボゴモロフが中国に戻ったのは、彼がモスクワで蔣廷黻に伝えた三月一六日からさらに一カ月半のちということになる。が、それはあり得ない。ボゴモロフが帰任した日をソ連の公文書で確かめることはできないが、『東京朝日新聞』一九三七年四月一日付（朝刊）にはボゴモロフが「約半年に亙《わた》る賜暇《しか》帰国を終つて一日朝到着のゼーベル号でウラジオより帰任する筈《はず》である」と報じられているし、同紙四月二二日付（朝刊）には、彼が帰任と同時に上海で会談を行ったのち、南京でも精力的に活動している旨が書かれているからだ。どうやらこの五月五日付の文書は、ボゴモロフが自身の覚書として、帰任後に行った一連の会談をのちにまとめて、日付なしに書き連ねたものと判断される。そして、この文書に次の記述が見出せるのだ。「外務人民委員部の指示に従い、陳立夫とじっくり話し合った。次の船で蔣介石の息子が帰ってくると知って、陳立夫はひどく喜んだ」。

蔣経国の帰国日も、ソ連側の公文書で確認することはできない。秘密裡になされたせいであろう。『東京朝日新聞』四月二〇日付によれば、「蔣経国氏は一八日夜上海入港のソ連国営上海ウラヂオ定期船で帰国し上海弗《ふつ》〔フランス〕租界の某要人邸に落着いた、蔣介石氏と打合せ成り次第大体二十日夜上海出発杭州《こうしゅう》に赴き同地にて父蔣介石氏と劇的会見を遂げる事となつた」由である。ほぼこの報道通りであったとしておきたい。

三　盧溝橋事件後の中ソ関係

日中戦争の勃発

七月七日に勃発した盧溝橋事件を、ソ連は当初、どう受け止めたのだろうか。同月一〇日付『イズヴェスチヤ』紙は、五〇語程度の短信を載せたのみである。日本軍が「またお決まりの挑発行為を行い、北平〔北京〕付近の中国軍部隊を攻撃した」が、その目的は「華北政府を脅して服従を続けさせ、重要な戦略拠点である盧溝橋を奪取し、山東、山西、綏遠《すいえん》等への進出を企んでいる」といった内容であった。翌々日付の同紙は、その倍ほどの長さの記事の中で『セントラル・ニュース』特派員の報道を引用しつつ、日本軍と徹底抗戦しようとの気運が中国国内で澎湃《ほうはい》として起こっている様子を伝えた。

七月一三日付のボゴモロフによる記録には、立法院院長の孫科《そんか》との会談の様子が書かれているが、孫は今次の事件が日中間の全面戦争に至ると考えているようだった。両者は中ソ関係の活性化に賛成であったが、孫に言わせると、この点で蔣介石は過度に慎重であり、王寵恵外交部長は蔣の指示がなければ何もできないとのことだった。(15)

七月一六日、ボゴモロフはふたたび孫科と会談している(これは王寵恵の要請によるもの)。孫は、太平洋地域条約のような多国間方式でなく、中ソ二国間の相互援助条約を望んでいると表明した。軍事面における相互協力を前面に打ち出したいとの趣旨と思われる。ボゴモロフはそれを拒否し、第一に太平洋地域条約、第二に中ソ不可侵条約、そして最後に相互援助条約に関する交渉に入るというソ連政府の原則的立場を繰り返した。(16)

七月一七日、ボゴモロフはストモニャコフ(ソ連外務人民委員部次官)に書簡を送り、蔣介石への不信をあらわにしている。すなわち蔣は、今もって日本の主敵が中国でなくソ連であると信じ、日ソ開戦を「固定観念」のごとく待ち望んでいるというのだ。(17)

七月一九日、ボゴモロフは陳立夫と協議した旨、本国に報告している。この協議は、蔣介石の命を帯びた陳の要望によるものであった。陳は、日本の主敵が中ソである以上、多国間条約は有効でないこと、二国間の相互援助条約が必要であることを力説した。ボゴモロフは、日本軍が軍事的に強固なソ連を攻撃することはあり得ないと答え、逆に、早急に不可侵条約を結ばなくてはならないと主張した。蔣介石が求める軍事資金供与の増額に関しては、応じる意向を陳に伝えた。(18)

数日後、ボゴモロフは王寵恵外交部長とも面談した(王の要請による)。王は次の三点を議題とした。第一に、軍事資金供与の増額をソ連政府が認めるかどうか(これについてはまだソ連政府から連絡がないと回答)。第二に、中ソ相互援助条約に関する交渉をしたいこと(ソ連側にその意思はないと回答)。第三に、ソ連には中国政府にもっと具体的な軍事支援を行う意向はないか（それについてはモスクワで、中国大使がストモニャコフ外務人民委員代理と話しているはずであると回答）。王は次のように語ったという。中ソ関係が停滞しているとすれば、それは中国側の責任である。我が国はアメリカとイギリスに頼りすぎていた。今後は中ソ関係の改善に全力を尽くす、と。[19]

その翌日には蔣介石がボゴモロフのもとに張沖《ちょうちゅう》特使を派遣し、ソ連の軍事支援を切望していると訴えてきた。日本の同盟国であるドイツの援助はもはや期待できず、今の中国にはソ連以外に頼れる国はない。この際、複雑な政治交渉は棚上げにして、純粋にビジネスの問題としてこの件をソ連政府と話し合いたいと提案してきたのである。[20]

七月三一日、リトヴィノフが以下の通りボゴモロフに指示の電報を出した。第一に、中国との相互援助条約は、日本への宣戦布告に等しいので認められない。第二に、返済期限等の条件は従来のまま、軍事支援を一億中国ドルまで増やすことができる。飛行機二〇〇機、戦車二〇〇両の調達も可。第三に、中国人パイロットと戦車操縦士の養成を引き受ける用意がある。これら全ての前提条件として、不可侵条約を結ばなくてはならない。[21]

ところで八月二日付のボゴモロフによる本国宛電報には、もうひとつ興味深い事実が明かされている。かねて中国政府は、日本軍の注意を中国からそらせるため、ソ連軍を満洲との国境地帯に配置してほしいとボゴモロフに要請していたのだ。このようなばかげた要請はまともに取り合う必要なしと、電文の末尾にボゴモロフは書き添えている。[22]

中ソ不可侵条約の締結

八月になると中ソ関係はにわかに活発化した。戦況の深刻化と欧米諸国の不介入が、否応なしに両国の連携を促したのである。[23] まず工業、農業、医療等の技術を視察すべく中国政府の代表団が訪ソすることが決まった。中ソ間に新疆省経由の直通航空路を開設することについても本格的な審議が始まった(24)。

不可侵条約に関する交渉も一気に前進した。八月一八日付のボゴモロフの本国宛電報は、蔣介石との会談内容を伝えているが、それを読むと中国側が不可侵条約の調印を急いでいる様子がわかる。ただし蔣介石自身は、この条約にさほど関心があるわけでなく、もっぱらソ連からの軍事支援について論じている。なお、条約の調印が手間取っているのは、ソ連側の法的手続き（批准）がまだ完了していないためだと中国側は理解しているようだった。この件についてボゴモロフは、本国の説明を求めている(25)。

ともかくもこの条約は八月二一日、南京で調印された。ソ連側はボゴモロフ、中国側は王寵恵が署名した。その中身は次の通りである。

第一条　両締約国は、戦争による国際紛争の解決を非難すること、互いの関係においてそれを国家政策の手段としないことを厳かに確認し、この義務の帰結として、両国は単独であれ、ひとつもしくは複数の国家と共同であれ、互いにいかなる攻撃も行わないことを誓約する。

第二条　両締約国の一方が第三の国あるいは諸国から攻撃された場合、他方の締約国は直接的であれ間接的であれ、その第三の国あるいは諸国による紛争の継続に断じて協力してはならないし、あるいはそれらの攻撃国に利用され、攻撃されている側の不利益をもたらすような行動や協定は厳に慎むことを誓約する。

第三条　両締約国にとってこの条約の義務は、それぞれの締約国が既に調印し、この条約の発効以前に締結した二国間あるいは多国間の条約や協定から生じる権利や義務を侵したり変更したりするものと解されてはならない。

第四条　この条約は英文により二部作成される。これは上記の全権代表が調印した日に発効し、五年間有効である。

どちらの締約国もこの期限が満了となる六カ月前までに、相手国へ条約を無効にしたい旨の通告をすることができる。どちらもそれまでにこの手続きを取らぬ場合、条約は最初の期限が満了した後二年間、自動的に延長されるものと見なされる。どちらの締約国も二年の期限が満了となる六カ月前までに、相手国へ条約を無効にしたい旨通達しない場合、それはさらに二年間有効となり、以後も同様である。(26)

なお、不可侵条約調印の当日、中国側はこの条約と同時に、武器援助に関する合意文書の調印もできないかとソ連側に求めてきたが、ボゴモロフがこれを拒否し、蔣介石も撤回するという経緯があった。結局、後者については、近々中国代表団をモスクワに派遣し、そこで調印式を行うことになった。ただし蔣介石の希望を容れ、調印を待たずに戦闘機等を中国に供給することで、ソ連側も調整することになった。また、中ソ不可侵条約の公表に関しては、八月三〇日の新聞に載せることに決まった。(27)

武器援助に関する文書がいつ調印されたのか、明確なところは不明である。ただ、ソ連側の公文書には、中国代表団との交渉内容を記したヴォロシーロフのスターリン宛書簡が載っており、その日付が九月一〇日なので、たぶんそれから数日以内のことではないかと推定される。(28)

こうしてみると、当初中国が望んだ相互援助条約は、不可侵条約と武器援助協定というふたつの取極めに切り離される形で、ある程度実現したということもできるだろう。だが、蔣介石政権はこれで満足したわけではない。(29)九月下旬、蔣廷黻大使はストモニャコフ外務人民委員代理を訪問し、早速ソ連の参戦を促したのである。中国側にとってはソ連を戦争に引き込むことが次の目標であり、他方、ソ連としては、その事態を回避することこそが肝心だったのである。

ここでボゴモロフ大使の悲劇的な運命についても記しておきたい。『読売新聞』九月二九日付（朝刊）は、ボゴモロフが二八日午前、突如飛行機で帰国の途に就いたと報じ、ソ連大使館は一切の説明を避けているが、これは中ソ関係の動向に大きな影響を与える「重大任務を帯びたものになる」だろうとコメントしている。そして同紙は一一月二四日付（夕刊）のトップ記事として、ボゴモロフ大使がソ連中央執行委員会によって罷免され、逮捕された模様だと伝えたのであった。その後、彼は銃殺刑に処せられたと言われる。

ボゴモロフの罪状については、スターリン自らが中国代表団の団長である楊杰《ようけつ》と副団長の張 冲《ちょうちゅう》に語っている。その部分を引用してみよう。

ボゴモロフは不可侵条約の締結を強力に妨げました。彼の話では、蔣介石は条約の締結など望んでおらず、条約の話をちらつかせて日本を脅そうとしているだけだというのです。条約に関する交渉の過程では不愉快なこともありました。我々は条約が締結されるまで借款を行わないと述べ、蔣介石を心配させました。しかし我々は彼を信じていなかったのです。それというのもボゴモロフが誤った情報を伝えたからです。蔣介石には、我々がボゴモロフから不正確な情報を得ていたことをわかってほしいと思います。ボゴモロフはさらに我々にこう吹き込みました。中国の防衛は全体になっていない、上海は二週間ももつまい、中国自体が三カ月も抗戦できないだろう、蔣介石は動揺している、と。しかしこうして一カ月経ちましたが上海はもちこたえています。我々はボゴモロフを召還しこう問い質しました。君は何者だと。トロツキストであることが判明し、逮捕しました。不正な情報提供者は大使であろうと逮捕します。(30)

今日の研究からすれば、このような説明は到底受け入れがたい。「トロツキスト」というレッテル貼りからも明らかなように、これはスターリンによる大粛清の一環であったと言わなくてはならない。ちなみに現代ロシア

では、ボゴモロフはむしろ中ソ協力を推し進めた功労者として再評価されている。(31)

四　日ソ関係

日ソ対立の構図

戦間期ソ連の極東政策を精細に分析したボリス・スラヴィンスキーとドミートリー・スラヴィンスキーは、一九二〇年代の情勢を概括し、「モスクワは極東政策において明らかに中国を優先させていた。ソ連の対日姿勢は、主として中国革命のプリズムを通して検討されてきた。外務人民委員部は、中国において国民革命ではなく社会主義革命を行なうことを対中政策の主要目的としてきたが、これを『害しない』程度に日ソ関係を維持するという課題が与えられていた」と指摘している。(32)

この情勢をがらりと変えたのが一九三一年の満洲事変であったことは想像に難くない。大陸での勢力拡大を図る日本との衝突を回避するために、三五年三月、中東鉄道を中国ではなく満洲国に売却したソ連であったが、三六年一一月に日独防共協定が締結されると、いよいよ日本の直接的な脅威を感じるようになった。ソ連にとっては日本の攻撃を招かぬことがいわば至上命題となり、対中政策はその観点から策定されることになったと言えよう。

とはいえ、ソ連の対日政策は、もはや鉄道売却のような宥和的なものではなく、日本に対しては一歩も引かぬという強い姿勢を示すことにより攻撃意図を挫こうとする積極策に転じられたのである。このようなソ連の政策は、当時の日本をかなり当惑させていたらしい。それは、例えば次のような当時の論評にも見て取れる。

ソ連が満洲事変後北満洲の鉄道を満洲国へ譲渡する頃迄《まで》は特に語るべきの反抗はない。それが著しく反日となつたのは、昭和十一年の十一月日独防共協約後である。殊《こと》に最近の反日態度と来ては目にあまるものがある。……一体ソ連は日本をどうするつもりか、一戦を交へる為めに種々なる嫌やがらせをやるのか、どうなのかと反問せざるを得ない。……例へば懸案のまゝ放棄せられて居る漁業条約である。この条約は一九三六年十一月十日仮調印を終り、十一月二十日いよ〳〵本調印と云ふことになつてゐた、所が前にも一寸記述した日独防共協定が十一月二十五日に発表され、しかもそれ以前に此の協定が洩れて、いち早くソ連の知る所となり、それの防共協定は明《あきらか》に対ソ連の反抗であつて非友好的のものであるとし、為《た》めに漁業条約の日本との調印を拒んで之が報復手段とした。……次にロシアとの間にある懸案は、領事館閉鎖問題である。昨年、ロシアは東京と長崎とに於ける領事館を閉鎖した代償として、我が国に向つて、オデッサ及びノウオ・シビルスクに於ける我が領事館閉鎖を要求して来た。これに対して我が国は抗議を提出しつゝあつたところ、ロシアは突如として右二箇所の領事館設置公認を、昨年九月十五日限り取消す旨を発表し、爾来《じらい》郵便、電信を配達せないとか、水道を断絶するとか、種々の日常必要な事を拒否し、職務遂行に堪えざらしめるので詮方なく一時閉鎖して引揚ぐるの止むなきに至つた。去年四月に入つてからは、ロシアは、またも神戸、小樽、大連に於けるその領事館を閉鎖することに決したから、日本に於いても、ハバロウスク、ならびにブラゴエシチェンスクに於けるその領事館を閉鎖されたしと要求し来り、之が問題となつてゐる。……ロシアとの懸案は山積してゐる。我が官憲のロシアに赴任するもの、または漁業者に対して旅券の裏書を遷延して、不利益を蒙むらしむるとか、或は北樺太に於ける石油、石炭の利権も、従業員をスパイの嫌疑で拘引するとか、乃至《ないし》労働者の入国を拒否するとか、或はまた無線電信所を閉鎖するとか、丁度前記領事館を、間接にボイコットする如くに、事実上我が権益を行ふ事を不可能ならしめる。ウラヂオ〔ウラジオストク」に於ける我が商船組合の閉め出しなどはその最も好《よ》い例である。……その他、飛行機の越境事件は百数十回、漁船その他の差押え、小包交換の中止、大使館や領事館を刑事に依つて見張する。電燈、水道を絶ち、医者を与へぬと数へ上げれば限りない大小の問題が、難然また紛然として両国間に横たはつて居る。之等は人道上から見ても正に戦争の原因となるべき性質である。(33)

実際、一九三七年七月七日に盧溝橋事件が勃発し、日中が全面戦争に突入する以前から、日ソ間でたびたび軍事衝突を含む対立が顕在化していた点が注目される。これはソ連側にすれば、満洲経営と華北進出に力を入れる日本がソ連への攻撃に転じないよう牽制する意味合いがあったのだろう。他方、日本とすれば、華北に勢力を広げた場合、果たしてソ連が中国への軍事支援に乗り出す可能性があるのかどうかを確かめたかったのだと推測される。この間の経緯について、三七年に入ってからのソ連側の資料にあたってみたい。

例えば一月下旬、ユレーネフ駐日大使は日本の堀内謙介外務次官に面談し、前年より今年にかけて、満洲からソ連へ一連の国境侵犯・発砲があったことや、その事実を日本や満洲の新聞は、あたかもソ連側が国境侵犯したように伝えていることを厳しく抗議している。(34)もっとも日本側にすれば、このような国境侵犯を行っているのはソ連軍のほうであって、それゆえソ連政府こそ非を認めねばならない。このような非難の応酬が何カ月も続けられたのであった。

日ソ間の軍事衝突

一九三七年三月二四日付の駐日ソ連大使による日本外務省宛抗議文書を見ると、ほぼ数日おきに起こっていたらしい。例えば、三月一七日、満洲領内の六名の日満兵がソ連領内の国境守備隊に発砲し、弾丸は守備隊の頭上を飛んで行った。同日、ウスリー川のニジニェ・ミハイロフスク村で、三名の満洲国の兵士が満洲側沿岸からソ連側沿岸に向かって五発発砲した。同月二一日二三時四〇分、ソ連領アムール川の島でソ連の国境守備隊が、不法侵入した日満軍部隊と遭遇した。誰何したところ彼らは発砲し、交戦の末、満洲国側に退散した。二三時五五分、ふたたびアムール川の満洲沿岸から発砲してきた、といった具合であった[35]。

六月一九日には、アムール川の中州をなす乾岔子島《カンチャーズ》（ロシア名センヌハ島）で、その領有権をめぐるソ連軍と日満軍の軍事衝突が生じた。これは一九三八年の張鼓峰《ちょうこほう》事件と三九年のノモンハン事件以前に起こった日ソ間における最大の国境紛争であった。この軍事衝突で日（満）ソ両軍に死傷者が出、リトヴィノフ・重光両外相による数次の会談が持たれたが、現地における軍事行為は容易に収まらず、七月初旬まで紛争は続いた。ソ連側はこれを日本と満洲側による国境侵犯行為と断じ、厳重抗議を行う一方、ソ連、日満双方の同時撤退を提案し、結局七月二日にソ連側が一方的に撤収することによって一応の決着を見たのである[36]。

もっとも日本側の資料によれば、この事件はソ連側が仕掛けた挑発行為であったという。例えば、当時、駐ソ参事官だった西春彦は次のように回想している。

> 日華事変が起る一月前の昭和十二年六月に乾岔子島（センヌハ島）事件が起った。乾岔子島は黒龍江の中の島（奇《き》克《こく》附近）で、日ソ間のはじめての武力衝突ともいうべき事件だった。満洲国の航路標識点火部の宿舎が建っていた乾岔子島ほか一島にソ連兵が上陸し、ソ連砲艇が満洲国軍隊を射撃したため、緊張状態が生れた。重光大使はリトヴィノフ外務人民委員に抗議したところ、リトヴィノフは、ソ連兵の両島からの撤退などによる原状回復を約した。ところが、この間ソ連砲艇三隻が乾岔子島南側水路に進入して江岸警備の日満部隊と交戦状態に入り、日満部隊は砲艇一隻を撃沈した。こういう事件で、はじめは抗議などをしたものの、武力で撃沈してしまったため、

物別れのまま自然に落着した。(37)

いわゆる乾岔子島事件はソ連側の一方的譲歩という形で終わったが、なぜソ連側が譲歩したのか、その理由を示す一次史料は見当たらない。リトヴィノフは、日満軍の国境侵犯や日本の飛行機の領空侵犯が増えていることを日本側に指摘し、「ソ連はあらゆる手段でそれらを排除するだろう」(38)と警告したものの、以後、直接的な軍事行動は手控えることになった。

一方、日本側はこのソ連の対応を「弱腰外交」の表れと受け取ったようだ。当時、陸軍参謀の一人だった林三郎の指摘によれば、日本は乾岔子島事件から次のような教訓を引き出したという。すなわち、

ソ連砲艇に対する戦果が、ソ連の原状復帰をもたらしたというものであった。そうして、国境紛争が起こった場合、ソ連軍に一撃を与えさえすれば、ソ連はおとなしく引き下がるという見解にまで、一足飛びに飛躍してしまった。さらにそうした見解は、外交交渉による国境紛争解決より、武力を使う国境紛争処理のほうが、即効的だとの考え方にまで発展してしまったのである。

現に乾岔子島事件以後に発生した張鼓峰事件とノモンハン事件は、あとで述べるつもりではあるが、まさしく武力処理思想の所産であった。そのような意味合いにおいて、乾岔子島事件が日本陸軍に与えた影響は、すこぶる大きかったと言わざるをえない。(39)

ただしソ連が日本の中国に対する軍事攻勢を黙認したわけでないことは言うまでもない。例えば、ソ連は一九三七年初頭以来、日本がソ連のノヴォシビルスクとオデッサに開設している領事館の閉鎖を要求し、日本が応じ

ない場合、九月一五日に強制的にこのふたつの領事館を閉鎖する旨の覚書を八月一九日に駐ソ日本大使に渡している(40)。このような外交圧力を加える一方で、中国と不可侵条約および軍事支援協定を結び、中国軍を介して日本軍と対決しようというのが当時のソ連の対日戦略であったと見ることができる。

五　政策決定におけるスターリン要因

一九三七年にはすでにスターリンの独裁体制が確立していたことを考えれば、この時期、ソ連の極東政策の決定にあたって最も重視されたのはスターリンの意向であったことはほぼ間違いない。公文書にスターリンの個人名はあまり見出せないが、ソ連外務人民委員部と南京政府の折衝は、スターリンの指示もしくは了解のもとに行われたことは確かであろう。

ここで今ひとつ判然としないのは、スターリンと中国共産党とのつながりである。中国共産党への指示はコミンテルンを通じて行われたと考えられる。とすれば、そのコミンテルンとスターリンの間にどのような関係があったのだろうか。それを示す一次史料は多くないが、いくつかを以下に紹介したい。

まずは一九三七年六月一七日付のコミンテルン書記長ディミトロフのスターリン宛書簡である。ディミトロフは中国共産党中央委員陳雲《ちんうん》の要請を取り次ぐ形で、新疆に到着した共産党軍司令官および兵士三九三名をソ連へ留学させることを建議し、具体的に次のような案を記している。第一案として彼らをソ連に受け入れる。第二案として、この留学問題が長引く場合、彼らを一時クリミアの収容所に住まわせる。第三案として、とりあえず一〇〇名から一五〇名をソ連の中国人学校に入学させ、その他のメンバーも順次、他の教育機関に送る。これに対してはスターリンではなく、コミンテルンを実質的に指導していたモロトフの名で、「彼らは新疆で教育するのが望ましい。我々は教師と設備の一部を援助することができる。一部は盛世才《せいせいさい》が援助すべきである」との指示が出された[41]。

一〇月二一日には、モスクワに駐在する王明《おうめい》（コミンテルン中国代表）と康生《こうせい》（コミンテルン中国副代表）がスターリンに次のような書簡を送っている。「近日中に我々は中国に出かけなくてはなりません。出発前にぜひ貴殿にお会いし、一連の最重要課題について助言を賜りたく存じます。これは単に我々にとって、また我々の今後の仕事にとってというより、中国共産党の活動全体、そして全中国人民の解放闘争にとってきわめて重大な意義を持つものです[42]」。

この書簡への直接的な回答は見出せないが、一一月一一日、二人の中国共産党幹部は、王稼祥《おうかしょう》（中国共産党書記）、ディミトロフとともにスターリンと会談している。その時のスターリンの発言を、ディミトロフは一三項目に分けてメモしている。（一）今中国共産党にとって最も重要なことは、全国民的な士気の高まりに合流し、指導的な位置を占めることである。（二）今肝心なのは戦争であって、農業革命や土地の没収ではない。（三）「中国民族独立のための勝利」「日本の侵略者からの中国の解放」をスローガンとすべし。（四）今は内戦よりも外敵と戦う方法を考えよ。（五）中国の現況は、内戦期のソ連よりも恵まれている。（六）中国には膨大な人的資源がある。あとは開始された戦争に耐えることが肝要だ。（七）独自の軍事工場、特に飛行機生産工場を作らなくてはならない。（八）八路《はちろ》軍（中国共産党の軍）は三つではなく三〇の師団を持つべきだ。新しい連隊を組織することも不可欠だ。（九）八路軍には火砲がないから、その戦術は正面攻撃ではなく、敵を錯誤に陥れ、国内深く引き入れ、後方から攻撃するものであるべきだ。日本軍の連絡路と鉄橋を爆破せよ。（一〇）アメリカもイギリスも中国の勝利を望んでいない。彼らは日本が鎖につながれた犬として、中国に吠え立てていることを望んでいるが、同時にその犬が自分たちに刃向かうことは欲していない。(一一)中国共産党大会で理論的討議を行うのは不適当だ。理論的問題は戦争が済んでからやればいい。(一二)国民革命連盟の創設問題が遅れている。(一三)ウルムチには八路軍と党にふさわしい代表者が必要だ。(43)

中国共産党指導部は、こういったスターリンの発言を指針として、活動の方向を定めたものと思われる。

スターリンの中国観、日本観、さらには日中戦争に対する評価がどのようなものであったのかはすこぶる興味深いテーマだが、その一端を示す資料がある。一一月一一日、ソ連側はスターリンとヴォロシーロフ、中国側は楊杰と張群による中ソ会談の記録である。それを読むと、スターリンが国民政府内の人脈をかなり詳しく掌握していることに驚かされる。長年にわたり中国情勢に深い関心を抱いていたことが窺われるのだ。中国政策に関しては、先のディミトロフの記録と重複するところが多い。中国側代表に対し、自前の軍事工場を持つことがいかに大切かを力説している。また中国共産党軍に大砲等の武器を与えるようヴォロシーロフとともに勧告している。

スターリンの次の発言には、対日観がよく表れているように思われる。

中国に対して帝国主義勢力が手を組んでいるわけでもない。アメリカやイギリスは傍観者です。戦っているのは日本だけです。ソヴィエト・ロシアは一四カ国と戦いましたが、それでも勝ちました。ですから中国が日本を弱らせたあと、日本の支配者間で争いが起こり、今の日本政府が倒れたとしても何ら驚くことではありません。広田〔弘毅。外相〕はファシストであり、ファシズムの下僕です。今日の日本政府は、近衛〔文麿。首相〕ではなく広田の政府です。もし私が中国人だったら、自国民に対し三カ月ではなく三年の抗戦を呼びかけたでしょう。この三年間、皆さんを支援することはできます。

つまり三年辛抱すれば、日本は自壊すると論じているのである。

ソ連軍の参戦要請に対しては、中国人の強さをほめそやしつつ、このように回答している。「ソ連は今日本と戦争を始めることはできません。もし中国が首尾よく日本の攻撃を退けることができれば、ソ連は戦争を始めません。もしも日本が勝ち始めたら、ソ連は参戦します」(44)。

実際にソ連が対日参戦するのは一九四五年八月のことだが、実は三七年以後、軍事物資の提供だけでなく、人的にも中国に軍事援助していたことは、ロシア（ソ連）側に様々の証言がある。三七年一一月には軍事顧問としてソ連軍師団長のミハイル・ドラトヴィンが中国に派遣され、翌年にはアレクサンドル・チェレパーノフに交替し、さらに四〇年末からはヴァシーリー・チュイコフ元帥が引き継いで、ソ連人軍事専門家とともに中国軍の教練にあたった(45)。また、旅団長パーヴェル・リチャゴフのもとではソ連人義勇軍による飛行隊が編成され、独ソ戦勃発まで、華中・華南の戦線で、ソ連人パイロット自らも戦闘に加わったのである(46)。チュイコフの回想録によれば、中国に発つ前にスターリンに呼ばれ、国民政府と外交関係を結んでいる以上、中国共産党への支援はできないこと、蔣介石を支援するのは、彼に勝利を確信させ、日本と手を結ばせないためであることを説明されたという(47)。当時のソ連の極東政策に照らしても、それはスターリンの真意であったと判断してよさそうである。

（1）ロシア大統領府ホームページ二〇一〇年九月二七日。
（2）E・H・カー（清水幾太郎訳）『歴史とは何か』（岩波新書、一九六二年）iii頁。
（3）河原地英武「日中開戦前後のソ連外交——ロシア（旧ソ連）公文書を中心に——」『京都産業大学　世界問題研究所紀要』第二八巻（二〇一三）。

（4）Ministerstvo Inostrannykh Del, *DVP SSSR*, vol. 20, no. 45.
（5）S. L. Tikhvinsky (ed.), *Russko-kitaiskie otnosheniia v XX veke, vol. 4-1 Sovetsko-kitaiskie otnosheniia. 1937-1945 gg. Kn.* 1: 1937-1944 gg. (Moscow, 2000)（以下，*PKO*, vol. 4-1 と略記), no. 1.
（6）*PKO*, vol. 4-1, no. 3.
（7）*PKO*, vol. 4-1, no. 4.
（8）*PKO*, vol. 4-1, no. 5.
（9）*PKO*, vol. 4-1, no. 9.
（10）*PKO*, vol. 4-1, no. 10.
（11）*PKO*, vol. 4-1, no. 11.
（12）*PKO*, vol. 4-1, no. 14.
（13）*PKO*, vol. 4-1, no. 6.
（14）*PKO*, vol. 4-1, no. 9.
（15）*PKO*, vol. 4-1, no. 20.
（16）*PKO*, vol. 4-1, no. 22.
（17）*PKO*, vol. 4-1, no. 25.
（18）*PKO*, vol. 4-1, no. 26.
（19）*PKO*, vol. 4-1, no. 31.
（20）*PKO*, vol. 4-1, no. 33.
（21）*PKO*, vol. 4-1, no. 39.
（22）*PKO*, vol. 4-1, no. 42.
（23）*PKO*, vol. 4-1, no. 43.
（24）*PKO*, vol. 4-1, no. 44, no. 47.
（25）*PKO*, vol. 4-1, no. 49.

（26）*PKO*, vol. 4-1, no. 53.
（27）*PKO*. vol. 4-1, no. 54, no. 55, no. 57.
（28）*PKO*, vol. 4-1, no. 76.
（29）*PKO*, vol. 4-1, no. 85.
（30）*PKO*, vol. 4-1, no. 121.
（31）A. M. Ledovskii, *SSSR i Stalin v sud'bakh Kitaia* (Moscow, 1999) pp. 250–251.
（32）ボリス・スラヴィンスキー、ドミートリー・スラヴィンスキー（加藤幸廣訳）『中国革命とソ連——抗日戦までの舞台裏　一九一七年—三七年』（共同通信社、二〇〇二）二四一頁。
（33）山川直夫『暗雲漲る日ソ開戰説の眞相——ロシアは一戰の決意ありや』（東京情報社、一九三八）、一〇～一四頁。
（34）*DVP SSSR*, vol. 10, no. 21.
（35）*DVP SSSR*, vol. 10, no. 82.
（36）*PKO*, vol. 4-1, no. 15, no. 16, no. 17.
（37）西春彦『回想の日本外交』（岩波新書、一九六五）八〇頁。
（38）*PKO*, vol. 4-1, no. 17.
（39）林三郎『関東軍と極東ソ連軍』（芙蓉書房、一九七四）一〇九頁。
（40）注（18）参照。
（41）M. L. Titarenko (ed.), *VKP (b), Komintern i Kitai: Dokumenty, vol.* 4, Ch. 2 (Moscow, 2003) (VKP (b) K i K4-2), no. 406.
（42）M. L. Titarenko (ed.), *VKP (b), Komintern i Kitai: Dokumenty, vol.* 5, (Moscow, 2007) (VKP (b) K i K5), no. 6.
（43）*VKP (b)*, K i K5, no. 7.
（44）注（31）参照。
（45）M. I. Slagkovsky, *Noveishaia istoriia Kitaia, 1928–1949* (Moscow, 1884), pp. 190–191.
（46）A・カリャギン（中山一郎・柴田忠蔵訳）『抗日の中国』（新時代社、一九七三）。

(47) V. I. Chuikov, *Missiia v Kitae* (Moscow, 1983) pp. 51-53.

第九章　ブリュヘル元帥粛清から見た張鼓峯事件とソ連

笠原　孝太

はじめに

戦間期には、日ソ両軍が直接交戦するに至った、大小多くの国境紛争が勃発した。中でも乾岔子島《カンチャーズ》事件、張《ちょう》鼓峯《こほう》事件、ノモンハン事件が勃発した一九三七年から三九年は「大規模紛争期」(1)と称され、これらの国境紛争に関しては様々な研究が行われている。

一方で、この時期のソ連に注目した時、ヨシフ・スターリンの粛清から目を背けることはできない。特に一九三七年六月一一日のミハイル・トゥハチェフスキーの粛清から翌三八年にかけて行われた大粛清では、「人民の敵」と宣告された多くの軍人が逮捕・処刑された。こうした大規模な粛清が、赤軍に大きな影響を与えていたことは先行研究でも明らかにされている。(2)

そして、この「大規模紛争期」と、「大粛清」のふたつが重なる時期に勃発した国境紛争が張鼓峯事件である。スターリンの大粛清という異様な状況下で勃発した張鼓峯事件は、それだけで翌年に勃発したノモンハン事件とは別の側面を持っている。

張鼓峯事件で極東方面軍を率いて日本軍と戦った、ヴァシリー・ブリュヘル元帥は事件後に粛清された。ブリュヘルは、赤軍最初の元帥の一人として有名であるが、彼に関する日本の先行研究はそれほど多くない(3)。

また、日ソ両国の史料を用いた張鼓峯事件の研究は、拙著『日ソ張鼓峯事件史』(二〇一五)として発表したが、同書でもブリュヘル元帥の粛清と張鼓峯事件の関係性については検討し切れず、次の研究課題として残っていた。すなわち、張鼓峯事件とブリュヘル元帥の粛清の関係性を明らかにすることは、張鼓峯事件に粛清という新たな視点を加えることになる。本章は、この関係性を明らかにしたのち、ソ連の中枢が張鼓峯事件をどのようにとらえていたのかを考察するものである。

なお、張鼓峯事件で赤軍と戦ったのは、日本の朝鮮軍であるが、本章では朝鮮軍を日本軍と表記する。ただし、個別名称を示す必要がある場合は正式名称を表記する。

一 張鼓峯事件の背景と概要

極東方面軍司令官として、対日国境紛争を指揮したブリュヘル元帥の粛清を考察するにあたり、事件の概要を示す。

張鼓峯事件とは、その名の通り、張鼓峯を中心とした周辺の高地をめぐり、一九三八年に日ソ両軍が軍事衝突した国境紛争である(ロシアではハサン湖事件と呼称)。

日露戦争後、日本はこの張鼓峯事件で、初めて赤軍に対して戦略単位の部隊を投入し、本格的な「近代戦」を

経験した。(4)

　張鼓峯は、朝鮮とソ連の間に満洲国の領土が舌状に伸びていた地域にあり、国境線を挟んで直接領土が接していたのは満洲国とソ連であった（左掲地図参照）。しかしながら、地理的な要因からこの地域には朝鮮人が多く住んでおり、この舌状部分の満ソ国境防衛は、関東軍ではなく朝鮮軍が担当していた。(5)

　一方、ソ連側に目を向けると、極東にはブリュヘル元帥率いる特別赤旗極東軍（のちの極東方面軍）が置かれていた。ただし、満洲国との国境警備を担当していたのは軍ではなく、内務人民委員部管下の国境警備隊であった。

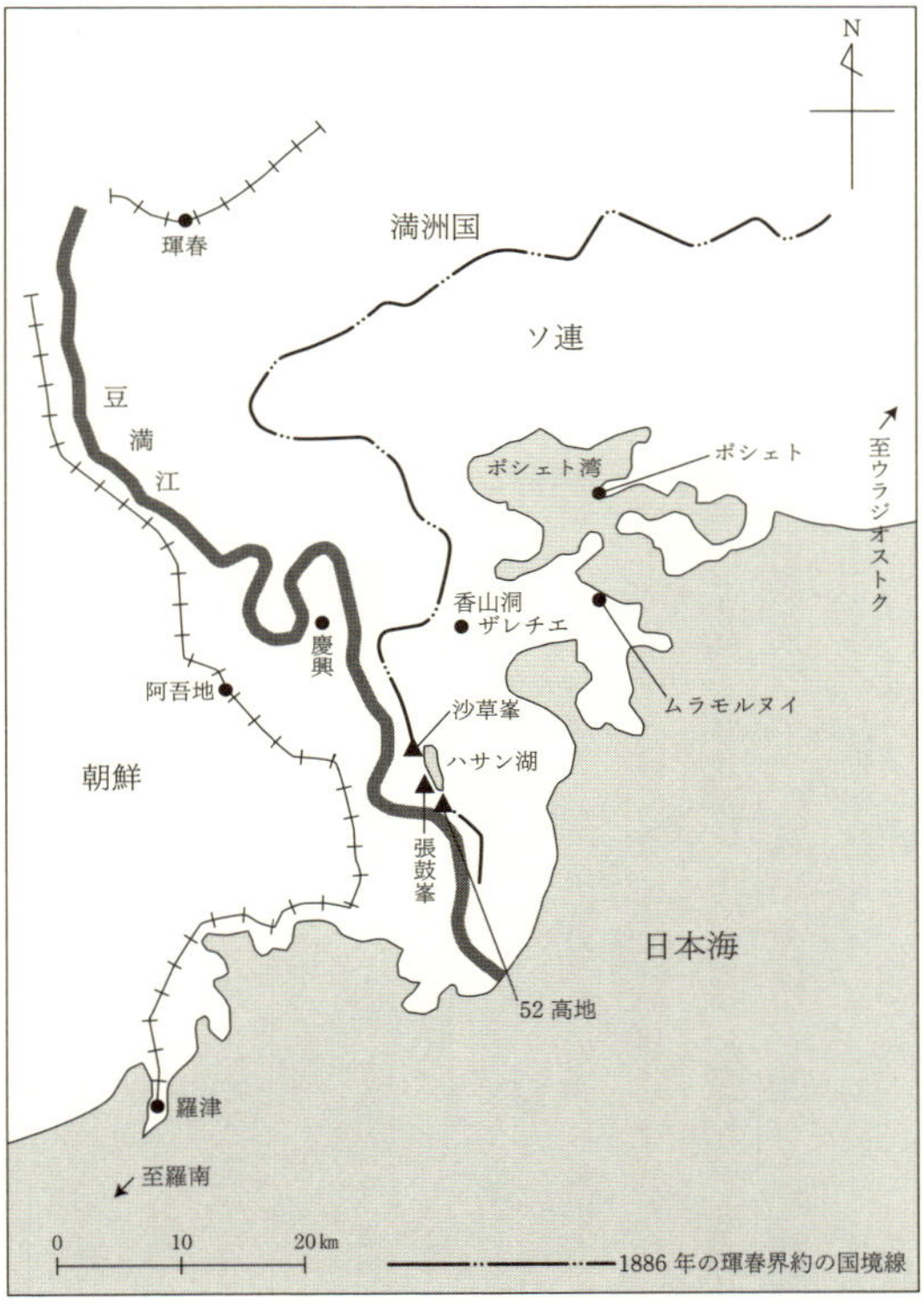

張鼓峯周辺要図．満洲国と朝鮮の国境は豆満江のため，
満洲国の領土が日本海に向けて舌状に伸びている．

　張鼓峯周辺の満ソ国境線は、一八八六年に清国と帝政ロシアが締結した琿春《こんしゅん》界約による国境線を満ソ両国が引き継いでいたが、それぞれ異なる国境線認識を有していたため、両国が主張する国境線にずれが生じていた。具体的には、満洲国および日本は張鼓峯の頂上部を含む高地そのものが満洲国内にあり、国境線はその東側にあるハサン湖の西湖岸を通ると主張していた。一方ソ連は、張鼓峯を含む周辺の高地群の稜線（頂上部を結ぶ線）を国境線と主張していた。こうした国境線認識の差異が事件の背景に存在していた。(6)

一九三八年七月九日、張鼓峯の頂上にソ連国境警備隊の兵士十数名が現れ、陣地構築を開始した。日本の中央は泥沼化していた日中戦争を抱えながら、さらにソ連と軍事衝突することはできないと考え、事件の絶対不拡大方針を取り、外交交渉での平和的解決を優先することを決定した。(7)

七月一五日、モスクワで西春彦代理大使とボリス・ストモニャコフ外務人民委員代理（次官に相当）による交渉が行われたが、ストモニャコフ次官はソ連側の越境は承知していないとして、極東当局に問い合わせることを約束した。同日夜に行われた二回目の交渉で、ストモニャコフ次官は極東当局へ問い合わせた結果、ソ連側の越境はなかったとして、日本側が要求したソ連国境警備兵の撤兵を拒否した。(8)

こうして両者の意見が対立し、外交交渉による決着の目途が立たない中、七月二九日、張鼓峯の北方約三キロメートルに位置する沙草峯《さそうほう》南方高地の頂上部にもソ連国境警備兵が進出したため、朝鮮軍第一九師団の尾高亀蔵《すえたかかめぞう》師団長は、沙草峯地区への進出を張鼓峯への進出とは切り離した「別個処理」とし、同地区のソ連国境警備兵を、本来の国境警備任務として駆逐することを決意した。(9)

朝鮮軍第一九師団は七月三〇日深夜（三一日午前二時頃）、沙草峯および張鼓峯に夜襲を行い、ソ連国境警備兵を撃退した。日本軍は張鼓峯と沙草峯を別個処理としたが、作戦遂行上、標高が高い張鼓峯も奪回する必要があると判断し、沙草峯のみならず張鼓峯も奪回した。(10)

これを機に赤軍も本格的な行動を開始し、日ソ両軍は激しい戦闘を繰り広げた。八月一日から赤軍の「第一次奪回攻撃」が行われたが、日本軍は専守防御に徹しながらも敵を撃退し高地を死守した。(11)

八月六日からは赤軍の「第二次奪回攻撃」が開始された。日本軍は敵の攻撃を当初は撃退したものの、赤軍が

攻撃の手を緩めなかったため、八月一〇日になると日本軍の中には混乱が生じる部隊が出るようになった。(12)

実際に一〇日は、第一九師団の中村美明《なかむらよしあき》参謀長が朝鮮軍の北野憲造《きたのけんぞう》参謀長に、事実上の自主撤退を示唆するほど消耗しており、日本軍はあと一日と持たない状況まで追い詰められていた。(13)

しかしその夜、モスクワでの外交交渉で、重光葵《しげみつまもる》駐ソ大使とマクシム・リトヴィノフ外務人民委員が停戦に合意し、翌八月一一日正午に停戦した。(14)

日本軍は高地の大部分を保持した状態で停戦したが、大本営はこれ以上の赤連との衝突を避けるため、部隊を豆満江右岸に撤退させ、その後原駐地に帰還させた。しかし、日本軍が撤退したあとに赤軍が張鼓峯を占領したため、日本軍は多大な犠牲を払って死守した高地の頂上部をみすみす手放すことになった。(15)

結果的に赤軍が高地を占領し日本軍が大きな損害を出したことから、従来、張鼓峯事件は、日本の軍が近代戦の洗礼の一端を受けた最初の戦いと認識されてきた。(16)しかしながら近年の研究で、停戦時には日本軍が高地の大部分を保持していたことや、赤軍が日本軍の約三倍も多く損害を出していたことが明らかになっている。(17)

こうした新事実からも、ブリュヘルは張鼓峯事件の結果について責任を取らされ、粛清されたと考えられる。

二　ブリュヘル元帥の人物像

略歴と張鼓峯事件

ブリュヘルは一八九〇年一一月一九日、ヤロスラヴリ県ルィビンスク郡バルシンカ村の農家に生まれた。(18)一九〇四年、教区付属小学校を卒業すると、〇五年に車両製造工場の工員になった。しかし一〇年に同工場でストラ

右の人物がブリュヘル

イキを指導したため、二年八カ月の懲役刑に処せられた。出獄後の一四年に徴兵され、第一次世界大戦に参加し下士官に昇進したが、翌年一月八日に重傷を負い、これが原因で除隊した。[19]

その後、ブリュヘルはふたたび造船所や機関工場で労働者生活を送っていたが、革命気運の高まりを受け、一九一六年にロシア社会主義民主労働党（のちのソ連共産党）に入党した。一七年にはサマラ軍事革命委員会の委員となり、一〇月革命を迎えた。[20]

一九一八年からはウラルでパルチザン軍を指揮し、ロシア内戦ではアレクサンドル・ドゥトフ率いる白軍部隊を駆逐するなど数々の戦功をあげた。同年九月にはこうした活躍が評価され、新設された赤旗勲章の最初の受章者となった。[21]

一九一九年には第五一狙撃師団長となり、アレクサンドル・コルチャーク率いる白軍に勝利した。翌二〇年には南部戦線に送られ、ロシア内戦最大規模の作戦であるペレコープ＝チョーンガル作戦に参加した。ブリュヘルは、ここでもピョートル・ヴラーンゲリ率いるロシア軍を打ち破り、白軍の敗北を決定づけた。[22]ブリュヘルはこれらロシア内戦での活躍が評価され、二一年にふたつの赤旗勲章を受章した。[23]

また同年五月には極東へ派遣され[24]、六月二七日に極東共和国の軍事相兼人民革命軍総司令官に任命された。同国では常備軍の創設を指揮した。

一九二四年から二七年までは、中華民国の最高軍事顧問に就任し、ここでも常備軍の創設を指揮した。帰国後、四つ目の赤旗勲章を受章し、ウクライナ軍管区司令官の補佐官を務めるなど着実に実績を積み上げ、二九年特別極東軍司令官に任命された(25)。

さらに同年、ブリュヘル率いる特別極東軍が奉ソ紛争で勝利したことにより、特別極東軍に「赤旗」の称号が授けられ、特別赤旗極東軍と改称した(26)。

ブリュヘルはこれらの活躍により、一九三〇年に赤星勲章、翌年にレーニン勲章を立て続けに受章した。さらに三五年一一月には、新設されたソ連邦元帥の称号を受けるに至った(27)。こうして有名な「ブリュヘル元帥」が誕生したのである。

一九三八年七月には、特別赤旗極東軍が極東方面軍へと改編されることになり、ブリュヘルが引き続き方面軍司令官を務めることになった(28)。しかしその直後に張鼓峯事件が勃発し、ブリュヘルは本格的な対日国境紛争を指揮することになった。そして張鼓峯事件終結後に彼はモスクワへ召還され、司令官の任を解かれた(29)。休暇を与えられたブリュヘルが家族とともにロシア南部の保養地、ソチの別荘《ダーチャ》で過ごしていたところ、一〇月二二日に内務人民委員部の係官がやってきて、彼と家族を逮捕した(30)。モスクワに移されると、暴行をともなう厳しい訊問を受け、一一月九日に体調不良を訴えたあと、そのまま息を引き取った(31)。

悲劇的な最期を迎えたとはいえ、ブリュヘルの経歴を振り返ると、彼がいかに輝かしい軍歴を有した軍人であったかがよくわかる。農家生まれの労働者から軍人になり、極東共和国や中華民国で要職を務め、長らく極東軍管区の頂点に君臨していたブリュヘルは、紛れもなく「極東のスペシャリスト」だったと言える。そのブリュヘルが張鼓峯事件の直後に逮捕され、獄中死を遂げたのである。略歴の考察からも、ブリュヘルの粛清と張鼓峯事件には強い関係があると考えられる。

笠原 孝太

人物評価と張鼓峯事件

ブリュヘルの略歴を明らかにしたところで、実際の彼の人物評価から張鼓峯事件との関係を考察する。まずブリュヘルの評価には、肯定的なものと否定的なものが混在し、確立された評価はない。本節では、その異なる人物評価を二人のソ連邦元帥の言葉を基に考察する。

一人目は、ノモンハン事件や大祖国戦争での活躍で有名なゲオルギー・ジューコフ元帥である。彼はブリュヘルを高く評価した人物であり、ブリュヘルについて次のように述べている。

私はこの人物の情の深さに魅了された。ソヴィエト共和国の敵に対して恐れることを知らない戦士で、伝説的な英雄であるブリュヘルは、多くの人々にとって理想の人物である。隠さずに言えば、私は常にこの素晴らしいボリシェヴィキであり、素敵な同志であり、才能ある将軍のようになりたいと夢見ていた。(32)

二人目は、極東でブリュヘルのもとで働き、のちに大祖国戦争で活躍したイワン・コーネフ元帥である。彼はブリュヘルについて厳しい評価を下した人物である。コーネフは、大粛清が始まった一九三七年には、ブリュヘルが「未来がない人物」(33)となり、その知識や観念はロシア内戦当時のままだったと述べている。

確かにブリュヘルの略歴からも明らかな通り、ブリュヘルの戦功の大部分はロシア内戦時のものである。そのためコーネフは、ブリュヘルが「近代戦を乗り切ることができるなど想像することもできない」(34)と酷評した。そして、その考えを裏づけるように「ハサン湖事件のような小さな作戦であっても、ブリュヘルは作戦を失敗させた」(35)と、張鼓峯事件を実例として挙げている。

さらにコーネフは、ブリュヘルが晩年精神的に不安定になり、アルコール中毒になっていたことも指摘している。私生活の乱れが張鼓峯事件での極東方面軍の指揮に影響を及ぼしたと考えたコーネフは、ブリュヘルを「堕落した」(36)と批判した。

このように評価の分かれるブリュヘルであるが、本節ではコーネフからこれらの評価を聞き取った、軍事ジャーナリストのコンスタンチン・シモノフの見解にも注目したい。

シモノフはコーネフの一連の評価について、当時のブリュヘルが置かれた状況を考慮すると、張鼓峯事件での失敗はある程度仕方がないと主張した。一九三八年の張鼓峯事件までに、ブリュヘルは自分に粛清が迫っていると感じており、「斧《おの》の下に首を置かれている状態」(37)だったと表現した。張鼓峯事件直前の一九三八年六月一三日に、内務人民委員部極東局長だったゲンリフ・リュシコフが、日本へ亡命する事件が起きていたことから、ブリュヘルが自分への粛清の気配を感じていたとしても不思議ではない。シモノフの表現が適切であるならば、粛清の恐怖がブリュヘルの指揮に大きな影響を与えていたことになり、張鼓峯事件の結果とブリュヘルの軍司令官としての本来の能力は切り離して考えるべきである。

また飲酒に関しては別の証言がある。一九四三年に将軍となるアンドレイ・フルリョフは、ロマン・ルデンコ検事総長の問いに次のように答えている。

> ブリュヘルはたくさん飲んだ。しかしこれは彼が誠実な人間のままでいることを妨げなかった。任務において同志たちに立派に振る舞った。厳格な人間で、人を見下すことはなかった。(38)

この証言から、ブリュヘルが酒好きだったことは事実であっても、いわゆる中毒になるほど深刻なものではなかったと考えられる。飲酒の問題は、ブリュヘルを否定的に評価する材料として使われていた可能性が高い。

シモノフも、仮にブリュヘルの指揮に至らないところがあったとしても、それは議論するようなものではなく、張鼓峯事件におけるブリュヘルの問題は相当な程度、粛清によって作られた雰囲気の結果であると結論づけている。(39)

このようにブリュヘルの人物評価からも、彼の粛清と張鼓峯事件との強い関係が窺える。

スターリンとの関係

ジューコフやコーネフのように、同じソ連邦元帥の中でも評価が分かれるブリュヘルだが、最も注目すべきはスターリンとの関係である。

ブリュヘルがスターリンの「お気に入り」(40)だったことはすでに指摘されているが、スターリンがブリュヘルに目をかけていたことを示す具体的なエピソードがふたつある。

ひとつ目は、一九三五年にブリュヘルがソ連邦元帥の称号を受けた経緯である。当初スターリンの手元のリストには、新設される元帥の候補者として、セミョーン・ブジョーンヌイ、クリメント・ヴォロシーロフ、アレクサンドル・エゴロフ、ミハイル・トゥハチェフスキー、イエロニム・ウボレヴィッチ、イオナ・ヤキールの六名の名前が挙げられていた。しかし、スターリンは熟考の末、ウボレヴィッチとヤキールの名前を鉛筆で消し、そこにブリュヘルの名前を書き込んだ。(41) ブリュヘルは、スターリンの一存によって、候補外からリスト入りを果たし、そのまま元帥になったのである。

ふたつ目は、張鼓峯事件の前年、一九三七年六月二日に開かれた軍事評議会におけるスターリンの演説である。スターリンは、当時周囲で広がりつつあったブリュヘル排斥の動きを批判し、ブリュヘルを擁護した。スターリンは、自分の耳に入ったブリュヘルへの批判に対し、直々に反論する自問自答形式の演説を行った。その演説は次の通りである（全てスターリン自身の言葉である）。

まさにキャンペーンが始まった。深刻なキャンペーンだ。ブリュヘルを排除したいようだ。ヤン・ガマルニク、ラザリ・アロンシュタムが扇動している。彼らは抜け目なくブリュヘルとその周囲を引き離そうとしている。さらに彼らは、軍中央上層部にまでブリュヘルを排除することが必要だと説得した。なぜだ。理由を伺おう。説明してくれ。どうしてだ。

彼は酒を飲みます。

別にいいではないか。それから。

彼は遅くまで寝ていますし、部隊へ足を運びません。

それから。

彼は古い人間で新しい仕事の仕方を理解していません。

今日は理解していないが、明日は理解する。古い兵士は金で買えるものではない。

いいか、中央委員会はブリュヘルに関する様々な醜聞に直面している。ヴィトフト・プートナとアロンシュタムは、モスクワにいる我々にブリュヘル排除という言葉の爆撃を行っている。ガマルニクも同様だ。〔以下略〕

ブリュヘルはなかなかいい奴だ。〔中略〕酒が飲めず戦うこともできない人間を、司令官のポストに置くことはできない。(42)

この演説からスターリンが強い意志を持ってブリュヘルを擁護したことは明らかである。飲酒についての批判さえも肯定的にとらえており、ブリュヘルがスターリンの「お気に入り」だったことは確かである。

またスターリンとブリュヘルの関係は、スターリンからの一方的な信頼だけではなく、ブリュヘル自身もスターリンに対して強い忠誠心を持っていたようである。当時ブリュヘルの周囲には、スターリンに対して不満を持っていた者も多かったが、ブリュヘルは友人や同僚の中でも特別にスターリンを敬っていたことで評判だった。ブリュヘルは、たとえ私的な空間でスターリンを批判する会話が始まっても、その会話に参加することはなかったと言われている。(43)

大粛清が始まったあとも、スターリンとブリュヘルの間には良好な関係が保たれており、一九三八年に入ってもその関係は続いていた。(44)これは同年二月に、ブリュヘルにふたつ目のレーニン勲章が授与されていることからも明らかである。

しかしこの良好な関係は、張鼓峯事件によって終わることになる。事件直前に日本へ亡命したリュシコフは、日本で開かれた記者会見で両者の関係を「相対的なもの」(45)と表現した。しかし一方で、「スターリンが彼に対して好感を持っていたからとて、それが必ずしも終局まで続くと観察できるかどうか疑問である」(46)とも述べており、良好な関係が粛清を免れる理由にはならないという主旨の発言をした。

張鼓峯事件の勃発については、リュシコフ亡命に泡を食ったソ連国境警備隊が、新たな亡命事件を阻止しようと、見通しのいい張鼓峯に陣地を構築したことが原因だとする主張がある。(47)この主張が正しいとすれば、張鼓峯事件というスターリンとブリュヘルの関係を破壊する原因を作った張本人が、亡命先の記者会見で両者の関係継続に疑問を投げかけていたことになる。このあたりは何とも歴史の皮肉である。

三　張鼓峯事件とブリュヘル粛清

粛清と軍管区

ソ連軍を襲った粛清については、いまだ解明されていないことも多く、現代史の謎のひとつとされている。[48] 張鼓峯事件当時の極東方面軍に関しても、残念ながら当時の粛清の実行状況を明確に示す史料の存在は明らかになっていない。しかしながら、前年の粛清の数値や他の軍管区での記録は確認できるため、これらを参考に考察する。

一九三七年一月一日時点の赤軍の将校と政治将校《コミッサール》の数は、全体で二〇万六二五〇名であった。[49] そして同年初めから一一月までに除隊となった将校の数は、全軍管区で一万一三七六名、逮捕者は三一二六名であった（次頁の表参照）。これに国防人民委員部中央機関や後方機関、軍事アカデミー、士官学校、その他研修所などでの粛清も加えると、将校全体で除隊者が一万三八一一名、逮捕者は三七七六名にも上った。さらに除隊者の多くも一一月以降に逮捕された。[50]

ブリュヘル率いる特別赤旗極東軍では、この期間に将校一八六七名が除隊、六四二名が逮捕された。これは他の軍管区や軍種と比較して、最も多い人数である[51]（次頁の表参照）。

一九三七年一月から各軍管区で行われた粛清によって、赤軍全体で将校の数が激減し、同年九月九日には国防人民委員部が司令官や部隊指揮官の粛清を中止する命令を各軍管区に出すに至った。しかし、それでも粛清が止まることはなかった。[52]

一連の粛清が各軍管区に深刻な影響を与えたことを示す記録がある。一九三七年一一月の国防人民委員部での

1937年1月1日から11月1日までの将校の除隊・逮捕者数

軍管区および軍種	除隊（名）	逮捕（名）
モスクワ軍管区	1,252	363
レニングラード軍管区	1,015	60
白ロシア軍管区	1,215	279
キエフ軍管区	1,126	382
ハリコフ軍管区	780	257
北カフカース軍管区	569	101
沿ヴォルガ軍管区	315	106
ウラル軍管区	297	102
シベリア軍管区	204	128
ザカフカース軍管区	395	138
中央アジア軍管区	136	98
ザバイカル軍管区	295	14
特別赤旗極東軍	1,867	642
空軍	1,205	285
海軍	705	171

Iakupov N.M. *Stalin i krasnaia armiia* (Arkhivnye nakhodki). // Istoriia SSSR. 1991. no.5. p.171. をもとに著者作成.

会議における、ザカフカース軍管区のニコライ・クイビシェフ軍団長と、クリメント・ヴォロシーロフ国防人民委員の会話である。

クイビシェフ　軍管区は骨抜きにされました。軍管区の部隊の軍事教練の点検の結果はこれで説明できます。一九三七年の検査官による査察で、軍管区は不十分な評価を受けました。軍管区の三つの師団は、それぞれ大尉が指揮を執っていました。アルメニア師団では、それまで中隊を指揮していた大尉が指揮を執っていたのです。

ヴォロシーロフ　なぜあなたは任命したのか。

クイビシェフ　人民委員同志、私は彼らよりもよい人員がいなかったと断言します。我々にはアゼルバイジャン師団長の少佐がいます。彼はこれまで連隊はおろか大隊さえも指揮したことがありません。この六年間は士官学校で教官を務めていました。

第三者　指揮官たちはどこへ消えたのか。

クイビシェフ　他の者たちは全員決まった役職に就くこともなく、内務人民委員部当局へ転任しました。我々には少佐が指揮しているグルジア師団があります。彼も連隊を指揮したことはなく、大隊のみです。さらに、この四年間は師団への軍事物資の供給を指揮する役職にいました。我々は今ここにいる者の中から一番よい人物を抜擢したにもかかわらず、多くの指揮官が指揮することができません。(53)

この会話はザカフカース軍管区に関する話であるが、粛清が軍管区にどれほど大きな影響を与えていたのかを示す記録のひとつである。さらに指摘しておかなければならない点は、当時の特別赤旗極東軍の将校は、除隊・逮捕者を合計すると、ザカフカース軍管区の約四・七倍もの人員が粛清されていたことである（前頁の表参照）。こうしたことから、当時の特別赤旗極東軍も深刻な人員不足に陥っていたと推定できる。しかしブリュヘルには更なる重責がのしかかる。

一九三八年六月二八日、極東の国境付近の状況が緊迫化したことにより、特別赤旗極東軍を七月一日付で極東方面軍に改編する命令が出され、ブリュヘルがその指揮を執ることになったのである。(54)ソ連国境警備兵が、七月九日に張鼓峯の頂上で工事を開始したことを考慮すると、改編命令はその直前に下達されていたことになる。つまりブリュヘルは、日本軍との軍事衝突の可能性が急速に高まる中で、人員不足の軍の改編を行っていたのである。

実際に当時の様子は、ロシア側の文献に次のように記されている。

大急ぎでふたつの軍が組織された。第一沿海軍（ポドラス旅団長）と第二独立赤旗軍（コーネフ軍団長）である。粛清により将校、政治将校の数に大きな不足があった。人員は一〇万人以上追加されたが、広大な土地に分散されたため効果は感じられず、その追加も素早く行われなかった。武器や装備品も不足していた。ハサン地区には急いで第四〇狙撃師団が集結した。司令部は急いで人員を補充したため、各自まとまりなく働く有様だった。(55)

クリメント・ヴォロシーロフ

レフ・メフリス

やはり緊迫した状況下で、突貫に近い形で極東方面軍への改編を行っていたのである。ブリュヘルは改編後の極東方面軍司令官として、その改編に責任があったが、粛清による深刻な人員不足と張鼓峯事件勃発までの時間的な問題により、十分な態勢を整えられないまま日本軍との武力衝突に突入してしまった。

　これらふたつの問題は、張鼓峯事件におけるブリュヘルの指揮や、極東方面軍の活動に大きな影響を及ぼしたと言える。

ヴォロシーロフとメフリスの影

　以下では、直前の極東方面軍への改編を指揮し、国境への注意も払わなければならなかったブリュヘルの様子について、いくつかの文献をもとに考察する。

　一九三八年七月一九日、国境警備隊長代理のマイオル・アレクセエフは、極東方面軍司令部および第一沿海軍司令部に対して、現地に集中する日本軍が張鼓峯の奪回作戦に動くことを考慮して、張鼓峯の警備隊強化のためにパクシコリの赤軍支援中隊から、一個小隊を派遣して欲しいと電話で要請した(56)。

　この国境警備隊からの連絡を受けたブリュヘルは、同日一九時に支援中隊の一個小隊（レフチェンコ小隊）を、日本軍と衝突することがないように、密かに前進させることを許可した。[57]しかし翌二〇日午後になると、このレフチェンコ小隊を夜間に撤収させる命令が出され、小隊は呼び戻されてしまう。[58]

この命令を知った現地の国境警備隊は、ブリュヘルが前日に自ら一個小隊を派遣することを決定したのに、なぜ慌てて引き返させたのか上司に確認を取った。同時に日本軍がいつでも攻撃を開始することができる現在の状況を、ブリュヘルをはじめ極東方面軍司令部が理解しているのかについても問い合わせた。その結果、ブリュヘルが国境で日本軍と衝突するのであれば、最初に対応するのは国境警備隊であるべきだと考えていたことを知ったのである。[59]

その後、七月二四日には、現地の国境警備隊は国境警備隊司令部と第一沿海軍軍事評議会に対して、張鼓峯へ一個中隊を増援して欲しいと要請した。[60]

さらに二日後の七月二六日、国境警備隊長のクズマ・グレベンニク大佐は、防衛担当地域において事態が非常に緊迫化し、また人員・武器弾薬の状況を鑑みて、ハバロフスクの極東方面軍司令部に次のように電話連絡を入れた。

日本人は国境線上にある高地の占領に意を傾けている。我々の力では全ての高地を常に防衛することはできない。至る所で国境が高地群に沿っているからなおさらである。力による高地防衛に移行することは国境警備を妨げている。国境警備隊の機動部隊と予備隊のザレチエ隊が張鼓峯を守っている現状のように、予備隊までもが高地に貼りつけられることになり、そこから動けなくなるだろう。[61]

国境警備隊は、その名の通り国境警備が任務であって、日本の精鋭師団(62)である第一九師団とはとても渡り合えないことを自覚していたのである。また、戦力のみならず長い国境線全体を警備する任務上、張鼓峯だけに貼りつけになることができなかった。しかし、国境警備隊長の意見具申に対して、軍司令部からの返信はなかったとされている。(63)

こうした中、日本軍が張鼓峯奪回攻撃に出ると考えたソ連国境警備隊は、七月二九日に張鼓峯を見渡せる沙草峯南方高地へ進出した。(64)この時ブリュヘルから出された命令は、張鼓峯北部(65)(沙草峯南方)のソ連領内にいる日本軍は撃滅するが、こちらから国境線は越えてはならないというものであった。ブリュヘルの慎重姿勢は徹底していた。

結果的にソ連国境警備隊は、七月三〇日深夜の日本軍の高地奪回作戦まで極東方面軍から直接的な支援を受けることはできなかった。

この一連の出来事は、軍と国境警備隊の「有害な縄張り主義(66)」が原因と考えられているが、前述の通り前年からの粛清と、極東方面軍への改編が十分に進んでいなかったことも大きく影響していたと言える。

また別の原因として、七月二四日にブリュヘルが張鼓峯へ派遣した調査委員会の報告が考えられる。(67)この調査委員会は、現地調査の結果、ソ連国境警備隊が国境線を三メートル越えていたことを突き止めたのである。(68)つまり、この事実を知ったブリュヘルは、越境を抗議していた日本の主張が正当であることを知り、これが原因で支援部隊の派遣を行わなかった可能性がある。

いずれにせよ、こうしたブリュヘルの慎重な姿勢が、七月三〇日深夜に日本軍によって行われた張鼓峯奪回攻撃の成功につながってしまい、結果としてスターリンの怒りを買うことになった。

八月一日、スターリンはブリュヘルに直接電話で次のように質した。

ブリュヘル同志よ、正直に言ってくれ。お前は日本人と本気で戦う気があるのか。もしその気がないのなら共産党員らしくそう言ってくれ。もしその気があるのなら、お前は直ちに現地に赴くべきである。(69)

ブリュヘルの慎重な姿勢は、スターリンには消極的な姿勢と映ったのである。スターリンから直接電話を受けたブリュヘルは、現地で指揮を執ることになった。

八月一日、太平洋艦隊司令官のニコライ・クズネツォフは、ハバロフスクから飛行機でウラジオストクに移動したブリュヘルを駆逐艦でポシェト湾まで送った。

ブリュヘルが前線に向かっていた時、現地の指揮は国防人民委員代理（次官に相当）のレフ・メフリスが執っていた。そして現地には内務人民委員代理（次官に相当）のミハイル・フリノフスキーもいた。

もともと彼らは軍の「掃除」、すなわち粛清のためにヴォロシロフ市（現在の沿海州ウスリースク）の第一沿海軍司令部におり、張鼓峯で武力衝突が勃発した時、二人はすぐにポシエト村にやってきた。(70)その後、極東方面軍参謀長グリゴリー・シュテルンがいるザレチエ村の第四〇狙撃師団野戦司令部へと向かった。

八月一日、現地ではヴォロシーロフ国防人民委員の「我らの領土内で張鼓峯と沙草峯を占領している干渉者を航空部隊と砲兵部隊を用いて一掃し撃滅せよ」(71)という国防人民委員命令を受け取った。これを受けて同日から始まった赤軍の「第一次奪回攻撃」は、何の準備もなく実施され、ほとんど実戦経験がない政治将校のメフリスが指揮を執ったため失敗に終わった。(72)

現地ではメフリスが「独裁者」として作戦の指揮に介入し、軍事行動の全ての経過に大きな影響を与えた。具体的には、戦場へと向かう複数の部隊指揮官がメフリスによって突然罷免され、裁判にかけられた。また複数の

グリゴリー・シュテルン

連隊長が行軍中に罷免され、その後の連隊の指揮を若い大尉が執ることもあった。(73)

八月二日、前線に到着したブリュヘルは、こうした状況を把握し、日本軍への準備無き攻撃をすぐに中止するよう命じた。(74)

国防人民委員代理で政治将校だったメフリスが出した攻撃命令に、ブリュヘルが介入したことで、彼の運命は決まったと言える。メフリスはブリュヘルが自分と対立する人物だと認識したのである。

翌八月三日、ヴォロシーロフは、作戦の指揮を執らせるためにシュテルン参謀長を第三九狙撃軍団長に任命した。(75) こうして極東方面軍司令官ブリュヘルは事実上、指揮権限を剝奪され、軍司令官としての責任だけが残る状況が作り上げられた。

このヴォロシーロフの突然の対応は、国防人民委員と国防人民委員代理の関係から考えて、メフリスがヴォロシーロフにブリュヘルを排除するように働きかけたと考えるのが自然であろう。

八月五日、メフリスはスターリンとヴォロシーロフに手紙を書いている。その内容は、ブリュヘルが指揮する極東方面軍がいかに戦闘準備を怠っていたかを訴えるものであった。手紙には、道路の整備が進んでいないことや、人員や地図、衣類などの不足が書きつづられていた。(76)

当時の赤軍については、兵站活動に住民が自主的に参加しなければならないほどの混乱と不備が生じていたことが明らかになっているが、(77) メフリスによってその具体的な内容がモスクワへと報告されていた。

またブリュヘルとヴォロシーロフの関係については、ブリュヘルは以前からヴォロシーロフが自分に好意を持っていないことを感じており、妻グラフィーラに「もしスターリンがいなければ、ヴォロシーロフは柄杓《ひしゃく》の中の水ではなく、スプーンの中の水に私を沈めるだろう」(78)と打ち明けていた。

これは非常に比喩的な表現だが、自分を庇ってくれるスターリンがいなければ、ヴォロシーロフはどんなに些細な事柄でも、それを理由に自分を粛清するつもりだと認識していたと理解できる。

しかしブリュヘルは、張鼓峯事件が勃発した当初の慎重姿勢によって、頼りにしていたスターリンにも電話で問い質され、現地ではメフリスとも対立してしまった。一方で、ヴォロシーロフは張鼓峯事件で「スプーンの中の水」以上に彼を排除する口実を得たのである。

ヴォロシーロフが、ブリュヘルに好意を持っていなかった理由は明確ではないが、スターリンの「お気に入り」だったブリュヘルに嫉妬していたのかもしれない。あるいは、輝かしい経歴を持つブリュヘルを、自分の地位を脅かす政敵として受け止めていたのかもしれない。

モスクワからのスターリンとヴォロシーロフの命令に加え、現地ではメフリスとブリュヘルが対立し、シュテルンが途中から指揮を執っていたため、赤軍の指揮系統は乱れ、軍としての組織的戦力の発揮は大きく損なわれていた。

ところが、こうした軍内の混乱や粛清による準備不足の責任は、結果的に極東方面軍司令官であるブリュヘルに全て被せられたのである。

ブリュヘルの最期

張鼓峯事件終結後、ブリュヘルはモスクワへ召還され、停戦から一〇日後の八月二一日にモスクワに到着した。

そして八月三一日にヴォロシーロフ国防人民委員が議長を務める赤軍中央軍事評議会が開かれた。出席者は、ヴォロシーロフに加え評議委員のスターリン、エフィム・シチャデンコ、セミョーン・ブジョーンヌイ、ボリス・シャーポシニコフ、グリゴリー・クリーク、アレクサンドル・ロクチオノフ、ドミトリー・パヴロフ、ブリュヘルの正規メンバー九名に、ヴャチェスラフ・モロトフと内務人民委員代理のフリノフスキーが加わった計一一名であった。(79)

ブリュヘルは極東方面軍の戦闘準備は整っていたという主旨の長いレポートを読み上げたが、その後同会議でこのレポートは否認された。(80)

ヴォロシーロフは会議の終盤に「中央軍事評議会は極東方面軍を解体し、ふたつの独立軍に改編するつもりだ」と述べた。(81) これを聞いたブリュヘルは、「ハサン湖事件で方面軍部隊はよい面をたくさん見せた」(82) と叫んだが、ヴォロシーロフはそれを遮り、「ブリュヘル、君は方面軍を指揮できなかった者として方面軍司令官の任から外された」と述べた。(83) こうして極東に君臨していたブリュヘルの更迭が決まったのである。

九月四日、ヴォロシーロフの人民委員命令（第〇〇四〇号）によって、ブリュヘルは極東方面軍司令官から正式に罷免された。同時に「比較的小さい軍事衝突で大きな不足と過度の損害を出したのは、ブリュヘル元帥に罪がある」(84)、「ブリュヘルは方面軍の中の人民の敵を本格的に排除する能力がなかった。あるいはしたくなかった」(85)、「ハサン湖事件でのブリュヘルの極東方面軍の指揮は全く不十分で、意識的な敗北主義と同じだ」(86) と、ブリュヘルを強く非難した。

そして、極東方面軍は解体され、国防人民委員直属の第一独立赤旗軍と第二独立赤旗軍のふたつの独立軍が作られた。(87)

一方ブリュヘルには、モスクワで待機し次の任務を待つよう命令が出された。九月二五日、ヴォロシーロフはブリュヘルを招き、ソチにある国防人民委員専用の「ボチャローフ・ルチェイ」という名前の別荘で休養することを勧めた。(88)

ブリュヘルはこの勧めを受け入れ、九月三〇日に家族と共にソチに到着した。そして約三週間の休養の後、一〇月二二日に突如やって来た内務人民委員部の係官によってブリュヘルは逮捕された。(89)

その後ブリュヘルは特別列車でモスクワへ移送され、一〇月二四日一七時一〇分、モスクワのクルスキー駅から内務人民委員部のルビャンカ刑務所に送られた。ブリュヘルは九三号室に入れられ、囚人番号一一番を与えられた。(90)

ブリュヘルは逮捕から死ぬまで一八日間刑務所に収監され、計二一回の取り調べを受けた。そのうちの七回は、のちに内務人民委員に昇進するラヴレンチー・ベリヤによって、一一回は内務人民委員部国家保安総局のイワノフ上級中尉によって行われた。(91) 取り調べでは「いつ誰が最初に右翼トロツキスト組織に誘ったのか」(92)や、前年に粛清で逮捕された「アレクセイ・ルイコフ〔元人民委員会議議長〕から手紙を受け取ったのか」(93)といった、張鼓峯事件とは関係のない同年三月の右翼トロツキスト陰謀事件への関与について訊問が行われた。

一一月九日、ブリュヘルは書類の記入を終え部屋に戻る途中で、突然体調不良を訴え、同日二二時四五分、医務室へ運ばれた。そして、その三～四分後に息を引き取った。(94) ブリュヘルの最期については、暴行により片目を潰されたことが原因で死に至ったという主張があるが、これは正確ではなく、のちの司法解剖で、骨盤の静脈で生成された血栓によって肺動脈が閉塞し、死に至ったと医学的に結論づけられている。(95)

そして死後の一九三九年三月一〇日、ブリュヘルは「日本のためのスパイ行為」(96)、「右翼の反ソヴィエト組織と軍事的な陰謀への参加」(97)を理由に、元帥の称号を剥奪され、正式に死刑を宣告された。

ブリュヘルはスターリン批判後の一九五六年に名誉が回復されるまで、汚名を着せられたままだった。

笠原 孝太

おわりに

以上の考察により、ブリュヘルの粛清と張鼓峯事件には具体的な関係があることが明らかになった。一九三七年からの大粛清による人員不足や極東方面軍への改編の影響も重なり、ブリュヘルは国境紛争への十分な準備を行うことができなかった。さらに、当初の慎重姿勢によりスターリンの怒りを買い、前線ではメフリスと対立してしまった。そして、ヴォロシーロフの命令によって、八月三日からは実質的にシュテルンが現地部隊の指揮を執っていた。

こうした様々な要因がブリュヘルを粛清へと導いたと考えられるが、ヴォロシーロフが自分に好意を持っていないことを知っていたブリュヘルは、なぜメフリスと対立したのだろうか。メフリスの命令に従い保身に徹すれば、粛清されることはなかったはずである。

おそらくブリュヘルは、軍司令官として隷下《れいか》部隊を不要な損害から守るために、メフリスの命令に抗ったと考えられる。準備が整っていない自分の部隊が続々と投入され、精鋭の日本軍に打ちのめされている状況が、軍人として堪えられなかったのであろう。

実際にブリュヘルは、八月二日の「第一次奪回攻撃」で後退したことを理由にメフリスに裁判にかけられそうになった、第四〇狙撃師団長ウラジーミル・バサロフ大佐を庇護している。[98] これは軍将校と政治将校の対立である。

張鼓峯事件におけるブリュヘルの粛清を考察すると、まず国防人民委員部が国境紛争の結果に対するブリュヘルの軍司令官としての責任を追及し、それを端緒に内務人民委員部がブリュヘルを政治犯として追及した。つまりブリュヘルにとって張鼓峯事件は、国防人民委員部と内務人民委員部の恐怖を背後に感じながらの国境紛争であり、同時に政治将校から部下を守りながら日本軍と戦わなければならないという、内外の敵との闘争であった。そして、この明らかになったソ連側の新しい張鼓峯事件の側面には、シモノフが指摘した「斧の下に首を置かれている状態」というブリュヘルの姿をはっきりと見ることができる。

ブリュヘルの粛清に焦点を当てた本章の考察から、ソ連にとっての張鼓峯事件は、日ソ両軍の軍事衝突という一般的な国境紛争の認識にとどまらない、別の評価を行えることが明らかになった。すなわち、ソ連における張鼓峯事件は、粛清というソ連中枢の「政争の具」として利用されたのである。

(1) 防衛庁防衛研修所戦史室『戦史叢書――関東軍〈1〉対ソ戦備ノモンハン事件』(朝雲新聞社、一九六九) 三一〇～一一頁。
(2) 平井友義『スターリンの赤軍粛清――統帥部全滅の謎を追う』(東洋書店、二〇一二) など多数。
(3) ブリュヘルに関する先行研究は、紗鹿素音「謎のブリュヘル元帥」『警察公論』第六四巻第五号 (二〇〇九)。『理想日本プリント 第九巻』(上坂氏顕彰会史料出版部) に収められている、松本琢磨『蘇連実情研究叢書・第五輯 極東赤軍総帥ブリュヘル』(蘇連実情研究会、一九三五)。小林智治『ソ連極東軍の向背』(今日の問題社、一九三七)。日支事情調査会『極東に躍るブリュッヘル・毛沢東とはどんな男か』(さくら書房、一九三七) などがある。
(4) 日本国際政治史学会太平洋戦争原因研究部『太平洋戦争への道――開戦外交史 (四) 日中戦争 下』(朝日新聞社、一九六三) 八二頁。
(5) 第一復員局『張皷峯事件』(一九五二) 三丁 (防衛省防衛研究所戦史研究センター所蔵)。稲田正純「ソ連極東軍との対決――張鼓峰・ノモンハン事件の全貌秘録」『別冊 知性 秘められた昭和史』(河出書房、一九五六) 二七八頁。

（6）琿春界約を中心とした両国の国境線認識の差については、笠原孝太『日ソ張鼓峯事件史』（錦正社、二〇一五）八五～八九頁を参照。

（7）防衛庁『戦史叢書　関東軍〈1〉』三四五頁。

（8）Komissiia po izdaniiu diplomaticheskikh dokumentov pri MID SSSR, *Dokumenty vneshnei politiki SSSR*, vol. 21 (Moscow, 1977) pp. 364-365.

（9）参謀本部『支那事變史特號　第一巻 張鼓峯事件史附表附図』附表第一（続）（防衛研究所戦史研究センター所蔵）。

（10）防衛庁『戦史叢書　関東軍〈1〉』三五七頁。歩兵第七十五連隊『歩兵第七十五連隊　張鼓峯事件戦闘詳報　1／2』四三、五〇～五一頁（防衛省防衛研究所戦史研究センター所蔵）。

（11）歩兵第七十五連隊『張鼓峯事件戦闘詳報　1／2』一一九～一二一頁。

（12）アルヴィン・D・クックス（岩崎博一、岩崎俊夫訳）『もう一つのノモンハン――張鼓峯事件――一九三八年の日ソ紛争の考察』（原書房、一九九八）二八九頁。

（13）朝鮮軍司令部『張皷峯事件ノ経緯』八三丁（防衛省防衛研究所戦史研究センター所蔵）。

（14）参謀本部『張皷峯事件史附表附図』附表第一（続）。

（15）張鼓峯の占領状況については、笠原『日ソ張鼓峯事件史』一五四～五六頁を参照。

（16）防衛庁『戦史叢書』三四四頁。

（17）笠原『日ソ張鼓峯事件史』一〇八、一五四～五六頁。

（18）ブリュヘルの出生年に関しては、紗鹿「謎のブリュヘル元帥」八五頁。日支事情調査会『極東に躍るブリュッヘル』一三頁などで、一八八九年生まれと紹介されているが、現在ロシアでは一八九〇年生まれとされている。一八八九年説はブリュヘル自身が記した記録から引用されているが、公的な戸籍簿の記録では一八九〇年生まれである。ブリュヘルの出生年に関しては以下を参照。Dushen'kin V. V., *Ot soldata do marshala* (Moscow, 1964) p. 4.

（19）ロバート・コンクエスト（片山さとし訳）『スターリンの恐怖政治（下巻）』（三一書房、一九七六）一九三頁。Iakovets A. P., *Podvig na granitse 75let voennomu konfliktu u ozera Khasan 1938-2013* (Vladivostok, 2013) p. 85.

（20）Iakovets, *Podvig na granitse*, p. 85; 日支事情調査会『極東に躍るブリュッヘル』一三～一四頁。

(21) Ibid., p. 85; 同右。
(22) Ibid., p. 85; 同右。
(23) *Sbornik lits, nagrazhdennykh ordenom krasnogo znameni i pochetnym revoliutsionnym oruzhiem* (Moscow, 1926) p. 24.
(24) Iakovets, *Podvig na granitse*, p. 85.
(25) Ibid., p. 85.
(26) Iakovets, *Podvig na granitse*, p. 85; 日支事情調査会『極東に躍るブリュッヘル』一四頁。Dushen`kin, *Ot soldata do marshala*, p. 192.
(27) Dushen`kin, *Ot soldata do marshala*, pp. 194-198; Grechko A. A, *Sovetskaia voennaia entsiklopediia*. vol. 5 (Moscow, 1976) p. 169.
(28) Velikanov N. T., *Izmena marshalov* (Moscow, 2008) p. 297.
(29) Ibid., p. 308.
(30) 平井『スターリンの赤軍粛清』五五頁。
(31) Velikanov, *Izmena marshalov*, pp. 340-342, 346-347.
(32) Zhukov G. K., *Vospominaniia i razmyshleniia*, vol. 1 (Moscow, 1969) p. 85.
(33) Simonov K. M., *Raznye dni voiny* (Moscow, 2015) pp. 484-485.
(34) Ibid., p. 485.
(35) Ibid., p. 485.
(36) Ibid., p. 485.
(37) Ibid., p. 485.
(38) Velikanov, *Izmena marshalov*, p. 279.
(39) Simonov, *Raznye dni voiny*, p. 485.
(40) 平井『スターリンの赤軍粛清』五三頁。
(41) Velikanov, *Izmena marshalov*, p. 239.

(42) Stalin. I. V., *Sochineniia*, vol. 14 (Moscow, 1997) pp. 219–220.
(43) Velikanov, *Izmena marshalov*, p. 238.
(44) Dushen'kin, *Ot soldata do marshala*, p. 213.
(45)『東京朝日新聞』一九三八年七月一四日。
(46)同右。
(47) Katuntsev I. V., "Intsident : Podoplioka khasanskikh sobytii," *Rodina*, no. 6-7 (1991) pp. 13–14.
(48)平井『スターリンの赤軍粛清』七〜七八頁。
(49) Iakupov N. M., "Stalin i krasnaia armiia" (Arkhivnye nakhodki), *Istoriia SSSR*, no. 5 (1991) p. 170.
(50) Ibid., pp. 170–171.
(51) Ibid., p. 171.
(52) Ibid., p. 171.
(53) Ibid., p. 172.
(54) Zolotarev V. A., *Russkii arkhiv: Velikaia Otechestvennaia: Prikazy narodnogo komissara oborony SSSR*, vol. 13 (2-1) (Moscow, 1994) p. 317; Velikanov, *Izmena marshalov*, p. 297.
(55) Velikanov, *Izmena marshalov*, pp. 297–298.
(56) Iakovets, *Podvig na granitse*, p. 20.
(57) Ibid., p. 21.
(58) Ibid., p. 21.
(59) Ibid., p. 21.
(60) Ibid., p. 20.
(61) Ibid., p. 20.
(62)稲田「ソ連極東軍との対決」二七八頁。
(63) Iakovets, *Podvig na granitse*, p. 20.

（64）Shkadov I. N., *Ozero khasan. God 1938* (Moscow, 1988) pp. 21-22; Gundyrin M. A., "Pogranichniki-geroi khasanskikh boiov" (k sobytiiam na ozere Khasan) *Na granitse tuchi hodiat khmuro (k 65-letiiu sobytii u ozera Khasan)* (Moscow, 2005) p. 75.
（65）Dushen`kin, *Ot soldata do marshala*, p. 215.
（66）Iakovets, *Podvig na granitse*, p. 34.
（67）Velikanov, *Izmena marshalov*, p. 320.
（68）Iakovets, *Podvig na granitse*, p. 21.
（69）Pykhalov I. V., *Velikii obolgannyi vozhd`:Lozh` i pravda o Staline* (Moscow, 2010) p. 392.
（70）Iakovets, *Podvig na granitse*, p. 48.
（71）Velikanov, *Izmena marshalov*, p. 300.
（72）Iakovets, *Podvig na granitse*, p. 49.
（73）Ibid., p. 49.
（74）Ibid., p. 49.
（75）Ibid., p. 54.
（76）Iakovets, *Podvig na granitse*, p. 57.
（77）笠原『日ソ張鼓峯事件史』一一七〜二七頁。
（78）Bliukher G. L., *Vospominaniia o muzhe-marshale V. K. Bliukhere* (Tiumen`, 1996) p. 68.
（79）Velikanov, *Izmena marshalov*, p. 309; 平井『スターリンの赤軍粛清』五五頁。
（80）Velikanov, *Izmena marshalov*, p. 319.
（81）Ibid., p. 319.
（82）Ibid., p. 319.
（83）Ibid., p. 319.
（84）Ibid., p. 312.

（85）Ibid., p. 313.
（86）Ibid., p. 313.
（87）Ibid., pp. 315–316.
（88）Ibid., p. 322.
（89）Ibid., pp. 323, 339.
（90）Ibid., p. 339.
（91）Ibid., p. 340.
（92）Ibid., p. 342.
（93）Ibid., p. 343.
（94）Ibid., p. 350–351.
（95）Ibid., p. 351.
（96）Starikov N. V., *Geopolitika kak eto delaetsia* (St. Petersburg, 2016) p. 315.
（97）Ibid., p. 315.
（98）Iakovets, *Podvig na granitse*, p. 50.

第一〇章　ソ連から見たノモンハン事件――戦争指導の観点から

花田 智之

はじめに

本章は、戦間期の日ソ両国間の極東地域における局地紛争として、大きな歴史的意義を有したノモンハン事件をロシア・ソ連史学の観点から見直すため、おもにソ連の軍事と外交に注目しながら戦争指導のあり方に焦点を当てる。これによりソ連から見たノモンハン事件について考察し、その実相を明らかにする。

日本では広く「ノモンハン事件」と呼ばれ、ロシアやモンゴルでは「ハルハ河戦争」と呼ばれることの多いこの戦いは、一九三九年五月から九月までの約四カ月間にわたり、日満軍とソ蒙軍との間で繰り広げられた激しい近代戦であった。この戦いのおもな原因は、満蒙国境をめぐる日ソ間の認識の相違と考えられ、日満軍がハルハ河を、ソ蒙軍がハルハ河の東方約二〇キロメートルを国境線と認識していたことに起因するとされる。そしてこれらのふたつの呼称が示すように、この戦いは満洲国とモンゴル人民共和国の国境地域であったハルハ河東岸に位置する、ノモンハン・ブルド・オボー（チベット仏教の聖者塚。日本語訳は「法王清泉塚」）(1) 一帯で行われ、両陣営とも約二、三個師団以上もの大規模兵力が動員されたが、日ソ両国政府が宣戦布告をしなかったため、まさに「ハルハ河での宣戦布告なき戦争」（ジューコフ）となった[2]。

しかしながら、ノモンハン事件での戦闘規模の大きさや甚大な死傷者数[3]、戦車戦や航空戦およびそれらの統合運用を含めた作戦戦闘で展開された高度な軍事技術、なかんずくこの戦いが欧州や東アジアの国際政治に与えた衝撃に鑑みれば、ノモンハン事件は単なる軍事衝突の範疇《はんちゅう》を超えて、まさに二〇世紀における重要な戦争史のひとつと位置づけることができよう。

また、実際の主戦場となったモンゴル人民共和国にとって、この戦いは日満軍による自国領への軍事進攻を赤軍（ソ連軍）と手を携えて撃退した祖国防衛戦争として歴史認識される傾向が強いことも忘れてはならない。モンゴル国防大学教授のガリンデフ・ミャグマルサンボーは、一九三〇年代後半のモンゴル人民共和国の国防支出の高さを分析し、一九三七年には国家予算の四九％、三八年には五二・五％、三九年には六〇・六％を占めていたと指摘している[4]。

もっとも、日ソ両国ともにこの戦いが拡大してゆくことで日ソ全面戦争へと発展することを阻止したいという軍事・外交的思惑が一致したことから、日本は日中戦争と日ソ戦争のふたつの大陸戦線を抱えるという無謀な国家戦略を回避するため、北方への軍事進攻を断念した。そして日中戦争の解決を当面の戦略目標としたうえで、南方における主導権の確立を検討することとなった。

これに対してソ連は、この戦いでの戦果と、一九三九年八月二三日に締結された独ソ不可侵条約により、日独防共協定にもとづいた東西国境への挟撃という危機から一転、自国の安全保障環境を安定化させ、さらに同条約の追加秘密議定書により、ポーランド分割やバルト三国の併合を成し遂げた。ロシア科学アカデミー東洋学研究所主任研究員のエレーナ・カタソノワは、ノモンハン事件の歴史的特徴として「この事件の規定に当たって、突発事件、紛争、開戦、戦争のどれが当てはまるか」(5)との問いが内在していることを指摘している。

こうした見地から、本章ではソ連から見たノモンハン事件の実相について、ロシア（ソ連）側の一次史料や刊行史料集などを用いて分析することにより、ノモンハン事件におけるソ連の戦争指導のあり方を分析する。具体的には、関東軍の軍事進攻に対するソ連軍指導部の戦略方針を概観しつつ、中央の赤軍参謀本部と極東の軍司令部との間に内在していた、日満軍への応戦に関する戦略方針の相違について注目する。とりわけ、一九三九年七月三日から五日にかけてのバイン・ツァガンでの戦車戦を転機のひとつとして、ソ連軍指導部がその直前に被ったタムスク（タムサク・ボラク）航空基地への空爆に対する報復措置として紛争をエスカレートさせていった経緯を明らかにする。これにより、ノモンハン事件がこれまで日本軍部の参謀本部と関東軍の戦略方針の相違を非難する形で研究されてきたことに対し、実際には日本軍部と同様にソ連軍部でも中央の参謀本部と現地の軍司令部との間で戦争方針をめぐる対立が存在していた可能性を検証する。

なお、本章では戦争指導という言葉を、ヨシフ・スターリン党書記長を頂点としたソ連軍指導部および赤軍参謀本部による軍事・外交戦略と、極東の軍司令部による作戦方針の総体として定義する。また、ソ連軍の名称に関しては、（労農）赤軍が正式に「ソ連軍」へと名称変更されたのは第二次世界大戦後の一九四六年二月二五日であったことに鑑み、本章では「赤軍」に統一する。さらに、当時の赤軍機構改革との関連で、将校の階級名が部隊司令官のものと混同しやすいことから（軍団長、師団長、旅団長など）、新階級名に統一した。

花田 智之

一 ノモンハン事件に関する研究動向

ノモンハン事件の研究は近年、新たな段階を迎えている。前述したように、ソ連崩壊後に公開されたロシア側の一次史料や刊行史料集などにより、ノモンハン事件は日満軍だけでなくソ蒙軍にも多くの死傷者数をもたらした激しい近代戦であったことが実証され始めている。また、インターナショナル・ヒストリーという手法にもとづき、マルチ・アーカイブを駆使し、国際的文脈を重視した研究成果が多角的かつ幅広い知見をもたらしている。日本国内では、一橋大学名誉教授の田中克彦《かつひこ》が、モンゴル史と汎モンゴル主義研究の観点から、「ノモンハン戦争」(6)研究を再構成し、モンゴルのハルハ族とバルガ族の部族の境界が、モンゴル人民共和国や満洲国の出現によって国境に変貌したことを指摘したうえで、「族境が国境へと転化し、分断された民族の間に生じた衝突がノモンハン戦争」(7)であったとする。

また現代史家の秦郁彦《はたいくひこ》は、日ソ両国による国境線画定をめぐる地図作成のあり方に着目して、国境紛争としてのノモンハン事件の側面に光を当てた。同氏はこれまでこの戦いのおもな原因が国境線の認識相違であるとされてきたことに疑問を呈し、その反証として一九三七年八月に関東軍参謀部が作成した「満蒙国境要図提出ノ件通牒」の地図などを精査・分析して、国境線が「ハルハ河の東方ノモンハン・ブルド・オボーのやや西方の線を南北に走っている」(8)ことを指摘した。そのうえで、ハルハ河が国境線であるという前提でノモンハン事件を発動した日本陸軍の第二三師団およびそれを容認した関東軍の矛盾について、①三七年末に国境線の公式解釈が変わった可能性、②実務上は在来の各種地図が存在していた可能性、③国境線をわざと不確定にしておくのが有利だという判断が存在した可能性、④ハルハ河を国境と主張していたバルガ族隊員が国境警備隊や満洲国軍の行動に影響を与えた可能性について、それぞれ推論している。[9]

さらに、東北大学東北アジア研究センター教授の寺山恭輔は、一九三〇年代のソ連の対モンゴル政策を詳述する中でノモンハン事件についても言及し、ソ連にとってのモンゴルの戦略的地位の重要性を明らかにした。[10]この他、元国会図書館調査および立法考査局長の岩城成幸がノモンハン事件の先行研究や研究上の論点などを網羅的にまとめている。[11]

他方、ロシア側の先行研究としては、ロシア軍事科学アカデミー元教授のグリゴリー・クリボシェーエフによる死傷者数の統計調査の他、ロシア科学アカデミー東洋学研究所研究員のガリーナ・ヤスキナが一九三六年から四五年までのソ蒙関係史を分析する中でノモンハン事件に言及しており、三六年三月一二日に締結されたソ蒙相互援助議定書にもとづいて赤軍がウランバートルへと駐留し、モンゴル国内で軍備増強を着々と進めていたことを明らかにしている。[12]また第二二戦闘飛行隊の作戦戦闘などを分析した、ヴャチェスラフ・コンドラチェフによる航空戦研究なども見られる。[13]

この他、諸外国の先行研究では、ブルガリア空軍大佐のディミタール・ネディアルコフによる航空戦研究[14]や、ロシア軍事史家のマクシム・コロミーエツによる戦車戦研究[15]などの作戦戦闘に焦点を当てた優れた研究成果が日本語に訳されている。欧米では米国インディアナ大学教授の黒宮広昭が第二三師団長であった小松原《こまつばら》道《みち》太郎《たろう》中将と赤軍情報総局（ＧＲＵ）との関係に触れ、小松原師団長の「ソ連スパイ説」を検証している。特に、彼がモスクワ日本大使館の駐在武官であった一九二〇年代後半にハニートラップに引っ掛かったことでソ連の対日インテリジェンスへの協力を開始し、ノモンハン事件の作戦指揮で日満軍が敗退するように導いたと指摘しているが、確証には至っていない。[16]

さらに、全米ユーラシア・東ヨーロッパ研究評議会在外教授のスチュアート・ゴールドマンは、八月攻勢の遂行中であった八月二三日に、独ソ不可侵条約が締結されたことに注目し、スターリンを頂点としたソ連共産党・軍指導部が、東西国境の安全保障環境の安定化という観点から、九月以降の西方攻勢（ポーランド、バルト三国、フィンランド）に先んじたノモンハン事件での勝利を重要視していたことを明らかにしている。(17)

しかしながら、これらの先行研究ではソ連の戦争指導というノモンハン事件での軍事・外交戦略に焦点を当てたものは少なく、本章はその分野の理解を深めるための一助になることを目的とする。ここで取り扱うロシア側の研究史料は、ロシア国立軍事文書館（RGVA）の一次史料の他、ロシア国防省戦史研究所とロシア国防省中央文書館（TsAMO）の共同編纂による刊行史料集などの第二次世界大戦期の公文書類を収録したものが中心となる。また日本側の研究史料としては、防衛庁防衛研修所戦史室が編纂した『戦史叢書』の他、関東軍参謀部第一課『ノモンハン事件機密作戦日誌』や防衛省防衛研究所戦史研究センター所蔵の『小松原将軍日記』などを用いる。

二　ソ連の対日強硬姿勢

一九三〇年代のソ連の軍事と外交に目を向けると、この時期はソ連の対日強硬姿勢が徐々に確立してゆくプロセスであったと見ることができる。これには大きく三つの要因が考えられる。

第一に、ソ連軍指導部は満洲事変とその後の満洲国の建国に対する強い警戒感から、関東軍の軍事進攻に備えるため極東防衛に大きな関心を払い、第二次五カ年計画にもとづいて特別赤旗極東軍の大幅な増員や技術装備の強化、また極東地域における大規模な軍事インフラの建設により赤軍の近代化を段階的に達成していった。一九三二年には極東海軍の創設と、軍港都市であるコムソモリスク・ナ・アムーレの建設に着手し、三五年には特別赤旗極東軍を基幹部隊とした極東軍管区（のちの極東方面軍）が創設された。この軍事的基盤の構築には、第一次世界大戦以降に水面下で進められていた独ソ秘密軍事協力協定によりもたらされた軍事技術の向上が寄与したとされる。[18]

他方、外交面では一九三一年一二月に、マクシム・リトヴィノフ外務人民委員と芳沢謙吉駐仏大使（翌月から外相）との会談で、ソ連側が日ソ不可侵条約の締結を提案したものの、[19]日本側は約一年間これに回答せずに、翌年の三二年一二月になってようやく、日ソ両国がケロッグ・ブリアン条約（パリ不戦条約）に参加しているので、改めて二国間条約を結ぶ必要はないとの理由で拒否した。[20]

第二に、一九三六年一一月に締結された日独防共協定にもとづく、反共・反ソ陣営に対抗するための軍事・外交戦略が挙げられる。ソ連は東西国境への挟撃という安全保障環境の危機を回避するため、自国の軍事力増強だけでなく、中華民国やモンゴル人民共和国との軍事同盟を締結することで東アジアでの集団安全保障を構築し、対日強硬姿勢を強めた。特に日中戦争の勃発直後の三七年八月に締結された中ソ不可侵条約は、ソ連が中華民国に対して航空機支援や武器提供を行うことを示したものであり、間接的に日ソ関係の緊張度合いを高めることとなった。また前述したソ蒙相互援助議定書にもとづくモンゴル人民共和国内への赤軍第五七特別軍団（ノモンハン事件時のソ蒙軍の基幹部隊）の駐留は、隣接する満洲国との軍事衝突を惹起する危険性を増幅させたと言えよう。

さらに、一九三六年に勃発したスペイン内戦における人民戦線政府へのソ連の積極的関与は、間接的な形ではあれ、ナチス・ドイツへの牽制という軍事・外交的な効果をもたらした。これらは三五年七月に開催された第七回コミンテルン大会にて反ファシズムを掲げた統一人民戦線の「徹底的展開」や、三九年三月に開催された第一八回共産党大会にてスターリンがファシズム勢力に対する英米仏の不干渉政策および譲歩を非難したことと連動している。

そして第三に、ソ連の対日強硬姿勢が確立した重要な要因として、満洲国建国以降に規模の大小を問わず、満ソ国境地域で軍事衝突が多発していたことである。防衛庁防衛研修所戦史室『戦史叢書　関東軍〈1〉』では、この時期の満ソ国境紛争が一九三二年から三四年までに一五二回、三五年に一七六回（ハルハ廟事件など）、三六年に一五二回（長嶺子《ちょうれいし》事件など）、三七年に一一三回（乾岔子《カンチャーズ》島事件など）、三八年に一六六回（張鼓峰《ちょうこほう》事件など）、三九年に一五九回も起きたと記録されている。(21)

中でも、一九三八年七月に勃発した張鼓峰事件（ハサン湖事件）は、ソ連極東方面軍と朝鮮軍第一九師団による大規模な国境紛争であり、近年の研究成果ではソ連側の総兵力は二万二九五〇人であり、(22)死傷者数は四二三三人（戦死者八五九人、行方不明者九五人、戦傷者二七五二人、戦病者五二七人）であったことが明らかにされている。(23)この戦いはソ連軍指導部が極東にて、方面軍レベルの軍事行動と部隊運用を実戦の中で経験できたという意味で重要な役割を果たしたと指摘できる。(24)

こうした軍事・外交的背景のもと、ソ連の対日強硬姿勢は確立されてゆき、一九三九年五月を迎えることとなった。

三　第一次ノモンハン事件の実相――発端と膺懲《ようちょう》活動

ノモンハン事件はモンゴル高原東部の広大な草原と高台に囲まれた地形の中で行われた。作戦戦闘上の地形の利・不利に関し、ハルビン特務機関諜報員としてノモンハン事件を経験した牛島康允《うしじまやすちか》は自著の中で、ハルハ河左岸（ソ蒙側）と右岸（日満側）の比高差を指摘している。同氏は「ハルハ河左岸の外蒙台地と右岸の比高差は、平均して五〇～一〇〇米《メートル》の差があり、ソ蒙側の台地から約五粁《キロ》にある七三三高地の頂上でも対岸より低く、ハマルダバのソ蒙軍司令部付近のスンブル・オボーから眺めると右岸縦深一〇粁にわたって展望できる。逆に右岸の日満側陣地からは、外蒙台地の稜線の奥は展望できない」[25]としている。これは日満軍を主語にして考えれば、ハルハ河左岸の台地にあるソ連軍陣地を空爆するか、または地上部隊が機動的に軍事進攻するかによってソ蒙軍を撃退しなければ勝機を見出せないことを意味していた。

日本側の史料によると、ノモンハン事件の発端は一九三九年五月一一日と一二日にモンゴル軍の騎兵部隊による「越境」が続く中で、警備担当の満洲国軍がこれを撃退したことであるとされている[26]。

当時の関東軍の軍事方針は、一九三九年四月二五日に、関東軍司令官の植田謙吉大将により示達された「満ソ国境紛争処理要綱」に色濃く反映されている。

これは満洲国の防衛のため、ソ連の不法行為に関しては「断乎徹底的に膺懲することに依りてのみ」[27]対処すると明言したもので、この「目的を達成する為《ため》、一時的に「ソ」領に進入し又は「ソ」兵を満領内に誘致滞留せしむることを得《う》」[28]として、越境してきた赤軍を殲滅させるためには国境外へ兵を進めることも辞さないとの意思を明示していた。また「国境線明確ならざる地域に於ては防衛司令官に於て自主的に国境線を認定して之を第一部隊に明示し無用の紛糾惹起を防止する」[29]として、国境線が曖昧な地域では現地の防衛司令官である小松原師団長が国境線を認定することさえも容認する内容を含んでおり、関東軍の膺懲活動が軍事衝突をエスカレートさせる可能性を秘めていたことは多くの識者により指摘されている。

これに対して、ソ連軍指導部はノモンハン事件を当初より、日満軍によるモンゴル人民共和国への「組織的な国境侵犯」[30]として認識していた。旧ソ連時代のように、いわゆる「田中上奏文」という偽書の存在を肯定して論じることは今日ほとんど目にすることがないものの、その真偽性を問う以前の問題として、偽書の有する侵略的意図がまるで日本の軍国主義やその後の太平洋戦争への道を具現化していると連想する思考パターンは存在するようだ。(31) 独ソ戦の開戦七〇周年にあたる二〇一一年に刊行された、ウラジーミル・ゾロタリョフ編『大祖国戦争史』においても、ノモンハン事件は「ソ連の友好国であるモンゴルへの侵略戦争」(32)と記述されている。また関東軍参謀部が一九三八年に作成した八号作戦計画乙案(33)――ソ連への軍事進攻に関し、北部・東部国境(沿海州方面)への攻撃という甲案ではなく、西部国境に兵力を結集して攻撃することを計画したもの――と関連させて、ノモンハン事件を日満軍による軍事進攻と連続させて理解することもある。

ハルハ河東岸へのモンゴル軍の「越境」に対し、小松原師団長は植田司令官の意図を汲んで、モンゴル軍を撃破するため東八百蔵《あずまやおぞう》中佐を指揮官とする捜索隊を派遣し、歩兵第六四連隊第一大隊および捜索隊の主力に出動を命じた。そして植田司令官は一三日一七時に、「関作命第一四九六号」を下達して、自動車第一連隊の二個中隊と飛行第一〇戦隊、飛行第二四戦隊などの諸部隊を同師団長の指揮下に加えるとともに、閑院宮載仁《かんいんのみやことひと》親王参謀総長へと報告した。この膺懲活動は成功を果たし、五月一五日の小松原師団長の日記には、「ハルハ左岸外蒙領に撤退せり」と記録されている。その後は満洲国軍にノモンハン地区を駐屯・警備させ、関東軍は直ちにハイラルへ帰還するよう命令したと書かれている。(34)

こうしたノモンハン地区への日満軍の攻撃に対し、五月一六日に第五七特別軍団司令官のニコライ・フェクレンコ中将から、中央のクリメント・ヴォロシーロフ国防人民委員に対して、「日満軍によるモンゴル人民共和国への国境侵犯」(35)があったことが報告され、あわせて同日午前にタムスク上空一五〇〇〜二〇〇〇メートルに、三機の日本軍戦闘機が飛行したことも伝えられた。そしてフェクレンコ司令官はウランバートルから自ら出撃して、モンゴル人民革命軍第六騎兵師団と赤軍航空部隊とともに、ノモンハンとドゥングル・オボーの敵軍を殲滅するよう決断したと伝えている。(36)

五月二〇日、この非常事態を受けて、ヴャチェスラフ・モロトフ外務人民委員から東郷茂徳《とうごうしげのり》駐ソ大使に対して、「日本軍が蒙古領に侵入せしものなれば「ノモンハン」地域より直ちに撤去すべき」(37)との抗議が伝えられた。これを受けて翌二一日、小松原師団長は「満ソ国境紛争処理要綱」にもとづいて山県武光《やまがたたけみつ》大佐を指揮官とする支隊を派遣し、ノモンハンに進出してソ蒙軍を殲滅するよう命令を下達した。

五月二八日、フェクレンコ司令官からボリス・シャポシニコフ赤軍参謀総長に、緊急回答を求める一通の文書が届けられた。同文書は「敵の航空部隊が空域を支配していること、(38)ハルハ河西岸は完全に開けた土地でいかなる機動作戦を行うこともできない状態であること、ソ連の航空部隊は六月二日まで地上軍の支援をできないこと、ハルハ河東岸を守り抜くことは可能であるが敵の航空部隊によって大きな損失を被ることが予想されること（諜報機関からの情報によれば、航空機の一部は独メッサー・シュミット製）、翌日よりドゥングル・オボーとノモンハンから敵の全兵力を壊滅すべく空爆し、その後は各部隊をハルハ河西岸に撤退させて防衛する」(39)といった作戦方針が示された。

そして、五月二九日にソ蒙軍の戦車・砲兵部隊は、カシュガル廟に布陣していた山県支隊に向けて集中砲火を浴びせ、潰走させることに成功した。ただし、ソ蒙軍も大きな犠牲を強いられた。

六月二日、ソ連軍指導部は極東方面での非常事態を受け、ベロルシア軍管区司令官代理のゲオルギー・ジューコフ中将に出頭命令を出した。そしてヴォロシーロフ国防人民委員から「日本軍が突然、我々の友好国であるモンゴル人民共和国へ侵入してきた。ソ連政府はモンゴル人民共和国とは一九三六年三月一二日の条約〔ソ蒙相互援助議定書〕により、同国をあらゆる外部からの侵略から守る責務がある」(40)と説明した。そして極東の地図を指

ノモンハン事件時のジューコフ

さして「日本軍のハイラル守備隊がモンゴル人民共和国領に侵入し、ハルハ河東岸地区を防衛するモンゴル国境部隊を攻撃してきた」(41)と告げ、現地で部隊指揮を執るよう命じたのである。

ジューコフは直ちに第五七特別軍団司令部のあるチタへと向かい、六月五日にフェクレンコ司令官の後任として補された。なお、ジューコフの着任日に関してはロシアの刊行史料集の中に五月下旬とするものが存在し、近年はこちらのほうが有力であるとされる(42)。

ジューコフは着任に際し「全ての状況は、この事件が国境紛争ではないこと、日本はソ連極東およびモンゴル人民共和国に対して侵略の意図を放棄していないこと、さらにごく近いうちにさらに大規模な日本軍の行動を予想せねばならないことを物語っていた」(43)としている。また、ジューコフは「日本政府はモンゴル人民共和国の国境への軍事侵攻という侵略の企てを実現するため関東軍にこれを委ねた」としたうえで次のように分析する。

「日本政府はモンゴル人民共和国への国境侵犯という真の目的を隠すため、自分たちの侵略行為を国境紛争だとする国際世論を喚起する決定を下した。自分たちの信念を大きく確実なものとするため、日本政府は軍事侵攻の開始時には大軍による軍事行動を起こさず、特殊任務を帯びた部隊を軍事侵攻させ、軍事行動の発展にともなってその兵力を増強するよう決定した。これは赤軍への攻撃の結果として好ましくない状況に陥った場合、攻撃への着手を中止し、自分たちの領土へ撤退することを想定していた」(44)

これは同時にソ連の戦争指導があくまで日満軍の侵略行為に対するモンゴル人民共和国の防衛を目的としてい

ることと、日本軍が用意周到に組織的な軍事行動を取っていたと、ソ連側が認識していたことを理解するのに役立つ。

六月中旬、ジューコフは極東防衛の強化のため、ハルハ河東岸地区への反撃に備えるべく縦深陣地の布陣強化、航空部隊の補強、そして狙撃（歩兵）三個師団および戦車部隊・砲兵部隊の増強などを強く求めた。そしてハルハ河両岸のソ蒙軍の軍事力増強のため、航空隊の増強のほか戦車一個旅団以上、狙撃三個師団、重砲兵支隊の増援を要請した。またタムスク付近には第一一戦車旅団、第七・第八・第九機械化旅団、第三六自動車化狙撃師団、重砲兵支隊、モンゴル人民軍第八騎兵師団が集結した。航空機に関しては、スペイン内戦時に活躍したヤコフ・スムシュケヴィッチ中将率いる精鋭パイロットの他、戦闘機一〇〇機以上が極東に配備された(45)。

六月一六日から一八日頃になると、ハルハ河両岸のソ蒙軍の兵力は徐々に増大し、ソ連の航空機が頻繁に「越境」飛行するようになった。あわせて新たな戦車旅団、装甲自動車旅団、機械化狙撃師団、軍団重砲中隊、航空機などの大規模な兵力がタムスク付近に集結していった(46)。

こうした中、関東軍は航空部隊による空からの軍事進攻を決行するため、攻撃目標としてタムスク、マタット、サンベースなどの満ソ国境近郊の航空基地への空爆を決断したのである。とりわけタムスク基地はハルハ河東岸から約一三〇キロ離れたモンゴル人民共和国領内の巨大な空軍基地として、諜報機関からの機密情報で関東軍には広く知られており、空爆を仕掛けるには軍事的には適当な標的であったと推察される。

六月二七日早朝、第二飛行集団諸隊はハイラルの飛行場を出発してボイル湖の西方上空に至り、それから南下してタムスクへ向かい、ソ蒙軍への奇襲攻撃を果たしたのである。この「タムスク空爆」は一応の成功を果たしたものの、中央の参謀本部作戦課は関東軍の独断専行を強く批判し、中でも稲田《いなだ》正純《まさずみ》第一（作戦）課長は、語気を荒げて激怒したとされる。

六月二九日、参謀本部は関東軍を諫めるべく「大陸令三二〇号」を発して、国境紛争の処理は局地に限定するよう努めよと念を押したが、作戦戦闘はすでに将軍廟まで拡大しており、第二三師団の歩兵第二六連隊はハルハ河西岸への進出を果たしていた。現地の関東軍作戦課の辻政信《つじまさのぶ》少佐はきわめて好戦的であり「中央部には黙って敢行し、偉大な戦果を収めてから、東京を喜ばせてやろうという茶目っ気さえ手伝った(47)」とまで回想している。

六月二七日、タムスクのスムシュケヴィッチから、ヴォロシーロフ国防人民委員に対して至急の機密電報が届けられ、午前四時から第二二航空連隊の配備されたタムスク、第七〇航空連隊の配備されたバイン・ブルド・ヌル、バイン・トゥメンの航空基地が爆撃され、赤軍の被害が報告されたものの、乗務員を含めて全体の状態としては持ちこたえているので、航空機とパイロットの緊急支援が不可避であると伝えられた(48)。

六月三〇日、第五七特別軍団司令部から赤軍参謀本部に対して新たな部隊配置が報告され、同軍団の諸部隊がノモンハン、バイン・ツァガン、ホルステン(ハイラスティーン)、ハマルダバに配備されたことが伝えられた(49)。ノモンハン事件は「越境」をめぐる膺懲活動から日満軍とソ蒙軍の間の全面衝突へと拡大していった。

四　第二次ノモンハン事件の実相——紛争のエスカレーション

七月一日、ノモンハン事件の新たな幕が切って落とされた。

この日の小松原師団長の日記は、「将軍廟を発し炎暑燎原の砂漠地帯を行軍、シヤグジンガング丘阜《きゅうふ》に至る」で始まり、「敵は制高の要地を占め頑強に抵抗せしが、小林〔恒一〕少将、酒井〔美喜雄〕部隊の指揮しシヤグジンガング丘阜を占領し、来襲する戦車二台を速射砲により撃破、火災を起こさしむ、将兵之を望みて士気昂揚、敵遂に退却し、緒戦に快戦をなす」[50]と書かれている。

第二三師団の作戦計画は、ハルハ河東岸・西岸を同時に攻撃するもので、ハルハ河東岸の橋頭堡への攻撃は安《やす》岡正臣《おかまさおみ》中将を指揮官とする第一戦車団が、ハルハ河西岸への渡河作戦は歩兵第二六連隊、第七一連隊、第七二連隊がそれぞれ担当した。緒戦でこそフイ高地において日満軍の勝利が見られたものの、前述した牛島康允の地理描写にあるように、西岸の標高は東岸に比べて高かったことから、秦郁彦は東岸からソ蒙軍の砲兵陣地は目視できなかったのではないかと推測している[51]。

七月二日から翌日にかけて、日満軍によるハルハ河渡河がなされたものの、ソ蒙軍は一五〇両の戦車で待ち構えて応戦し、速射砲と連射砲により「弾威猛烈にして恰も飛行機の爆撃の如く」[52]反撃する形となった。第二三師団は戦況の悪化と給水・弾薬補給の欠乏により西岸攻撃を中止し、これ以降のノモンハン事件はハルハ河東岸で争われる。小松原師団長はホルステン河北岸とノロ高地周辺を挟撃するよう戦闘計画を立てていたが、転進にともなう戦闘指揮は実現しなかった。

こうした中、七月五日にヴォロシーロフ国防人民委員は、ザバイカル正面と東部正面の指揮を一元化するため、チタに新たな司令部を創設し、グリゴリー・シュテルン上級大将を「方面軍集団 фронтовая группа」司令官に任命した。この方面軍集団はザバイカル方面軍管区と第五七特別軍団、第一極東赤旗軍で構成された[53]。シュテルンは、スペイン内戦時の軍事顧問で、かつ前年の張鼓峰事件時には極東方面軍参謀長として活躍したことで知られていた。これに国防人民委員代理のシュチャデンコとメフリスが政治将校として派遣された。

ソ連の戦争指導に関し、七月の作戦戦闘を理解するための興味深い一次史料として、七月一二日にヴォロシーロフ国防人民委員とシャポシニコフ赤軍参謀総長の連名電報が、方面軍集団司令部のシュテルンとジューコフへ届けられた。同電報は、ソ連軍部の中央と現地との間で日満軍への応戦のあり方に相違があったことを伝えている。

同電報は、極東方面軍集団の諸部隊が、中央の意思に反して戦闘に動員されたことを鋭く非難している。

私〔ヴォロシーロフ〕は、第八二狙撃師団の主要連隊を戦闘に投入してはいけないと警告していたにもかかわらず、あなたはそれを実行した。私の命令に同意していたのに、これを遵守しなかった。日本軍から主導権を奪い取りたいという、あなたの望みは理解できるけれども「攻撃に転じて敵を壊滅する」という方針だけでは（あなたは度々書いているが）物事は解決しない。(54)

とりわけ、ヴォロシーロフは戦車部隊と対戦車砲部隊の戦術的活用について叱責した。

我が軍が戦車部隊を使用したことは、許しがたく軽率であったと考えられる。戦車は正しく使えば強力な手段であるものの、強固な敵に対して中隊・大隊が戦車を投入すれば、簡単に餌食になってしまう。あなたはこれを何度も繰り返した。敵からの防衛と相手の弱点への小規模な攻撃を組み合わせることは、我々には不可能である。このとき我が対戦車砲部隊は何をしていたのか。対戦車砲部隊こそが敵の戦車や機甲車だけでなく狙撃用掩蔽部に対して壊滅的な破壊をもたらすことができる。

そして緊急の対応策として第八二狙撃師団に有能な政治将校と指揮官を派遣して、行軍中の将校に適切な情報を与えて準備させることを命じた。

さらに七月一四日、当時チタに派遣されていた国防人民委員代理グリゴリー・クリークの命令で、第五七特別軍団の隷下部隊がハルハ河東岸から西岸へ退却すると、ヴォロシーロフ国防人民委員とシャポシニコフ赤軍参謀総長はクリークを叱責する電報を打ち、直ちに元の状態を回復するよう命令した。同電報には次のように記されている。

あなたが国防人民委員部に連絡もせず、何の許可も得ずに、第五七特別軍団へハルハ河東岸から主力を撤退させるよう命令を出した横暴さに対し、叱責を表明する。この許しがたい行為が行われたのは、我が軍に散々叩かれた敵軍が、力を失った時である。何によっても正当化されない我が軍の撤退が、日本人を新たな、弱いけれども積極的な行動を取るよう扇動した。今後、同軍団の作戦は第五七特別軍団司令部および同志シュテルンに指揮させることとし、あなたは干渉しないよう義務づける。あなたは監督業務に徹し、七月二〇日までに業務を終わらせ、モスクワに出頭しなければいけない。(55)

ノモンハン事件はこれまで日本軍部における参謀本部と関東軍の戦略方針の対立を非難する形で研究されることが多かったが、これらロシア側の一次史料を見ると、日本軍部における戦略方針の相違や対立とまでは言わないものの、ソ連軍部にも中央の赤軍参謀本部と現地の軍司令部との間で日満軍への応戦に関する戦略方針の相違が存在したことがわかる。

こうした戦争指導の背景のもと、七月一七日には赤軍の航空部隊がモンゴル人民共和国の領空外を飛行することが固く禁止され、同命令遂行の責任をスムシュケヴィッチが負うことになった。(56)そして、七月一九日には第五七特別軍団を中心とした諸部隊が第一軍集団へと再編成され、ジューコフが同司令官に任命された。ジューコフには軍集団司令官として作戦戦闘を指揮する権限が与えられ、これらの命令は赤軍が八月攻勢の準備を整える段階に入ったことを意味していた。(57)また、方面軍集団司令官となったシュテルンの指揮のもとでは、八月攻勢のための兵站および補給の任務が着々と進められ、ザバイカル軍管区が第一軍集団に対して必要な物資の供給を行ったことがロシア側の一次史料から明らかになっている。(58)

こうして第一軍集団への再編成にともない、ジューコフが作戦戦闘を全般的に指揮し、シュテルンが方面軍集団司令官として後方支援体制を指導した。ノモンハン事件での戦果を讃える中、ソ連の歴史学では永らく第一軍集団の司令官であったジューコフをその後の第二次世界大戦での活躍を含めて英雄視する傾向が見られたが、現在ではむしろ両者の活躍を高く評価する声が多い。(59)

五 八月攻勢と停戦

ジューコフ（七月三一日に大将へ昇進）率いる第一軍集団は、大規模攻勢のための戦闘準備を着々と進めていった。主要部隊は第三六自動車化狙撃師団、第五七狙撃師団、第八二狙撃師団、第五機関銃狙撃旅団、第六戦車旅団、第一一戦車旅団、第七装甲車旅団、第八装甲車旅団、第九装甲車旅団、第二一二空挺旅団、第一八五砲兵連隊、第八五高射砲連隊、第一五〇高射砲連隊、第三七対戦車砲大隊、第一五二狙撃師団第一狙撃連隊などで編成された。(60)ソ蒙軍の兵力は五万七〇〇〇人以上となり、戦車四三八両、装甲車三八五両、火砲五四二門がソ連極東に集結したのである。

八月一日、ヴォロシーロフは全ての航空部隊の戦闘準備を完全に整えること、戦闘機部隊をカムフラージュしつつ軍用空港へ移動させること、空からの監視・警告・連絡基地の戦闘準備を整えること、主要な航空基地を戦闘機・航空部隊と直接連絡がつくようにすること、そして「全軍が総司令部の命令で満洲国境の全地域において攻撃に移ることができるよう準備を整えておくこと」(61)を下達している。

八月二〇日、ソ蒙軍による総攻撃がついに開始された。日満軍に対する包囲・殲滅作戦を遂行するにあたり、三個集団が編成された。中央集団には第一軍集団の主力部隊であった第八二狙撃師団と第三六自動車化狙撃師団が配置され、日本軍の第二三師団の機動性を奪うことが目的とされた。そして南部集団には第五七狙撃師団、第八装甲車旅団、第六戦車旅団、モンゴル人民軍第八騎兵師団、第一八五砲兵連隊第一大隊、第一一戦車旅団機銃狙撃大隊、第三七対戦車砲大隊などが配置され、ノモンハン・ブルド・オボー地区の機動部隊はザバイカル軍管区第二〇戦車軍団が指揮した。また、北部集団には第七装甲車旅団、第八二狙撃師団第六〇一狙撃連隊、第一戦車旅団二個大隊、第八七対戦車砲大隊、モンゴル人民軍第六騎兵師団が含まれた。さらに、第一軍集団の予備部隊として、第二一二空挺旅団と第九装甲車旅団、第六戦車旅団戦車大隊が配置された。(62)

複数の研究史料が明らかにしているように、この日は日曜日で、暖かな天気であった。この戦いのあとにジューコフが作成した「ノモンハン作戦全般報告」によれば、同日午前九時に狙撃部隊の攻撃が前線地域で始まり、激しい戦闘の結果、夕刻にはハルハ河東岸の陣地を占領した。南部集団はノモンハン地区南東の大砂丘を獲得し、第八二狙撃師団および第三六自動車化狙撃師団は関東軍と真っ向から衝突し、そして北部集団は右翼がバイン・ツァガンに、左翼が国境線にそれぞれ進出した。(63)

八月二一日には、ソ蒙軍が敵の包囲を完成するため新たに第六戦車旅団が投入され、夕刻には第八装甲車旅団が国境線に到達した。そして第五七狙撃師団は東方への退路を遮断した。

八月二二日、ソ蒙軍は包囲の環を狭めて日本軍の抵抗拠点を殲滅していった。火砲は至近距離で射撃され、火炎放射戦車は日本軍を焼き払った。その後、狙撃部隊とともに戦車が殲滅を完了していったと記されている。(64)この大攻勢の様相は『ジューコフ元帥回想録』からも窺うことができる。同書では戦死した日本兵の日記が紹介されており、「砲弾の雨が我々に落下する。恐ろしくなった。監視班は敵の砲兵を偵察するためにすべての手を尽くしたが成功しなかった。爆撃機はわが部隊を爆撃してくるし、戦闘機は掃射する。敵は全戦線にわたって勝利を収めている」[65]と記されている。

ソ蒙軍による両翼包囲を狙った大攻勢に対し、日満軍が機敏かつ適切に対応できなかったことは日本側の『戦史叢書』からも明らかである。特に、関東軍作戦課は依然として伝統的な対ソ観にもとづく過小評価を残しており、戦況の激変をかなり楽観視していたようである。「関東軍機密作戦日誌」には「……其際作戦参謀の受けたる感覚は我れとして最も好い時期に敵が攻勢に転したるものにして、此の機会に於て敵を捕捉し得べきものと信じたり」とさえ述べられている。[66]

八月二三日、奇しくも欧州で独ソ不可侵条約が締結された日にも、ソ蒙軍の攻勢は継続された。日満軍は第六軍の反転攻勢も十分な結果を残せず、第二三師団は壊滅的な打撃を受けた。小松原師団長は戦線から辛くも逃げられたが、日満軍の前線部隊は後退を余儀なくされた。こうしてノモンハン事件での軍事的優劣は決した。

八月二九日、荻洲立兵《おぎすりっぺい》（『アジア・太平洋戦争辞典』（吉川弘文館）では「おぎすりゅうへい」）第六軍司令官は、「ノモンハン地区付近に兵力を集結し、爾後《じご》の攻撃を準備する」という事実上の撤退命令を下達した。しかしながら多くの指揮官は自刃するなど、関東軍の人的・物的損害は甚大であった。八月三〇日、参謀本部作戦課はノモンハン事件の作戦終結命令を策定して、天皇の親裁を受けて「大陸命第三四三号」を発した。参謀本部の企図は「支那事変処理の間満州方面に於て帝国軍の一部を以て『ソ』聯邦に備へ北辺の平静を維持するに在り」であるとし「之が為「ノモンハン」方面に於ては勉《つと》めて作戦を拡大することなく速に之が集結を策す」ことを目的として戦争終結を目指すことが示された。併せて関東軍司令官に対しては「「ノモンハン」方面に於て勉めて小なる兵力を以て持久を策すべし」として、作戦を中止して兵力を撤退させるものの、撤退のために必要な小作戦は認めるという条件が付けられた。[67]

九月一日、ドイツ軍の「電撃戦」により第二次世界大戦が勃発し、ナチス・ドイツはポーランドへ軍事侵攻した。スターリンは奇しくも同日、ジューコフからのノモンハン事件での戦勝報告を手に入れることで自国の安全保障環境の不安を払拭し、つい四カ月前まで陥っていた東西国境に対する挟撃という危機感から免れることができた。ノモンハン事件の戦果と独ソ不可侵条約の締結により、ソ連は軍事・外交戦略における安定的基盤を獲得したと言ってよい。

九月初旬、モスクワではモロトフ外務人民委員と東郷駐ソ大使による停戦交渉が本格的に進められた。第六軍による九月反撃の準備は水面下で整えられていたものの、[68]参謀本部は関東軍の攻勢を制止し、またソ蒙軍も八月攻勢後はハルハ河東岸付近での防衛に徹した。そして九月一五日に日ソ停戦協定が締結され、およそ四カ月間に及んだノモンハン事件は終結した。

停戦協定の成立後は死体の収容と捕虜の交換が行われ、国境策定作業が進められた。満洲国外交部の外交官として、国境線標識の建立を担当した北川四郎によれば、ノモンハン地区は満洲国外交部の調査通りに国境が画定し、一方、ハルハ河南部のハンダガヤ地区は満洲国側のほうに有利に確定されたことが指摘されている。[69]

おわりに

本章はソ連の戦争指導という観点からノモンハン事件を見直したが、ノモンハン事件がもたらした歴史的意義について、三つの側面から言及することができよう。第一に、ノモンハン事件は満洲事変および満洲国建国以降の日本の満蒙権益をめぐる動きとソ連の対日強硬姿勢が結晶化した局地紛争であったと位置づけることができる。そして紛争のエスカレーションに関しては、これまで日本軍部の「関東軍の暴走」として理解されることが多かったが、実際にはソ連の戦争指導においても赤軍参謀本部と現地の軍司令部との間で戦略方針の相違が存在していた。しかしながらそうした状況下でもソ連軍指導部による一定の統制が機能したことは、ソ連の戦争指導を考察するうえで重要である。

第二に、ノモンハン事件の勝利がもたらしたソ連共産党・軍指導部に対する軍事・外交戦略への影響である。ソ連は、東方にてこの局地紛争に勝利したことで自国の安全保障環境だけでなく、衛星国であるモンゴル人民共和国への防衛責務を果たすことができた。これは東アジアでのソ連勢力圏の確保という意味合いで大きな戦略的意義をもたらした。また西方にて独ソ不可侵条約の締結により安全保障環境の安定化を獲得したことは、一九三九年九月一七日以降のポーランド、バルト三国、フィンランド、ルーマニア領ベッサラビアへの軍事侵攻による東欧六カ国への勢力圏拡大をもたらした。米国の元国務長官ヘンリー・キッシンジャーは自著『外交』の中で、ミュンヘン会談以降のスターリンを、英仏両国とドイツを交渉相手国として、ソ連に最も大きな対価をもたらす相手国との同盟を追求する「バザールの商人」と表現したが[70]、ソ連はまさに極東での軍事的勝利と欧州での外交的勝利により、自国の勢力圏拡大を成し遂げた。この意味でノモンハン事件での勝利が果たした役割は大きかったと言える。

第三に、ノモンハン事件がもたらした日ソ関係への影響である。日本政府はノモンハンでの敗戦と独ソ不可侵条約の締結という「ダブル・ショック」により、ソ連に対する戦略的認識を大きく変化させ、日本国内では陸軍省や外務省を中心としてソ連を中立化する動きが促進された。一九三九年八月三〇日に成立した阿部信行《あべのぶゆき》内閣は

「自主外交の確立」を掲げ、欧州戦争への不介入と日中戦争の解決へ邁進するため、英米仏ソとの国交調整を開始した。そして同年一二月二八日に決定した「対外施策方針要綱」では、対ソ政策は防共方針を堅持したうえで「ソ連に対しては特に支那事変中、両国関係の平静化を計り、なかんずく国境の安全を保持し、且《か》つ国境に於ける紛争は武力に訴えることなく平和的折衝に依り」解決することを目指すとされた。

こうした日ソ国交調整という外交路線は、一九四〇年一月に成立した米内光政内閣および同年七月に成立した第二次近衛文麿内閣にも引き継がれた。そして新秩序勢力と位置づけられたソ連との国交調整は同年九月の日独伊三国同盟締結後も、松岡洋右外相の日ソ独伊四国協商構想にも支えられつつ、最終的には四一年四月の日ソ中立条約の締結として結実した(71)。この日ソ国交調整という外交戦略を形成する前提条件として、ソ連の勝利という形でノモンハン事件が終結したことは大きい。

ソ連から見たノモンハン事件は、日ソ両国が全面戦争に陥るほどの軍事衝突ではなかったものの、被害の大きさや国際的衝撃の大きさに鑑みれば、まさに「宣戦布告なき戦争」と呼ぶにふさわしい戦いであった。他方、冒頭で示したように、近年の研究成果はノモンハン事件が日満軍およびソ蒙軍ともに甚大な死傷者数をもたらしたことを伝えており、日満軍が一方的敗退を被った戦いではなかったことを教えてくれている。しかしながら、重要な点として、紛争での勝利は相手方の兵士の死傷者数を競い合うものではなく、戦略目標の達成を競い合うものである。ノモンハン事件を理解するうえで、この点を決して忘れてはならない。

（1）田中克彦『ノモンハン戦争――モンゴルと満洲国』（岩波新書、二〇〇九）五頁。
（2）Zhukov, G. K., *Vospominania i Razmyshlenia*, 14-e izdanie (Moscow, 2010) vol. 1, p. 179. 本章では『ジューコフ元帥回

想録』に関し、ソ連崩壊後に公開された増補版の記述に注目するために、日本国内で広く流通している一九六九年に出版された第一版ではなく、二〇一〇年に出版された第一四版を用いる。

（3）日本側の死傷者数に関し、現代史家の秦郁彦は様々な統計資料を分析して約一万八〇〇〇人から二万人の範囲であるとする。秦郁彦『明と暗のノモンハン戦史』（ＰＨＰ研究所、二〇一四）三四七頁。他方、ロシア軍事科学アカデミー元教授のグリゴリー・クリボシェーエフによれば、ソ連側の死傷者数はソ連崩壊後の資料公開などの影響で大幅に増加し、最近の研究成果では二万五六五五人（戦死者七六七五人、行方不明者二〇二八人、戦傷者一万五二五一人、戦病者七〇一人）としている。Krivosheev, G. F., *Rossia i SSSR v voinakh XX veka, Kniga poteri* (Moscow, 2010) p. 159.

（4）G・ミャグマルサンボー「ハルハ河戦争に参加したモンゴル人民革命軍について」田中克彦、ボルジギン・フスレ編『ハルハ河・ノモンハン戦争と国際関係』（三元社、二〇一三）七一頁。

（5）エレーナ・カタソノワ「ノモンハン・ハルハ河戦争――討論に付されるべき諸問題」日露歴史研究センター事務局編『ゾルゲ事件関係外国語文献翻訳集』第二九号（二〇一一）四六頁。

（6）田中『ノモンハン戦争』三頁。

（7）同右、四一頁。

（8）秦『明と暗のノモンハン戦史』四一頁。

（9）同右、四四頁。

（10）寺山恭輔「一九三〇年代ソ連の対モンゴル政策――満洲事変からノモンハンへ」『東北アジア研究センター叢書』第三二号（二〇〇九）。

（11）岩城成幸『ノモンハン事件の虚像と実像』（彩流社、二〇一三）第二章「ノモンハン事件に関する主要文献と研究動向」を参照。

（12）Iaskina, G. S., SSSR i MNR (1936-1945). // *SSSR i Strany Vostoka, Nakanune i v gody vtoroi mirovoi voiny* (Moscow, 2010) p. 26.

（13）Kondratiev, V. I., *Bitva nad Step'iu. Aviatsiia v Sovetsko-iaponskom Vooruzhennom Konflikte na reke Khalkhin-gol* (Moscow, 2008).

（14）ディミタール・ネディアルコフ（源田孝監訳）『ノモンハン航空戦全史』（芙蓉書房出版、二〇一〇）。
（15）マクシム・コロミーエツ（小松徳仁訳、鈴木邦宏監修）『ノモンハン戦車戦』（大日本絵画、二〇〇五）。
（16）Hiroaki Kuromiya, "The Mystery of Nomonhan 1939," *The Journal of Slavic Military Studies*, 24:4 (2011), pp. 659–677.
（17）スチュアート・ゴールドマン（山岡由美訳、麻田雅文解説）『ノモンハン一九三九――第二次世界大戦の知られざる始点』（みすず書房、二〇一三）。
（18）ドイツはヴェルサイユ条約によって戦車・毒ガス・航空機の保有を禁じられたが、一九二一年から一〇年間、ドイツ政府・軍部はこれらの兵器をソ連で試験・生産するため、資金と技術上の支援をソ連に提供し続けたとされる。デビッド・グランツ、ジョナサン・ハウス（守屋純訳）『独ソ戦全史』（学研M文庫、二〇〇五）三七頁。
（19）日ソ外交史家として有名なボリス・スラヴィンスキーは、ソ連側の日ソ不可侵条約締結への再三の催促として、一九三二年一月一二日のアレクサンドル・トロヤノフスキー駐日全権代表（大使）と犬養毅首相との会談、二月一四日のイタルタス通信報道、二月二九日のトロヤノフスキーと芳沢外相との会談、三月七日のトロヤノフスキーと永井松三外務次官との会談、九月一五日の内田《うちだ》康哉《こうさい》外相との会談、一〇月一九日のトロヤノフスキーと荒木貞夫陸相との会談、一一月一三日のリトヴィノフと天羽英二臨時代理大使との会談があったことを指摘している。ボリス・スラヴィンスキー（高橋実／江沢和弘訳）『考証　日ソ中立条約』（岩波書店、一九九六）四八～四九頁。トロヤノフスキーによる日ソ外交交渉の内容に関しては、以下の論文を参照。寺山恭輔「駐日ソ連全権代表トロヤノフスキーと一九三二年の日ソ関係」『東北アジア研究』第五号（二〇〇〇）六七～九一頁。
（20）スラヴィンスキー『日ソ中立条約』四九頁。
（21）防衛庁防衛研修所戦史室『戦史叢書　関東軍〈1〉』（朝雲新聞社、一九六九）三一〇頁。
（22）Krivosheev. *Rossiia i SSSR. Kniga poteri*, p. 154.
（23）Ibid., p. 153.
（24）張鼓峰事件に関する近年の研究成果として、笠原孝太『日ソ張鼓峯事件史』（錦正社、二〇一五）。同書はロシア側の新たな重要史料を駆使して、日ソ双方の視点を交錯させつつ体系的にまとめ上げたものとして優れている。同氏は特に張鼓峰事件がソ連極東の地方住民の大規模な支援活動が存在したことを指摘している。また、張鼓峰事件の死傷者数に関しても、様々な研究史料を用いて分析している。

（25）牛島康允『ノモンハン全戦史』（自然と科学社、一九八八）八七～八八頁。

（26）防衛庁防衛研修所『戦史叢書　関東軍〈1〉』四四一頁。

（27）関東軍参謀部第一課「ノモンハン事件機密作戦日誌」『現代史資料　日中戦争3』（みすず書房、一九六四）七二頁。

（28）同右。

（29）同右。

（30）*Vooruzhennyi konflict v raione reki Khalkhin-Gol. Mai-sentiabri* 1939 (Moscow, 2014) p. 32.

（31）カタソノワ「ノモンハン・ハルハ河戦争」四七頁。

（32）Zolotarev (ed.), *Verikaia Otechestvennaia Boina 1941-1945* (Moscow, 2011) vol. 1, p. 18.

（33）防衛庁防衛研修所『戦史叢書　関東軍〈1〉』二九六頁。

（34）「五月一五日ノモンハン方面ノ作戦」『小松原将軍日記』防衛省防衛研究所戦史研究センター所蔵。

（35）*Vooruzhennyi konflict v raione reki Khalkhin-Gol.* p. 42.

（36）Ibid.

（37）東郷茂徳『時代の一面』（原書房、一九六七）一四〇頁。

（38）日本側の記録ではこの点に関し、「空からの爆撃では、当時の航空戦力として期待できない」として、日ソ間で見解が分かれている。牛島『ノモンハン全戦史』八八頁。

（39）*Russkii Arkhiv: Velikaia Otechestvennaia. Sovetsko iaponskaia voina 1945 goda: istoriia voenno-politicheskogo protivoborstva dvukh derzhav v 30-40 godi* (Moscow, 1997) vol. 18 (7-1) p. 119.

（40）Zhukov, G. K. *Vospominaniia i Razmishleniia*, p. 179.

（41）Ibid., p. 180.

（42）*Vooruzhennyi konflict v raione reki Khalkhin-Gol.* p. 75. 五月二四日にヴォロシーロフ国防人民委員からジューコフ中将、セルゲイ・デニーソフ少将、イワン・チェルヌイショフ大佐（政治将校）に対して、モンゴル人民共和国への派遣が命令された文書が存在する。
(43) Zhukov, *Vospominaniia i Razmishleniia*, p. 180.
(44) Ibid., p. 179.
(45) アルヴィン・D・クックス（岩崎俊夫訳・秦郁彦監修）『ノモンハン　草原の日ソ戦――一九三九』（朝日新聞社、一九九八）上巻一一二頁。
(46) 同右、四六八頁。
(47) 辻政信『ノモンハン秘史』（毎日ワンズ、二〇〇九）一四三頁。
(48) *Vooruzhennyi konflict v raione reki Khalkhin-Gol*, p. 133.
(49) Ibid., p. 142.
(50) 「七月一日ノモンハン戦斗第一日」『小松原将軍日記』防衛省防衛研究所戦史研究センター所蔵。
(51) 秦郁彦「ハルハ河畔の攻防――第二次ノモンハン事件」『政経研究』第四九巻第一号、八八頁。
(52) 「七月四日」『小松原将軍日記』防衛省防衛研究所戦史研究センター所蔵。
(53) *Vooruzhennyi konflict v raione reki Khalkhin-Gol*, pp. 167-168.
(54) RGVA, f. 37977, op. 1, d. 54, ll. 112-114.
(55) *Russkii Arkhiv: Velikaia Otechestvennaia*, p. 125.
(56) Ibid., p. 125.
(57) *Vooruzhennyi konflict v raione reki Khalkhin-Gol*, p. 219.
(58) RGVA, f. 32113, op. 1, d. 1, l. 39.
(59) ジェフリー・ロバーツ（松島芳彦訳）『スターリンの将軍　ジューコフ』（白水社、二〇一三）七〇頁。
(60) コロミーエツ『ノモンハン戦車戦』一〇一頁。
(61) *Russkii Arkhiv: Velikaia Otechestvennaia*, pp. 125-126.
(62) コロミーエツ『ノモンハン戦車戦』一〇一頁。
(63) 「ノモンハン作戦全般報告（第一軍集団司令官ジューコフの報告）」防衛省防衛研究所編『ノモンハン事件関連史料集』

六三三頁。

(64) 同右。

(65) *Zhukov, Vospominania i Razmyshlenia*, p. 196.

(66) 防衛庁防衛研修所『戦史叢書 関東軍〈1〉』六三二頁。

(67) 同右、七二一頁。

(68) 八月三〇日に中央の参謀本部がノモンハン事件の作戦終結命令を策定して下達したあとも、現地では第六軍による本格的な攻勢作戦の基本構想が練られていた。そして同作戦構想を練ったのが辻政信少佐を中心とした関東軍作戦課であり、九月五日に第六軍が各兵団長へ伝達した「次期攻勢作戦指導計画」では、方針としてホルステン河左岸の敵軍を第七師団正面および東方正面に拘束し、主力をホルステン河右岸に転用して敵の左翼を破砕し、包囲席巻してハルハ河畔で撃滅するとされた。この九月攻勢は実現しなかったものの、日本側には当時まだ反転攻勢の意志が存在していた可能性を示唆する内容となっている。秦『明と暗のノモンハン戦史』二五八頁。

(69) 北川四郎『ノモンハン――元満州国外交官の証言』(徳間書店、一九七九)一〇頁。

(70) ヘンリー・キッシンジャー(岡崎久彦監訳)『外交』(日本経済新聞社、一九九六)上巻四六〇頁。

(71) ノモンハン事件後の日ソ関係については、拙稿「ノモンハン事件・日ソ中立条約」筒井清忠編『昭和史講義』(ちくま新書、二〇一五)一八六~九〇頁。

第一一章　北樺太石油・石炭利権をめぐる日本とソ連
――一九三九年の交渉を中心に

吉井　文美

はじめに

北樺太石油・石炭利権への着目

本章では、ソ連領北樺太（北サハリン）における日系企業の活動をめぐって、日ソ両国がどのような外交交渉を展開していたのか、一九三九年に行われた交渉を中心に検討する。

北樺太では、「条約上の権利」として、日系の北樺太石油株式会社と北樺太鉱業株式会社（以下、石油会社、石炭会社と称す）が、石油と石炭の採掘を行っていた。両社が北樺太において資源採掘にあたる権利は、一九二五年に日ソ基本条約が締結されたとき、日本軍の北樺太保障占領解消と引き換えに、日本に付与されたもので、その利権許与については、日ソ基本条約付属議定書（乙）に記載がある。

同議定書の締結を受けて、日本は一九一〇年代後半から、海軍の指示のもとで資源の採掘にあたっていた北辰会（石油採掘業）と、サガレン企業組合（石炭採掘業）の事業を引き継がせる形で、北サガレン石油企業組合と北サガレン石炭企業組合を設立し、一九二五年一二月一四日に、両組合とソ連政府との間で利権契約が結ばれた(1)。そののち、「条約ニ基ク外国トノ利権契約ニ依リ外国ニ於テ事業ヲ営ムコトヲ目的トスル帝国会社ニ関スル法律」(二五年三月三〇日)と、「日ソ基本条約関係議定書(乙)ニ基ク利権契約ニ依リ北樺太ニ於テ石油又ハ石炭ノ掘採ニ関スル事業ヲ営ムコトヲ目的トスル帝国株式会社ニ関スル件」(二六年三月五日勅令第九号)をもとに、北樺太石油株式会社と北樺太鉱業株式会社が設立され、両組合が獲得した利権は、両社に引き継がれた(2)。利権の地理的な分布については、地図(三一五頁)を参照されたい。

先行研究整理と課題設定

北樺太の利権会社をめぐっては、共産主義国であるソ連の領土内で活動する日本企業という特異な性格から、その成立過程や経営の実態に関心が寄せられてきた。例えば、石油会社に関する村上隆氏の研究では、会社設立に至る過程や会社の経営状況、さらに会社が撤退する過程が、日ソ両国の史料にもとづいて具体的に明らかにされている(3)。石炭会社については比較的研究は少ないものの、基本的な経営状況が明らかにされている他(4)、『北樺太鉱業株式会社案内』(北樺太鉱業株式会社、一九四三年)など、同時代の刊行物から、会社の経営状況を窺い知れる。

これらの先行研究や資料を通して主として描き出されてきたのは、時々の日ソ関係の変化が、利権会社の経営活動にどのような影響を与えていたのか、であった。例えば、一九三六年に日独防共協定が締結され、日ソ関係が緊迫化すると、石油会社と石炭会社はソ連から経営上の圧迫を受けるようになるが、ソ連の政策転換に、会社がどのように対応したのかについては、先行研究で具体的に明らかにされている。

しかし、一九三〇年代後半に、利権をめぐって外交交渉の場でどのような議論が展開されていたのかに関しては、これまでほとんど分析がなされていなかったと言える(5)。日ソ中立条約締結交渉（一九四〇〜四一年）に際して、中立条約を締結するための取引材料のひとつとして、日本が北樺太利権の解消を約したことは、一九四〇年代初頭の日ソ関係を論じる際にたびたび言及されるが(6)、そこに至るまでの日ソ交渉の場で、利権問題はどのように論じられてきたのだろうか。また、それらの議論の末に、日本が利権解消に踏み切った理由は何だったのだろうか。

北樺太利権が日ソ基本条約という国際条約にもとづいていたことを考えると、日ソ交渉の場でこの「条約上の権利」のあり方がいかに論じられていたのかは、一考に値する問題だと思われる。本章では、史料の残存状況が比較的良好な、一九三九年に展開された交渉に焦点をあてて、日ソ両国の応酬を検証したうえで、日ソ中立条約締結に際して利権が解消されるに至った意味を検討したい。

一　北樺太石油・石炭利権の形成

「条約上の権利」とその規定

本節では、一九二五年の日ソ基本条約の締結にさかのぼり、北樺太利権がいかなる条約や契約を背景に成立したのか確認したい。まず、北樺太利権形成の根拠となった、二五年一月締結の日ソ基本条約と同付属議定書（乙）について見ていこう(7)。

日ソ基本条約第六条では、ソ連の領域内における鉱産や森林などの天然資源の開発に対する利権を、日本に許与することが記されている。そして、日ソ基本条約付属議定書（乙）の第七項と第八項では、日ソ基本条約にもとづいて設立される北樺太の利権会社への、ソ連政府の基本的な姿勢について記されている。具体的には第七項

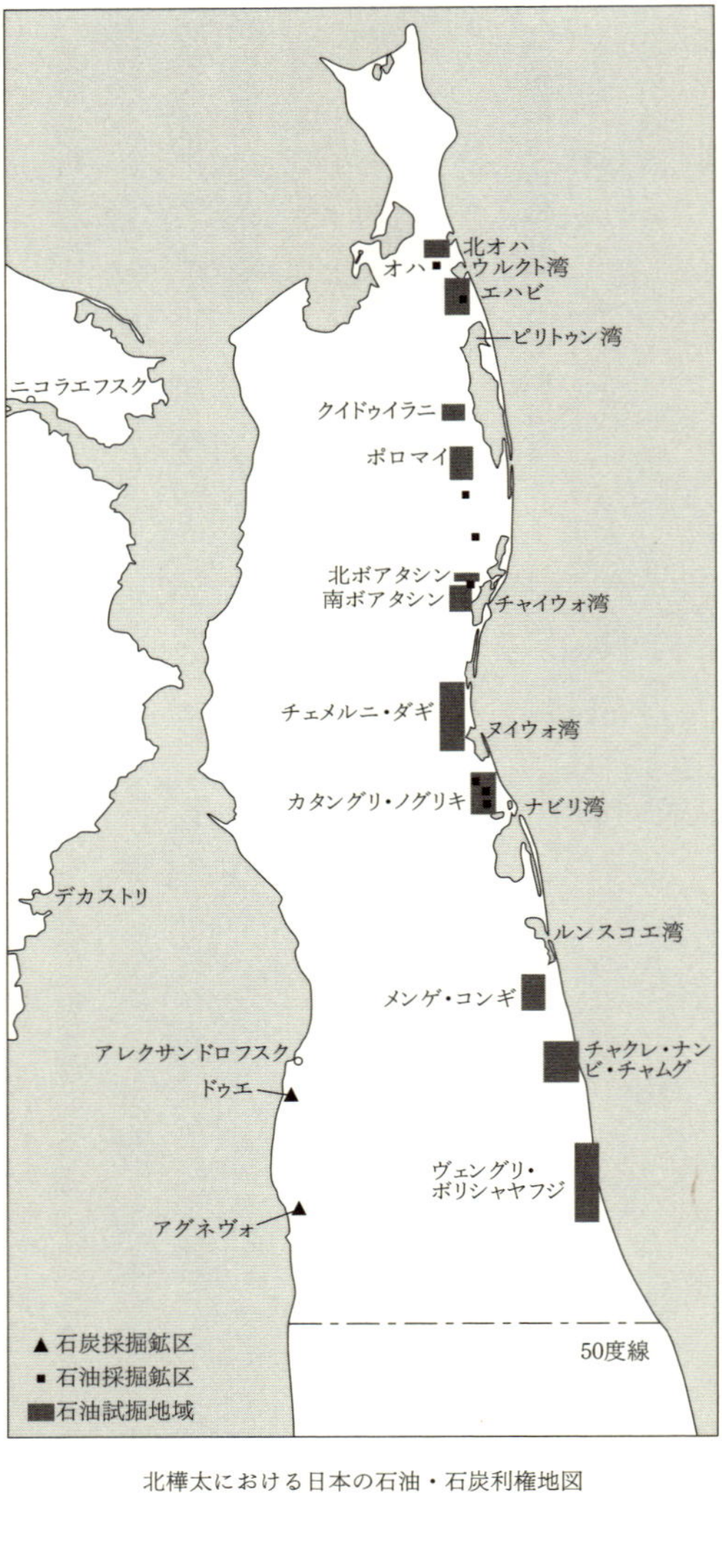

北樺太における日本の石油・石炭利権地図

で、会社の収益的経営を事実上不可能にしてしまうような、課税や制限を加えられることはないということ、第八項で、ソ連政府は会社に対して、「一切の適当なる保護及便益」を与えるということが取り決められた。なお、両項目は、のちに日ソ交渉でその解釈が問題となる。

また、日本政府に推薦された北サガレン石油企業組合と北サガレン石炭企業組合がソ連と締結した利権契約では、採掘の形態や報償・課税、労働者の雇用などについて細かく規定されている。本章で特に注目したいのは、次の二点である。

一点目は、利権会社はソ連の国内法規を遵守しなくてはならないということである。石油会社の利権契約第二条には、次のように記されている。「本契約において特に条件が定められていない限り、利権会社はソ連の領域において、現行の、また将来ソ連で制定される一般法令、およびこれらの法令にもとづいて行われる権力の命令に従わなければならない」。なお、石炭会社の利権契約でも、第二条に同様の規定がある。しかし、社会主義国であるソ連の国内法規と、日本の慣行との間には大きな差異があったうえ、複雑な規定や手続き、法律相互の不整合、外資に対する優遇制度の不十分さなどの問題もあり、利権会社がすべてを履行するのは難しかったという(8)。

二点目は、会社は労働組合中央委員会と毎年団体契約を結ばなくてはならないということである。石油会社の利権契約第三〇条では次のように規定されている。「利権会社における労働条件は、ソ連の現行法令、ならびにこの件に関し今後制定される法令、利権会社と当該労働組合との間に締結される団体契約によって規律される」。石炭会社の利権契約でも、第二四条で同様の取り決めがなされている。団体契約では、労働者の労働時間、労働賃金、厚生関係など、労務全般にわたる詳細な事項が取り決められた。また、団体契約の有効期間は一年以下とされたため、利権会社は更新のための交渉を毎年しなくてはならなかった(9)。

これらの二点は、以下に見ていく日ソ交渉でも争点となる。

日独防共協定締結と利権会社

一九三六年一一月に日本がドイツと防共協定を結んだあと、北樺太利権を取り巻く環境はどのように変わったのだろうか。はじめに、協定締結前に石油会社が置かれていた状況について確認したい。

一九二五年から三〇年頃までは、協定締結前に、会社とソ連関係当局との間に、基本的には協調関係が存在していたという。その最大の要因は、ソ連が同じく北樺太に有していた自らのトラスト（トラスト・サハリンネフチ、一九二八年設立）の生産活動を軌道に乗せるために、利権会社による支援を必要としていたことにあった。当時、資本、設備、労働力が極度に不足していたトラストは、これらの調達を石油会社に仰ぎ、自らの生産基盤を固めようとしていた。石油会社は二七年度から株主配当を開始し、ほぼ毎年継続していた。しかし、やがてトラストの石油開発が軌道に乗り始めると、石油会社が持つ生産面での優位性が失われ、ソ連による利権会社への締め付けが厳しくなっていった。これは、ソ連がネップ期を終えて、外国資本を閉め出す時期にも合致している[10]。

石炭会社については、ソ連関係当局、特に現地鉱山局との関係があまり良好ではなかったうえ[11]、会社の事業開始当時から、設備改善などへの出費や、内地炭況の不振などのため、会社の経営は停滞していた。石炭会社が初めて株主配当を行うのは、三二年になってのことである。軍需インフレの進展による重化学工業の躍進などによって、三三年に入ってから日本の石炭需要が急増すると、石炭会社の生産量も伸びていった[12]。

一九三六年一一月二五日、日本が日独防共協定を締結したことは、両社をとりまく経営環境を悪化させた。特に、経営基盤が弱かった石炭会社が決定的な打撃を受けている。

日独防共協定の締結以降、石炭会社では、国内法規違反などを理由として、職員が内務人民委員部付属国家政治局（ゲーペーウー）に逮捕されたり、裁判にかけられて投獄されたりする事例が多発していた。例えば、鉱業

北樺太石油会社の原油採取量および日本向け搬出量

年度	採取量	搬出量	備考
1936年	181,251	166,413	搬出量は買油も含む
1937年	150,591	216,329	搬出量は買油も含む
1938年	127,280	161,245	※注3
1939年	84,893	55,518	
1940年	57,357	45,321	
1941年	43,709	23,740	
1942年	51,577	0	
1943年	17,049	9,587	
1944年	—	17,320	

注1：外務省欧亜局東欧課『戦時日ソ交渉史』(1966年．のち，ゆまに書房より影印復刻版を2006年刊行) 第一分冊，576頁掲載の表より作成．
注2：採取量・搬出量の単位はキロ・トン．
注3：注1であげた原典には，1938年度以降の搬出量について「買油も含む」との記載なし．

保安規則違反によって起訴された、日本人の保安係主任技師と第三坑主任が、それぞれ禁錮三年の判決を受けている。このような事例から、現地の日本人従業員は不安に陥り、九八％が帰国を希望するようになったという。

ソ連が国内法規の適用を厳しくしたために、罰金や賠償金などによる経済的な負担が増加し、会社は採算上操業が困難に陥った。一九三七年一〇月、会社は採掘作業を全部中止し、ドゥエ炭坑を除く全坑を閉鎖したのである。[13]

なお、石油会社も、樺太東海岸における会社支所への船舶寄港禁止などの影響を受けていた。具体的な事例については、村上隆氏の著書に詳しい。[14] 設立以来、比較的好調を維持していた同社の経営は、一九三八年度は赤字に転落した。両社の石油・石炭採取量については、上記の表を参照されたい。

ソ連への日本の抗議

以上に見た会社の苦境を受け、日本政府は外交ルートでも事態の打開を模索した。

一九三七年六月一〇日、重光葵《しげみつまもる》駐ソ大使は、マクシム・リトヴィノフ外務人民委員に対して、利権会社がソ連側の措置によって厳しい経営環境に置かれていることを訴え、問題解決のために影響力を行使してほしいと要請した。しかし、このときリトヴィノフは問題をよく把握していないと述べ、代わりにボリス・ストモニャコフ外務人民委員代理（外務次官にあたる）などが、できるだけの対応をしているはずだと答えるにとどめた。(15)

同月二二日、重光大使はストモニャコフと会談し、石油会社、石炭会社が抱える問題について訴えた。(16)そして、会社代表は重工業委員部などソ連当局との交渉に努めているものの、埒《らち》があかないと伝えた。このとき重光は、両社が置かれている状況について、いくつかの具体例に言及している。ここでは、日本人労働者の雇い入れ問題と物資輸入問題を取り上げ、日本とソ連双方の主張の食い違いを見ていきたい。

はじめに、日本人労働者の雇い入れ問題について見ていく。利権契約によって、石油会社はソ連労働者を一定の割合で雇うことが規定されていた。具体的には、利権契約第三一条において、日ソ労働者数の比率は、熟練工に関しては各五〇％ずつ、未熟練工に関してはソ連人労働者を七五％雇うことになっていた。ソ連人の季節労働者の募集は、会社が毎年二回（春季は四月一日、秋季は七月一五日まで）、ウラジオストク市の重工業人民委員部労働者雇入事務所に申し込むことで行われていた。また、日本人労働者を雇用する際には、北樺太へのソ連の渡航許可が必要だった。(17)

一九三七年、石油会社は利権契約で決められた比率にもとづき、ソ連人の季節労働者二八七〇人の雇い入れと、日本人労働者についても七四七人の入国を申請した。しかし、ソ連人労働者は二〇〇〇人しか供給できないというのが返答だった。本来であればこのような場合、不足するソ連人労働者と同職種、同員数の日本人労働者を、規定の比率にかかわらず使用できることになっていたが（利権契約第三一条）、この時、不足分への代人として入国を許可された日本人は五二七人だけだった。(18)重光大使が抗議したところ、外務人民委員部は次のように回答した。会社は日本人労働者の職業別内訳の報告というソ連側の要求を拒否し、日ソ人の比率を日本人に有利にするために、生産的考量とは別に膨大な要求をしている。もし日本人労働者の職業別内訳がわかれば、中にはソ連人で代用できる者もいるはずだ。したがってソ連としては、会社からの連絡を待ってから申請を審議する。[19]

石炭会社についても、同じように労働者の雇い入れの問題が発生していた。会社側の資料によると、同社は一九三六年一二月二一日に、翌年度分の石炭積込夫など、合計四七五人の日本人の入国を申請したが、西部サハリン鉱山署長は突然に日ソ労働者数の比率を変更して、わずかに一二三人にしか許可を出さなかった。その後一六〇人の入国が追加で許可されたが、残る一九二人については入国不許可となった。日本人労働者の入国手続きが遅れたことで、石炭の積み込みや、坑内作業計画の実施は大きな影響を受けたという。[20]この件に関してソ連側は、入国許可人数は、会社が必要とする労働者の数を十分考慮したうえで決定した、と回答するのみだった。[21]

次に、物資輸入に関する問題を見ていきたい。一九三七年度の所要物資として、石油会社は四二〇万ルーブル分、石炭会社は二五三万ルーブル分の輸入許可を申請した。しかし、ソ連から許可されたのは、前者は二七〇万ルーブル分、後者は食料品の一〇〇万ルーブル分で、日用品については許可自体が下りなかった。[22]重光大使の抗議に対して、外務人民委員部は、石油会社への許可量については残存在庫品を考慮した結果であり、石炭会社に対して日用品分の輸入が許可されなかったのは、会社側が在庫品の検査を拒否しているからだと回答している。[23]

北樺太の石油・石炭利権の問題は、日本国内でも注目を集め、対応が模索された。一九三八年一月二二日の帝国議会における演説で広田弘毅《ひろたこうき》外相は、日ソ基本条約にもとづいて実施されている利権事業が、ソ連の不当な圧迫によって有名無実化するのを、日本は黙過できないという姿勢を表明した。[24]張鼓峰《ちょうこほう》事件終結後の三八年九月二七日には、北樺太石油・石炭利権への助成金の支給に関する閣議決定がなされた。[25]

一九三八年三月、多賀谷《たがや》靖《やすし》オハ分館主任は広田外相に対して、現地の窮状を訴え、日本政府による対応を求

オハ製油所外観

めた。多賀谷は、石油会社が雇用するソ連人労働者は反日的な思潮に左右されて怠業気味であり、主たる作業の大半は日本人によって辛うじて行われている状況なのだと説明した。さらに、付近への民警派出所の増設を理由として、会社の宿舎の明け渡しが要求されたり、オハ分館に鉄条網を設置するように通告されたりするなど、日本に対する警戒が露骨で、まるで厳戒下にいるようだと述べ、懸案の現地解決はほとんど不可能になったと訴えた。(26)

このようなオハの状況に言及しつつ重光大使は、三月二九日、北樺太において会社の経営が継続不可能な事態に立ち至ったとき、日本政府は現地保護の手段も辞さない覚悟があるのか、それともあくまで隠忍自重するのかと、広田外相に姿勢を問うた。(27)これに対して広田は、海軍省・商工省ともに北樺太の石油資源は絶対に確保したいと考えており、採油自体が脅かされた場合は、政府としてはある程度の現地保護手段を取るつもりだと答えている。(28)

日本政府による現地保護の施策の一環として行われたのが、一九三九年六月の軍艦の出動である。このとき石油会社と石炭会社の労働者組合は、ほとんど時を同じくして、所要物資の不配給や配給不足を理由として、それぞれ会社に対して高額な賠償金の支払いを求める訴訟を起こした。裁判所は、両社に賠償額全額の支払いを命じ

る判決を下したため、日本は外交ルートを通してこれに抗議したものの、功を奏さなかった。(29)

そのため日本は、六月末から九月末まで、北樺太の東西両海岸に軍艦を出動させる対抗策に出た。ノモンハン事件中に行われたこのような措置は、ソ連側にある程度の脅威を与えたようである。(30)日本側の記録によると、ソ連は海岸に監視所を設けるなどの反応を見せたほか、石炭会社に対する判決の執行を停止するなどの効果を見せたという。(31)軍艦の派遣は、翌年も行われた。しかし、外務省の執務報告によれば、これらの措置によりソ連の「強圧を閉塞」することはできたものの、肝心の利権会社に対するソ連の「全般的圧迫態度は、依然として何等改善の跡を見ざる有様」だったという。(32)

二　日ソ交渉の本格化

日ソ外交交渉の可否

北樺太石油・石炭利権をめぐる日ソ間の交渉は、一九三九年四月二七日、西春彦駐ソ臨時代理大使が、リトヴィノフ外務人民委員に覚書を渡したことにより、本格化した。(33)

そもそも日ソ両国は北樺太利権をめぐる問題を外交ルートで話し合うことの妥当性から、意見の一致を見ていなかった。この点はすでに一九三八年七月八日、ストモニャコフ外務人民委員代理と重光大使の会談で顕在化している。(34)

この会談でストモニャコフは、北樺太利権に関して紛議が発生したときは、最高裁判所や仲裁裁判によって解決されるということになっているはずだ、と指摘した。確かに、石油利権の利権契約第四二条と、石炭利権の利権契約第三二条には、関連する規定がある。そして、利権契約の実施および適用の問題は、利権業者とその主管官庁である重工業委員部との間で直接話し合われるべきだと主張した。

対する重光は、本問題は利権会社と主管官庁である重工業委員部との間で話し合われるべきだとする点に異存はないとした。しかし、利権会社側が持つ明白な権利がソ連側の事情で行使できていないなど、利権者はきわめて困難な立場に置かれているため、大使館に斡旋を依頼しているのだと説明した。そして、外務人民委員部から関係官庁に対して、利権者との交渉の進展のために働きかけてほしいと要請した。

日本外務省の記録によれば、会社側がソ連当局の担当者になかなか面会できない、という事情もあった。一九三八年七月二六日に発表された外務省情報部長の談話では、次のように述べられている。石油利権事業について、ソ連政府は、利権事業の経営上の諸問題に関する交渉は、重工業人民委員部と利権事業会社の間で行われるべきだと主張するが、交渉相手である重工業部外国課長は病気や旅行中などと言って、会社代表との面談を避けることが多い。ソ連側との折衝のためハバロフスクに赴いた石油会社の出張員は、本年初めに同地に到着して以来、今まで一回もソ連当局と面会できていない状態である。(35)

このように、利権者と重工業委員部との間の話し合いは、事実上成立していなかった。さらに、日本は利権問題が「条約上の権利」に関わることを引き合いに出しながら、本問題を外交交渉の俎上に上げようとした。例えば一九三九年五月、ヴャチェスラフ・モロトフが外務人民委員に就任し、東郷茂徳《とうごうしげのり》駐ソ大使と初めて会談したとき、東郷は、条約に根拠を有するために政府も国民も重大な関心を寄せている日ソ間の懸案事項として、北樺太の石油・石炭利権をめぐる問題と漁業権をめぐる問題を挙げ、解決を迫った。(36)

しかし、結論を先取りすれば、利権の問題に関して、外交交渉ではほとんど進展が見られなかった。

次節においては、成果なく終わった日ソ交渉の場で、両国がいかなる主張を展開させたのか見ていきたい。特に、北樺太利権にまつわる条約や取り決め（日ソ基本条約、同付属議定書（乙）、利権契約、ソ連国内法）が、どのように引照されていたのかに焦点を当てて検討する。

日ソ基本条約付属議定書（乙）の解釈

はじめに、利権会社の活動の法源とされる、日ソ基本条約とその付属議定書に関する日ソ両国の解釈を整理したい。

一九三九年五月一五日、東郷大使と新任のモロトフ外務人民委員の間で行われた交渉において、東郷は次のように主張している。日ソ基本条約第六条により、ソ連政府は天然資源に関する日本の需要を考慮し、ソ連内の天然資源開発を日本人に許与する意向を表明した。北樺太の石油・石炭利権については、日ソ基本条約付属書（乙）第七項と第八項によって、会社がその収益的経営を不可能にするような、いかなる制限も加えないこと、さらに会社に対して保護と便益を与えることを約束しているはずである。それにもかかわらず、近年ソ連官憲が両社に対して不当な圧迫を加えているために、会社は収益的経営ができていない(37)。

このように日本側は、日ソ基本条約第六条と、同付属議定書（乙）第七項と八項を引き合いに出しつつ、ソ連の違反行為を訴えた。

日本側の主張に、ソ連はどのように応じたのだろうか。モロトフはまず、経済関係については、外務人民委員部として「条約上生ずることは之を保証すること」に努めるという立場を表明した。その一方で、利権者側も「条約上の権利を享有すると共に、其の為すべきことは、為さざるべからず」と、会社の利権契約違反をほのめかしながら、釘を刺している(38)。

この会見以後、モロトフは面会自体を断るようになり、会談は東郷とソロモン・ロゾフスキー外務人民委員代理との間で重ねられていく。ロゾフスキーの主張は、日ソ基本条約付属議定書（乙）第七項と第八項の有効性自体を問うものだった。ロゾフスキーは東郷に対して次のように述べている。日本側は日ソ基本条約中の「収益的経営の保証」や「適当なる保護及便宜」に関する規定を何度も引用しているが、ここで言う「適当」とは、あくまで「ソ連法律の範囲内に於ける適当」の意味である。以前にモロトフが「条約義務を履行す」と言ったのは事実だが、日本側がソ連法規ないし契約上の義務を遵守していれば、そもそも何ら紛議は発生しないはずである。そのうえで、利権会社がソ連法規や利権契約に違反した行為を行っていることを非難した。対する東郷大使は、ロゾフスキーが述べる「適当」の解釈は、きわめて不当であると抗議し、もしロゾフスキーの言うような意味に取るならば、条約文に「ソ連法律の範囲内に於いて」と記載されるべきだったと応じている。(39)

さらに、日ソ基本条約付属議定書（乙）第九項との関連についても争点化した。同項には、「前諸号に関連する細目は、利権契約に於いて協定せらるべし」と記されている。ロゾフスキーは、東郷が付属議定書（乙）第七項と第八項を引用しながら、第九項のほうを不問にしていると批判した。そのうえで、ロゾフスキーは次のように言う。第九項には、細目は利権契約において協定されるとあるので、利権者の一切の権利は、利権契約によって規定されており、日ソ基本条約に記載されている利権者の権利とは、法的基礎を持たないもので、単に利権契約によってのみ律されるべきものである。従って、日ソ基本条約を引用する必要性などない。(40)

東郷は、以上のロゾフスキーの主張を、「何等根拠なし」とか「愚劣なる議論」という言葉で強く否定した。東郷は、あくまで第九項に言う細目とは、付属議定書（乙）に記された規定によって取り決められたと理解すべきもので、利権契約成立のあとに、第七項と第八項が消滅したという理論は成立しないと主張した。(41) このように、付属議定書（乙）第七～九項をめぐる双方の主張は平行線をたどった。

利権契約・ソ連国内法規・団体契約をめぐる攻防

利権会社の活動が「条約に胚胎する」一方で、両社が利権契約やソ連の国内法規、団体契約の規定を受ける存在でもあったことは、すでに述べた。本節ではこれらをめぐって外交交渉の場で表出した問題について検討する。ソ連の国内法規を遵守しなくてはならないことは、日本がソ連に有していた他の利権と比較した場合、北樺太利権の特徴とも言えるものであった。例えば、在ソ利権としてよく知られる漁業権については、労働者へのソ連労働法の適用にあたって、日本企業の特殊性や固有の労働慣行が尊重されることになっており(42)、北樺太利権が置かれた状況とは異なる。

利権会社がソ連の国内法規を遵守しなくてはならないことは、利権会社自身も認めている。一九三三年一〇月に、コンスタンチン・ユーレネフ駐日ソ連大使に宛てた申し入れの中では、中里重次《なかざとしげじ》北樺太石油会社社長も、同社がソ連国内法規を遵守することは、利権契約の条文からして当然であるとの認識を示している(43)。

しかし問題は、ソ連国内法規はどこまで利権会社に適用されるのかという点にあった。中里社長は同じ会談において、日ソ両国の習慣などには多大な相違点があり、アゼルバイジャンの産油地バクーのように企業が創設されてから数十年の歳月を経て、物資調達などに不便のない「文化的都市」に適用している法令を、そのまま「偏僻《へんぺき》の現地」である北樺太に適用しようとするのは、当を得ないとした。そして、ソ連諸法規については、現地の実状に適応した処置を取るように要請した(44)。

会社がソ連の国内法規を遵守しなくてはならない立場にあるという認識は、日本人外交官にも持たれていた。一九三九年五月、北樺太利権をめぐる交渉の真っただ中にあって東郷大使は、今後は日本側が持つ権利の行使については強く主張しつつも、事業者側による義務の厳重な履行も必要であるとの意見を有田八郎外相に伝えた(45)。また同年八月には、ノモンハン事件の経過も念頭に置きながら、いたずらに日本側の権利を主張してばかりでは、ソ連の態度を硬化させるだけでなく、国境問題などにも悪影響を与えるおそれがあると述べた。そして、ソ連による会社圧迫行為への抗議とともに、会社による利権契約やソ連法規の遵守を、ソ連側に表明する必要性もあると本省に意見している。[46]

一方で、利権契約や団体契約と利権会社の関係に関しては、日ソ両国で見解の相違が生じていた。ここでは石油会社を例に見ていきたい。

交渉におけるソ連側の基本的な姿勢は、利権会社は労働者の供給を求めるよりも先に、利権契約への違反行為の是正や、団体契約問題の解決をすべきだというものだった。ソ連は次のような事例を挙げ、会社側の利権契約違反行為を指摘した。一九三八年八月の時点で、会社は日本人未熟練労働者を、利権契約で定められている二五％に対して、実際には四三・六％も雇用している。[47]さらに、会社は同年中もいろいろな口実をつけて、すでに募集済となっていたソ連労働者の採用を拒み、日本人労働者の雇用にこだわっている。この結果、燃料工業人民委員部（三九年一月に重工業人民委員部から分離して成立）は、ソ連人労働者をやむなく休業扱いにして、約二〇〇万ルーブルを支払う損害を被った。[48]

団体契約の問題に関しては、一九三九年の契約交渉が紛糾し、石油会社は、契約期限の同年五月までに新たな契約を締結できずにいた。[49]ソ連は新契約の未成立を理由として、日本人労働者の現地への渡航や、各支所への会社船舶の寄港を許可していなかったのである。

一九三九年六月一〇日、東郷大使はロゾフスキー外務人民委員代理との会談で、ソ連がソ連人労働者を石油会社に提供していないこと、さらに日本人労働者の渡航についても許可を与えていないことを批判した。そして、会社の経営に労働力は不可欠だから、労働力の不提供は経営を妨害する措置と認定され、条約（ここでは日ソ基本条約付属議定書（乙）第七項・第八項を指す）違反となると主張した。[50]

一方のソ連側は、利権契約第三〇条に規定されている組合との団体契約交渉を遷延させている利権者側にこそ、本件の全責任があると主張した。労働者は労働条件を知らなければ樺太に渡ることはできないので、団体契約が成立していなければ、燃料工業人民委員部は利権会社に提供するソ連人労働者を募集できない、というのがその理由である。[51]

冬季労働者の確保は通常七月に行われていたため、日本はそれまでに団体契約締結問題を決着させるべく、外務人民委員部に団体契約交渉への介入を求めた。東郷大使は、当業者間で話し合いがまとまらない以上、利権は両国間の「条約に胚胎する」ため、両国政府の斡旋で、交渉を妥結に導くのが良いと主張した。[52]しかしロゾフスキーはこれを拒絶した。組合の活動は憲法によって保障されており、組合は国家権力機関に従うものとされている、というのがその理由だった。[53]

新たな団体契約は、最終的に労働組合の要求の大半を会社側がのむことで、一九三九年八月にようやく交渉が妥結し、一一月に調印に至った。冬季労働者の雇用申請期限には間に合わなかったため、エハビ油田とカタングリ油田の越年経営は不可能となった。両油田の社員は同年一〇月に引き揚げ、採油現場はオハ油田を残すのみとなった。[54]

ノモンハン事件終結後の状況

一九三九年夏に起きたノモンハン事件は、北樺太利権をめぐる状況にいかなる影響を与えたのだろうか。ノモンハン事件前後の日ソ関係の変化については、本書第一〇章が明らかにしている。本章では、同章の内容や、一九四〇年代前半の日ソ関係に関する先行研究を踏まえながら、ノモンハン事件終結後の北樺太利権をめぐる状況を確認したうえで、四四年に利権がソ連に売却されるまでの経緯を見通したい。[55]

一九四〇年一月二九日、多賀谷靖駐オハ領事代理は本省に宛てた電報の中で、次のように述べている。ノモンハン事件終結後に、日ソ間の緊迫した関係が緩和されたのにともなって、ソ連による利権会社への対人的迫害が差し控えられ、石油会社従業員は落ち着きを見せるようになり、いたずらに帰国を焦る傾向がやんだ。これは過去三年間に見られなかった現象である。しかし、ソ連による「仮借する所なき法規の適用」や、それにともなう「官憲命令の乱発」のために、生産作業は滞っている。今後も企業干渉が絶えることはないだろう。とくに日独防共協定締結以来の対日反感や、トラスト・サハリンネフチが生産を飛躍的に拡大していることが、日本の石油会社との共存共栄をますます困難にしている。さらに、利権会社は資金や物資調達に関する問題も抱えているので、ソ連の対利権政策に大転換が起きない限り、会社の根本的な立ち直りは容易でない(56)。

すなわち、ノモンハン事件終結後の日ソ関係の相対的な緊張緩和は、利権会社の職員が置かれた環境を好転させたところもあったが、利権会社を取り巻く状況の抜本的な変化には至らなかった、と言える。

次に外務省欧亜局第一課が作成した報告書によりつつ、ノモンハン事件の翌年における、利権会社を取り巻く状況を具体的に見ていこう(57)。

まず石油会社については、一九三七年以来毎年紛糾していた物資輸入問題や団体契約締結の問題がスムーズに決着するなど、会社への締め付けが多少緩和された側面もあった。しかし、労働者数について極端な制限が課されて、作業の遂行が難しくなったり、採油作業が妨害されたりするなど、ソ連が計画的に圧迫を加えている状態には変わりがないという。そして、閉鎖されたエハビ油田とカタングリ油田の再開は難しく、唯一採掘が続いているオハ油田の現状維持も厳しいと総括された。

他方、石炭会社については、ソ連側の態度は好転を見せず、むしろ悪化していたという。一九三七年以降、操業停止状態にあったことは先述の通りである。中止していた事業の再開は不可能で、わずかに鉱場の保存作業を

しているだけであった。このように両社とも、日本政府からの財政援助を受けなければ、経営が立ち行かない状況だった。(58)

前年に引き続き、一九四〇年にも日本は北樺太東西海岸に軍艦を出動させて、ソ連を威圧しようとしたものの、十分な成果は得られなかった点はすでに述べた通りである。ソ連は会社の経営を不可能にすることで利権の回収を図っているのだと、報告書では指摘されている。

こうした時期、ソ連は北樺太利権の解消を繰り返し日本に提案した。一九四〇年夏、東郷大使とモロトフ外務人民委員の間で日ソ中立条約締結をめぐる交渉が行われていたとき、モロトフは、日ソ中立条約に関する日本の定義を原則的に受諾する代わりに、北樺太の利権を解消するよう要求した。同年秋、新任の建川美次《たてかわよしつぐ》大使が交渉に臨んだ際も、モロトフは日ソ中立条約の調印から一カ月以内に北樺太の日本の石油利権と石炭利権を解消することを求めている。(59) 翌年、日ソ中立条約をめぐって松岡洋右外相とモロトフが会談した際にも、モロトフは利権解消を強く求めた。(60)

一九四一年四月一三日の日ソ中立条約の締結に際して、松岡はモロトフに非公表の半公信を渡した。そこには、北樺太利権の解消に関する問題を数カ月以内に解決するように努力することが記された。(61) もともと松岡は北樺太利権の解消に積極的ではなかったが、当時駐ソ大使だった西春彦の回想によれば、松岡は北樺太利権の解消について迷った末に、利権は「あまり役に立たないもの」になっていたために解消を決め、他の閣僚の説得は帰国後に行うとして、半公信を渡したという。(62) なお、この前日に松岡は北樺太の日本への売却を迫り、スターリンに拒絶されていた。(63)

その後一九四一年六月に独ソ戦が始まり、松岡外相が更迭されると、松岡書簡による利権解消の約束は事実上棚上げされることとなった。しかし、松岡書簡の内容の履行を要請するソ連の態度は、四三年以降強くなっていく。四二年から駐ソ連大使を務めていた佐藤尚武《さとうなおたけ》は、対ソ関係の「静謐《せいひつ》」を保持し、南方作戦の安定確保に力を注ぐことが緊要だと見なし、日ソ両国間に介在する諸案件を地道に解決すべきだと考えた。佐藤は、長年の懸案となっていた北樺太の石油・石炭利権の返還問題と、日ソ漁業条約の改定問題の譲歩的解決を進言した。しかし、この時点では、懸案解決による日ソ接近は日独関係の冷却化を招くと考えて、解決交渉に消極的な姿勢を取る勢力が、政府や軍部内では優勢をしめていたという。(64)

一九四三年四月に外相に就任した重光葵は、日ソ間の懸案解決に積極的な姿勢を見せた。同年六月一九日の大本営政府連絡会議では、「対ソ友好増進は喫緊の急務」だと考える重光が押し切る形で、北樺太石油・石炭利権を、ソ連に有償譲渡する方針が決まった。(65)

この背景を考えるうえで、オハ油田の所在地に勤務する村瀬悌二《むらせていじ》駐オハ領事が、二月に本省に送っていた電報は注目に値する。村瀬は次のように述べている。ソ連は対独戦で悪戦苦闘しているが、北樺太利権に対しては圧迫的な方針を堅持していて、「利権存在の意義を喪失せしめ居る実情」に陥っている。このようなソ連の態度は、欧州大戦の長期化とともに、しばらく継続されるだろう。従って、利権企業の正常な事業経営は、当分の間期待できないと思われる。莫大な人的・物的資源を「何等得る所なく北樺太に死投」するのは不本意であり、石油利権の経営規模も大幅に縮小すべきである。(66)

最終的には、一九四四年三月三〇日に、「北サガレンに於ける日本国の石油及石炭利権の移譲に関する議定書」が日ソ間で調印され、利権は五〇〇〇万ルーブルでソ連に譲渡されることが決まった。調印の前日に開催された枢密院審査委員会において、重光外相は、北樺太利権の重要性を認めつつも、「それらは運用できない状況に長く置かれている」として、日ソ中立関係強化のために、利権をソ連に譲渡する必要を説いた。利権を日本が手放すことは、日本の弱さを示すことにならないのか、という懸念が枢密顧問官によって示されると、重光は、日ソ間の長年の懸案を解消し、日ソ中立条約を強化することは、イギリスやアメリカのみならず、中国に対しても日ソ関係の親密化をアピールできると述べ、その意義を強調している。

さらに、このとき東条英機首相は、日本領南樺太で産出される石炭すら本土への輸送が難しい状態にあり、北樺太の資源の必要性は低いという見解を示した。(67) 北樺太利権は、保持し続ける実益よりも、手放すことで発揮される外交的な意味のほうが、大きくなっていたのだった。

おわりに

一九三七年一〇月、当時駐ソ大使の任にあった重光葵は、今後の日ソ交渉の展開について、次のような見解を本省に伝えていた。(68) ソ連は日中関係の紛糾や、国際連盟での対日非難決議などから、国際社会の日本に対する風当たりは強く、対日関係は自国に有利に展開していると考え、北樺太利権や漁業条約の廃棄までも企図している。このような状況下で、ソ連の政治的好意に訴えて、北樺太利権問題の解決を図るのは無益である。

それでは、日本はいかなる交渉姿勢を採るべきなのか。これに関して重光は、利権会社の活動が契約違反でないことを強く主張し、できるだけ妥協的な態度で利権の維持を目指すべきであると具申した。そして、ソ連が利権の存在を否認するような態度に出たら、日本は条約論を持ち出して抗議することになるが、ソ連側はおそらく自国の法律論を持ち出してきて、局面は政治化するだろうと推測した。さらに、交渉の場では「結局実力の背景の外、解決の原動力なき」ため、利権を保護しようとする日本の決心の固さを、ソ連に伝える必要があるとした。

重光の電報から二年近く経った一九三九年の夏、北樺太利権をめぐる日ソ交渉は本格的に展開されるに至った。

本章ではまず、現地で起きていた利権会社へのソ連の圧迫の実態が、外交交渉の場でいかに取り上げられていたのかを確認したうえで、(一)日ソ基本条約および同付属議定書(乙)、(二)利権契約、(三)ソ連の国内法規、(四)団体契約という、利権会社をめぐる多元的な取り決めの解釈や効力が、どのように論じられていたのか見てきた。

重光が考えていた通り、日本は日ソ基本条約という条約論を持ち出して交渉に臨んだ。一方、ソ連は利権問題を外交ルートで話し合うこと自体を拒みつつも、自国の法律論で応戦した。ソ連が採ったのは、日ソ基本条約付属議定書(乙)第九項の存在により、同第七項・第八項は消滅したという解釈だった。そして、利権会社の活動に(二)(三)(四)について落ち度があると主張した。対する日本の立場は、まず(一)の条文の尊重を要求するものだった。(三)を遵守する必要があることは認めつつも、会社による(二)への違反行為と、(四)の未成立を理由に交渉を拒むソ連に対して、そのような理由で企業の経営を圧迫することは、(一)への違反と見なされると訴えた。しかしソ連は、日本の立場は、利権契約やソ連法規の不遵守を励行するおそれがあるだけでなく、条約論に名を借りながら、外交交渉によって利権契約やソ連機関による適法措置の実施を排除しようとしているのであって、ソ連の国権侵害にも等しいと断じている。[69]日本側は、一国が条約を締結した以上、その範囲において国権発動に制限を受けるのは当然であると反論した。[70]利権をめぐる日ソ交渉は、平行線をたどるのみだった。

とはいえ、利権が置かれた環境が全く変化しなかったわけではない。ノモンハン事件の終結や、一九四一年六月の独ソ開戦などにともなう、日ソ関係の一時的な緊張緩和は、当時細々と経営を継続していた石油会社が置かれた状況を一時的に好転させる面もあった。しかし、すでに一油田を残して生産停止状態にあった石油会社や、自家用炭以外の採掘自体を停止し、鉱場の保全作業を行うのみだった石炭会社が、経営の立て直しを実現させるまでに至るのは困難だった。ノモンハン事件直後の状況は前述の通りである。独ソ開戦後のソ連官憲の石油利権に対する態度については、「掌を返すか如く急転直下好転し、利権会社邦人職員をしてむしろ唖然[71]」とさせたが、太平洋戦争開戦後、とくに一九四二年九月頃からは、ふたたび利権への圧力が強化されていった。[72] 重光が利権問題解決のために必要とした「実力の背景」を、日本が十分に持たない中で、利権問題の解決の途は見えなかったと言える。

一九三九年、北樺太石油会社社長の任にあった左近司政三《さこんじせいぞう》海軍中将は、石油の年間必要量の一割程度しか自給できないうえに、海外の資源獲得にも立ち後れている日本にとって、唯一の有望な海外油田が北樺太油田だとして、燃料国策の観点から、北樺太の石油利権の意義を説いた。エネルギー資源の乏しい日本にとって、北樺太の鉱業利権は確かに重要であり、政府は補助金の支給や軍艦の出動などの手段を用いながら、その保全を図っていた。本章で取り上げた三九年の利権をめぐる日ソ交渉でも、厳しいやりとりが展開された。

しかし、利権が事実上機能不全に陥っていた状況もまた、本章で言及したいくつかの史料から窺えた。深刻な船舶不足の中、北樺太からの輸送自体が難しくなっていたことは決定的であった。

そのため、ソ連からの度重なる返還要求の末、「存在の意義を喪失せしめ居る」北樺太利権は、返還することによって発揮される意味に注目が集まるようになる。特に一九四三年、重光が外相に就任すると、日ソ両国間に横たわっていた長年の懸案を解決することで諸外国に与えられるインパクトや、日ソ中立条約の強化というメリットを優先し、利権の有償譲渡が決まった。本章で検討した一九三九年の日ソ交渉の末に、四四年に日本が利権を手放した背景には、以上の事情があったと言える。

なお、本章では、主として日本外務省の史料にもとづきながら、日本とソ連の外交交渉での応酬に焦点をあてた一方、ソ連側の動向については十分に論じることができなかった。対利権政策をめぐってソ連政府内の各勢力にどのような動きがあったのか、さらに、利権会社の経営環境の実態についても、ソ連の法規や慣例と照らし合わせながら、政策の妥当性を検証する必要があるだろう。今後の課題としたい。

（1）北樺太石油会社の利権契約については、村上隆『北樺太石油コンセッション』（北海道大学図書刊行会、二〇〇四）三六一～八一頁参照。北樺太鉱業会社の利権契約は、アジア歴史資料センター（以下、ＪＡＣＡＲと略記）Ref. B04011073800、「北樺太鉱業株式会社関係雑件」（1-7-5-12）（外務省外交史料館）五五～七二コマ参照。なお、日本企業が北樺太の石油開発に参入した際の状況については、本書第四章も参照のこと。資源獲得をめぐる日本海軍の動きに注目する研究として、駄場裕司「日本海軍の北樺太油田利権獲得工作」海軍史研究会編『日本海軍史の研究』（吉川弘文館、二〇一四）。特に会社と海軍の動きに着目したものに、堀内一平「大正期北樺太石炭石油業における企業と海軍の動向」『東京大学日本史学研究室紀要』第二〇号（二〇一六）もある。
（2）両社は民間の一法人という体裁を取っていたが、日本政府の監督指導を受け、人事や助成金など多面にわたって、海軍や商工省の影響下に置かれ、実質的には国策会社と言えるものだった。石油会社社長には、海軍省軍需局長も務めた海軍中将の中里重次が、石炭会社社長にはロシア通の外交官であった川上俊彦《かわかみとしつね》が就任した。
（3）村上『北樺太石油コンセッション』。
（4）寺島敏治「戦間期、北樺太の鉱業と資本」『史流』三四号（一九九四）など。
（5）なお、時代は異なるが、日本が対ソ承認に踏み切る一九二五年までの、北樺太の石油資源の獲得・開発をめぐる対立を軸に展開された国際関係については、細谷千博「北サハリンの石油資源をめぐる日・米・英の経済紛争」同編『太平洋・アジア圏の国際経済紛争史』（東京大学出版会、一九八三）がある。
（6）代表的なものに、日本国際政治学会太平洋戦争原因研究部編『太平洋戦争への道』第五巻（朝日新聞社、一九六三）、工藤美知尋『日ソ中立条約の研究』（南窓社、一九八五）など。
（7）外務省編『日本外交年表竝主要文書（下）』（原書房、一九六六）六七～七二頁。なお、これは、日本に対して排他的な利権を認めるものではなく、同じような文言の条約をソ連は他国とも締結している。村上『北樺太石油コンセッション』九九頁。

(8) 村上『北樺太石油コンセッション』v頁。

(9) 白樺会『北樺太に石油を求めて』(白樺会、一九八八)八五〜八六頁。

(10) 村上『北樺太石油コンセッション』二七九頁。

(11) 村瀬悌二駐オハ分館主任より有田外相宛電報、一九三六年四月二二日。外務省編『日本外交文書』昭和期Ⅱ第二部第五巻(二〇〇七年)三六七頁。

(12)『北樺太鉱業株式会社案内』(北樺太鉱業株式会社、一九四三)。

(13) 同右。

(14) 村上『北樺太石油コンセッション』第一一章。なお、樺太をめぐる日本・中国・ソ連の抗争の歴史を描いた、ジョン・J・ステファン(安川一夫訳)『サハリン』(原書房、一九七三)一五四〜六四頁でも、ソ連による利権圧迫について概説されている。

(15) 重光大使より広田外相宛電報、一九三七年六月一〇日。外務省編『日本外交文書』昭和期Ⅲ第一巻(外務省、二〇一四)二六五〜六六頁。以下、特に断りがない限り『日外』は同巻を指す。

(16) 重光大使より広田外相宛電報、一九三七年六月二二日。『日外』二六六〜六七頁。

(17) 労働者雇用の詳細については、村上『北樺太石油コンセッション』第八章。

(18) 外務省欧亜局第一課編『日「ソ」交渉史』(巌南堂書店、一九六九)四八〇頁。

(19) 重光大使より広田外相宛電報「別電」、一九三七年六月三〇日。『日外』二六八頁。

(20)『北樺太鉱業株式会社案内』。

(21) 重光大使より広田外相宛電報「別電」、一九三七年六月三〇日。『日外』二六九頁。

(22) 外務省欧亜局第一課編『日「ソ」交渉史』四八七頁。

(23) 重光大使より広田外相宛電報「別電」、一九三七年六月三〇日。『日外』二六九頁。

(24) 一九三八年一月二二日衆議院本会議における広田弘毅外務大臣演説。「帝国議会会議録検索システム」http://teikokugikai-i.ndl.go.jp/

(25)「北樺太ニ於ケル石油及石炭利権ノ確保ニ関スル件」JACAR Ref. A03023591900、公文別録・内務省・大蔵省・陸軍省・海軍省・商工省・逓信省・大東亜省・昭和六年～昭和一八年・第一巻（国立公文書館）一～四コマ。

(26) 多賀谷駐オハ分館主任から広田外相宛電報、一九三八年三月二七日。『日外』二七五頁。

(27) 重光大使より広田外相宛電報、一九三八年三月二九日。『日外』二七六頁。

(28) 広田外相より重光大使宛電報、一九三八年三月三〇日。『日外』二七六頁。

(29) 付記「帝国軍艦の北樺太東西海面派遣」『日外』三〇〇頁。

(30) 麻田雅文氏のご教示によれば、日記の真贋は問われているものの、当時内務人民委員でスターリンの側近であったラヴレンチー・ベリヤのものとされる日記の一九三九年七月二三日条に、以下のような記述がある。「ヨーロッパは全く平穏だが、モンゴルでは戦っている。国境警備隊員はヨーロッパでもアジアでも戦っている。我々に平安な時などなく、いつも戦争だ。我々は、日本人たちはポシェト湾方面で大規模な挑発を用意している、と［スターリンに］報告した。カムチャッカ半島や北サハリンの沿岸では、日本の艦船が集結し始めており、その中には五隻以下の巡洋艦も含まれている」（Lavrentii Beriia, *Stalin Slezam ne Verit.". Lichnyi Dnevnik 1937-1941* (Moscow, 2011) p. 129. ポシェト湾はウラジオストクのそばにある。日本軍は陸軍も海軍も連動してソ連に攻撃してくると、日記の筆者は認識したことがわかろう。

(31) 付記「帝国軍艦の北樺太東西海面派遣」三〇一頁。

(32)「四　昭和一五年度執務報告　三」JACAR Ref. B02031357900、帝国議会関係雑件／説明資料関係　第六巻（A-5-2-0-1_3_006）（外務省外交史料館）一一コマ。

(33) 西臨時代理大使より有田外相宛電報、一九三九年四月二七日。『日外』二九一～九三頁。

(34) 重光大使より宇垣外相宛電報、一九三八年七月九日。『日外』二七九～八一頁。

(35)「ソ連官憲の北樺太利権事業圧迫に関する情報部長談」（一九三八年七月二六日）『日外』二八二頁。

(36) 東郷大使より有田外相宛電報、一九三九年五月一五日。『日外』二九三頁。

(37) 東郷大使より有田外相宛電報、一九三九年五月一五日。『日外』二九四頁。

(38) 同右。

(39) 同右、一九三九年七月一六日。『日外』三〇七頁。

(40) 同右、一九三九年八月二二日。『日外』三一七頁。
(41) 同右、一九三九年八月二二日。『日外』三一八〜一九頁。
(42) 富田武「満州事変前後の日ソ漁業交渉」『歴史学研究』八三四号（二〇〇七）。
(43) 広田外相より大田大使宛電報「別紙」、一九三三年一〇月四日。外務省編『日本外交文書』昭和期Ⅱ第二部第二巻（外務省、一九九七）四九〇頁。
(44) 同右。
(45) 東郷大使より有田外相宛電報、一九三九年五月一六日。『日外』二九六頁。
(46) 東郷大使より阿部信行外相宛電報、一九三九年八月二九日。『日外』三二三頁。
(47) 会社はこの比率を、操業以来一度も守っていなかった。村上『北樺太石油コンセッション』二一〇頁。
(48) 東郷大使より有田外相宛電報、一九三九年七月二五日。JACAR Ref. B09040924100、帝国ノ対露利権問題関係雑件第四巻（E-4-2-2-2_004）（外務省外交史料館）、二二コマ。
(49) 詳細については、「九　昭和一四年度執務報告　三」JACAR Ref. B02031356300、帝国議会関係雑件／説明資料関係　第五巻（A-5-2-0-1_3_005）（外務省外交史料館）一六コマ。
(50) 東郷大使より有田外相宛電報、一九三九年六月一〇日。『日外』二九八頁。
(51) 同右、一九三九年七月一六日。『日外』三〇三頁。
(52) 同右、一九三九年六月一〇日。『日外』二九八〜九九頁。
(53) 同右、一九三九年七月一六日。『日外』三〇二頁。
(54) 「九　昭和一四年度執務報告　三」一八コマ。
(55) 細谷千博「三国同盟と日ソ中立条約」『太平洋戦争への道』第五巻。戸部良一「日本の対ソ政策」、波多野澄雄「日ソ関係の展開」五百旗頭真ほか編『日ロ関係史』（東京大学出版会、二〇一五）など。
(56) 多賀谷靖駐オハ領事代理、一九四〇年一月二九日。『日外』三二九〜三〇頁。
(57) 「四　昭和一五年度執務報告　三」JACAR Ref. B02031357900、帝国議会関係雑件／説明資料関係　第六巻（A-5-2-0-1_3_006）（外務省外交史料館）一〇〜二〇コマ。「五　昭和一五年度執務報告　四」JACAR Ref. B02031358000、帝国議会関係雑件／説明資料関係 第六巻（A-5-2-0-1_3_006）（外務省外交史料館）一〜七コマ。

(58) 一九四〇年当時は、商工省から、石油会社に対して七六八万円、石炭会社に対して一六一万円が、利権確保資金として交付されている。「四 昭和一五年度執務報告 三」一一コマ。

(59) この時点で海軍と陸軍が、利権問題にどのような姿勢を取っていたのか記しておきたい。海軍は、もとより利権解消に異議を唱えていた一方、陸軍の一部では放棄論が有力だった。例えば、参謀本部の土居明夫作戦課長や戦争指導班は、建川大使に対するソ連提案の受諾を支持していた。しかし、陸軍内部には「三国同盟成立の今日、代償を払いて日ソ国交を急いで締結の要なし」との見解も強く、政府の議論は容易にまとまらなかった。細谷「三国同盟と日ソ中立条約」。

(60) この時の北樺太利権をめぐる日ソ両国の応酬に関しては、細谷前掲稿に詳しい。

(61) 一九四〇年一一月二〇日、建川大使とモロトフ外務人民委員の会談に際して、「利権解消は考慮し難い。逆に北樺太買収を提議すべきである」と松岡外相は建川に訓令していた。細谷「三国同盟と日ソ中立条約」。

(62) 西春彦『回想の日本外交』（岩波書店、一九六五）一〇九頁。

(63) 三輪公忠「日ソ中立条約に関するスターリン・松岡会談」『国際学論集』三八号（一九九六）。

(64) 波多野「日ソ関係の展開」。

(65) 同右。

(66) 村瀬駐オハ領事より谷外相宛電報、一九四三年二月二六日、外務省編『日本外交文書』太平洋戦争第一冊（外務省、二〇一〇）七七三〜七五頁。

(67) 枢密院での議論については以下を参照。付記二「北「サガレン」ニ於ケル日本国ノ石油及石炭利権ノ移譲ニ関スル議定書及日本国「ソヴィエト」社会主義共和国連邦間漁業条約ノ五年間効力存続ニ関スル議定書及付属文書枢密院審査委員会議事録」。同右、七八一〜八〇八頁。

(68) 重光大使より広田外相宛電報、一九三七年一〇月八日。『日外』二七二頁。

(69) 七田基玄《しちだもとはる》駐ウラジオストク総領事とセミョーン・ツァラプキン極東部長の一九三九年九月四日のやりとりによる。東郷大使より阿部外相宛電報、一九三九年九月五日。『日外』三二四頁。

(70) 同右。

(71) 村瀬駐オハ領事より谷外相宛前掲電報。
(72) 同右。

[付記] 本稿は、山形大学人文学部平成二七年度独創的・萌芽的研究支援による研究成果の一部である。

【史料紹介】岡村二一「外相渡欧に随伴して」
——記者が語った松岡外相訪欧

服部 龍二

はじめに

第二次近衛文麿内閣の松岡洋右外相は、一九四一年三月一二日からソ連、ドイツ、イタリアを歴訪した。松岡は「対独伊「ソ」交渉案要綱」に国内で了解を得ており、スターリン、ヒトラー、ムッソリーニらと会談している。松岡はヒトラーとの会談を通じて、独ソ関係が想定以上に悪化していることを知った。

松岡は復路でふたたびモスクワを訪れ、四月七日にはモロトフ首相兼外務人民委員に日ソ不可侵条約を持ち掛けた。モロトフが消極的なため、松岡は日ソ中立条約を提起する。不可侵条約に比べて、中立条約では日ソ提携の意味合いが薄い。モロトフが北樺太の日本側利権解消を前提条件とすると、松岡は北樺太利権問題の解決努力について書簡の交換を提案した。しかし、モロトフが松岡の案を受け入れなかったため、交渉は決裂しかけた。それでも、スターリンが四月一二日に北樺太利権問題は「数月内ニ」解決すべく努めると松岡の書簡案を修正したことで、日ソ中立条約は四月一三日に調印される。

松岡は四月二二日に帰朝した。この日に松岡は、「バルカン問題を繞《めぐ》つて最近独ソの関係が頓《とみ》に悪化し来りましたことが、スターリンをして、日ソ国交調整を急がしめた最大原因であることは、申す迄もありません」と昭和天皇に内奏している。独ソ開戦は、二カ月後の六月二二日だった。

以上のような松岡訪欧と日ソ中立条約締結については先行研究が多くあり、近年では外務省編『日本外交文書　第二次欧州大戦と日本　第一冊　日独伊三国同盟・日ソ中立条約』（外務省、二〇一二年）も刊行された。解釈が分かれ得るのは、松岡がいかなる意図で条約を締結し、独ソ関係や対米交渉をどう見通したかであろう。この点は外務省記録から十分に窺えないため、松岡構想の一端を示すものとして、随行した岡村《おかむら》二一《にいち》記者の論文が参照されてきた。（1）

松岡と岡村

それ以前に松岡が報道関係者に本音を語った例としては、朝日新聞社の古垣鐵郎《ふるかきてつろう》記者との関係が知られている。松岡は国際連盟脱退に際して、「俺は完全に失敗したよ」と古垣に語ったのである。（2）

一九四一年春の松岡訪欧では、同盟通信社編集次長の岡村が記者として唯一の同行を許された。岡村は、二・二六事件をスクープした記者でもある。（3）岡村は初対面の松岡と打ち解け、シベリア鉄道などで長く接した。

随員は、外務省から坂本瑞男《さかもとたまお》欧亜局長、加瀬俊一《かせとしかず》外相秘書官、法眼晋作《ほうげんしんさく》外務事務官、長谷川信一外務省調査官、陸海軍から永井八津次《ながいやつじ》大佐と藤井茂中佐、衆議院議員の中西敏憲《なかにしとしかず》と窪井義道、近衛側近の西園寺公一《さいおんじきんかず》など、岡村を含めて一二人だった。（4）

岡村の人生は変化に富んでいた。一九〇一年七月四日、長野県飯田市生まれの岡村は、四年間の小学校教師時代を経て上京し、東洋大学を卒業後に詩誌『紀元』を発行した。新聞社に転じて万朝報《よろずちょうほう》、同盟通信に携わり、占領期には『東京タイムズ』紙を設立して社長に就任した。東洋大学理事長、財団法人新聞通信調査会理事長などを経て、一九七八年七月に死去している(5)。

岡村は一九六〇年代から七〇年代にかけて、『中央公論』や『文藝春秋』などで松岡訪欧を回想した。岡村の論文は、先行研究でも用いられてきた(6)。岡村の論考によると、松岡がシベリア鉄道の車中でこう述べたという。

ドイツは間もなくソ連に侵入するよ。それをこの目でみてきて、おれはスターリンとの条約を結んだ。ボヤボヤしていると日本もドイツに味方してソ連を挟みうちにしなくちゃならんことになるからね。これを予防することも勿論だが、こんどの条約の真目的はそんなことよりも、もっと大きなねらいがあるんだぜ。わかるかね。〔中略〕この次はルーズベルトと直談判だ。独・伊・ソ連、みんな仲間になったんだぜ、こんどはお前さんの方とも仲よしになろうと、もちかける。その前に蔣介石とも話をしておく。

そのまま読めば、松岡が独ソ開戦を見越しており、日ソ中立条約は日本の対ソ参戦を予防し、対米交渉を有利に進めるためだったという意味になる。だとすれば、松岡は日独伊ソ「四国協商」構想を完全に放棄していたことになる。

また、松岡は右手を痛めて包帯していたため、立川飛行場において左手で近衛と握手すると、「近衛はイヤな顔をした。この時から近衛と松岡の間は救い難いものとなり、近衛はついに松岡をクビ切るために総辞職して、第三次内閣をつくり外相を豊田貞次郎にとりかえた」と岡村は記す。

以上のような岡村の回想には、留意すべきことがある。第一に、松岡の発言は変わりやすく、訪欧時に限らず真意が分かりにくい。第二に、車中の松岡は、ソ連の盗聴を意識して発言していた。第三に、独ソ開戦など事後の経緯が記憶の中で混在した可能性もある。

このうち、第二の点に関して言うなら、岡村は盗聴についても記していた。それによると、松岡は満鉄の幹部から、「シベリヤ《ママ》の汽車には必らずマイクがかくしてあるから、時計とか寒暖計とか、そんなものがあったら、その前では特に気をつけて下さいよ」と注意されていた。ところが松岡は、食堂で「時計を背に、電蓄〔レコード・プレーヤ〕を横にする位置にわざと坐って、得意のおしゃべりを始めた。〔中略〕夕食後はいつもその食堂が松岡の談話室になる。〔中略〕最後まで残る聴き手は私だった」という。

さらに岡村によると、松岡はモスクワに向かう列車で、シベリア出兵は「決して日本の本心ではなかった」などと長広舌を振るった。「我々を相手に語るが如くして実は相手の仕かけた諜報機関を逆用してクレムリンに向かって語っているのであった」というのである。(7)

帰国直後の岡村講演

そのような戦後の岡村手記における松岡談話は、他に随行記者がいないため、どこまで事実なのか確かめにくかった。そこで外務省外交史料館で調べてみたところ、検証の手掛かりとなる文書が残されていた。その文書とは、岡村自身が帰国直後に行った講演の記録である。

岡村は一九四一年五月に日本外交協会で、「外相渡歐に随伴して——（日ソ中立条約調印まで）」と題して講演していた。日本外交協会は芳沢謙吉元外相らによって丸ノ内に設立された民間機関であり、雑誌『外交時報』で知られる外交時報社と近しい関係にあった。内容が機微なため、講演は同誌に掲載されていない。

岡村の講演録は手書きで六五頁となっており、小冊子として外務省外交史料館に所蔵されている。講演録の冒頭に「事は機微なる外交問題に属し、殊に對ソ関係の如きは過去の問題ではない現在の事實である」と記されており、主宰者側は扱いに注意を払った。

岡村が、「今日は何でも言へといふお話ですからできるだけ率直に申上げます」と述べていることからして、内容の信憑性は高いと思われる。帰国直後で記憶も鮮明だったことに加えて、独ソ開戦で国際環境が大きく変化する前だけに、検討に値するだろう。

この講演で岡村は、モロトフとの会見、ドイツでの歓迎、ゲーリングの別荘、ヒトラーとの午餐会、ムッソリーニの風貌、モロトフとの第二次、第三次会見、スターリンとの会見と抱擁などを振り返った。交渉内容や松岡の談話については詳細に語られておらず、「私には勿論國家の機密は誰も話しては呉れません」という。松岡が独ソ開戦を予期しているという発言はなく、日ソ中立条約は対米交渉を有利に進めるためというくだりも見当たらない。

講演録を敷衍するなら、松岡は独ソ間の妥協も想定していた可能性があり、独ソ戦の予見について語る戦後の岡村手記とは異なっている。松岡が六月六日の段階で「独ソの関係は協定成立六分、開戦四分」と予測していたという木戸幸一内大臣の日記は、戦後の岡村手記よりも戦前の講演録と整合するように思われる。(8)

また、岡村は講演で日ソ中立条約の成立について、「松岡といふ人間、松岡とそのバツクにある近衛首相、この日本の今の政治的指導力が非常に強固なものである、この政府は相當永續性がある、少くとも直きに潰れてしまふ從來の内閣とは違ふ、さういふものを段々會つて居る間にスターリン氏は痛感したのぢやないかと思ひます。

いま松岡を怒らしたら歸したら當分日ソの國交調整は出來ぬかも知れぬ」と分析した。

つまり岡村の講演は、「近衛はイヤな顔をした。この時から近衛と松岡の間は救い難いものとなり」という戦後の記述とニュアンスを違えている。戦後の岡村手記では、松岡の構想や近衛との関係について、事後の記憶が混在していたことを示唆するものと言えよう。

講演は直ちに松岡像を形成するものではないが、戦後の岡村手記を相対化する語りとなっており、その全文を以下に引用することで参考に供したい。

なお、〱の字点が原文に用いられているところでは、〱の字点に代えて文字を入力した。会話文の引用は、「」と『』の双方が使われている。「まごまご」「マゴマゴ」などの表記も含めて、統一せずに原文のままとした。(9)

（1）外務省編『日本外交文書 第二次欧州大戦と日本 第一冊 日独伊三国同盟・日ソ中立条約』（外務省、二〇一二）三三三～七一頁。松岡訪欧と日ソ中立条約についての解題が、「『日本外交文書』概要「第二次欧州大戦と日本 第一冊 日独伊三国同盟・日ソ中立条約」」『外交史料館報』第二六号（二〇一二）一六〇～六二頁に掲載されている。

松岡訪欧については、三輪公忠『松岡洋右』（中公新書、一九七一）一七五～七八頁、細谷千博『日本外交の座標』（中央公論社、一九七九）七九～八一頁、同『両大戦間期の日本外交』（岩波書店、一九八八）二四七～五六頁、ボリス・スラヴィンスキー（高橋実・江沢和弘訳）『考証 日ソ中立条約――公開されたロシア外務省機密文書』（岩波書店、一九九六）八二～一三六頁、David J. Lu, *Agony of Choice: Matsuoka Yosuke and the Rise and Fall of the Japanese Empire, 1880-1946* (Lanham: Lexington Books, 2002) pp. 197-212; 森茂樹「松岡外交と日ソ国交調整――勢力均衡戦略の陥穽」『歴史学研究』第八〇一号（二〇〇五）一～一八頁、三宅正樹『スターリン、ヒトラーと日ソ独伊連合構想』（朝日新聞社、二〇〇七）一九八～二二七頁、服部聡『松岡外交――日米開戦をめぐる国内要因と国際関係』（千倉書房、二〇一二）二五六～八二頁、小池聖一・森茂樹編集・解題『大橋忠一関係文書』（現代史料出版、二〇一四）xxxviii～xlvii頁などがある。

なお、武内龍次の遺族宅から戦時中の日ソ外交記録が発見されたことについては、『東京新聞』二〇一四年八月一四日、『中日新聞』八月一四日に報じられている。

（2）古垣鐵郎『心に刻まれた人びと』（朝日新聞社、一九六八）六九～七〇頁、臼井勝美『満洲国と国際連盟』（吉川弘文館、一九九五）一六五頁。

古垣鐵郎『ジュネーヴ特急』（朝日新聞社、一九三三）二〇七頁、井上寿一『危機のなかの協調外交――日中戦争に至る対外政策の形成と展開』（山川出版社、一九九四）三〇頁、拙著『さかのぼり日本史 昭和〝外交敗戦〟の教訓――なぜ、日米開戦は避けられなかったのか』（NHK出版、二〇一二）一二四～一二五頁も参照。

政治家と記者の関係については枚挙にいとまがない。一例として、鈴木健二『歴代総理、側近の告白――日米「危機」の検証』（毎日新聞社、一九九一）一七六頁によると、中曽根康弘首相は一九八五年三月、ソ連書記長ゴルバチョフとの会談に際して、「外交は気迫だよ」と記者に語っていた。

（3）里見脩『ニュース・エージェンシー』（中公新書、二〇〇〇）一二五～二六、二八四～八五頁、同『新聞統合――戦時期におけるメディアと国家』（勁草書房、二〇一一）一九九、二〇五、二五五、二七三、二八三、二九三、二九九、三三九、三四三、三五三、三五七、三五九頁。

（4）『朝日新聞』一九四一年三月一二日夕刊、三月一四日。

（5）岡村二一『戦ひの手帖』（豊國社、一九四二）、同『決戦の文化』（文松堂書店、一九四四）、同『詩集・告別』（金剛出版、一九六九）、同『幻想君臨 復刻版』（冬至書房、一九七二）、同『岡村二一選集』（東北書院、一九七四）、同『岡村二一全集』第一、二巻（永田書房、一九八〇）、「特集岡村二一を偲ぶ」『連峰』第三号（一九七八）二九～四一頁、同「新聞新体制の理論と実際」奥平康弘監修『言論統制文献資料集成』第一三巻（日本図書センター、一九九二）一～八六頁。

（6）岡村二一「日ソ不可侵条約と松岡洋右」『中央公論』一九六四年八月号、二〇二～一〇頁、同「私もアジヤ人だ〈スターリン〉」『文藝春秋』一九六七年五月号、一三九～四一頁、同「松岡洋右の思い出――三宅正樹氏の『日独伊三国同盟の研究』を読んで」『外交時報』第一一二八号（一九七五）二二～三二頁、同「回想の松岡洋右――未完に終わった大ドラマ」『正論』一九七七年一月号、二二〇～二六頁。

（7）岡村『岡村二一全集』第二巻、一一三～一四、二〇六～三九頁。

（8）木戸幸一／木戸日記研究会校訂『木戸幸一日記』下巻（東京大学出版会、一九六六）八七九、八八三頁。

（9）同盟通信社編輯局次長岡村二一述「外相渡歐に随伴して――（日ソ中立条約調印まで）」一九四一年六月（「本邦対内啓発関係雑件　講演関係　日本外交協会関係」第一〇巻、A.3.3.0.2-1-2, 外務省外交史料館所蔵、アジア歴史資料センターRef. B02030931100）。小冊子の刊行は一九四一年六月だが、講演は五月と記されている。

日本外交協会については、「「日本外交協会」設立」『外交時報』第七二五号（一九三五）二〇四～二〇五頁、「「日本外交協会」組織成る」『外交時報』第七二六号（一九三五）二一七～一九頁、伊藤信哉『近代日本の外交論壇と外交史学――戦前期の「外交時報」と外交史教育』（日本経済評論社、二〇一一）一三八～三九、一四五、一五六、一六〇～六二、一六五、二九一頁。

伊藤信哉編著『外交時報総目次・執筆者索引――戦前編』（日本図書センター、二〇〇八）によると、岡村は戦前の『外交時報』に寄稿しなかったようである。

服部　龍二

岡村二一「外相渡歐に随伴して」

日本外交協會第四七三回例會席上

同盟通信社編輯局次長　岡村二一氏述（要旨）

外相渡歐に随伴して

＝（日ソ中立條約調印まで）＝

（昭和十六年六月）　日本外交協會

お断り

本篇は松岡外相随員の一人として渡歐したる同盟通信社岡村二一氏が當協會に於て試みられたる歸朝談の要旨を特に部数を限定して謄寫に附したものであるが、事は機微なる外交問題に属し、殊に對ソ関係の如きは過去の問題ではない現在の事實であるから、受贈者各位は之が取扱につき注意の上にも注意を加へられ度く、御閲覧済みの上、當事務局へ御返送下さらば更に好都合である。尚ほ本謄寫に関する内容其他一切の責任は當協會にあることを附言する。

昭和十六年五月　日本外交協會調査局

目　次

（目次終り）

服部　龍二

外相渡歐に随伴して

＝（日ソ中立條約調印まで）＝

同盟通信社編輯局次長　岡村二一氏述（要旨）

前　言

けふのお集りに斯ういふ方々が御出席になるといふ書いたものを昨晩戴き、急に怖氣が付きまして、腹でも痛くならうかと思つたのでありますけれども、我社の重役の命令もありましたものですから、やむなく顫え顫え参上致しました。私この十年來社の留守番みたいな役で、何時も他人《ひと》の記事を見ては、こんな詰らぬものを書いて來ると云つたやうな批評をする立場にありまして、それが久しぶりで外部に出たものでありますから、一々失敗ばかりでありまして、歸つて來てもとり立てゝ申上げるやうな土産話もなく、困つて居るのであります。まあ一通り私の見聞だけを申上げて御批評を仰ぐことにいたします。

一、往路篇（シベリア―モスコー）

シベリアの汽車の中では私共一行は非常な歡待を受けました。お前のやうなやせた奴は寒さでしまふぞといふやうに大分嚇されて参つたのでありますけれども、汽車の中はいつも十六度乃至二十度位でシベリア鐵道の當局者は、實に温度の調節に苦心して居たやうであります。それから非常な御馳走が出まして、後から考へるとあれは果して料理人であつたか、相當のお役人？であつたか分りませんけれども、兎に角三人の燕尾服を着た實に堂々たるモスクワのメトロポール・ホテルの料理人といふのが我々のために專屬で三人乗つて居りまして、それ食へ、やれ飲めといふやうなわけで料理もお酒も立派なものばかり、それはもう大変な歓待ぶりでありました。途中沿道は開けつ放しでありまして、チタなどの軍需工場を見ましても或は器材がドンドン沿線に運ばれて居るのが見え、工場なども随分目につきました。さういふ所を開けつ放しで見ることが、出來るやうになつて居りました。

モスコーへ一泊致しまして當時の首相兼外務大臣のモロトフさんに會ひました。今日は何でも言へといふお話ですからできるだけ率直に申上げますけれども、實は最初にお断はりして置かなければならなかつたのでありますが、私は新聞記者として随いて參りましたので眞相を全然存じて居りません、唯だあゝでもあらうか斯うでもあらうかと見て居つた或は聞き噛つて居つた事ばかりを繋ぎ合せて申上げるので、大部分は私の聞き損ひ、見損ひが多いといふ積りでお聴取を願ひたいのであります。何でも汽車の中で大体打合せを致して置きまして、此方が行き掛けにスターリン氏に敬意を表したいといふのに對して向ふでは喜んで會ふ約束になつて居つたやうに聞いて居りました。ところが着いた日に松岡さんが例のクレムリンのモロトフさんの書斎でモロトフさんに會つて話をして居ると、『スターリンさんにもお會ひになりますか』と言つて松岡さんに訊いたさうであります。松岡さんは打合せてあつたのに変な事を訊かれたと思ひましたけれども、あの大臣のことでありますから、「いや別に會ひたくない、會ひたくないけれども、どうせ通り掛りだから一度は敬意を表したい、お世話になつたお禮を言ひたいから向ふが都合よければ會つても宜い」といふやうな返事をしたらしいのであります。『それでは何時お會ひになりますか』と言つて訊かれたさうであります、俺の方ではどうでも宜いけれども、明日又發つて行かなければならぬと言ひましたところが、モロトフさんがすぐ電話をかけると、『一寸待つて下さい、いまスターリンさんが此處へ來るから……』といふうちに間もなくスターリン氏は誰も伴れないで出て來たとかいふことを聞きました。この時は單なるソ聯通過の挨拶といふ程度で、モスクワに一泊致しまして翌日ベルリンへ向ひました。

二、ドイツ篇

1. 國境駅の豪華歓迎陣

舊ポーランドの獨ソ新國境のマルキニヤの驛に夜中の十二時過ぎに着きました。どうせ今晩は夜中に乗替へなければならぬし、寢ても仕様がないからと思つて私は永井大佐と二人で將棋をさして居つたが、ガタンと汽車が停まると物凄い音樂が正に深夜の天地を揺がすばかりに響いた。何の音樂だらう、軍隊でも移駐して居るのかそれともお祭りをやつて居るのぢやないかといふやうな氣がしたのであります。慌てゝ下りて見ますと將棋に夢中になつて居つたから一行の連中は先にドンドン貴賓室の方に入つて居る、氣が付いた時分には僕と永井大佐だけ取残されて居たのです。ところが永井大佐は軍服を着て居るものですから直ぐ見付けて呉れまして永井大佐だけ貴賓室へ持つて行かれた。私は一人はぐれてしまひまして非常に明るい電氣が煌々と輝いて居るのでありますが、どつちへ行けば宜いか分らぬし、乗替へる汽車が何處にあるか分らぬし非常にまごまごして居つた。夜の光といふものは今考へて見ますと、ドイツとイタリーとを通じてあの驛ばかりだつたと思ひます、その他は何處も嚴重な燈火管制下にありまして、全く眞暗になつて居りますが、あの驛だけは夜間競技場のやうに電氣が煌々と照つて居りました。その下に綺麗な制服、それも或は内務省、或は外務省、その他の役人が皆それぞれの服裝の色が違ふ、官吏も短劍を吊つて居ると云つたやうなわけでこれは皆軍人かとびつくりしたのであります、様々な色彩の服裝をした人達が居つてそれに親衞隊とか突撃隊とかが加はつて居ります。その中を縫つて何處をどう歩いて宜いか分らぬので私はマゴマゴしてゐたのですが、このときミスター・オカムラ居ないかと言つて呼んで歩く聲がするのです。岡村は俺だと言つて行つた、ところがそれはドイツの外務省情報部の日本係のケンプさんといふ人だつたのであります。この人が私を捕まへて呉れまして、君に電報が來て居るといふので見ますと、ベルリンの支局長から私にその人を通じての電報であります。それは大朝、大毎、讀賣、等各社の連中がこの汽車でスターマー大使に隨いて一緒に出迎へに行つて居るが、自分の方は忙しくて手が無くて困つて居るから國境の様子などは、宜しく頼むといふことであります。宜しく頼まれて見て狼狽したのであります。自分は懶けてタイプライターを持つて居りません、困つたナと思つてその人に隨いてノコノコ行つて見ますと、成程各社の優秀なる特派員諸君が來て居ります。この連中は打電證明書も持つて居る、この時私は職業意識でこんな夜中にこれほどの素晴しい歡迎を受けたその感激は何とかして早く東京に打電しなければならぬと思つた。併し私は打電證明書を持つて居るわけでもないし愈々困つた。外務省の官報にでも頼もうか。しかし官報を打つても迚も新聞電報には敵ふまいといふやうな氣が致しました。そこでケンプさんに訊いて見ましたら、「それはベルリンの支局へ電話をお掛けになつたら宜いでせう」と言ふ。掛けられるかと言つたら「此方へいらつしやい」と言つて驛の前の廣場に黒いバスが一台ありまして、その中に案内致しました。これは宣傳省のバスであります。私共見た所ではドイツの宣傳省と外務省の情報部は相當張合つて居る、必ずしも巧く一体になつてゐない。と申しますのは外交宣傳に關する限り一切宣傳省に任してない。宣傳省の方では外交宣傳だけは全く外務省の情報部の手に握られてあつて手が出ない、之を自分の方では欲しいといふやうな關係で面白い話が後からあつたのでありますけれども、さういふやうな經緯がありまして、ケンプさんが私を伴れて行くとその宣傳省の車が電話を使はせないのであります、俺が使ふのぢやない、日本から來た國賓の岡村さんが使ふのだと言ふと、そんなら直ぐ使へといふことになりました。それから宣傳省の自動車の中に入つて參りますと、ケンプさんが受話器を取つて、「ベルリンの支局は何番か」と言ふから、×××番だと言つたらガチヤンとやつて直ぐ受話器を私に渡した。私は困つたものだ、交換手か何か出るのだらうけれども、ドイツ語が分らぬから何と言はうかと思つて實は非常に心配だつたのです、何でもかんでも此方がハローハローと言へば向ふが何とか言ふだらう、向ふで言つた時に此方で考へれば宜いと思つて仕方がないものですから渡された受話機を耳にもつてゆくと(それはほんの三秒か五秒位の瞬間でしたが)向ふがもしもしと言つて居る、これは地獄に佛でありまして、「誰だ」といふと「友板です」と答へる。ベルリンの支局があつといふ瞬間にその自動車の中で而も深夜の占領地の國境のマルキニヤの駅で以て出て居る。これには實に面食ひました。實は向ふが電話に出る間に原稿の文句も考へようと思つて居たのに整理する暇もなくて慌てゝ深夜に於ける盟邦の吾々に對する歓迎の有様や盟邦に入る感激の第一聲を狼狽しながら傳へ之を直ぐ東京に電報を打つて呉れと頼みました。結局各社から打つたのはベルリンの檢閲を通つて廻るといふやうなわけでありますから、却て私の方が早く行つたやうなわけであります。歸りがけに見ますと例の自動車の下から何本も何本も電話線らしいものが出て居ります、それを驛長室に差込んでありまして、繋がつて居つてそれが線路を傳はつてベルリンに直通になつて居りまして、その線だけは吾々一行が其處を發車するまでの間は絶對的に優先權を以て如何なる通話中であらうが、その線だけは言うたら直ぐ繋ぐといふやうな直通線が貫通して居つたに違ひないと思ひます。吾々は前線の無線電信を活用して居つてニユースの報道などもやつて居りますけれども、ドイツでは日本の支那の作戰と違ひまして、地勢的にもあゝいふ土地でありますから、有線電話を猛烈に活用して居るといふことを知つたのであります。それは例へばルーマニヤに入りましてもユーゴーに入りましても其處までは電話線、其處から先は前線へ大きなトラツクに電話線の恐ろしく長いものを巻いて居りまして、最前線基地から更に前進する時にはその線を地上へ投げて車を走らせる、何處へでも停つた時に直ぐ其處からもしもしやるとベルリンと直通の話が出來る。ところが無線電信でありますと連絡時間を豫め決めて置きまして今度は一時とか言つて約束して置くから、その次まで時間が來なければ相手が出ないから幾らキーを叩いても駄目であります。それから又一方的なものでありますから、此方が打つ、向ふが受けてそれを司令官の處へもつて行つて司令官が斯うしろといふ案を立てゝ又無線で言つて來るといふことになりますと、どうしても一時間、二時間の時間を要する。ところがあの電話でしたら、最前線と最後方の作戰指導者との間に直ぐ受け答へで話が出來るので非常に作戰が早く展開出來るといふやうな效果があります。今度の電擊作戰に於てあの素晴しい戰果を擧げたのも有線電話の連絡が與つて力あると思ひます、これはまた盜聽される虞がありません。無線電信、無線電話でありますと敵に盜聽されまして作戰の妨害をそれに依つて屢々受けるといふやうなことがあります。斯ういふ點で有線電話は盜聽される心配はありませんし、これがドイツのあの華かな電擊作戰に可なり大きな役割を努めて居るのぢやないかといふことを感じさせられました。

ワルソーはまだ夜明け前に通りまして、舊ドイツ領に入つて來ますと各驛の歡迎といふものは實に益々素晴しくなつて參ります。何處のプラツトフオームでも全く人で充滿して居ります、しかもそれが整然として、能くもあゝ綺麗に順序好く並べられたと思ふ程であります、最前線に必ず少年少女を出してをります。これは同時に少年少女に訓練を兼ねて行つて居るのだと思つたのであります。さうしてどのやうな團体が來て居つてもその團体毎にブラスバンド乃至ラツパ隊みたいなものを先頭に持つて行く、外務大臣がスツと手を擧げて歩いて參りますと、音樂が一個所でなくて大臣が歩くに伴れて音樂が隨いて歩く、各團体が皆それぞれ樂隊を持つて居りまして、それが外務大臣が歩くに從つて波のやうに隨いて歩いて行く、あんなやり方は歡迎の一つのデモンストレーシヨンとして非常な效果を吾々に与へて呉れたのです。

2．感激のベルリン入り

ベルリンのアンハルター驛へ着きました時の歡迎は、ニユース映画も來て居りますけれども、全く吾々の想像致しました以上のものであつて、あれはドイツといふ一つの全体主義國家が國家の意思を以て書いたところの脚本である、その脚本通りに綺麗に演じられた一つの國際的な大きな芝居の場面であつたと私は言ひたいのであります。あゝいふ大掛りな歡迎といふものは民衆の意思とかドイツ國民が吾々に寄せる感情の發露だとか同盟を謳歌する氣持とかさう云つたものを感ずるよりは――それが全然無いと私は申上げるのではありませんけれども――一つの大きな國家の意志が行つたところの歡迎デモンストレーシヨンの國際的大ドラマであつたといひたい。それから又その一本の旗の配置、或は無数の春の草花を以て描き出す一つの美しい感覺的な形態、或はメイン・ストリートのビルデイングの窓を塗りつぶす日章旗とハーケンクロイツクの幟の交叉、或はその下に配置する民衆、さういふ凡てのものに一つの舞台構成といふものを吾々は感じたのであります。これが又一つのカメラに依つて表現されますと、更に大きな國家の意思に依つて一層の效果を發揮する。オリムピツクの映画が丁度さうでありまして、實況を見て居つたよりは映画で見て居つた方が感銘を與へる、映画といふものは一つの藝術品である、又之を巧みに使ふことが非常に大きな宣傳的價値を招來する、五百人の観衆を一萬人に見せるのも映画技術である、五千人集つた講演會を五百人に見せるのも映画技術である。この意味に於てもドイツは統制國家、全体主義國家の一つの大きな表現方法を持つて居るといふことを感ぜざるを得ないのであります。私のやうな者も随員であるお蔭で一台のオープン・カーを與へられ、大臣の後から歓迎の大群集の中を掻き分けて進む時の氣持と申しますものはこれは何とも言へない好い氣持でありまして、意識的にやつたわけではないのですが、後から考へて見ると自然に手が上つて居るのです。これは決してヒロイズムを感じたといふやうなわけではないのでありますが……。併しその時に私はふーと何年か前の同じベルリンのオリムピツクのスタジアムに前畑とか西田とか云つた吾々同胞の掲げた日章旗、あれをラヂオの中継放送を聞いて非常な感激を覺えたのでありますけれども、この日、ベルリンの街に日章旗の波うつを見まして私は御稜威の畏さ、日本の國力の有難さを本當に身に沁みて感じさせられたのでありました。

3．遠慮したか英空軍

それからわれわれはシユロス・ベルヴユーといふ宮殿の迎賓館に迎へられました、われわれのために地下室の設備を大急ぎで改修しまして、我々のつく前日にヒトラー總統がわざわざその下檢分に來られたといふことでありました。周圍の森の中には俄かに高射砲を伏せてあるといふやうなことも聞きました。イギリスの飛行機が爆撃に來るだらうか、來ないだらうか。幾らイギリスでも日本の外務大臣が行くのにやつ付ける度胸はあるまい、却て遠慮するだらうといふやうな説と、威かしの爲に一發や二發は來るだらうといふやうな説とありましたけれども、行つて見ますと着いた晩はさうでもありませんでしたが、翌日と翌々日はベルリンでは好い月夜でありました、今晩あたり、來るかも知れないといふやうな多少の期待は持つて居つたのでありまして、随員の中の某氏などは俺は今晩風呂に入らないと言つて大いに緊張して居りました。どうして風呂に入らないかと言つたら、風呂場から慌てゝ逃出す恰好は良くないから……と言つたわけであります。けれども、到頭一度もベルリンでは爆撃とお目に懸らずにしまつたのでありますが、我々がモスクワに向つて引きあげたその次の晩にシユロス・ベル・ヴユーの近所へ落ちまして非常に近い所に落ちて居る、これはイギリスが松岡さんに對する手紙の代りに落したのだらうと思ひます、その手紙には何と書いてあるか、「あなたが居る間は敬意を表したのです、併し英國は爆撃をやれないのぢやない、やらうと思へばあなたのおいでになる所もちやんと分つて居るし、そこへお見舞ひ申す腕前も持つて居るといふことを御承知下さい」といふ手紙の代りにやつたのだらうなどと吾々は笑つてをりました。

4．「二つのドイツ」――物資統制實績

シユロズ・ベルヴユーへ着いて私が自分に與へくれた部屋に這入り一息いれてゐるとそこへ私の社（同盟）の支局長がノツクして入つて來ました。部屋の正面のテーブルの上にフルーツがありまして、小さな林檎が二つとオレンヂが一つと、その上に黒くなつた小さなバナナが大事さうに載つて居た。入つて來ますと支局長は私の顔も見ないでいきなりそのバナナへ突進して「おゝバナナがある」と言つた、「宜かつたら食ひ給へ」と云ひますと、後に皮だけは残つて居りましたから剝くには剝いたのでありませうが、全く目にも止らぬ早業で飲込みました。それからやつと私の方へ向き直つて「あゝ岡村さん、よくいらつしやいました、暫くでした」といふ挨拶である。全く落語みたいな話であります。私はこの瞬間に「二つのドイツ」を見たと言つて記事を書いたのでありますけれども「その二つのドイツ」の中の一つは國賓待遇を受けながらも屢々見ることが出來たのでありまして、例へば私が数人の在留日本人で知合の連中を招待して御飯を食べるといふやうなことをやつて見ましても、私が招んだのだからお金だけは私が沸つても、歸りがけにけふの肉は何瓩だからと言つて司會者が肉券を集めて居るのです、今晩自分が食ふべき肉を食つて、どうも御馳走様と私にお禮を言つて行くわけであります。それから寫眞機を買はうと思ふとさつぱり買ふことが出來ない、お土産に何か氣の利いた萬年筆を買はうと思ふと、一人について二本以上賣ることは出來ないと言ふ。バイエルのガルダンといふ風薬――これはアスピリンよりは能く效く、しかしこれも醫者が指定した分量だけしか賣らないのだといふことであります。萬事さういつた譯で、ショーウインドーなどには相當の物が出て居りますけれども、欲しいものはなかなか買へない、要するにドイツの統制といふものは物があればある程それを統制するといふ風に見えるのであります。さうして國内消費を極端に抑へる。成べく外貨獲得に廻すとか前線に送るとか占領地の宣撫工作に使ふとかして、國内でドンドン生産されて居る物でも國民には消費を極端に節約さすといふやうなことを考へてやつて居る統制のやうであります。随て統制が厳しいから物が無いのだらうといふやうな判断は出來ぬわけであります。併し苦しいナと思つたのは脂肪分を含むやうなものであります。これはどう見てもこんなにやつては次代の國民の体位に影響しはせぬかといふ不安を與へる程抑へて居りますので、この点だけは相當苦しいのではないかと思ひますけれども、その他の物では幾ら統制してもある物を統制して居るといふだけで、さう困つて居るといふ感じを吾々に與へないのであります。却て長期戰對策はこれで行けるといふやうな氣持を與へる。もう一つ感じました事はさういふ統制をやつて居りながら又重点主義的な消費を相當思ひ切つてやつて居る。これは吾々が日本で考へたことと大分違つて居りました。軍人とか役人は皆殆ど何處へ行くにも必ず新式の寫眞機をぶら下げてゐる。それから自動車の使ひ方などを見て居りましても官吏とか軍人とか外國の大公使、新聞記者、これ等は皆相當豊かに使はして貰つて居るやうであります。事實奥さんを伴れて買物に歩いて居る自動車もある。ところがそれは公用自動車でありまして、一般の市民の爲めの自動車はバスのほか一台も動いて居らぬといふやうな状態であります。その他見て居りますと國家目的の爲に必要な優先的且つ集中的な消費が許されて居るといふことは可なり注意すべきであります。吾々は今まで何でもかんでも大臣でもガソリン節約の爲にはバスに乘らなければいかぬといふやうに考へ勝ちであつた、吾々はさういふ考へ方を反省しなければならぬといふことを思つて參りました。私は元社會部長をして居つた時分に、或る大臣でしたがガソリン節約の爲に電車の吊革にぶら下つて登廳せられた。その大臣の自ら範を國民に示す態度を賞揚して寫眞を撮つて出したことがありますが、これは私は間違つて居つたと思ひました。苟くもこの國際関係の複雑な時期に國務大臣が何といふしみたれたことだ、ガソリンは俺達が節約してやるから、あなたは十分使つて一分間でも餘計國事に働いて呉れ、又一分間でも早く家に歸つて休んで澄んだ頭で明日の仕事をやつて呉れ、斯うあの時書かなければいけなかつたのではないかといふことを反省致して居ります。

5. 天衣無縫のゲーリング元帥

話が彼方へ飛び此方へ飛びますが、話は茲でちよつとゲーリング論を申しますと大ドイツ國家元帥のゲーリング氏が吾々を招いたカリン・ハルといふ別荘などは驚くべき豪華なものでありまして、如何にこれが豪華であるかといふことについて申上げて居ると時間が徒らに掛りますので省略致しますけれども、少くともドイツに居つてあの切符制度を見てその目で招かれたゲーリング別荘は驚くべき豪華極まるものであります。ベルリン市から快速自動車をすつ飛ばして七十キロ、山の上の湖水を含む素晴しい大自然を彼が獨占致して居ります。其處に大理石の豪華な近代的な宮殿を建ててある。其處には世界的な宝物と云つたものを蒐集してありました。又地下室などに行つて見ますと電氣で暖めて居る温浴プールがある、その温浴プールを出ると、素裸かで寢轉ぶやうな設備もあります、西太后の夢の跡を聯想させるともいふような所であります。大人の遊ぶ玩具、さういふものが澤山設備してあります。カリン・ハルといふのは亡くなつたカリンといふ若妻の名前を取つて附けたのであります。日本で云へば、有名な大將軍が箱根か富士五湖辺りを獨占してそこに「花子の家」とか云つて附けた、斯う比較して申上げて差支へないものだと思ひます。こんな事をやつて居つてドイツ國民はゲーリング元帥に對して憤慨しないのか、怪しからぬといふ考を起さぬのかといふ氣が私にはしたのであります。私がえらい事をやつて居るものだナと感心して居ると、私の肩を叩く者があります。誰かと思つて後ろを振向くと、それは山下奉文閣下であります、「君、こんな位のものに驚いたら日本人の恥だよ」と言ふ。私は「さうですか、恥ですか」と言つたら「日本には雅敍園があるぢやないか」と言ふ。これには私も非常に愉快でありました。我國にも確かに雅敍園がある、また豪快素朴なる大將軍の存在を發見して愉快だつたのであります。併し私はどうも雅敍園と比べて納得することが出來なかつたのであります。ところが獨逸にも私のやうなお節介な奴があつたと見えまして、あれは餘りひど過ぎるぢやないかと言つた人があるさうであります、これに對してヒトラー總統は何と答へたかと言ふと、(これは傳へ聞くところで言葉は違ふかも知れませんけれども)總統曰く「わしは女房も持たぬし酒も飲まぬ、贅澤の出來る男ではない、又國民もいま一人だつて贅澤などして貰つては困る、けれども人間といふものはさう行詰るやうな生活にいつまでも堪へられるものではない、だから今は皆で贅澤をやる事は出來ぬから、どうせやるなら國民に代つて一人位代表的な贅澤をやつて呉れる奴があつてもよいではないか。その代りこれは世界をアツと言はせるやうな贅澤をやつて貰はなければドイツの面目に関するのだ」。斯ういふ事を答へたといふ話がありますけれども、これは本當かどうか、自信はありませんけれども、ヒトラーといふ人はそれ位のことは言ひさうだと思ふし、又ドイツの國民もあゝいふ實情を見まして確かにそんなやうな心の裕かさがあるのぢやないかといふ氣も致しました。何故ならばドイツに於て今日國民の信頼とか尊敬とか崇拜とかさう云つた氣持は勿論ヒトラー總統の一身に集中致して居りますけれども、併し人氣といふことから申しますならばゲーリング氏の方がヒトラー總統を凌ぐのぢやないかといふやうな氣が致します。事實ゲーリング氏が歩いて居りますと、街で女子供が非常に騒ぐといふやうなことも聞いて居ります。またゲーリング氏は非常に無邪氣で明るい人で、この人だけはどんな事をやつても喜ばれると云つた得な性格があります。ドイツの宴會はロシアと違ひまして形式張つて物凄くキチンキチンとやつて居ります、私のやうなルーズな男にはむしろ窮屈なくらいであつたのであります、私共は公式の宴會でビールといふものを一杯も御馳走になつたことはないのであります。ドイツのビールは美味いといふので残念でしたけれども、ゲーリング氏は實に呑氣な親爺さんでありまして、一人彼だけは自分で特に大きなコツプへビールを持つて來させましてガブガブやつて居る。それからもつと驚いたのは、リボンで結んである小さな尖つたパンがあるのであります。丁度銀座の夜店で賣つて居るツケヒゲみたいな恰好をして居るのでありますが、そのパンをゲーリング氏が口の兩側へ啌へて俺が牙を生やすと斯うい ふ恰好になるだらうといふやうな調子で周圍の人々に見せてゐる。實に不作法と言へば不作法、純眞と言へば純眞ですが……さうかと思ふと、音樂が始まると體や手を振つて見たり、松岡さんを案内しながらダンスのステツプをふんで見せるとか實に型破りのところがあつて、この男なら何をやつても憎めないといふやうな氣が致しました。それなら唯だそれだけの男かと申しますと、これが中々さうではなくて、例へば松岡さんと一緒に歩いて居るときに、松岡さんが、「ゲーリングさん、あなたが日本へ來たら私もこれ以上の歡迎をしますぜ」と言うたらその時に咄嗟に答へた言葉なぞはさりげない中に中々鋭い政治的、外交的な閃きもあるといつたことを間接に私は聞いて居ります。

6. 天才ヒトラー總統の眼

話の都合から總統より先にゲーリング氏を登場させてしまひましたけれども、その前の日に私達はヒトラー總統の官邸へ午餐會に招かれましてヒトラー總統の手も握つて見ることが出來ました。總統はあの髪の毛を綺麗に上へ掻き上げて居りまして非常に上品に見えました。私の會つた時の總統といふものは實に優しくて和やかで親しみ易い感じでありました。唯だ目は青く美しくギラギラと燃える寶玉のやうに光つて居る目であります。私は曽て或る地方のお巡りさんに、夜捕まて留置場へ入れて置いてもどうかすると夜中に変に目の光る奴があつて、さういふのにぶつ付かると監視して居つても監視して居る方で氣持が悪くなるといふ話を聞いたことがあります。その一番代表的なのはあの大本教の出口王仁三郎、あゝいふ人だと番をして居る方が三日やつたら神経衰弱になつてしまふ、あの目でじろじろ見られたら番をする方が餘程辛いといふことでしたが、その事をふつと思ひ出しました。あのお巡りさんを伴れて行つてヒトラーに會はせたら、この人の張番は眞平だと言ふだらうと思ひました。それがしかもヒトラー總統の場合は美しくて鋭い、丁度子供の時に讀んだ魔法使ひの宝玉といふやうな感じが致しました。何か始終燃えて居るやうな、青い焔の立つて居るやうな濡れたやうな感じの鋭い目であります。私はこの人は恐ろしい天才を持つて居る人だと思ひました。それから一方では恐ろしく理性的な、理智的な強い反省を持つて居る人だと思ひました。飛び抜けた天才的なものと磨き上げて行つた理性とその二つが兩立して而もそれが常に相戰ひ、相磨き上げながら一つの人格を完成して居る、斯ういふやうな人ぢやないかといふことを感じたのであります。それから見て居りますと、椅子の掛け方なども宴會の時にあの人だけは後ろに深く掛けて肩を丸くして樂にして居りました。菜食ですから料理の飲物も別なものを取寄せて居りました。形張らないで自由に頬杖などをして樂にして居りました。その食堂は總統官邸の相當派手な食堂でありましたが、その正面に大きな油繪が掛つて居る。その繪は非常に感じの好い繪だけれども、何處か間が抜けた所があるやうな氣がしてならなかつた。それで後で訊いて見ましたら、あの繪はミユンヘンで百年ばかり前に死んだ無名畫家の死ぬ前の未完成作品だといふことでありました。それは二頭立の馬車に背中に翼を生やした裸女が乘つて、空には翼の生へた童子が舞つて居る、地上では農夫が歡喜してゐるといふやうな秋の收穫の祝ひを現はした繪に違ひないのでありますが、非常に和やかな感じがしながら間が抜けて居る、確かに未完成作品らしい所がある。どうしてヒトラーともあらう人があんな繪を掛けて居るのか。どんな有名な繪でも掛けられるのにと思つたのでありますが、總統はこの繪が非常に好きだと言つて特に掛けさせた、そんな所にも世間の評判の好いもの、定評のあるものに囚はれない個性がある。さう云つたやうな所にあの人のやる獨創的な計畫とか作戰といふものがあるやうに思ひました。リツベントロツプ外相が松岡さんに、今度のマヂノ線突破の作戰でヒトラー總統は一人で六つの武器を發明したのだといふことを言はれたさうであります。この六つの武器といふのは果して科學的な機械的な六つの武器のことか、それとも作戰的なものを含んで六つといふのか、その意味は私は知りませんけれども、兎に角あゝ云つた人だから獨創的な得意な閃きが非常に鋭くある人に違ひないといふことを感じました。

7. ヒ總統左右の人々

ドイツの指導者はみな若くて顔を見て居つても非常に好きになりさうな氣持のよい人たちでありましたけれども、やはり深い所があるナといふやうな感じがしました。リツベントロツプといふ人は良い意味で二つの人格を持つて居る、非常に優秀な外交官であると同時に、元何か商賣をやつて居つたといふ人で、さういふ方面にも良い腕を持つて居るのぢやないか、非常に嚴しいやうな反面に又優しい点もある。この人はドイツの女に言はせると典型的な美男子だといふさうでありますけれども、併しその割にあの人に所謂人氣とか子分が出來るといふやうな型の人ではないやうに聞いて居りましたし、會つて見てもさういふ人だナといふことを感じました。併しとにかく非常に鋭くてスマートな感じでした。

それから英國へ飛んで問題になつて居ります副總理のヘス、これは確か松岡さんも一度も會つて居ない筈であります。吾々も顔を見ることが出來ませんでした。吾々の名前を聞いて居つたドイツの有名な將軍とか、閣僚、党の幹部等は大抵來たのでありますが、ヘスだけは一度も席へ現はれたことがありませんので、どうしたのかと氣になつて訊いて見ますと、それはスペインへ行つて、地中海の西部作戰を指導して居るのだといふやうなことをいつてゐました、併しあちらに居る日本の記者なんかの話では、どうもをかしい。ベルリンに居る筈だといふやうなことも言つて居りました。併しどうしても顔を出さない。併し其後の電報で見ましてやはり多少神經衰弱か何かの異常があつたのだといふことが本當のやうであります。ナチスの黨内に分裂的なものがあるとか動揺があるとかさう云つたものは全然感じませんでした。唯だ吾々に若し感ずるものがあつたならば、外務省情報部と宣傳省の問題でリツベンさんとゲツベルスさんが少し仲が好くないとかいふやうなことは一つ二つありましたけれども、これは大した問題ではなくて、要するに宣傳方針に對する理論の違ひであつて、宣傳省の方では今の宣傳方針は結局最高政策にタツチして居る者でなければ宣傳の指導は出來ぬ、随て新聞宣傳、國内宣傳、對外宣傳の指導者といふものは他のどの伴食大臣よりもヒトラーの政策にタツチして居る者でなければ指導は出來ないのだといふことをベーマーといふ新聞學の博士などは私を摑へてしきりに言つて居りましたけれども、さう云つた建前は非常にはつきりして居るのであります。それを逆に取つて外交関係の情報宣傳を宣傳省の手に渡さないのがリツベントロツプだと思ふのであります。彼は宣傳省の方でさういふ宣傳をやるなら外交の機密を全部お前の方に打明けなければならぬ、併し外交の機密は自分とヒトラー總統以外に打明けることが出來ぬ場合がある、それ以外の者には喋れないことが多い、機密を知らない者が外交宣傳をやれる自信があるなら何時でも俺の方の宣傳を委せてやる、それでも宜いから宣傳省の方では呉れといふやうなことにはなれないと思ふのであります。これは殊に私共職務柄だけに関心をもつた點であります。

8. 現在も將來も獨逸は鞏固

その程度で、ドイツでは別に何等心配する程のことはないといふことを確信して居ります、ドイツ國民の中に不平があるかないかといふ問題につきましては、私の支局に日本語の全然出來ない日本人が居りまして、ドイツの家庭には深く入り浸つて居るのでありますが、それに訊いて見ますと、年齢大体四十代以上の人でナチの黨員でない者、斯う云つた人達のなかにはナチ嫌ひが相當にあり、これはまた統制嫌ひであり、戰爭嫌ひである、これは勿論全体主義以前の自由主義経済、資本主義経済の華やかな時代を一度経驗して居るのです。それでドイツが滅びるのは困るけれども、ナチが崩れるのは大いに喜びたいといふ氣持を持つて居る者すらないではない。

但しこの連中は何等組織を持つて居るわけではありませんし、何等實行力を持つて居るわけではないのであります。唯だ不平を言ひながら隨いて行つて居るだけのことであります、これ等の連中は年々數が少くなる、それ以下の三十代の人達は物心が付いた時分から敗戰ドイツの中に入り浸つて居るので殆ど苦痛を感じない、統制がどんなに嚴しくてもこれが當然だと思つてゐる。隨て將來のドイツはどうかといふことを結論的に訊かれるなら、私はさういふ意味から言つてあのやり方で以て益々強固に行き得るだらうといふことを感ずるのであります。それで心配はない、特に私共が見せて貰つたベルリン郊外の軍需工場などは實に驚く程でありまして、私は日本の軍需工場を知りませんので比較は出來ませんけれども、想像したより遙かに大きな工場でありまして、何處へ行きましても爆彈と大砲と砲丸の堆積であります。何といふ豊富な彈丸であらう、流石にパンを彈丸に代へたといふドイツの實力は相當なものであります。それから石油も石炭も今日では殆ど不自由しないといふことはたしかのやうであります。

三、イタリー篇

1. 心からなる歓迎振り

ドイツはその程度に致しまして次にイタリーの方へ参りました。イタリーはアルプスを越える時分にまだ雪が降つて居りました、それから向ふの麓へ下りて見ますとこれはえらい春景色でありまして、雪ばかりのシベリヤ、枯草ばかりのドイツを通つて來ました私共には何といふ素晴しい自然の饗宴であらうかと思はれました。イタリーの歡迎はドイツのそれが國家の意思に依つてなされた一大國際的ドラマであつたといふことに對して、イタリーにも勿論一つの國家の意志による筋書はございましたけれども、その筋書の埒を越えて躍りたがる群衆の愛すべき心理といふものを私共に感じさせられたのであります。何れに致しましてもあの歡迎は單に國家の意思だけではなくて、それぞれその國民一人々々の感情が一緒になつて燃えて居る。斯う云つたものを感じました。甚しきに至つては警戒のお巡りさんまでが一緒になつて手を叩いて居るのがありました。

2. ムソリーニ首相の風丰

午餐に招かれましてムソリーニ首相とも親しく手を握る機會を得たのであります、ムソリーニ首相にお目にかゝつた瞬間に私は誰か日本でこの人に似た人があるナ、誰だつたらうと考へたのでありますが、どうも思ひ出せなかつたのであります、後であゝ上野の山に居るナといふことを思ひつきました、しかも生きて居る西郷さんよりは銅像になつて居る西郷さんの方に餘計似て居るといふやうな感じが致しました、生きた銅像と云つたやうな感じであります、この人には理窟を聞かなくても、宜しいあなたがやつて呉れるならあなたにお委せしませうと云ひたい感じの人であります。唯だ若し心配があるとするならば、ムソリーニ首相の下にゐるその他の指導者がドイツに比べて何となく見劣りがする、例へば軍の指導者などでも年を取り過ぎて居ると云つた感じであり、又若い人達もドイツに比べると何か多少見劣りがする。チアノ外相は前線から飛行機で飛んで歸つて松岡さんを迎へたといつてゐましたが、この人は非常に元氣な戰爭スポーツマンといつた感じの人でした。

3. 物資統制に手心

イタリーに居る人はイタリーが非常に良くなつて居る、素晴しくなつて居るのだといふことを言つて呉れますけれども、私はドイツから行つたものですからまだまだこれからだといふ氣がしてならなかつたのであります。物資は非常に豊富にありました。ショー・ウインドーにある物は何でも買へる。例えばフランスの化粧品であらうが、アメリカの贅澤品であらうが、毛布とか靴とか鞄とか、革製品でも或は毛の物でも、スイスの時計でもふんだんにありまして、それが金さへ出せば幾らでも買へるといふ状態であります。併し物によつては特にイタリヤ名産のスパゲツテイなどはなかなか喰べられないと云つたやうなことはあるやうでありますけれども、一般の商品は澤山ありましてこれは何でも買へる。これは併し能く考へて見ますと戰時統制がだらしないといふよりもイタリーそれ自身の大した生産品はないのでありますから、國際市場として開放しておくことによつてそこに何か儲けがあるのぢやないか、イタリヤ政府の收入が其處に生ずるのぢやないか。さうだとするならば無理に抑へてしまつたら却つて困るのであります。私は経済のことは素人で分りませんものですからその程度の解釋しか出來ませんけれども、さう云つた手心がきつとあの統制の上に行はれて居るのぢやないかといふことを感じて参りました。青少年の訓練につきましてはムソリーニ首相が非常に力を加へて居るといふことでありまして、これはさすがであり、この點に伊太利の將來は大きな期待がもてるのだと思ひました。

4．松岡ムソリーニ會見の幕（ローマ法王にお説法）

イタリーで面白かつた話は松岡さんがムソリーニ首相と會つた時の恰好でありまして、これは私はドイツで盛んに松岡さんの大風呂敷の成功を見て居つたものですから、ムソリーニ首相と會つた時の様子もあれは當り前だといふ氣がして居つたのでありますが、イタリーに居る日本人の四、五人の連中に訊いて見たら、どうも松岡さんは恐ろしくムソリーニ首相を取摑まへてゆす振つて居つたとびつくりして居りました。今まで外國から來てどんな人が來てもムソリーニ首相と會ふ時には相當行儀良く敬意を表してやつて居つた。松岡さんのやうに、まるで兄弟分といふやうなそれもどちらが兄貴分か分らぬやうな恰好でやつて居る光景は珍らしいといふことを皆が言つて居りますので、さういふものかナと私も思つたのでありますが、これは意外なる國威を發揚して呉れたと言つて地元の人が非常に喜んで居りました。ローマ法王に會つた時に、大抵の人はローマ法王に謁見位で歸るらしいのでありますけれども、松岡さんは法王をつかまへて人類の永遠の平和と安定と幸福といふやうなことについて約四十分に亘りお説法をやつて來たさうであります。外國人の記者が余り長く話して居るから松岡さんが何か世界平和の一つの手を打つのぢやないかといふやうに時節柄ジヤーナリステイツクに考へて氣をもみして、會見がすんでから法王の處へきゝにゆきました。さうすると法王は珍しく機嫌が好くてその記者に會ひまして、あの人はフイロソフイを持つて居る政治家だ、といつて感心してゐたさうであります。ローマでは伊太利皇帝陛下にも外相について參りまして私共は列立謁見の光栄に浴しました。イタリヤでは私は素人だものですからローマの古墳や色々な古美術などには一々びつくりして參りました。

四、ソヴイエト篇

1. 對モロトフ會談澁滞

かうして獨伊に於ける樞軸強化の使命を無事に果しました松岡さんは四月の七日にモスクワに歸つて參りますと七日九日の兩日に亘り各三時間半に亘りモロトフ氏と會見しました。そして十日の汽車で發つ豫定だつたのでありますが、松岡さんは突然俺は一つレニングラードを見たいといふやうなことを言ひ出した。二十九年前の二等書記官時代に新婚のワイフを伴れて赴任した、俺の住んで居つたあの頃の家もどうなつてゐるか見たいとベルリンに居た時分から頻りにさういふ事を言つて居りました。何とか汽車の都合は付かぬかと言つて居りましたけれども、その時分から既にモスコーの交渉が若し長引いた時に一汽車遲らせる理由を拵へる松岡氏の遠謀深慮だつたに違ひないと今にして思ふのであります、兎に角頻りにさういふ事を前から言ひ觸らして居つたのであります。七日と九日のモロトフ會見が一向進展しない、進展しなかつた理由を私がジヤーナリストとして察しますのに——私には勿論國家の機密は誰も話しては呉れません。私が行くと成べく逃げて歩く人の方が多くて、洵にモスクワの宮川參事官には申し譯ないことをしたのでありますけれども、誰かに少しは聞きたいと思ふものですから參事官の後を追駈けて參りますと、參事官が困つて何か言はなければならぬから、捕まらぬに越したことはないといふのでせう、逃げて歩く。「宮川參事官は今確かにこの部屋に飛込んだ筈だが、何處へ行つたか」と訊くと、「便所へ行つた」と言ふ。便所の前で十分ばかり立つて居ても一向に出て來ない。此方は地の利を得ないものですからさつぱり部屋の恰好も分らぬし、向ふはツルツル逃げるばかりで苦心致しました。交渉の内容については全然知ることは出來なかつたのでありますけれども、色々探つて私が見て居りましたところでは、兎に角三日間のモロトフ會見といふものは全く進展し得ないといふ状態だつたのぢやないかと思ふのであります。外務省の田代さんなどを前にして斯ういふ事を申上げるのは私も良い度胸だと呆れて居るのでありますが、田代さんが聞いていらつしやるから間違つた点は訂正して戴けるだらうと思つて餘計呑氣に申上げます。兎に角この三日間さつぱり進展しない。何故進展しないかと私流の解釋を致しますと、向ふは盛んに現實的な問題、例へば國境であるとか石油であるとか漁業であるとか北樺太であるとかいふやうなさう云つた問題につきまして、ソヴイエトの革命以來の失權を凡ゆる機會を摑んで回復するのだといふ建前から、それを要求して突張つて來たのぢやないかと思ひます。モロトフさんの部屋に壁の中に巻込む地圖があるのださうであります。引つぱり出して手を放すとまた壁の中にくるくるつと入つてしまふ、あの地圖を是非外務省に作らなければならぬと言つて大臣は力んで居りましたけれども、その地圖を松岡さんは引張り出すと、見ろ俺の國はこればかりだけれども、お前のやうな吝な事は言はない。一体苟くもモロトフさんともあらう人と日本の外務大臣ともあらう人間が會つて話すのに余り細かい話は止さうぢやないか、もつと人類の永遠の幸福と平和といふやうな吾々は大所高所に立つて話をしやうではないかと云つたやうなことで、日本の八紘一宇の精神から始まつてお説教ばかり二回ともやつて居たらしいのであります。随て一方は現實的であり一方は大局論的であるので話が進展しなかつたのは當り前でありますけれども、松岡さんをして言はしめればロシアに對する教育である。又日本の切々たる氣持を相手に傳へる爲めの努力、松岡の人間或は今日の日本を相手に認識させるといふことが必要だ、それだけやつて効目があれば宜し、諄々と説いて後は成行に委せるといふやうな氣持があつたのぢやないかと思ひます。

2．レニングラード行

併しながらそれでは松岡さんは細かい事は構はないのかと言ふと、これは後にきいて驚いたのでありますが、シベリアの汽車の中で吾々を捕まへて大演説ばかりを吹いて居りまして、寝るのは確かに三時間乃至四時間を超えることはありませんけれども、その睡眠時間の間を割いて頻りに日ソ関係の過去に於ける色々な條約の全文を取寄せて讀んで居つたさうであります。大体條文は俺は暗記した積りだといふやうなことを言つて居つたさうであります。それ程までに密かに勉強して居つたといふことを聞きまして松岡さんが單なる大風呂敷でなかつたことを知つて私は非常に嬉しかつたのであります。到頭二日間の話合が巧く行かないで、遂に一汽車延ばしましてレニングラードに行つたのであります。私達も随いて行きました。この見學は非常にためになりましたが、私などは寒くて震え上つてしまひました。北海に臨んだ町を一日嘯いて歩いて見物しました。バレーも見ました。大臣はあの六十二歳のお年で夜中の十二時の汽車に乗つてモスコーを出發し翌日はまた夜汽車でモスコーに歸つて直ぐその日にモロトフさんとの第三次會見をやるといふことで肉体的には非常な努力であつたと思ふのでありますが、大臣は終始愉快々々と言つて歩いて居りました。こんな努力をして歸つて來て早速行はれた第三次會見、併しこれも空しく物別れになつた。御承知のやうに一汽車延ばすと三日延びることになります。それで何にも持たずに歸つたらこれは恥曝しだ。非常に國際的に日本の立場を悪くする、反對に第三國関係の記者連中は實に得意になつて喜んだのであります、早くも彼等は松岡が失敗して歸るといふ電報を打つて居るといふ話を聞いてくやしくなりました。私は特に随員でもありましたので餘計氣持が悪くなつて、こんな事なら早くモスクワを引上げる方が宜いのだといふ氣持を非常に強くして居つたのであります。

3．最後の五分間に妥結

ところが十二日の朝になりますと、これも私の聞いて居る話では、何でも此方から朝松岡さんがクレムリンに電話を掛けたらしいのであります。私は明日の汽車で歸るのだが今日はお別れを言ひたいからスターリンさんにも會ひたいといふことを言つたらしいのであります。さうすると向ふから直ぐに「どうぞ御自由の時間にお出で下さい」といふ返事があつたらしいのであります。松岡さんはその瞬間に出來たナといふことを感じたらしいのであります。どうもそんな氣が私は後からして居るのでありますが、併し私共には全然分らなくて、今日はお別れに行くのだと言ふから愈々駄目だナと諦めて居つたのでありますが、松岡さんが中々出掛けないのであります、午前中は例の有名なアカデミイの土壌研究所その他の見學に費し、二時になり四時になつても出掛けない、何時も大抵遲くも四時にはモロトフさんとの會見には出掛けて行つたのでありますが、五時一寸過ぎ頃になつてやつと御輿を上げて、それまでは俳句を作つたり色々な事をやつて居りまして、それから悠々と出掛けた、今考へて見ると宮本武藏の巖流島ではなかつたかとも私は思ふのであります、何でも傳へ聞く所に依ると、モロトフさんはその時は話をしないで、初めからスターリン氏と松岡さんとの對談であつたさうでありますけれども、スターリン氏は宜しい、やりませうと言つて出しさうな句調だつたらしい。ところが松岡さんはそれを出させたのぢや拙いだらう、それよりはどうせ出す氣なら此方が今までモロトフに言つて居つたけれども、スターリン氏を少し教育して置かなければいかぬと云つたやうな考へ方から、少しも條約などをやりたくない、俺は歸るのだから挨拶に來たのだが、去るに臨んで一言言ひ置くけれども、といつた建前から盛んにがんがん此方から遠慮なしに八紘一宇、日本の理想などについて話をしたらしいのであります、さうすると向ふは、何だ俺はやる氣で居るのに松岡は分らぬ奴だナといふやうな顔をして聞いて居つたのぢやないかと思ふのでありますが、さういふやうな経過を辿つて一時間半ばかりの會見で最後の五分か十分の間に決つた、斯ういふ風に私は想像致して居ります、そしてそれでは明日の二時に調印しようといふことになつたのであります。

4. 煙に巻かれた某國大使

私はその晩、もうどうせ今日はお別れに行つたのだから駄目だ、外務大臣は空しく歸るのだ、併しクレムリンは最後の瞬間に引繰返る癖があるから、ひよつとしたらお別れの瞬間に纏まるかも知れぬ、これは松岡さんの顔色で判断するより仕方がないと思つて、私は在留日本人の三人の記者と一緒に大使館の事務所の玄関を入つて左側の大きな部屋で外務大臣の歸るのを張つて居つた。さうすると七時近い頃になつて外務大臣はノコノコと入つて來て、吾々が玄関に居るといふことを知るとクシヤクシヤといふ實に拙い顔をして見せるのです、私は六週間大臣に随いて居る間にあんな汚い顔は初めてだ、世にも拙い顔をして見せた。これはいかぬ、駄目だぞといふ感じがピンと來た。併し何とか電報を打たなければならぬ、仕方がないから、今回の松岡訪問は直接形に現はれぬにしても將來の日ソ國交調整には非常に効果大きなものがある、これで行かうといふやうなことになつた、さうなるとやはり日本人ですから何とか日本の体裁の好いやうな電報を打ちたくなる、必ず英米の奴が喜んで手を打つて居るに違ひない、將來に及ぼす好影響といふやうなことで一本飛ばすことに話を決めました。その晩外務大臣は芝居見に行くといふものですから、私も藝術座の方に行つてしまつたのであります、我々は大臣の方に氣を取られてついて行つてしまつたが、このときもし殘つて居れば歐亜局長や西公使、宮川参事官等が深夜に及んで條約文整理のため行方不明になるので氣がつい《ママ》筈であるが、その時は大臣さへ張つて居れば宜い積りで大臣の方に氣を取られた《ママ》居つた。大臣は夕飯を食つてから悠々と藝術座の貴賓席に現れた。チエホフのスリー・シスターといふ今モスクワで大好評の新劇です。末娘の愛して居る軍人が軍隊の移駐か何かで別れて行かなければならぬといふやうな別れの場面になると大臣はハンカチを出して本當に泣いて居るのです。あれだけの思ひ切つた大仕事をやり上げて、少くとも大臣としては自分の政治的生命を賭けて或は日本の國際的な生命を賭してもやつて來て相當な仕事をしてほつとした瞬間でありますけれども、その時既に大臣は無心に歸つて（私共はあの悲劇を見てもちつとも泣けないのでありますけれども）、頻りにハンカチで涙を拭いて居る。今考へて見ると實に不思議と言ふかいかにも豊かな人間性を持つて居る人と思ひます。さうすると其處へ古くから顔馴染の某國大使がやつて參りました、何故來たか、吾々と同じやうに考へてひよつとしたら今日クレムリンが最後に引繰返つたかも知れぬ、それを叩く積りでやつて來たに違ひない。もしもこの大使から「どうです出來ましたか」と訊かれたら、これは吾々を欺くと違つて苟くも一國の外務大臣が一國の大使を捕まへて全然嘘は付けないだらう。際どい場合だつたと思ふのですが、外務大臣は某國大使が來たのを知ると、幕が降りると先に立つて廊下へ引張り出した。そしていきなり大使の肩を叩いて向ふが言ふ前に此方から機先を制して言つた、「君の奥さんは實に好い奥さんだナ」と言つた。それから奥さん禮讃論が十分も續いた。これが松岡さんの得意の漫談なんである。向ふも奥さんを褒められるから悪い氣持もしないと思ふ。そんな無駄話をして居る中にベルが鳴つた。「豫定通り發つか」と言つたら「明日發つ」と言ふ、そこでもう芝居が始まつてしまつたものだから某國大使も遂に其處では何も聞くことが出來なかつた、さういふ譯で電撃外交をやるのには中々天才的な達人だと今でも思ひ出すのであります。

8《ママ》・相恪《ママ》を崩したスターリン

その晩私は夜遲く歸つて來て初めて歐亜局長等も居ないといふことを知つた。どうも天下の形勢は少し慌しいといふことで、やつと氣が付いたのでありますけれども、まだ外國の連中にはその時分には分つてゐなかつたのであります。それから調印式が濟んだのが翌日の三時であります。調印式の式場に於けるザツクバランな祝宴の情景といふものはこれは方々にも傳はつて居るので、私から改めて申上げる必要はありませんけれども、スターリン氏は當時書記長ですからサインをしませんので、その間にスターリン氏はお酒を運んだり椅子を直したり、或は自分で電話を掛けて一時間汽車を延ばさせたり、さう云つたやうな事をしてスターリン氏は盛んに氣軽に動いて居つたさうであります。またスターリン氏は在モスクワの武官と此方から行つた随員を加へて四人の陸軍武官を捕まへて、日本の陸海軍は強いが、軍人を優待しない國民は滅びる、某國を見ろといふやうなことで盛んにお世辞を言つたさうであります。殊に、アメリカの海軍は精神がないが、日本の海軍は精神があるから、軍艦を幾ら向ふで造つても駄目だといふやうなことを話して居つた、そこへ松岡さんが何だ何だといつて來た、その前にスターリン氏が、天皇陛下の御爲に乾杯しませうと言ふ。天皇陛下の御爲ならといふので松岡さんが少し餘計に飲んで居つたら、今の話は日露戰爭の話かと言つて割込んで來て、軍人の連中に「ロシアをやつ付けるのは朝飯前だといふことを言へ」と言ふ、「さうではないアメリカの話です、ロシアの戰爭ではありません」と言つたら、「構ふかい、ロシアとの戰爭にしてしまへ」といふやうなわけで到頭宮川参事官をして「この軍人達はお前の國をやつ付けるのはわけないといつてゐる」といふことを言はせたさうであります。しかも松岡さんは直ぐその後を捕まへて、「軍人はそれが商賣だ、軍人は相手の國をやつ付ける以外にない、お前の國の軍人だつて日本をやつ付ける爲にやつて居るのだ、併しお互にさういふ軍をバツクに持つてその上に立つて高き人類の安定を願ふ意味に於ける政治をやるのがあなたであるとか私であるとかいふ大政治家の使命である」といふ。それで相手も「さうださうだ」と非常に喜んだのであります。

9．モスコー驛頭の劇的場面
（驚かした書記長の見送り）

クレムリンを引きあげて大使館に歸つて來た時には皆相當にいゝ機嫌でありました。それから大使館でお別れのレセプションがあつて、私共は天皇陛下萬歳、松岡萬歳、建川萬歳で感激の場面を後にしましてもう時間が迫つてゐるので急いで驛に行きました。驛には例のロゾフスキー外務次官以下各國の大公使記者團が來て居りました、それに松岡さんは一々挨拶して汽車に乘らうといふ瞬間に向ふの方からやつて來たのがスターリン氏とモロトフ氏でした。私がスターリンに似た人が來たぞと言つたら、私の傍に居つた人が、いや能く似て居るけれども、スターリンが來る筈はないと呑氣なことを言つて居つたのです。さういつてゐる間に彼はもう松岡さんと抱き合つて肩を叩き合つてやあやあ言つて居るのです。だからもう間違ひない、カメラ班が夢中になつてそれを盛んに撮つて居ります、ソ聯の儀典局長なんか心配しましてスターリン氏を成べく引離さうとするのですけれども、スターリン氏はよいからよいからと言つて押し拂つて居るのです。兎に角松岡さんとは非常に意氣投合した形で、それからスターリン氏は松岡さんを自ら案内して車の中に入つて行く、松岡さんが後から行く、その時躓いて上り口で松岡さんは轉んだのです。立川に歸つて來た時に左手で近衛さんと握手して居るといふ話でありましたけれども、その時一寸右手を怪我をせられたからであります。スターリン氏が入つて行つたものだから、私は寫眞を撮らうと思つて後にくつ付いて行つたのであります。彼はいきなり入つて行くと三人の我々に專屬の料理人がお茶の用意をしてゐた。この三人が驚いて逃げ出さうとするとスターリン氏はそれを捕まへて一々肩を叩いてゐた。併しこれは今考へて見るとひよつとするとこの三人がスターリン氏の信頼する部下であつて、ゲ・ペ・ウの相當優秀な連中であつたかも知れない。この時ひよいとふりむいたスターリン氏は私を見付けて向ふから握手を求めた。思ひがけない所で私は三巨頭との握手を完成することが出來たわけであります、その時のスターリン氏の顔付きといふものは何とも言へない優しい好々爺で、「目で笑ふ」といつた感じの人でありました。それだけに食へない人であるかどうかは御想像に委せます。

10. ス氏表面出現の當然性

スターリン氏は最近自ら首相となつて表面に現れてきました。私は先見の明を誇るのでも何でもないのでありますが、歸りの汽車の中で斯ういふ事を言つて居つたのであります。どうもスターリン氏は書記長だけでは收まらなくなるぞ、あれはどうしても段々表面に出るより外に仕様がないやうになる、何故かと申しますと、何處の驛へ行つて見ましてもスターリンの像が構内に氾濫して居る、ポーランドの占領地に參りましても恐ろしく大きなスターリンの像を早くもぶつ立てゝ居る、彼は自ら偶像にならうとして居る、非常に超人的な者として國民の前に現はれて信頼をつないで行かうとする、この努力は革命に次ぐ革命をもつて國内に敵を持つて戰つて居る時には必要がない、随て闘争過程にある間は人間或は同志的な立場で以てドンドン進歩し發展して行けるけれども、もう今日の地位に上つてしまつて國内が安定して來るとこの安定した力をパーマネントのものにして、この現状を今度はその儘維持して行かうといふ立場になつて見ると、今までの人間スターリン或は革命スターリンの存在だけでは恒久性を持ち得ない。其處に彼の苦しみがある、だから彼はどんなに自ら人間性を發揮したいと思ひながらも尚且つ指導者としての、獨裁者としての立場に立つと、今度は何か超人的なものに依つて國民の信頼を繋いで行かなければならぬ、その爲に自ら偶像化して行かなければならぬ、きつとさう云つた心理的な苦悶を持つて居るに違ひない。ヒトラーにしてもさうであると思ひますけれども、日本の天皇陛下が心から有難い、尊い、さういふ氣持が理論や觀念を超越して非常に深く理解出來るのぢやないか、隨て彼が天皇陛下の御爲に乾杯致しませうと言つたことはその心境の一つの表現に過ぎないぢやないか、斯ういふ風に私は解釋致します。あれは色々な意味で食へない親爺だからといふこともありませうけれども、一つにはさう云つた心理的なものを持つて居るのぢやないか、きつとあれは今に書記長だけでは收まらなくなる、表面に出て來るぞといふことを私は豫言したのでありまして、これは決して自慢するわけではないのでありますが、スターリンに會つて見、ロシアの現状を見ると非常にさういふ氣が致したのであります。

11. 何が日ソ條約を成立させたか

それから最後に申上げたいのは、今度の松岡さんの成功といふものは勿論これは日本の國体、日本の實力の然らしめる所であり、それからバルカンの戰況その他の國際情勢が非常に有利に展開して居つたことは言ふまでもないのでありまた建川大使の御努力も勿論でありますけれども、にも拘らずそれ以上に――それだけではあゝ云つた話合は少くともモロトフさんとの三回の會見の状況を見て居つて非常に困難だつたと私は思ひます、どんな國際関係が有利であつてもさう向ふが安々と出て來る状態ではなかつたと思ひます。一番の要素は斯ういふ事ぢやないかと思ふ、松岡といふ人間、松岡とそのバツクにある近衛首相、この日本の今の政治的指導力が非常に強固なものである、この政府は相當永續性がある、少くとも直きに潰れてしまふ從來の內閣とは違ふ、さういふものを段々會つて居る間にスターリン氏は痛感したのぢやないかと思ひます。いま松岡を怒らして歸したら當分日ソの國交調整は出來ぬかも知れぬ。之を怒らせて歸しても亦內閣が出來るだらうと云つたやうな氣持があつた場合には可なり向ふも樂だつたらうと思ひますが、それを感じられない、此方から出て行つて條約を作らうと云つたからには相當の決心を以て捨身の覺悟で行つて居る、向ふは居坐り込まれて居る、スターリン氏の方が多少受身の形であらう、さう云つた所にむしろこちらの強味があつた。何れにしても日本の國際的名譽を賭して現職の外務大臣が非常な決意のもとに一歩踏み出した。その瞬間に既に今回の成功の根源があつたと私はいひたいのであります。またあれだけ防諜設備の完備して居るシベリヤの汽車の中で、所謂お喋りと言はれる松岡さんの車中七日間の喋つた事はあれは綜合して若しクレムリンへ入つて居るとすれば、今度の外交の相當な前提となる一つの力を持つて居つた。愈々正面にぶつ付かつて話をする前の準備工作と言ひますか、前提工作と言ひますか、その時の話し振りは一言々々が頗る用意周到なものであつたといふことを私は感ずるのであります。最後に一言、獨伊ソ三國をかけめぐつて歸つて参りました私は、三國のあの武装國家建設競争の眞剣な有様をみまして日本もこの國際競争に断じて負けてはならぬといふことを切に痛感いたしてをります。どうも詰らぬ話を長々致しました。

編集後記

麻田　雅文

幸か不幸か、ロシア革命一〇〇周年の年に刊行されることとなった。企画の発足から刊行まで、ずいぶん時間がかかってしまったが、今は編著者としての務めを果たしたことに安堵している。

序論に記されたように、本論集は、第一次世界大戦の終結した翌年の一九一九年から一九四一年の太平洋戦争の勃発までに、東アジアの国際政治において、ソ連がどのような役割を果たしていたのかを考察するものだ。

日本の歴史学は、「東は東、西は西」という言葉さながらに、日本史・東洋史・西洋史の講座制に分断されている。そうした中で、ヨーロッパとアジアという、ふたつの地域を国内に内包するソ連が、いかに東アジアに関わってきたのかを研究することとは、その壁を乗り越えるのに格好の研究対象であろう。本論集が、ソ連とその周辺諸国の一国史観を克服して、新しい東アジア地域の歴史像を提示し、日中関係や英米からの視点が中心になりがちな、東アジア国際政治史の秩序認識を脱構築することに寄与すれば、望外の喜びである。

ソ連史に関わる史料状況は、日を追うごとに改善されつつあるが、それを研究に活かせる人材は、残念ながら増えるどころか減る一方だ。公刊されていても、活用されていないロシア語史料が膨大にあることは、本書の各論考で示された新たな知見からも、一目瞭然であろう。さらに、ロシア各地の文書館に散見される、日本関係の史料については、そのほとんどが手つかずのまま眠っている。本書の刊行をもって本プロジェクトは終了するが、本書が、次なる世代が果敢にロシアの史料へ挑戦する足がかりとなれば幸いである。

以下では、本書を編むにあたってお世話になった先生方に、謝辞を捧げたい。

この論文集のきっかけになったのは、編著者が主催した、国際政治学会大会のパネル「一九二〇年代の東アジア国際政治におけるソ連の登場——『革命外交』の虚と実」（二〇一一年一一月一三日、於つくば国際会議場）である。このパネル組織にあたり、横手慎二先生、酒井哲哉先生には、ひとかたならぬご助力を頂いた。改めて感謝したい。

そして、近現代東北アジア地域史研究会大会（二〇一四年一二月六日、於立命館大学びわこ草津キャンパス）においても、パネル「ソ連中枢から見た東北アジア——一九二〇年代から三〇年代」を組織する機会を頂き、各執筆者は研究を深化させることができた。この機会を頂かなければ、本書が日の目を見ることはなかっただろう。中見立夫先生、松重充浩先生をはじめ、近現代東北アジア地域史研究会の幹事の先生方のご厚意にはこれまでも支えられてきたが、今回も返しきれないほどの御恩である。また、討論者としてふたたび登壇して頂いた酒井先生などに、改めて御礼申し上げる。こうした経緯から、憚りながら酒井先生には序論の執筆もお願いし、ご快諾頂いた次第である。

さらに、「ソ連とモンゴルから見た「ノモンハン事件（一九三九年）」」（二〇一五年二月二八日、於東北大学東京分室）では、ホルジキン・スフレ先生、岡崎久弥先生、花田智之先生に、最新の研究成果を披露して頂いた。討論者をお引き受け頂いた富田武先生、戸部良一先生には、議論を深めて、盛会に導いて頂いたことを感謝申し上げる。

末尾ながら、予算もゼロ、執筆者も未定の企画段階から、数々の御助言を頂き、刊行を引き受けて下さった、みすず書房の編集者、中川美佐子さまに、万感の思いをこめて感謝を捧げたい。

なお、本書は東北大学東北アジア研究センターより、東北アジア研究専書の一冊として刊行助成を受けた。出版不況の折柄、快く刊行費用の一部を助成して頂いた東北アジア研究センターと同センター専書編集主任の上野稔弘先生に、厚く御礼申し上げる。

晩秋の盛岡にて

索　引

ア行

カ行

サ行

タ行

ナ行

ハ行

マ行

ヤ行

ラ行

ワ行

執筆者紹介

青木雅浩（あおき・まさひろ） 1975年生まれ．早稲田大学大学院文学研究科史学（東洋史）専攻博士後期課程単位取得満期退学．博士（文学）．東京外国語大学大学院総合国際学研究院講師．

小野容照（おの・やすてる） 1982年生まれ．京都大学大学院文学研究科博士後期課程修了．京都大学人文科学研究所助教．

藤本健太朗（ふじもと・けんたろう） 1989年生まれ．京都大学大学院文学研究科修士課程修了．京都大学大学院文学研究科現代史学専修博士課程在籍．

シュラトフ・ヤロスラブ 1980年生まれ．歴史学博士（ハバロフスク国立教育大学），法学博士（慶應義塾大学）．広島市立大学国際学部准教授．

寺山恭輔（てらやま・きょうすけ） 1963年生まれ．京都大学大学院文学研究科博士後期課程研究認定退学．東北大学東北アジア研究センター教授．

伊丹明彦（いたみ・あきひこ） 1985年生まれ．京都大学大学院人間・環境学研究科博士課程単位取得退学．

河原地英武（かわらじ・ひでたけ） 1959年生まれ．慶應義塾大学大学院博士課程単位取得満期退学．京都産業大学外国語学部教授．

花田智之（はなだ・ともゆき） 1977年生まれ．北海道大学大学院法学研究科博士課程単位取得退学．博士（法学）．防衛省防衛研究所戦史研究センター主任研究官．

笠原孝太（かさはら・こうた） 1986年生まれ．日本大学大学院国際関係研究科博士前期課程修了．サンクトペテルブルク国立大学大学院東洋学部博士候補課程在籍．

吉井文美（よしい・ふみ） 1984年生まれ．東京大学大学院人文社会系研究科博士課程修了．博士（文学）．山形大学人文学部専任講師．

服部龍二（はっとり・りゅうじ） 1968年生まれ．神戸大学大学院法学研究科博士後期課程単位取得退学．博士（政治学）．中央大学総合政策学部教授．

＊

酒井哲哉（さかい・てつや） 東京大学大学院総合文化研究科教授．

編者略歴

（あさだ・まさふみ）

1980年生まれ．北海道大学大学院 文学研究科 歴史地域文化学専攻スラブ社会文化論専修博士課程単位取得退学．博士（学術）．岩手大学人文社会科学部国際文化課程准教授．

東北アジア研究専書
ソ連と東アジアの国際政治 1919-1941
麻田雅文 編

2017年 2月 7日　印刷
2017年 2月 17日　発行

発行所 株式会社 みすず書房
〒113-0033 東京都文京区本郷5丁目 32-21
電話 03-3814-0131(営業) 03-3815-9181(編集)
http://www.msz.co.jp

本文組版 キャップス
本文印刷所 三陽社
扉・表紙・カバー印刷所 リヒトプランニング
製本所 松岳社

Printed in Japan
ISBN 978-4-622-08570-6
[それんとひがしあじあのこくさいせいじ]